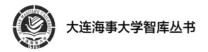

大连海事大学智库丛书

中国海洋法治发展报告

China's Ocean Governance Development Report

(2023)

大连
海事大学 **海洋法治发展报告编写组**

社会科学文献出版社

SOCIAL SCIENCES ACADEMIC PRESS (CHINA)

《中国海洋法治发展报告》
编委会

序

　　21 世纪是海洋世纪，人类进入了大规模开发利用海洋的时期。海洋在维护国家主权、安全、发展利益中的地位更加突出。当前世界面临百年未有之大变局，全球海洋治理体系变革加速演进。党的十八大、十九大、二十大确定了"坚决维护海洋权益，建设海洋强国""坚持陆海统筹，加快建设海洋强国""发展海洋经济，保护海洋生态环境，加快建设海洋强国"的重大战略部署，走向海洋、经略海洋、维护海洋权益、建设海洋强国已经成为实现中华民族伟大复兴进程中需要重点关注和解决的问题。

　　中国从海洋大国走向海洋强国，全面推进依法治国，共建"一带一路"特别是 21 世纪海上丝绸之路，构建海洋命运共同体，都离不开良好的海洋法治环境，需要运用法治思维和法治方式维护和实现国家的战略利益、核心利益和长远利益。党的十八大以来，以习近平同志为核心的党中央高度重视海洋法治工作，将全面依法治国方略同海洋强国具体实践相结合，为依法管海、依法护海、依法用海指明了方向，提供了遵循。在习近平法治思想指引下，建立和完善涉海法律体系、丰富维权执法手段、统筹国内和国际海洋法治等方面取得重大进展。海洋治理体系不断完善、海洋治理效能不断提高，运用国际海洋法律制度、参与国际海洋规则制定的能力进一步加强。中国特色海洋法治建设基本走向科学化、合理化、体系化的道路。

在新的历史条件下，立足加快建设海洋强国的新任务，应对复杂海洋安全和发展的新形势和新问题的挑战，需要系统回顾并总结中国海洋法治发展经验，深入研究和厘清海洋法治同海洋强国建设、共建"一带一路"倡议、构建海洋命运共同体等重要理念的逻辑关系和内在联系，分析和研判国际海洋法、国际海洋秩序的发展趋势和方向，做好国内海洋立法和国际海洋法律制度的衔接等方面的工作。为此，加强新型智库建设和研究，推动编纂权威的海洋法治发展报告，显得尤为重要。

大国需要大智，强国必先强智。大连海事大学坚持以习近平新时代中国特色社会主义思想特别是习近平法治思想为指导，始终心怀"国之大者"，聚焦海洋强国、交通强国建设的结合点，举全校之力全方位打造涉海高端智库，加强深圳国际海事可持续发展中心等智库平台建设，致力于推动中国特色海洋法治体系和中国海洋文化理论体系创新发展，服务支撑党中央涉海重大决策和中国特色大国外交布局。编纂和出版中国海洋法治发展系列报告是大连海事大学智库的一项重要研究工作，旨在全面系统介绍中国海洋法治建设的新进展、新实践和新成就。

《中国海洋法治发展报告（2023）》力求在内容广度上有所拓展，研究深度上有所突破，坚持"两个面向"的研究特色：面向国内，客观评述中国海洋事业发展和建设，认真总结中国特色海洋法治发展道路，促进中国海洋法治理论研究和法治文化繁荣发展，发挥好中国海洋法治国情咨文报告的功能；面向国际，宣传推广中国特色海洋法治建设的成绩和经验，更好地展示依法治国的形象，推动形成海洋法治体系、学术体系和话语体系，更为重要的是，为全面参与全球海洋治理、建立国际海洋新秩序贡献中国智慧和方案，发挥好国际海洋法治发展国情咨文报告的功能。

进一步关心海洋、认识海洋、经略海洋，需要统筹国内与涉外海洋法治，将海洋法治建设进行到底。大连海事大学立时代之潮头、发思想之先声，以智库公共产品输出服务社会发展与进步，将继续开展好中国特色海洋法治理论研究和宣传阐释工作，培养和输送优秀的海洋法治人才，加强全社会海洋法治观念，为建设海洋强国提供更坚实的智力支撑，为实现中华民族伟大复兴的中国梦作出新的更大贡献。

海洋法治发展报告编写组

2023 年 7 月

编写说明

　　大连海事大学组织智库专家团队编写《中国海洋法治发展报告（2023）》是一项开创性的工作。报告立足国内与涉外海洋法治，用翔实事例系统总结中国海洋法治建设的理论研究与具体实践，客观反映中国海洋法治发展成就、发展现状和发展趋势，内容丰富、重点突出、特色鲜明，对涉海部门、科研院所、高等院校、媒体、关注中国海洋事业发展的各界人士，全面了解和掌握中国海洋法治建设与发展情况有重要参考价值。

　　《中国海洋法治发展报告（2023）》共 17 章。第一章对中国海洋法治发展的历程和现状进行总述，第二、三章对海洋权益、海洋法治政策与管理进行分述，第四、五、六、七、八章分别对海洋经济、海洋科技、海洋环境、海洋资源利用、海洋安全的法治发展展开论述，第九、十章探讨船员管理与权益保障、海上交通安全领域传统法治问题，第十一、十二章探讨防治船源污染、航运反垄断领域新的法治问题，第十三、十四章阐述国际海商海事和港口两大特色领域的法治发展，第十五、十六、十七章则重点突出涉外海洋法治，前瞻性思考海洋外交、国际海洋治理、国际海洋法治的热点和前沿问题并提出建议。本书主要信息数据截至 2022 年底。

　　《中国海洋法治发展报告（2023）》各章撰写人员如下：序言唐浩，第一章李天生、刘晨虹，第二章张晏瑲，第三章马明飞，第四章李焱、片峰、张婧飞、顾荣新，第五章曾庆成、姜瀛、曲晨蕊，第六章韩立新、高晓露、樊威，第七章李国强、聂志海、吴晓晨、燕艳，第八章杨晓楠、潘晓琳、邓妮雅，第九章曹兴国，第十章邢厚群、曹兴国，第十一章韩立新，第十二章朱作贤，第十三章夏元军，第十四章蒋跃川，第十五章李振福、王大鹏、李桢，第十六章王淑敏、廖博宇，第十七章张晏瑢，结语高之国。

《中国海洋法治发展报告（2023）》是在上级有关部门的关心和指导下，学校智库汇聚众多涉海学科资源和智库专家力量完成的，是中国海洋法治发展系列报告的第一部，今后将在此基础上每年持续发布，争取不断扩大其决策影响力、社会影响力、国际影响力。由于报告所涉内容广，专业性强，难免有不足之处，敬请广大读者批评指正。

海洋法治发展报告编写组

2023 年 7 月

目 录

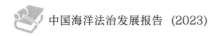

第一章　中国海洋法治发展概述

第一节　历史背景

进入二十一世纪，除传统的海洋领土争端外，全球海洋环境污染、海洋生态损坏、海盗与海上恐怖主义活动等非传统海上安全问题频发，全球海洋治理面临新的挑战。如果人类需要维持海洋空间安全、保护海洋环境生态、确保海洋资源能永续利用，那么就必须依法管理海洋，重立海洋秩序，强调海洋法治①。修昔底德在两千年前提出西方最早的海权观点，认为海军是城邦谋取财富与霸权的工具，是帝国的基础。一百多年前，美国学者 A. T. 马汉提出"海权的历史，从其广义来说，涉及了有益于使一个民族依靠海洋或利用海洋强大起来的所有事情"②的观点，随后这一思想长期主导西方海洋强国的海洋秩序观念，由此导致以海权角逐为核心的海洋地缘战略争端不断加剧③。中国古语云："法者，治之端也。"近年来，中国积极参与和促进国际海洋法治发展进程，在国际海洋法律秩序构建中不断发力，推动更加公正合理的国际海洋法律制度构建，海洋法治思想发挥了举足轻重的作用。

---

① 傅崐成：《全球海洋法治面对的挑战与对策》，《太平洋学报》2021 年第 1 期，第 82 页。
② A. T. 马汉：《海权对历史的影响（1660~1783）》，解放军出版社，2014，第 1~2 页。
③ 吴蔚：《构建海洋命运共同体的法治路径》，《国际问题研究》2021 年第 2 期，第 107 页。

一 "海洋法治"思想的萌芽

中国较早的海洋法治思想主要以维护国家主权安全与发展权益为目的，以参与促进国际法治建设为路径，并蕴含在"海洋强国""21世纪海上丝绸之路""人类命运共同体"等战略思想和倡议中，逐渐形成有别于传统海洋霸权主义的海洋法治思想。

（一）关心海洋、认识海洋、经略海洋

海洋法治不可能一蹴而就，只有在深刻认知海洋并重视海洋发展的基础上，才能构筑海洋法治的丰碑。2012年中国共产党第十八次全国代表大会报告首次简明扼要地提出，"提高海洋资源开发能力，发展海洋经济，保护海洋生态环境，坚决维护国家海洋权益，建设海洋强国"，从此开启中国海洋事业发展的新篇章。2013年，中共中央政治局就建设海洋强国进行第八次集体学习，习近平对海洋发展作出系统阐述："要进一步关心海洋、认识海洋、经略海洋，推动中国海洋强国建设不断取得新成就。"[1]针对提高海洋资源开发能力、保护海洋生态环境、发展海洋科学技术、维护国家海洋权益等，提出了蕴含海洋法治基本原则和思想的具体要求。建设"海洋强国"，需要保持相对稳定的海洋发展环境，有效解决海上分歧，严守"依法治海"的理念和目标。

（二）坚持民主、平等、正义，建设国际法治

2013年3月，习近平总书记在莫斯科国际关系学院发表演讲，首次提出"人类命运共同体"理念："人类生活在同一个地球村里，生活在历史和现实交汇的同一个时空里，越来越成为你中有我、我中有你的命运共同体。"[2] 这样一个新的命题，为全球治理与国际法治提供了新的思路。由于全球治理与国际法治的正相关关系，全球治理语境下提出的人类命运共同

① 《习近平在中共中央政治局第八次集体学习时强调　进一步关心海洋认识海洋经略海洋推动海洋强国建设不断取得新成就》，《人民日报》2013年8月1日，第1版。

② 习近平：《顺应时代前进潮流，促进世界和平发展——在莫斯科国际关系学院的演讲》（2013年3月23日，莫斯科），《中国青年报》2013年3月24日，第2版。

体理念在国际海洋法治领域具有天然的可融性①。这一理念所具有的开放包容特性，就为海洋命运共同体理念在海洋法治中的适用保留了巨大的可能性。

继"人类命运共同体"之后，"国际关系法治化"成为中国在国际社会又一次掷地有声的呼吁。2014年6月28日，习近平总书记在和平共处五项原则发表60周年纪念大会上指出："我们应该共同推动国际关系法治化。推动各方在国际关系中遵守国际法和公认的国际关系基本原则，用统一适用的规则来明是非、促和平、谋发展。"② 2015年11月30日，习近平总书记在巴黎气候变化大会开幕式上发表的题为《携手构建合作共赢、公平合理的气候变化治理机制》的讲话中提到："我们应该创造一个奉行法治、公平正义的未来。要提高国际法在全球治理中的地位和作用，确保国际规则有效遵守和实施，坚持民主、平等、正义，建设国际法治。"③ 中国向海图强的过程中面临比陆地方向更为复杂的外部环境，这就需要中国在更为公平正义的国际法治框架下维护海洋权益，发展海洋经济，逐步形成并完善中国特有的海洋法治思想。

（三）共享机遇、共迎挑战、共同发展、共同繁荣

如果说早期的"海洋强国"战略体现内外兼顾的总体国家安全观，"人类命运共同体"理念体现合作共赢的全球治理观，那么2013年习近平总书记提出的建设"21世纪海上丝绸之路"则是上述两者的集合体④，突出体现"欢迎搭便车"的新型义利观，并形成国际法上一种国际合作的新形态⑤。

---

① 白佳玉、隋佳欣：《人类命运共同体理念视域中的国际海洋法治演进与发展》，《广西大学学报》（哲学社会科学版）2019年第4期，第82页。

② 习近平：《弘扬和平共处五项原则　建设合作共赢美好世界——在和平共处五项原则发表60周年纪念大会上的讲话》，《人民日报》2014年6月29日，第2版。

③ 习近平：《携手构建合作共赢、公平合理的气候变化治理机制——在气候变化巴黎大会开幕式上的讲话》（2015年11月30日巴黎），《人民日报》2015年12月1日，第2版。

④ 习近平：《携手建设中国—东盟命运共同体——在印度尼西亚国会的演讲》（2013年10月3日，雅加达），《人民日报》2013年10月4日，第2版。

⑤ 杨泽伟：《论21世纪海上丝绸之路建设对南海争端解决的影响》，《边界与海洋研究》2016年第1期，第106页。

习近平总书记明确提出，"要做好应对各种复杂局面的准备，提高海洋维权能力，坚决维护中国海洋权益"，"要坚持用和平方式、谈判方式解决争端，努力维护和平稳定"，"推进互利友好合作，寻求和扩大共同利益的汇合点"，① 为新的历史背景注入新的法治理念。习近平总书记2013年10月在印度尼西亚国会演讲提出"21世纪海上丝绸之路"战略构想时说道："中国愿通过扩大同东盟国家各领域务实合作，互通有无、优势互补，同东盟国家共享机遇、共迎挑战，实现共同发展、共同繁荣。"这一论述表明，"21世纪海上丝绸之路"蕴含着明显区别于海洋霸权主义的海权思想，即在国际法框架下实现共享共建。这意味着中国开始摆脱西方国家海权思想的影响，形成具有中国特色、符合时代特征的海洋法治思想。

二 "海洋法治"思想的发展

中国向海图强的战略思维难免触及传统海洋大国的利益，引起国际社会的猜疑乃至阻碍。面对这样的困境，中国"海洋法治"思想"逢山开路，遇水架桥"，在坚定维护国家利益的同时，提出新的全球海洋治理理论，谋求推动全球治理体系变革，在复杂多变的国际环境中稳步发展，并日益得到国际社会的认可。

（一）积极参与制定治理规则，建设全球治理人才队伍

2013年，菲律宾单方面提起所谓"南海仲裁案"。2016年7月12日，仲裁庭对该案作出"最终裁决"。习近平对当日来访北京的欧盟领导人表示："南海诸岛自古以来就是中国领土。中国在南海的领土主权和海洋权益在任何情况下不受所谓菲律宾南海仲裁案裁决的影响。中国不接受任何基于该仲裁裁决的主张和行动。"② 这一表态，坚定维护中国海洋领土主

---

① 《习近平在中共中央政治局第八次集体学习时强调　进一步关心海洋认识海洋经略海洋　推动海洋强国建设不断取得新成就》，《人民日报》2013年8月1日，第1版。

② 《习近平会见欧洲理事会主席图斯克和欧盟委员会主席容克》，《人民日报》2016年7月13日，第1版。

权，既不谋求海洋霸权，也极力反对海洋霸权对中国海洋领土安全的破坏。面对打着"国际法治"旗号的"南海仲裁案"，中国海洋法治思想展现出独立自主的鲜明特征，力求维护法治所彰显的公平正义精神，进而寻求新的符合法治精神的国际海洋治理理论。

2016年9月27日，中共中央政治局就二十国集团领导人峰会和全球治理体系变革进行第三十五次集体学习，习近平指出："积极参与制定海洋、极地、网络、外空、核安全、反腐败、气候变化等新兴领域治理规则，推动改革全球治理体系中不公正不合理的安排"，"参与全球治理需要一大批熟悉党和国家方针政策、了解我国国情、具有全球视野、熟练运用外语、通晓国际规则、精通国际谈判的专业人才。要加强全球治理人才队伍建设，突破人才瓶颈，做好人才储备，为我国参与全球治理提供有力人才支撑。"① 面对国际海洋法治公平正义缺失的现实，中国依然积极投身其中，作出"积极参与制定治理规则""建设全球治理人才队伍"的战略安排，为中国海洋法治思想的长久发展，构建公正合理的全球海洋治理体系，提供中国智慧与正向能量。

（二）开放包容、具体务实、互利共赢

2017年6月5日，在联合国海洋大会首日，原国家海洋局首次提出构建"蓝色伙伴关系"的重要倡议，以增进全球海洋治理的平等与互信，推动构建更加公正、合理与均衡的全球海洋治理体系。同年1月3日，原国家海洋局主要领导在厦门国际海洋周开幕式上表示，中国愿立足自身发展经验，积极与各国和国际组织在海洋领域构建开放包容、具体务实、互利共赢的蓝色伙伴关系②。"蓝色伙伴关系"指以海洋领域可持续发展为目标，在相互尊重、合作共赢的基础上建立的伙伴关系③。面对过度开发海

---

① 《习近平在中共中央政治局第三十五次集体学习时强调　加强合作　推动全球治理体系变革　共同促进人类和平与发展崇高事业》，《人民日报》2016年9月29日，第1版。
② 高悦：《2017厦门国际海洋周开幕》，《中国海洋报》2017年11月6日，第1版。
③ 唐刚：《习近平法治思想中的全球海洋治理理论及实现路径》，《中国海商法研究》2021年第3期，第13页。

洋而忽视环境保护的全球海洋治理困局，中国以科学辩证的法治思想，构建"蓝色伙伴关系"新型海洋治理模式，强调共担责任、共享利益，增进各国在海洋事务中的协作与协调。同时，也标志着中国以更为积极的姿态参与到海洋法律法规制定中，在海洋新秩序构建中发挥更为关键的作用。

"蓝色伙伴关系"一经提出，便作为新的全球海洋治理理念，在国际社会受到热议，同时也成为习近平海洋强国战略思想的重要组成部分。2017年10月29日，习近平在中国共产党第十九次全国代表大会上的报告再次重申："坚持陆海统筹，加快建设海洋强国。"在十九大报告强调的"坚持陆海统筹""海洋强国"战略部署下，构建"蓝色伙伴关系"有助于全面推进"五位一体"的海洋治理体系，也是进一步满足中国作为陆海复合型国家所需的更高水平海洋治理能力的重要保障①。习近平总书记指出："要促进海上互联互通和各领域务实合作，积极发展'蓝色伙伴关系'"，"推动蓝色经济发展，推动海洋文化交融、共同增进海洋福祉"②。总体而言，构建"蓝色伙伴关系"已经成为习近平法治思想中全球海洋治理理论的重要组成部分，与"海洋强国""21世纪海上丝绸之路"等共同构成中国新时代海洋法治思想。

（三）构建"海洋命运共同体"，提高涉外工作法治化水平

2019年4月23日，习近平总书记在青岛集体会见应邀出席中国人民解放军海军成立70周年多国海军活动的外方代表团长时讲到："我们人类居住的这个蓝色星球，不是被海洋分割成了各个孤岛，而是被海洋连结成了命运共同体，各国人民安危与共。""这次多国海军活动，将召开以'构建海洋命运共同体'为主题的高层研讨会，希望大家集思广益、增进共识，努力为推动构建海洋命运共同体贡献智慧。"③

---

① 侯丽维、张丽娜：《全球海洋治理视阈下南海"蓝色伙伴关系"的构建》，《南洋问题研究》2019年第3期，第62页。

② 习近平：《习近平谈治国理政》（第三卷），外文出版社，2020，第244页。

③ 《习近平集体会见出席海军成立70周年多国海军活动外方代表团团长》，《解放军报》2019年4月24日，第1版。

"海洋命运共同体"意味着各国共同承担海洋治理责任的同时，共享良好海洋秩序带来的利益，公平正义的权责关系蕴含深刻的法治内涵。"海洋命运共同体"理念的提出，为海洋法治建设指明了方向，而海洋法治建设则为"海洋命运共同体"的实现提供了重要保障①。

　　2019年10月31日，党的十九届四中全会通过的《中共中央关于坚持和完善中国特色社会主义制度　推进国家治理体系和治理能力现代化若干重大问题的决定》指明，"加强涉外法治工作，建立涉外工作法务制度，加强国际法研究和运用，提高涉外工作法治化水平"。法治化是推进全球治理体制变革、构建世界新秩序的必然要求，建设国际法治和全球法治是推进全球治理现代化和世界秩序法治化的必由之路②。中国向来重视国际海洋法规则的制定与发展，在建言献策、落实执行、人才培养等诸多方面积极作为。"海洋命运共同体"理念与"提高涉外工作法治化水平"要求的提出，标志着中国海洋法治思想不断成熟，并发展到一个新的高度。

三　"海洋法治"思想的完善

　　中国的"海洋法治"思想有一个动态成长过程，伴随着中国海洋事业的不断发展而日益充实，"全面依法治国"战略布局的稳步推进也促使这一思想体系逐步完善。2020年11月16日至17日，中央全面依法治国工作会议正式确立了习近平法治思想，并将其明确为全面依法治国的指导思想。习近平法治思想包括国内法治和涉外法治，兼顾国内治理和国际治理，包含了丰富的国际法内容。在国际治理层面，全球海洋治理无疑是其中的重要组成部分③。海洋法治思想作为习近平法治思想的重要组成部分，是新时代中国面对新的发展机遇与环境作出的重要抉择，也是新中国成立

---

①　吴蔚：《构建海洋命运共同体的法治路径》，《国际问题研究》2021年第2期，第102页。

②　张文显：《推进全球治理变革，构建世界新秩序——习近平治国理政的全球思维》，《环球法律评论》2017年第4期，第16页。

③　唐刚：《习近平法治思想中的全球海洋治理理论及实现路径》，《中国海商法研究》2021年第3期，第12页。

以来历代领导人海洋治理思想的历史性延续和突破性发展。从"建设强大的海军"① 到"加快建设海洋强国"，从"搁置争议、共同开发"② 到共同建设"21世纪海上丝绸之路"，从可持续发展到"构建蓝色伙伴关系"，从发展海洋经济到构建"海洋命运共同体"，所有这些思想和实践在新时代焕发新彩，并汇聚形成了具有中国特色的海洋法治思想体系。

2021年3月11日，十三届全国人大四次会议表决通过的《国民经济和社会发展第十四个五年规划和2035年远景目标纲要》围绕海洋作出了全面战略部署，充分展现了中国海洋法治思想的智慧："坚持陆海统筹、人海和谐、合作共赢，协同推进海洋生态保护、海洋经济发展和海洋权益维护，加快建设海洋强国"；"积极发展蓝色伙伴关系，深度参与国际海洋治理机制和相关规则制定与实施，推动建设公正合理的国际海洋秩序，推动构建海洋命运共同体"；"参与北极务实合作，建设'冰上丝绸之路'。提高参与南极保护和利用能力"；"加强形势研判、风险防范和法理斗争，加强海事司法建设，坚决维护国家海洋权益。有序推进海洋基本法立法"。这些既是对过去中国海洋治理丰富经验的总结与提炼，同时也是对未来海洋法治事业发展的展望与期许。以习近平法治思想为指导，在全面依法治国总体布局中坚持统筹推进国内法治和涉外法治，深刻把握海洋法治涉外性极强的显著特性，不断推动中国海洋法治建设。

第二节　海洋立法

中国海洋法治在立法层面的发展十分显著。20世纪80年代以来，以《海洋环境保护法》为开端，海洋法治建设蓬勃发展，立法体系日趋完备。十八大以来，中国海洋立法进入快速发展时期。海洋立法工作依照功能不同逐渐细化，形成了海洋权益保护、海洋环境保护、海洋经济可持续发

---

① 《毛泽东军事文集》第6卷，军事科学出版社，1993，第463页。
② 《搁置争议，共同开发》，外交部官网，https://www.mfa.gov.cn/web/ziliao_674904/wjs_674919/200011/t20001107_10403098.shtml。

展、海洋管理四大类。立法内容也朝着更广泛、更细致、深层次方向不断发展，为海洋相关活动有法可依、违法必究提供了强大的制度保障。

一 海洋权益保护类

海洋权益与国家主权密切相关，是国家主权向海洋延伸形成的权利。海洋权益保护类立法明确了中国海洋主权及主权权利的边界，规定了维护海洋权益的执法机关，部分法律文件针对特定区域内的海洋权益争端阐明了中国的立场。海洋权益保护类立法是中国海洋法治发展的基础和根本。

1958年，《中华人民共和国政府关于领海的声明》是中华人民共和国对外宣布海洋主权范围的纲领性文件。

1992年，为行使中华人民共和国对领海的主权和对毗连区的管制权，维护国家安全和海洋权益，《领海及毗连区法》正式颁布。《领海及毗连区法》的颁布施行，对于中国维护国家安全和海洋权益具有十分重要的意义，标志着中国的法治水平有了显著提升①。

1996年，中华人民共和国政府根据1992年颁布的《领海及毗连区法》，发表了《中华人民共和国政府关于中华人民共和国领海基线的声明》（简称《领海基线声明》），宣布了中国大陆领海的部分基线和西沙群岛的领海基线。

1998年，中国通过了《专属经济区和大陆架法》。该法明确了中国在领海之外所享有的主权权利，保障了中国在专属经济区的管辖权，这是中国海洋权益扩展的重要标志。《专属经济区和大陆架法》标志着中国完成了对海洋主权及主权权利的布局，奠定了海洋法治发展的基石②。

2010年，全国人大常委会颁布《海岛保护法》。该法以维护中国的海岛权益为中心，是中国海洋权益保护类立法的重要发展。《海岛保护法》是一部专业水平较高的法律，进一步体现了中国海洋法治水平的提升。

---

① 倪轩、赵恩波：《领海及毗连区法知识》，海洋出版社，1993，第6页。
② 陈滨生：《〈中华人民共和国专属经济区和大陆架法〉生效的现实意义——兼谈我国与周边相关国家大陆架划界争端的解决方式》，《当代法学》2000年第3期。

2012 年，中国政府发布了《中华人民共和国政府关于钓鱼岛及其附属岛屿领海基线的声明》，宣布了钓鱼岛及其附属岛屿的领海基线，为维护我国的领土主权提供了更为明确的依据。

近年来，南海的领土主权和海洋权益问题一直备受关注。2016 年发布的《中华人民共和国政府关于在南海的领土主权和海洋权益的声明》表明了中国立场，是中国解决南海问题、维护海洋权益的重要法律文件。该声明基于南海诸岛的历史，梳理了中国维护领土主权和海洋权益的相关立法及声明，强调了中国对南海诸岛的主权及在南海拥有历史性权利。同时，该声明还阐明了中国对于南海有关争议解决方式的立场，通过国际合作化解矛盾。这份声明是中国海洋法治进步的重要体现，为维护海洋权益打下了坚实的基础。

2021 年颁布的《海警法》是为规范和保障海警机构履行职责，维护国家主权、安全和海洋权益，保护公民、法人和其他组织的合法权益而制定的法律。该法的诸多内容是对海洋权益法治发展的有益补充。

二 海洋环境保护类

改革开放以来，中国持续关注海洋环境保护，形成了以《海洋环境保护法》为中心的海洋环境保护机制。《海洋环境保护法》经历了一次修订和三次修改，内容逐渐丰富，体系趋于完善。1982 年，为保护和改善海洋环境，保护海洋资源，防治污染损害，维护生态平衡，保障人体健康，全国人民代表大会常务委员会令第九号公布《海洋环境保护法》。该部法律主要针对五大污染源即海岸工程、海洋石油勘探开发、陆源污染物、船舶、倾倒废弃物，对海洋环境的污染损害问题制定相关法律制度及处罚措施。总体而言，由于立法经验不足，该法在性质上属于污染防治法，只是搭建了应对五大来源污染物损害海洋环境的大致法律框架，其所确立的法律制度和处罚措施尚显单薄。1999 年，《海洋环境保护法》经历了重大修订，在此次修订中，将"防止"具体污染源对海洋环境的污染损害修改为"防治"，实现了从防止海洋污染发展到采取措施积极防治对海洋环境造成污染损害，取得了从片面海洋环境污染治理发展到兼顾海洋生态保护的进步。此次修订标志着中国海洋生态环境保护的法律制度框架基本建成。在其后，2013 年、2016 年和 2017 年的三次修正中，《海洋环境保护法》增加了更多的制度内容，如重点海洋污染物总量控制制度、海洋污染事故应急制度、船舶油污损害民事赔偿制度和船舶油污保险制度、"三同时"制度、环境影响评价制度等①。此外，在信息公开、处罚措施、制度衔接、简化程序等方面也有不同程度提升。三次修正工作的完成标志着中国海洋生态环境保护法治进程的重要发展。《海洋环境保护法》的发展是对国际社会新趋势的积极响应，也满足了维持中国经济高速发展与生态环境保护平衡的需求，是中国海洋法治发展的有力证明。

在以《海洋环境保护法》为中心的海洋环境保护体系下，中国出台涉及海洋自然资源及生态环境保护相关法律法规 100 余部，其中有很多原则和制度也适用于海洋生态环境管理与保护，为海洋生态环境保护工作提供了重要法律依据。2012 年，由国家发展改革委印发的《温室气体自愿减排交易管理暂行办法》积极响应了"十二五"规划，对于培育碳减排市场意识、探索和试验碳排放交易程序和规范具有积极意义。配合此前颁布的《防治陆源污染物污染损害海洋环境管理条例》，强化对陆地污染源的监督管理，有效防治了陆源污染对海洋环境的破坏。1988 年通过的《野生动物保护法》几经修订，其中涉及对海洋生物的保护，对于维持海洋生物资源的开发和保护起到了重要作用。此外，在入海排污清理、实施海洋生态红线制度、严肃查处违法围填海、非法倾倒垃圾和改变自然岸线等方面，一系列法律法规的制定为中国海洋生态环境状况整体稳中向好作出重要贡献。

三 海洋经济可持续发展类

海洋经济可持续发展是海洋法治的重要组成部分。海洋环境保护、海洋管理、海事海商立法都涉及海洋经济可持续发展的精神和内容。

---

① 张海文：《〈中华人民共和国海洋环境保护法〉发展历程回顾及展望》，《环境与可持续发展》2020 年第 4 期。

专门的海洋经济可持续发展类立法，主要体现为地方政府制定的关于海洋经济可持续发展的法律法规。2012 年国家发展改革委发布的《福建海峡蓝色经济试验区发展规划》、广东省政府颁布的《广东省海洋特别保护区管理规定》、2015 年福建省海洋与渔业厅出台的《中国（福建）自由贸易试验区招标拍卖挂牌出让海域使用权管理办法》、2016 年出台的《辽宁省海洋经济发展十三五规划》、《浙江省海洋新兴产业发展规划（2010~2015 年）》等地方性法律法规，为海洋经济的可持续发展提供了制度保障①。

2016 年施行的《深海海底区域资源勘探开发法》是海洋经济可持续发展类立法中的典型范例。《深海海底区域资源勘探开发法》规范了深海海底区域资源勘探、开发活动，推进了深海科学技术研究、资源调查，为保护海洋环境、促进深海海底区域资源可持续利用、维护人类共同利益发挥了重要作用。海底区域资源的勘探开发是近年来国际社会对于海洋经济发展重点关注的领域。随着时代的发展和科技的进步，各国对于海底资源的开发十分重视，国际社会也在不断尝试推进该领域法律制度的国际化②。《深海海底区域资源勘探开发法》的出台，为中国参与深海海底资源开发作出了良好的制度性规范，对海洋经济效率和海洋生态保护进行了适当平衡。在海底资源勘探和开发领域的立法尝试，为未来该领域法律制度的国际化积累了经验。

海洋经济的可持续发展立法，还体现在依托临海的便利条件，促进贸易可持续发展的法律法规。《海南自由贸易港法》为海南建设高水平的中国特色自由贸易港，推动形成更高层次改革开放的新格局，建立开放型海洋经济新体制，促进社会主义市场经济平稳健康可持续发展作出了贡献③。

渔业作为重要的海洋经济发展领域，实现可持续发展有重要意义。《渔业法》对促进渔业经济可持续发展起到了重要作用。但在执法层面，对于违

---

① 曲亚图：《海洋经济可持续发展的法律保障研究》，《山东农业工程学院学报》2018 年第 9 期。

② 刘画洁：《国际海底区域国家担保义务的履行研究——兼评我国〈深海海底资源勘探开发法〉》，《上海法学研究》第 21 卷，2019。

③ 韩岩杉、张云阁：《海南自由贸易港建设的世界历史理论意义初探》，《南海学刊》2022 年第 3 期。

反《渔业法》相关规定的处罚力度不足，对渔业可持续发展有一定影响，非法捕捞、过度捕捞等问题依然严重。农业农村部办公厅关于《开展 2022 年海洋伏季休渔联合交叉执法行动的通知》在渔业执法方面作出了重大调整，加强了执法力度，完善渔业执法体系，是渔业可持续发展立法的有益补充。

四　海洋管理类

海洋管理是涉海组织依法通过获取、处理和分析有关海洋信息，对海洋事务决策、计划、组织、领导、控制等的职能活动，是社会管理中的重要领域，也是海洋法治建设的重要组成部分。

1987 年颁布的《海关法》前后经历六次修正，是一部集公法与私法、实体法与程序法于一体的法律，是海关部门的执法依据，为加强海关监督管理、促进对外经济贸易和科技文化交往作出了重要贡献[①]。在中国法律部门中，《海关法》尽管不是一个大的部门法律，但由于海关负责进出境货物和物品的监管，市场经济活动中商品的跨境流动需要通过海关，海关对国内国际两个市场的经济活动较为敏感。随着中国成为世界第二大经济体、第一大贸易出口国，改革开放中市场经济的很多前沿问题海关部门首当其冲。如何从法律制度上应对和解决这些问题，也是《海关法》需要面对的。《海关法》的制度创新十分突出，贡献较为独特[②]。《海关法》经历了四个不同的历史发展阶段，并表现出不同的特点，从诞生时期主权的象征到改革开放时期加强对外开放，从世纪之交加入世贸组织迎接机遇与挑战到全面深化改革时期强化内容和体系的完善，这部法律逐渐成熟，不断改革创新，尤其是海关特殊监管区域法律的兴起，开拓了一般法中特别法新领域。在几十年的发展历程中，海关法律体系的完善提升了中国海关部门的执法水平，促进了海洋管理法治的发展。

---

① 李育霆：《从应然视角看我国新〈海关法〉修改的法典化构想》，《黑龙江人力资源和社会保障》2022 年第 1 期。

② 陈晖：《我国海关法的历史发展、贡献和展望——纪念〈中华人民共和国海关法〉颁布三十周年》，《海关法评论》（第 7 卷），法律出版社，2017。

《海上交通安全法》是加强海上交通管理，保障船舶、设施和生命财产安全，维护国家权益的法律，也是海事部门海上执法、展开工作的依据。2021 年，全国人大常委会对《海上交通安全法》作出最新修订。新《海上交通安全法》将海上交通安全管理与维护海洋安全权益统筹结合，代表着中国海上交通安全管理观念正在向着科学、发展、进步的方向转变。海上交通安全管理制度体现了海洋维权的新理念，表明中国在逐渐完善海上交通安全管理内容的同时，对海洋安全权益的考量也在逐步深入推进。此次修订全面推进中国海洋安全权益的法治化建设，有效维护国家海洋权益，是海洋法治进步的重要标志①。

《海警法》是中国海警部门的执法依据，是海警部门履行职责的规范，也是中国海洋管理立法的重要组成部分。在经历了海警、渔政、海监、海上缉私警察的合并重组后，中国海警局的职能得到强化，立法的调整和统一势在必行。海警队伍及其相关职能划归武警部队以后，海警立法进入快车道。2021 年 1 月通过的《海警法》为海警机构开展海上维权执法提供了较为全面、明确的准则和依据，极具特色、富有创新，在海警法律体系中具有支柱性地位。2021 年《海警法》的出台是解决分散执法、统一海警立法的重要举措②。

2014 年颁布并于 2016 年修订的《航道法》，为规范和加强航道规划、建设、护养、保护，保障航道畅通和通航安全，促进水路运输发展发挥了积极作用。《航道法》的公布实施，对于促进航道科学发展、安全发展，保障航道畅通和航行安全发挥了重要作用，对维护社会各界依法使用航道的权益，充分发挥航道在构建综合交通运输体系中的基础性作用，促进国民经济全面协调可持续发展，谋划由东向西、由沿海向内地、沿大江大河和陆路交通干线梯度推进的区域发展新局面具有重要意义③。

---

① 左婧、周希铭：《从新〈海上交通安全法〉谈我国海洋安全权益维护》，《中国海事》2022 年第 2 期。
② 张保平：《〈海警法〉的制定及其特色与创新》，《边界与海洋研究》2021 年第 2 期。
③ 《〈航道法〉解读——访交通运输部法制司副司长魏东》，交通运输部，2016 年 4 月。

五 海商海事类

海商海事类立法是海洋法治的重要组成部分，是推进建设海运强国、海洋强国战略的制度基础。

《海商法》为中国海运市场提供行为准则，为国际贸易提供制度保障，促进了中国海上运输和海上贸易的发展。海商法作为国际性较强的法律部门，其发展充分体现了中国的法治进步同国际接轨的特点，同时《海商法》的自身特点决定了其发展要兼顾国际条约的本土化和国内法规制的国际化，为中国海洋法治发展提供了经验借鉴①。随着中国海洋事业的发展和海洋实践的进步，《海商法》的修改提上日程。《海商法》的修改要求统筹考虑各方的实际需求，综合平衡学术与实务、国际与国内、个体与体系之间的关系，以最大程度回应业界诉求、服务贸易与航运发展。《海商法》修改的专业性强、国际性强、难度较大，完成这一目标必将推进中国海洋法治提升至新高度。

《海事诉讼特别程序法》是迄今为止中国在《民事诉讼法》基础上制定的唯一一部调整专业诉讼的特别法。作为《民事诉讼法》的特别法，《海事诉讼特别程序法》针对专业性较强的海事、海商案件，充分考虑了海事诉讼的专业特点，规定了一些不同于《民事诉讼法》的规则和特殊的诉讼程序，如海事强制令制度、船舶优先权催告程序等，弥补了《民事诉讼法》在调整海事诉讼上的不足②。《海事诉讼特别程序法》的颁布施行，对中国海事审判方式的改革和发展产生了积极影响，对有效保护海事诉讼当事人的合法权益起到了不可低估的作用。

《港口法》是调整中国港口行政管理关系、加强政府对港口实施宏观管理的重要法规。《港口法》的制定对中国港口建设以及对外贸易和进出口发展发挥了重要作用。近年来，关于《港口法》中港口经营人法律地位

---

① 胡正良：《论我国〈海商法〉修改应遵循的从我国实际出发原则》，《海大法律评论》，2020。
② 张江艳：《〈海事诉讼特别程序法〉的实施现状及其完善》，《海大法律评论》，2006。

的讨论较多，提升其法律地位成为学界讨论的热点话题，港口经营人地位的调整涉及《港口法》和《海商法》的衔接，这一问题的解决意味着中国海洋法治发展一直关注现实问题，也意味着立法水平的进一步提升。

此外，《全国人民代表大会常务委员会关于批准〈2006年海事劳工公约〉的决定》将国际社会对船员等海事劳工的保护和要求纳入中国的法律体系，体现了中国海洋法治的国际化。随着经济全球化的发展，法律制度国际化对于迎接新时代的机遇和挑战具有重要意义。对于国际公约中较为先进的部分，中国秉持兼容并包、促进发展、同国际接轨的理念，进一步推进海洋法治国际化。

第三节　海洋法治实践

改革开放以来，中国为促进海洋法治发展做出了全方位、多层次的努力，不仅通过了多项专门性的海洋立法，也在实践层面进一步完善了海洋法治体系建设。

一　"海洋强国"建设

中国是世界上重要的海洋大国和海运大国。新中国成立以来，中国的海洋事业蓬勃发展，涉海法律体系日益健全，涉海实践活动得到强化。随着海洋世纪的到来，海洋经济在国民经济体系中的比重不断增加，海洋发展战略被纳入中国共产党的纲领性文件。党的十八大提出"建设海洋强国"重大决策，意味着海洋发展成为中国国家战略的重要组成部分，是将中国大政方针应用于海洋领域的全局性战略，涉及走向海洋、经略海洋的方方面面，具有丰富的科学内涵和鲜明的时代特征[1]。习近平总书记高度重视海洋强国建设，发表了一系列重要讲话，强调建设海洋强国是关系到

---

[1] 《坚定不移沿着中国特色社会主义道路前进　为全面建成小康社会而奋斗——在中国共产党第十八次全国代表大会上的报告》，中国政府网，https://www.gov.cn/ldhd/2012-11/17/content_2268826.htm。

社会主义现代化建设和实现中华民族伟大复兴的重大战略任务。

在建设海洋强国的过程中，中国不断加强海洋合作交流，积极参与国际海洋治理活动。2013 年，中国正式成为北极理事会观察员国，积极参与北极治理。2017 年，习近平总书记与俄罗斯总统提出了共建"冰上丝绸之路"的倡议①，两国的交通部门积极商谈中俄极地水域合作谅解备忘录，为北极开发合作奠定政策和法律基础。2018 年，中国发布了《中国的北极政策》白皮书，阐述了中国将本着"尊重、合作、共赢、可持续"的基本原则，同各国一起积极应对北极变化带来的挑战，共同维护北极的和平、稳定和发展②。2019 年，中国与欧盟共同举办了"蓝色海洋伙伴关系"论坛，围绕"可持续的蓝色经济"、"渔业"和"跨领域工具——海洋空间规划和海洋保护区"等双方具有广泛合作共识和良好合作基础的议题，深入探讨合作机遇，共同规划合作方向③。

海洋强国建设离不开对海洋权益的保护。中国向来坚持用和平、谈判的方式解决争端，但在国际政治外交形势风云变幻的当下，中国必须提升硬实力以应对海上危机。中国的海洋强国目标离不开建设一支强大的现代化海军，习近平总书记指出："要不折不扣落实依法治军、从严治军方针，培养部队严守纪律、令行禁止、步调一致的良好作风。"④ 随着中国海洋强国建设的不断深入，中国的海军战略也发生了深刻的变革。近年来，中国海军积极参加国际联合军演、海上护航、海外撤侨等多元化军事活动，不断提升海军硬实力，也为维护海洋安全贡献了中国力量。在党中央的领导下，中国重新整合了海洋执法力量，结束了长久以来"多龙治海"的复

① 《向北 打造"冰上丝绸之路"》，人民网，http：//world. people. com. cn/n1/2018/0214/c1002-
29823374. html。
② 《中国的北极政策》，新华网，http：//www. xinhuanet. com/politics/2018 - 01/26/c_
1122320088. htm。
③ 《首届中国-欧盟"蓝色海洋伙伴关系"论坛在欧盟总部举行》，中国海洋发展研究中心
官网，http：//aoc. ouc. edu. cn/2019/0912/c13996a265605/pagem. psp。
④ 《习近平在广州战区考察时强调：坚持富国和强军相统一　建设巩固国防和强大军队》，
《中国青年报》2012 年 12 月 13 日，第 1 版。

杂局面，统一了专门负责海洋执法的海警队伍，进一步提高了维护海洋权益的能力，稳步推进建设海洋强国的战略目标。

二 "一带一路"建设

2013 年 10 月 3 日，习近平主席在印度尼西亚国会演讲中提出，共同建设"21 世纪海上丝绸之路"。在全球政治和经济格局不断变化的背景下，中国以建设"海上丝绸之路"为纽带连接世界，使各国的经贸往来更加紧密和便捷，以"共商、共享、共建"原则促进区域间共同繁荣，发展良好的海洋合作伙伴关系。

在建设"海上丝绸之路"大背景下，中国不断深化和沿线国家海上安全、海洋科技和海洋交通运输等方面的合作。例如，中国与东盟及其成员国之间的合作关系不断深化。2015 年，中国和马来西亚签署了《建立港口联盟关系的谅解备忘录》①，2017 年中国与东盟国家举行联合搜救演习②。2021 年，中国与东盟正式建立全面战略伙伴关系。在南海问题上，中国与东盟国家推进全面有效落实《南海各方行为宣言》的各项规定，开展海上务实合作，建立了高官联络热线，并开始实施海上意外相遇规则。

在经贸发展方面，为推进"一带一路"建设，中国积极建设自由贸易港并推进建设自由贸易区。2018 年 4 月 14 日，中共中央、国务院发布《关于支持海南全面深化改革开放的指导意见》（中发〔2018〕12 号），明确以现有自由贸易试验区试点为主体，结合海南特点，建设中国海南自由贸易港，实施范围为海南岛全岛③。海南自由贸易港是中国以高水平开放推动高质量发展、加快建立开放型生态服务产业体系的重要试点，有助于

---

① 《中国马来西亚港口联盟第三次会议在天津召开》，人民交通网，http：//www. rmjtxw. com/news/yaowen/61468. html。
② 《中国—东盟海上联演：体现共同维护南海和平稳定决心》，中国新闻网，https：//www. chinanews. com. cn。
③ 《中共中央　国务院关于支持海南全面深化改革开放的指导意见》，中央人民政府网，http：//www. gov. cn/zhengce/2018-04/14/content_5282456. htm。

推动中国对标国际先进规则，探索持续深化改革的中国方案。中国自由贸易的范围不断扩大，逐步建立起以周边国家为基础，辐射"一带一路"沿线，面向全球的高标准自贸区网络。截至 2022 年，中国已经和 26 个国家和地区签订了 19 个贸易协定，自贸伙伴覆盖亚洲、大洋洲、拉丁美洲、欧洲和非洲①。2020 年 11 月 15 日，中国正式签署了《区域全面经济伙伴关系协定》（RCEP）。这是亚太地区规模最大、最重要的自由贸易协定，也是一个全面、现代、高质量和互惠的自贸协定。RCEP 在 2022 年 1 月 1 日生效实施，有利于中国提升营商环境，推动中国参与国际经贸规则制定，为中国经贸发展打开新格局。我国对于加入《全面与进步跨太平洋伙伴关系协定》（CPTPP）持积极开放态度，表明了中国继续向世界开放的决心。

在建立争端解决机制问题上，2018 年 1 月，中央全面深化改革领导小组会议审核通过了《关于建立"一带一路"国际商事争端解决机制和机构的意见》。该文件为推进"一带一路"陆海贸易通道协同发展、保障跨国商事活动顺利开展，进一步推进全方位、宽领域、多层次的开放型世界经济提供了有力的司法服务和保障②。

三 "海洋命运共同体"建设

面对世界海洋形势的深刻变化，中国提出了构建海洋命运共同体的倡议。2019 年 4 月，习近平在集体会见应邀参加中国人民解放军海军成立 70 周年活动外方代表团团长时指出："我们人类居住的这个蓝色星球，不是被海洋分割成了各个孤岛，而是被海洋连结成了命运共同体，各国人民安危与共。"③"海洋命运共同体"理念是人类命运共同体在海洋领域的创

---

① 《促进贸易合作，共享发展机遇》，商务部官网，http://chinawto. mofcom. gov. cn/article/e/r/202205/20220503312823. shtml。

② 中共中央办公厅、国务院办公厅印发《关于建立"一带一路"国际商事争端解决机制和机构的意见》，中央人民政府官网，http://www. gov. cn/zhengce/2018-06/27/content_5301657. htm。

③ 《习近平集体会见出席海军成立 70 周年多国海军活动外方代表团团长》，新华网，http://www. news. cn。

新和延展，是中国为完善全球海洋治理所贡献的中国智慧，有助于中国和世界各国加强对话交流，深化海洋合作，促进互联互通，共同增进海洋福祉。

中国提出构建中国特色海洋共同安全观，构建海洋共同安全机制。2002 年 11 月，中国与东盟各国外长签署《南海各方行为宣言》（以下简称《宣言》）。这是中国与东盟签署的第一份有关南海问题的政治文件。2014 年，第十七次中国—东盟领导人会议发表主席声明，重申将致力于全面落实《南海各方行为宣言》，争取在协商一致的基础上早日达成"南海行为准则"。2021 年，中国与东盟国家落实《宣言》第 19 次高官会议在重庆举行。2022 年，纪念《宣言》签署 20 周年会议在北京举行，参会各方呼吁打造《宣言》的加强版和升级版[1]。由于南海争端所涉国家的利益出发点不同，这决定了"南海行为准则"的协商和谈判需要经历一个复杂而长期的过程。中国应努力与相关国家达成有法律约束力、全面有效的"行为准则"，与南海各国共同承担起治理和维护海洋秩序的责任。

"海洋命运共同体"的构建离不开和平稳定的海洋环境。海盗、海上恐怖主义等海上非传统安全问题一直对海上安全造成严重威胁。为维护中国海上贸易安全和构建安全的海上环境，中国多年来积极参与联合国组织的护航行动，并积极帮助非洲国家加强海上力量建设。早在 2008 年，中国海军首次派出护航编队赴亚丁湾参与国际护航行动。截至 2022 年，中国海军护航编队已完成 1500 批护航任务[2]，为维护中国和世界各国的海洋共同利益贡献了重要力量。2018 年 9 月，习近平主席在中非合作论坛北京峰会上宣布对非合作"八大行动"，其中包括实施和平安全行动，将继续支持几内亚湾等地区国家维护地区安全的努力，并将设立中非和平安全论

---

① 《王毅出席纪念〈南海各方行为宣言〉签署 20 周年研讨会开幕式并致辞》，外交部官网，https：//www. fmprc. gov. cn/wjbzhd/202207/t20220725_10727099. shtml。

② 《中国海军护航编队完成第 1500 批护航任务》，央视网，https：//tv. cctv. com/2022/06/09/VIDEadqsAZVx5GmPGM5RnrLd220609. shtml。

坛，为中非在和平安全领域交流提供平台①。

加强海洋生态保护、维护海洋生态多样性和可持续发展是推进"海洋命运共同体"建设的重要环节。2018 年开始，联合国开启了《联合国海洋法公约》（以下简称《海洋法公约》）国家管辖外海域生物多样性（BBNJ）法律文书的政府间谈判，作为当前海洋法领域最重要的国际立法，BBNJ 事关全球 64%的海洋面积的国际法律秩序调整和生物资源等多方面利益再分配。中国从海洋治理、国土资源和外交三个维度全方位参与 BBNJ 协定谈判，作为世界上最大的发展中国家，需要密切关注这一协定对于中国渔业、海底资源开发和其他经济活动的影响。在 BBNJ 的政府间会议中，中国维护既有的海洋法律框架，目前该协议文本已表决通过②。

四　积极参与全球海洋治理

全球海洋治理是指在全球化大背景下，各主权国家的政府、政府间国际组织、国际非政府组织、跨国企业、个人等主体，通过具有约束力的国际规则和广泛的协商合作来共同解决全球海洋问题，进而实现全球范围内的和谐以及海洋的持续开发和利用③。习近平总书记在党的十九大报告中指出："全球治理体系和国际秩序变革加速推进……中国将继续发挥负责任大国作用，积极参与全球治理体系改革和建设，不断贡献中国智慧和力量。"④ 中国参与全球海洋治理的历史进程，经历了一系列的发展和变化，从排斥和反对到积极参与并成为建设者，大致可以分为三个阶段。

第一阶段，中国对全球海洋治理从排斥转变为融入。在新中国成立到

---

①《中非合作论坛北京峰会隆重开幕　习近平出席开幕式并发表主旨讲话》，新华网，http://www.xinhuanet.com/world/2018-09/03/c_1123374080.htm。

② 姜秀敏：《中国在 BBNJ 协定谈判中的机遇与路径选择》，《中国海洋大学学报》（社会科学版）2021 年第 3 期，第 1~12 页。

③ 王琪、崔野：《将全球治理引入海洋领域——论全球海洋治理的基本问题与我国的应对策略》，《太平洋学报》2015 年第 6 期，第 17~27 页。

④《习近平谈治国理政》（第 3 卷），外文出版社，2020，第 463 页。

改革开放以前，中国尚未认识到参与全球海洋治理的重要性，对于当时西方主导的全球治理机制持排斥和反对态度①。伴随以联合国为核心的全球治理机制发生变化，中国于1971年重返联合国，并在1972年派代表团出席了联合国和平利用国家管辖以外海床洋底委员会（以下简称"海底委员会"）会议，主张"在各国领海和管辖权范围以外的海底资源，原则上为全世界人民所共有。关于其使用及开发等问题，应由包括沿海国和内陆国在内的各国共同商量解决，而绝不容许一两个超级大国操纵和垄断"②。1972年，第三次联合国海洋法会议召开。这是中国恢复联合国席位后参加的第一次国际立法会议。中国完整参加了1972~1982年的第三次联合国海洋法会议，为《海洋法公约》的制定和通过作出了自己的贡献③。广大发展中国家要求变革传统海洋法、建立新海洋法秩序，提出了一些革命性的新概念以及相关制度建设的提案和修正案。中国一如既往地"坚决同第三世界国家站在一起"，支持它们的合理主张，反对海洋大国的阻挠或制造障碍，极力推动相关制度的建立④。1982年，《海洋法公约》开放签字，标志着全球海洋治理的初步形成，中国也是世界上最早签署的国家之一。这一阶段是中国在国际舞台上身份转变的重要时期，从排斥敌对态度逐步转变为融入参与⑤。

第二阶段，中国是全球海洋治理的参与者。这一阶段又可以分为谨慎参与阶段和深入参与阶段。1978年，中国敏锐地意识到，在打开国门后必须尽快融入国际秩序，改善与西方大国的关系并为中国参与全球治理谋求位置，但中国对于全球海洋治理，仍采取谨慎参与态度。在此阶段，中

---

① 刘贞晔：《中国参与全球治理的历程与国家利益分析》，《学习与探索》2015年第9期，第42页。
② 北京大学法律系国际法教研室：《海洋法资料汇编》，人民出版社，1974，第17页。
③ 洪农：《国际海洋法治发展的国家实践：中国角色》，《亚太安全与海洋研究》2020年第5期，第1~13页。
④ 余民才：《中国与〈联合国海洋法公约〉》，《现代国际关系》2012年第10期，第55~62页。
⑤ 刘晓玮：《新中国参与全球海洋治理的进程及经验》，《中国海洋大学学报》2018年第1期，第18~25页。

国参与了政府间《伦敦倾废公约》的谈判、联合国第三次海洋法会议的历届会议、历届联合国国际海底管理局会议、历届海洋法法庭筹委会会议、国际科联海洋研究科学委员会会议，还参与了北太平洋海洋科学组织、亚太经济合作组织等国际组织中海洋资源保护的专门会议或小组；有计划有组织地参加了上述组织及其所属机构的活动，主要有联合国教科文组织政府间海洋学委员会（以下简称"海委会"）所属的全球海洋环境污染调查委员会、全球海洋服务系统、海洋资料交换委员会、太平洋海啸预报系统、海委会西太平洋分委会，以及热带海洋和全球大气研究、世界大洋环流实验计划、全球海洋通量研究计划等①。1983 年，中国政府提交《南极条约》加入书，南极考察活动更加频繁，并于 1984 年建立了第一个中国南极科学考察站。这一时期，中国不断熟悉海洋事务，把握海洋法律体系的运作和规范，积累经验，为争取和维护海洋权益、构建国际平台和途径打下了良好基础。

从 20 世纪 90 年代中期至 2008 年，中国迈入积极参与全球海洋治理阶段。随着改革开放的不断深入，中国在国际组织中的地位和话语权也不断提升，中国积极参与了 1992 年联合国环境与发展大会各项工作，阐述了中国政府关于加强国际合作和促进世界环境与发展事业的主张②。1993年，中国当选国际海事组织的 A 类理事国。1994 年《海洋法公约》正式生效，1996 年中国政府批准该公约，标志着中国海洋事业全面走向依法治海、面向世界和发展经济的轨道③。同时，中国参与全球海洋治理的领域更加广泛，延展到非传统海洋安全和海洋划界等领域。中美两国于 1998年签订了《关于建立加强海上军事安全磋商机制的协定》④，就双方海上航行和安全、海上军事活动特别是军机和舰船近距离活动应当遵守的原则

---

① 中国海洋年鉴编纂委员会中国海洋年鉴编辑部：《1991～1993 年中国海洋年鉴》，海洋出版社，1994，第 375 页。

② 张宝霞：《国际海洋环境法律制度与中国——以国际合作和建构国内法律制度为例》，中国海洋大学硕士学位论文，2018。

③ 干焱平、刘晓玮：《海洋权益与中国》，海洋出版社，2011。

④ 《中美军事交流》，央视网，http://www.cntv.cn/lm/808/-1/58768.html。

和程序，化解误判、避免海上冲突及反海盗和人道主义救援等问题建立了磋商机制。2000 年，中国和越南达成共识，签署了《中越北部湾渔业合作协定》，对维护北部湾渔业的生产秩序、促进两国经济社会发展作出了一定贡献①。在这一时期，中国参与全球海洋治理的领域发生了转变，能力和信心也大为提升，从被动参与者转变为主动参与者，再转化建设者，开始承担相应的大国责任，回馈国际社会，为全球海洋治理贡献力量、经验和智慧。

第三阶段，2008 年至今。这一阶段，中国继续积极参加各项重大国际海洋事务，积极参与国际规则制定，全面参与了联合国大会海洋法非正式磋商、国家管辖范围以外生物多样性养护和可持续利用非特设工作组、全球海洋环境评估、中外海洋法与极地事务对话、《生物多样性公约》、国际海底管理局等重要国际公约和机制的谈判与磋商②。2010 年，第 33 届世界海洋和平大会暨联合国教科文组织政府间海洋学委员会成立 50 周年庆典在北京召开，中国代表倡导建设"和平海洋""和谐海洋"，促进海洋的和平开发与发展，得到了参会成员国的积极反应③。随着中国积极扩展海洋合作对象，推动合作的深入，中国海洋合作的对象由少数发达国家和周边国家逐步扩展到世界各国，海洋合作领域也不断扩展，提升了中国的海洋影响力。

中国参与全球海洋治理的深度和广度都不断延伸，也有意愿和能力为全球海洋治理提供公共产品。中国在世界舞台上"负责任的大国"形象更加深入人心，在全球海洋治理多个领域的地位和影响力不断攀升。

① 《中越就商签新的北部湾渔业合作协定举行磋商》，外交部官网，http：//new. fmprc. gov. cn/wjb_673085/zzjg_673183/bjhysws_674671/xgxw_674673/202112/t20211216_10470491. shtml。
② 中国海洋年鉴编纂委员会：《2015 中国海洋年鉴》，海洋出版社，2015。
③ 《第 33 届世界海洋和平大会开幕式》，国务院新闻办公室官网，http：//www. scio. gov. cn/m/xwfbh/qyxwfbh/Document/755085/755085. htm。

第二章　海洋权益的法治发展

自大航海时代以来，向海图强成为大国崛起的必经之路。从 15 世纪后期到 17 世纪中期，葡萄牙、西班牙、荷兰、英国等，都是依靠海洋成为称霸一时的大国①。到近代，法国、美国甚至日本也是通过走向海洋、建立海权，在世界范围内立足。21 世纪更是高度利用海洋实现自身发展的时代。习近平总书记宏观把控世界发展大局势，洞察海洋发展规律，指出："纵观世界经济发展的历史，一个明显的轨迹，就是由内陆走向海洋，由海洋走向世界，走向强盛。"② 海洋发展对于国家发展的重要性，昭示了维护与发展海洋权益的重要性。国家经济发展大局与对外开放的政策方针需要海洋，维护国家主权、安全、发展利益需要海洋，提升国家政治、经济、军事、科技竞争力需要海洋。

第一节　海洋权益相关立法

自 20 世纪中后期以来，世界上多数沿海国家采用立法的方式确立本国的海洋权益，建立相关海洋权益基本制度。特别是 1982 年《联合国海洋法公约》（以下简称《海洋法公约》）正式通过后，对全球范围内的海洋权利行使进行了制度性规范。中国也逐步完善体现《海洋法公约》精神

---

① 《从海洋大国到海洋强国》，人民网，http://military.people.com.cn/n/2015/0407/c172467-26804344.htm。

② 习近平：《干在实处　走在前列——推进浙江新发展的思考与实践》，中共中央党校出版社，2014。

的法律规范，海洋权益立法的不断规范化体系化是维护中国海洋权益的重要保证。

一 海洋权益内涵

海洋权益发展演化的进程是漫长的。由于发展程度、发展状况以及参与国际社会的程度不同，各国对海洋权益这一概念有不同的态度，关注领域也有所差异。在 21 世纪的今天，海洋在国家发展中的地位日益提高，海洋权益也逐渐受到各国的重视。

海洋权益作为一个重要概念，事实上目前还没有明确统一的定义，对于其内涵的界定，学界主要存在以下观点。①海洋权益即代表国家主权。这种观点主张，海洋权益包括海洋资源开发权、岛屿主权、海域司法管辖权、海洋科学研究权、领海主权、海洋空间利用权、海洋污染管辖权[1]。②海洋权益即是权力利益。该观点将人们从事海洋活动对海洋所拥有的权力以及在此基础上产生的利益概括为海洋权益[2]。③海洋权益即是权利利益。该观点将海洋权益概括为各种法律、条约、协定所界定的国家对海洋所享有的权利与利益的总称[3]。

对于主权国家而言，海洋权益涉及的地理范围广泛，不仅包括内水、领海、毗连区、专属经济区、大陆架，甚至深海海底都可能涉及一国的海洋权益。就其内容而言，则涉及岛屿保护、海洋环境保护、渔业资源养护以及海洋维权执法。同时，沿海国利用海洋空间的权力、利用海洋进行科研活动的权利，以及一国管辖海域的行政、司法管辖权等也包含在广义的海洋权益内涵中。

二 维护海洋权益的国际法依据

《海洋法公约》的诞生是人类海洋文明进步的重要标志。各国维护海

---

① 于宜法、王殿昌：《中国海洋事业发展政策研究》，中国海洋大学出版社，2008，第 107 页。

② 陈可文：《中国海洋经济学》，海洋出版社，2003，第 38 页。

③ 李明春：《海洋权益与中国崛起》，海洋出版社，2007，第 15 页。

洋权益主要是以该公约为国际法依据，甚至各国制定国内相关海洋法律也以该公约为重要参照对象。从地理范围观之，海洋由陆向海划分为内水、领海、毗连区、专属经济区、大陆架、公海等。领海及其海床、底土上空属于国家主权范围。在毗连区范围内，沿岸国对海关、财政、卫生和移民等事项行使立法和执法管辖权。在专属经济区范围内，沿海国享有勘探、开发、养护和管理生物资源和矿物资源的主权权利。在从基线量起 200 海里到 350 海里的范围内，大陆架沿海国可在大陆架上进行自然资源的勘探、开发和利用。对于公海和国际海底资源，各国平等地享有各项自由和权利。从内容观之，海洋权益是国家主权的表现之一，是国家领土向海洋方向延伸而形成的权力，包括领土主权、主权权利和管辖权等。依海洋区域离陆地的近远不同，沿海国所享有权益的程度也有所不同。

《海洋法公约》作为现代国际海洋法的核心，为维护海洋权益提供了相关依据，对各国维护海洋权益起到法律规制作用。但《海洋法公约》并非国际海洋法规则的全部，除该公约以外，与海洋相关的习惯国际法也构成各国维护海洋权益的重要国际法依据。《海洋法公约》在序言之前即明确规定，"确认本公约未予规定的事项，应继续以一般国际法的规则和原则为准据"。

三　维护海洋权益的国内法依据

自 20 世纪 80 年代以来，中国日益重视海洋法治发展，相关涉海法律法规有了长足进步，逐步完善充实涉海法律体系。中国涉海法律体系的形成受到《海洋法公约》的重要影响，符合《海洋法公约》精神，特别是在该公约之后制定的法律更是以公约为蓝本，逐步形成具有中国特色的海洋法律体系。

以国家海洋权益准则为基准，总结中国关于海域管辖的理论基础和实践应用情况，以国际实践及国际法的有关理论准则为依据，中国于 1958年制定了《中华人民共和国关于领海的声明》（以下简称《领海声明》）。该声明标志着新中国领海制度的确立，对于捍卫中国领海主权、保护人民海洋权益、发展中国海上事业各领域都有重大意义。《领海声明》以宣布新中国的领海管理制度为主要内容，主要解决领海的宽度问题、领海基线问题、中国内海问题以及领海通行问题。根据《领海声明》，中国采用直线基线划定领海范围①，领海宽度为 12 海里②，包括渤海湾、琼州海峡在内的基线以内的水域，皆为中国内海③，在领海和领海上空范围内，未经中国政府允许，一切外国飞机和军用船舶不得进入。任何外国船舶在中国领海航行，必须遵守中国有关法令④。

中国 1992 年颁布的《领海及毗连区法》以《海洋法公约》为基准。在主权权益方面，这部法律明确了中国的领海边界，明确了南海诸岛和钓鱼岛等岛屿的主权归属，为中国在当代南海海洋权益争端和钓鱼岛主权争端中维护自身合法权益提供了明确的法律依据。该法第 1 条明确规定："行使中华人民共和国对领海的主权和对毗连区的管制权，维护国家安全和海洋权益，制定本法。"该法共 17 条，具体对中国领海以及毗连区的宽度、外国非军用船舶享有无害通过中国领海的权利以及外国船舶在中国领海内进行科学研究等相关法律制度作了系统规定。各岛屿的领土地位也在本法中被再次重申。第 2 条第 2 款规定，台湾及其包括钓鱼岛在内的附属各岛、东沙群岛、西沙群岛、中沙群岛、南沙群岛及其他一切属于中国的岛屿都是中国的陆地领土。该规定对于中国领域主权的宣誓与维护具有重要意义。《领海及毗连区法》还对外国船只的权利和义务、外国航空器的通过、外国潜水器的通过等事项作出了明确规定，对侵犯中华人民共和国海洋权益的违法行为制定了相应的惩治措施。

1996 年颁布的《领海基线声明》，公布了中华人民共和国大陆领海的部分基线和西沙群岛的领海基线，采用的直线基线法直接沿用《海洋法公

---

① 《中华人民共和国政府关于领海的声明》（二）："中国大陆及其沿海岛屿的领海以连接大陆岸上和沿海岸外缘岛屿上各基点之间的各直线为基线，从基线向外延伸十二海里（浬）的水域是中国的领海。"

② 《中华人民共和国政府关于领海的声明》（一）。

③ 《中华人民共和国政府关于领海的声明》（二）。

④ 《中华人民共和国政府关于领海的声明》（三）。

约》中的相关规定，对中国部分领海作出明确划分。

《专属经济区和大陆架法》规定了中国在专属经济区和大陆架的主权权利以及管辖权。中国在专属经济区和大陆架对渔业、矿产和其他自然资源享有调查、开发、养护和管理的权利，在涉海方面的科学研究和环境保护中也享有相应的权利。第 12 条明确规定了登临权、紧追权等。由此可见，中国有效实现海域管辖权的法律依据就是上述关于专属经济区和大陆架颁布的相关法律。

2002 年 1 月 1 日，《海域使用管理法》正式施行。该法确立了海域所有权即海域使用权的概念，这是政府层面依法加强海洋综合管理的法律依据，在中国海洋法治建设以及发展史上具有里程碑意义。《海域使用管理法》以国家为核心，规定了有关方在海域使用管理中享有的权利以及对国家承担的义务。

《海岛保护法》于 2009 年 12 月 26 日表决通过，于 2010 年 3 月 1 日开始施行，首次以立法的形式对海岛资源利用、管理与保护进行了综合性规定，填补了中国海岛法规体系的立法空白。一方面，海岛的资源、交通线、战略地位对国家发展有重要作用；另一方面，海岛主权立法工作是否专业和完善是主权国家海洋法治水准的重要体现[1]。《海岛保护法》为促进海岛资源开发、维护海岛生态提供了法律依据，同时促进海岛开发利用规则的制定，为加强涉海行政管理部门对海岛的监督管理提供坚实保障。

《海上交通安全法》诞生于 20 世纪 80 年代，经第十三届全国人民代表大会常务委员会第二十八次会议修订。《海上交通安全法》的制度设计包括事前预防、事后加强监督、强化应急处置等方面。《海上交通安全法》的实施，对于建设中国海上交通安全管理的全新体系，提高海上安全保卫能力、资源渠道安全保障能力意义重大，该法还涵盖了优化海上交通状况、规范海上交通行为并严格控制行政许可事项、完善海上搜救机制等，

---

① 贾宝金：《我国〈海岛保护法〉存在的问题及修改完善》，中国海洋大学博士学位论文，2014。

为维护国家海洋权益、促进国民经济发展提供了重要保障。

《渔业法》旨在加强保护、增殖、开发和合理利用渔业资源，发展人工养殖，保障渔业从业人员特别是生产者的合法权益，促进渔业生产发展以及社会主义现代化建设，满足人民群众的美好生活需要。《渔业法》的制定以及不断修改完善，标志着中国依法开发和管理渔业迈入新阶段。

《海洋环境保护法》为维护国家海洋权益提供了重要保障。从保护和改善海洋环境出发，该法为保护海洋资源、防治污染损害、维护生态平衡、保障人体健康、促进经济社会可持续发展等提供了法律依据。

海洋领域的立法广泛，涵盖海洋的各个方面。海洋维权法律只是众多海洋法律的一部分。中国维护海洋权益的国内法已经有了相对成熟的体系和规模，是实现中国海洋权益的基础和保障。

第二节　海洋权益与行政执法

海上行政执法作为海洋权益维护法治系统中的重要一环，是国家海上管辖权在现实中的实践和应用，也是维护中国海洋权益、保障海洋安全的重要手段。中国的海洋维权执法以海洋权益为中心，由重组后的中国海警开展海上行政执法工作。海警工作具有特殊涉外性质，在国内和国际法律规范的授权下，通过国际合作打击海上违法犯罪行为，保护海洋资源环境可持续发展，维护国际海洋公共安全和秩序，保障中国的合法海洋权益。

一　海洋维权执法的概念

执法是指国家行政机关及得到授权的机构在法定职权和程序的指引下，贯彻实施法律活动的过程[①]。中国实施海洋法律或者海洋法治的主要任务，

---

① 《法治中国建设规划（2020～2025年）》，人民网，http://politics.people.com.cn/n1/2021/0111/c1001-31995033.html。

是执行海洋领域的基本法律，解决实际治理海洋的矛盾和未决问题。

"维权执法"一词最早出现在 2002 年，原国家海洋局发布《2002 年中国海洋行政执法公报》，首次提出"维权执法"的概念，并应用于海上执法领域①。

二 海洋维权执法体系

(一)海洋维权执法主体

海洋维权执法主体是一国执行海上任务、保护国家主权及安全的重要力量②。各国的海洋维权执法机构名称不同，但职能相近，主要任务就是保护本国的海洋权益不受他国侵犯。

2013 年原国家海洋局重组，实现了职权的进一步扩大，同时承担的职责也进一步增强，重组后的国家海洋局开始使用中国海警局身份在海洋维权执法领域履行职能。重组后的中国海警局，集中整合了原中国海警、中国渔政、中国海监、中国海上缉私警察等力量。这是资源的优化配置而非简单的重组。此举改善了原来分散管理海洋的局面，重组后的机构能够以集中统一的力量进行海上维权执法。这是中国海洋管理和执法史上的一个重大转折，在此基础上，中国形成职能明确、权力集中、协调高效、科学合理的新型海洋管理以及执法体系，为切实保障中国海洋权益和实现海洋强国目标提供了重要组织保障。2018 年国务院机构改革后，建立自然资源部，原国家海洋局职责被整合并入自然资源部，对内不再保留国家海洋局建制，对外仅保留国家海洋局牌子。

---

① 《2002 年中国海洋行政执法公报》，中国海监网，http：//haijian. ah. hostadm. net/News. aspx? kindCode = 10&id = 122&page = 1，2022 年 6 月 20 日访问。"海上维权执法工作成效显著。对我国管辖海域内从事海底电缆管道作业、海洋科研活动的外籍船舶实行有效监控，进一步强化了监督检查；加大对管辖海域内突发性侵权事件的维权执法工作力度，对日本在我国东海打捞不明国籍沉船活动实施了海上监管，对未经批准擅自从事海上测量、调查的外籍船舶进行跟踪监视和驱逐，有效维护了国家海洋权益。"
② 《依法管海治海进入新时代》，中国海警局网站，http：//www. ccg. gov. cn/2021/hjyw_0210/395. html，2022 年 6 月 20 日访问。

2021年2月1日，《海警法》正式施行，中国的海上执法维权以中国海警名义开展，在职责范围内对海上维权执法等活动进行监督检查、预防和制止[①]。《海警法》明确规定了海警法律关系的组成部分。海警法律关系的规范对象不仅是海警机构，而且包括有关组织和个人，甚至涉及国家层面。这部法律对于海警机构履行职责和完成任务所需的手段和措施、捍卫有关主体的权利和义务作出规定，还规定了指导海警参与中国管辖水域的国防和执法行动的原则。可以说，《海警法》将海警作为法律关系的主体，整合了行使海警权利所涉及以及实际需要的各种实体以及程序法律关系。该法将调整不同法律关系的法律规范汇集在一个统一的法律框架内，突出了《海警法》的全面性。《海警法》确立了海洋权益维护的执法机关，为执法领域分工明确、权责统一奠定了法律基础。该法明确了中国海警海上安全保卫的职能，对执法权和可采取的措施作出了明确规定，为中国海洋权益保护提供了有效的制度保障。针对海上犯罪，《海警法》赋予海警一定执法权，这在中国缺少海上刑事立法的背景下，对海上犯罪治理起到了一定作用，并为未来加强海上犯罪惩治的法治建设奠定了基础。

（二）海洋维权执法业务

《关于中国海警局行使海上维权执法职权的决定》通过后，海上维权执法的相关职责由中国海警局负责。中国建立了科学有效的陆海协调、海上互助的海上维权执法合作机制。中国海警局及其海区分局的主要职能，是协调和指导沿海地方政府的海事执法队伍使用海洋、岛屿、保护和开发海洋生态、环境保护以及海洋渔业管理及其他相关执法工作。中国海警局及其海区分局根据海上维权执法工作的需要，对地区工作船舶和执行人员队伍进行统一组织与协调，参加海上重要维权以及执法行动。

根据《海警法》第5条，海警机构主要担负海上安全保卫、海上行政执法和海上犯罪侦查三类任务，确保海上安全，打击海上走私、贩毒、偷

---

① 《关于〈中华人民共和国海警法（草案）〉的说明》，中国人大网，http：//www.npc.gov.cn/npc/c30834/202101/e496ce89079c4565aefceeca6ef8b97c.shtml，2022年6月20日访问。

渡，促进海洋生态保护等。

一是海上安全保卫。《海警法》第 3 章规定了海警海上安全保卫的职能，主要内容是在中国管辖海域开展海上巡航，监督海域内的活动，维护国家主权、安全和海洋权益。例如，监测一些重点岛屿以及珊瑚礁；控制敏感海域标准化巡逻；定期在黄海、东海、南海进行防卫性维权巡航；海上重大事件保卫、海上临时警卫、海上重要目标防御；对外国军警舰船及时作出反应、打击犯罪、反击侵权以及完成其他任务。

二是海上行政执法。《海警法》第 4 章规定了海警部门海上行政执法的职权，海警机构的主要任务是维护海上安全，在海洋资源开发和利用、海洋生态环境保护、海洋渔业管理、打击海上走私等方面进行执法，对海上生产作业现场进行监督检查，对于违反法律和行政法规的行为，依法实施行政处罚。

三是海上犯罪侦查。根据《海警法》第 5 章的规定，海上发生的刑事案件，依照《刑事诉讼法》和《海警法》的规定行使侦查权，采取有效措施，包括侦查和刑事强制措施等。

综上所述，海警的职能定位为"维权""执法""服务""防卫"①。海警的首要职能就是维护国家的领土主权及安全、维护海洋权益以及依法管控国家所管辖海域。其次，中国海警作为海上综合执法队伍，能够统一行使海上行政执法权以及刑事执法权，能够始终坚持海警基本任务属性，坚持中国在涉海问题上的原则和立场。再次，中国海警作为中国政府海洋管控行政机构，依法履行政府服务职能，保障并服务于国家经济建设。最后，中国海警队伍已经归属武警部队管辖，对相关指挥体系进行新的调整，应承担必要的海上重要敏感目标保护以及战时遂行军事行动、协助支援海军作战任务的职责。

（三）海洋维权执法实践

1.《海警法》的实践

经过近年来的不断发展，中国海洋维权执法队伍在各业务领域建立起

---

① 　王金堂：《中国海警发展战略构想》，《公安海警学院学报》2015 年第 14 期，第 48~52 页。

了国际交流合作机制，开展了一系列海上执法合作活动，合作对象遍布全球各大洲。国际海上执法合作的重点是交流和分享海事执法信息，联合海上巡逻、检查、演习和训练，联合打击海上违法和犯罪活动，进行海上人道主义救援，开展国际海上执法教育和培训交流，与其他主权国家交换海上执法和国际合作联络官等。

2021年，在全球新冠疫情蔓延背景下，中国海警局坚守海上维权执法职责，积极展开国际合作，为维护地区海上安全秩序、推进构建海洋命运共同体作出积极努力。中国海警局认真落实相关双边协定与国际公约，组织中韩暂定措施水域联合巡航、中越北部湾联合检查、北太平洋公海渔业执法巡航共4航次，累计航时1780小时、航程17317海里，观察、记录并检查各类船舶404艘次①。为推动双边海上执法务实合作、共同维护北部湾渔业生产秩序，中越北部湾共同渔区渔业联合检查自2006年启动以来，累积开展了超过20次联合巡航行动，在促进两国海上执法机构交流合作、维护北部湾渔业生产秩序方面发挥了重要作用。同时，进行海上安全生产教育宣传，精确严厉打击海上违法犯罪行为，代表国家有效履行国际义务，维护海上安全和生产作业的正常进程②。

2022年4月21日至27日，中国海警6307舰与韩国海洋水产部无穷花35船组成编队，在中韩渔业协定临时措施所规定的水域进行了2022年首次联合巡航。编队累计巡航139小时、航程1120海里，观察记录作业渔船69艘次，喊话宣传50次，海上作业秩序总体良好③。此次中韩巡航对双方在海上行动中维护秩序、增进相互了解、深化合作意义重大。中韩海上执法部门将加强在更多领域的深度合作，加强海上执法，共同维护中

---

① 《见证2021：远程国际合作迈开新步伐》，中国海警局网，http://www.ccg.gov.cn//2021/gjhz_1230/1053.html，2022年6月20日访问。

② 《见证2021：远程国际合作迈开新步伐》，中国海警公众号，2021年12月30日，2022年6月10日访问。

③ 《中韩海上执法部门开展中韩渔业协定暂定措施水域联合巡航》，中国海警局网，https://www.ccg.gov.cn//2022/gjhz_0622/1826.html，2022年6月24日访问。

韩渔业协定临时措施所确定的水域渔业生产正常秩序。

2. 南海海域的渔业执法

近年来，在禁渔区捕捞、非法捕捞珍稀野生动物等违法行为、在非授权区域捕鱼以及使用毁灭性捕鱼设备捕鱼、无许可证捕鱼等破坏性捕捞方式严重破坏了南海生态系统，影响了南海渔业资源的可持续利用，涉外渔业风险不断加大，成为阻碍南海渔业平稳发展的主要因素①。

在南海海域，中国坚持通过友好协商机制解决因海域划界争议引起的渔业纠纷。以中越签订的《中越北部湾渔业合作协定》为例，双方就共同渔区、过渡性安排水域、小型渔船缓冲区等作出了相关约定。协定生效以来，中越双方共同努力，协定执行情况总体良好，北部湾渔业涉外事件逐年减少，作业秩序保持相对稳定②。

第三节　海洋权益与司法实践

司法管辖权是维护海洋权益的重要方面。充分利用司法管辖权，由中国法院对海洋权益争端案件进行审理，能够切实保障依法依规维护中国海洋权益，解决海洋争端。

一　海洋维权司法实践概述

新中国成立后，中国越来越重视海洋资源的发展权益，将海洋权益维护作为推动经济发展的重要一环③。当前，应认识到国际争端解决司法化的发展趋势，强化法律意识和运用海洋法进行外交博弈的能力。

2016年最高人民法院发布《关于审理发生在中国管辖海域相关案件

---

① 潘兴蕾、章丽萍、艾红、于文明、张鹏：《海洋执法机构整合背景下南海渔业的发展》，《农业现代化研究》2016年第2期，第345~351页。

② 潘澎、罗家聪、胡译匀：《中越北部湾渔业合作协定综述》，《中国渔业经济》2016年第6期，第22~26页。

③ 江河：《国际法框架下的现代海权与中国的海洋维权》，《法学评论》2014年第1期，第92~99页。

若干问题的规定》的司法解释。2017 年，党的十九大报告指出，"要坚持陆海统筹，加快建设海洋强国"。除颁布法律法规和相关政策，各地海事法院近年来发布了部分海洋维权的典型案例①。

二 海洋环境保护类案件的司法实践

中国对海上石油运输的需求不断加大，由于石油运输的频次和运量增大，导致更多船舶溢油事故发生，不可避免会引发各种海洋环境污染问题。船舶溢油污染损害赔偿作为海洋环境保护的一大议题摆在了司法机关面前，海洋环境保护是海洋维权的重要一环。

（一）"塔斯曼海"案

2002 年 11 月 23 日凌晨，马耳他籍油轮"塔斯曼海"轮泄漏的原油污染了天津海域和唐山地区的部分海域，造成的海洋生态资源损害巨大且难以逆转。天津市海洋局、市渔政渔港监督管理处、渔民协会和沿岸渔民、养殖户等受害方均提出索赔要求。天津海事法院一审判决判令被告英费尼特航运公司和伦敦汽船船东互保协会对原告的损害及渔业资源损失承担连带赔偿责任，并赔偿因此而受到损失的渔民 1490 名共计 4209 万余元人民币②。

"塔斯曼海"案是新修订的《海洋环境保护法》实施以后沿海地方人民政府海洋行政管理部门提起的首例涉外海洋生态侵权损害民事索赔案。该案中，天津市海事局作为中国海洋行政管理部门，为维护海洋生态环境进行涉外索赔，在国内尚属首次。这一案件唤起了海事部门对于国境外主体侵权的维权意识，并为司法和行政部门今后在环境索赔方面的工作奠定了良好基础。

（二）"金盛"轮案

2007 年 5 月 12 日，圣文森特籍"金盛"轮和韩国籍"金玫瑰"轮在

---

① 唐瑭、孙誉清：《我国司法管辖权的海洋司法维权功能的障碍及其实现——从近三年海事法院典型案例说起》，《法律适用》2018 年第 18 期，第 66~77 页。
② （2003）津海法事初字第 183、184 号民事判决书。

烟台水域发生了碰撞，并造成了船舶溢油事故。青岛海事法院全部支持了由国家有关部门和检测中心出具的评估报告认定的海洋生态和渔业资源损失费用。此次溢油事故对海洋生态造成的损害赔偿达 898.1644 万元人民币，其中 722.32 万元人民币是该次船舶碰撞溢油事故对天然渔业资源造成的损害赔偿①。在此基础上，法院判决"金盛"轮方船东对此有责任，应支付相应的损害赔偿。

本案是在"塔斯曼海"案后发生的，"塔斯曼海"案为此案提供了先例，再加上索赔资源较丰富，技术基础较好，权威技术机构对此提供了有力支持，该案件进展较为顺利，是中国海洋生态环境索赔的成功案例。

（三）大连"阿提哥"油轮污染案

2005 年 4 月 3 日上午，载有 12 万吨原油的葡萄牙籍"阿提哥"号油轮，即将在大连新港到岸卸货时于暗礁搁浅造成原油泄漏。泄漏后的原油于海面上漂浮覆盖大量的海域以及海岸线，污染大片可用养殖海域。大连市政府帮助受到损害的渔民第一时间收集证据，并通过专业技术手段为渔民提供技术咨询支持。辽宁省高级人民法院判令被告昂迪玛公司赔偿原告大连市海洋与渔业局评估监测损失人民币 50 万元，并对原告的其他诉讼请求采取驳回处理。大连市海洋与渔业局向最高人民法院申请再审。最高人民法院对该再审申请予以驳回。②

本案属于"一带一路"沿线地区发生的海上环境污染损害赔偿纠纷③，中国作为海事大国承担应有的责任。法院坚持以事实为依据，以法律为准绳，体现了中国作为有能力负责任的海事大国，能够站在公平公正立场维护本国的实际海洋权益，严格落实中外平等保护原则。

---

① （2007）青海法海事初字第 405 号。

② （2015）民申字第 1637 号。

③ 《生态一带一路案例 002：葡萄牙籍油轮在大连险礁岩搁浅事件》，中国绿发会，https://mp.weixin.qq.com/s/FMAAY-31Kf4c3Dn2BTEGlg，2022 年 6 月 27 日访问。

三 渔业执法类案件的司法实践

中国与多个邻国主张的专属经济区或大陆架存在交叉重叠①。在东海海域，日本渔船时常非法进入中国钓鱼岛附近海域捕捞。在南海海域，中国致力于与周边国家进行友好合作，签订渔业协议和合作协定等，但外籍渔船在南海海域从事非法捕捞情况较为突出。尽管中国不常采用刑事管辖权应对外籍渔船的非法捕捞行为，但启动海上刑事司法程序，对非法侵入中国领海捕鱼的船只采取刑事制裁手段是必要的②。

四 海上交通安全类案件的司法实践

海上交通安全案件情况复杂，不仅涉及相关管辖海域、当事人户籍所在地、相关船舶船籍等多种需考虑因素，而且对海洋司法维权的实现具有特定可延伸性。海上交通安全案件在中国海洋司法维权案件中占据首要地位。

（一）钓鱼岛海域船舶碰撞案

2014 年 9 月 24 日，中国三沙籍闽霞渔 01971 渔船在中国钓鱼岛以北海域附近遭遇巴拿马籍日本货轮"YUSHO HARUNA"号撞击，船体受损严重，闽霞渔 01971 渔船的船东向厦门海事法院提起诉讼，该法院以调解方式解决纠纷③。

最高人民法院在第十二届全国人民代表大会第四次会议上作的工作报告中表示，厦门海事法院依法审理闽霞渔 01971 船舶碰撞案，彰显了中国政府对钓鱼岛海域的司法管辖权④。该案是中国对钓鱼岛海域行使司法管

① 刘畅：《论外籍渔船在我国管辖海域非法捕捞犯罪的刑法规制》，《黑龙江社会科学》2020 年第 6 期，第 122~128 页。
② 赵微：《赋予海事法院刑事审判权之正当性分析》，《法治研究》2015 年第 1 期，第 29~38 页。
③ （2014）厦海法事初字第 61 号。
④ 周强：《最高人民法院工作报告——2016 年 3 月 31 日在第十二届全国人民代表大会第四次会议上》，《人民法院报》2016 年 3 月 21 日，第 1 版。

辖权的一个典型案例。

（二）艾伦·门多萨·塔布雷海上交通肇事案

该案由宁波海事法院审理，是中国法院首次审理的海事刑事案件。2016 年 5 月 7 日，艾伦·门多萨·塔布雷作为航班驾驶员，在海面实际操作风险极大、天气状况恶劣等环境因素复杂情况下，违反《海上交通安全法》《1972 年国际海上避碰规则》等相关规定，导致马耳他籍货轮"卡塔利娜"轮与中国籍船舶"鲁荣渔 58398"轮发生碰撞。最终导致"鲁荣渔 58398"轮沉没的结果，直接造成 14 人死亡、5 人失踪，并实际造成 507.88 万元财产损失。宁波海事法院以交通肇事罪的罪名判处艾伦·门多萨·塔布雷有期徒刑 3 年 6 个月①。

最高人民法院在 2016 年将相关海事行政案件纳入海事法院管辖范围。2017 年 2 月，宁波海事法院被指定试点管辖海事刑事案件。此案件是全国海事法院审理的首个刑事案。将海上刑事案件纳入海事法院管辖有助于更好地发挥海事法院的专业优势，对维护中国海洋权益起到积极促进作用。

五 小结

行政执法是国家海上管辖权在现实中的实践和应用，而司法管辖权的充分应用能够依法依规维护中国相关海洋权益，解决海洋争端。通过行政执法，《海警法》的实践及南海海域的渔业执法等行政执法工作，在维护地区海上安全秩序、解决涉海纠纷等方面取得了卓越成效。通过司法实践，中国在海洋环境保护、海洋维权、渔业执法及海上交通安全领域都积累了运用司法手段维护中国海洋权益的实践和经验。

---

① （2017）浙 72 刑初 1 号。

第三章　海洋法治的政策与管理

海洋治理需要法律与政策提供支持与保障，经过长期的发展实践，中国已初步构建了海洋法治管理体系，出台了多项政策管理制度。同时，履行国际义务，行使国际法赋予的权利，积极参与全球海洋治理。在世界百年未有之大变局和中华民族伟大复兴战略全局交织背景下，中国海洋强国建设进入了新的发展阶段。这对中国海洋法治建设以及管理提出了新要求。

第一节　海洋法治政策与管理的内容

新中国成立以来，中国依据国际海洋规则，在现代海洋法体系下不断充实国内海洋法治，进行多项政策制定与管理工作，初步构建了中国海洋法治体系和政策管理制度，为中国海洋事业发展作出了重要贡献、提供了制度保障。中国海洋法治的发展可分为萌芽（1949~1978）、发展（1979~1990）、成型（1991年至今）三个阶段。本节对中国海洋法治的政策与管理内容进行梳理。

一　出台综合性海洋政策

中国政府根据1992年联合国环境与发展大会精神，制定了《中国21世纪议程》，确立了中国要实施可持续发展战略。为在海洋领域更好地贯彻《中国21世纪议程》精神，促进海洋的可持续开发利用，原国家海洋局于 1996 年编制了《中国海洋 21 世纪议程》。它是《中国 21 世纪议程》在海洋领域的深化和具体体现，是《中国 21 世纪议程》的重要组成部分，可作为海洋可持续开发利用的政策指南。

2008 年 2 月 7 日，国务院公布了《国家海洋事业发展规划纲要》（以下简称《规划纲要》），指出了中国海洋事业面临的机遇与挑战以及指导思想、基本原则、发展目标，从海洋资源可持续利用、海洋环境和生态保护、海洋经济统筹协调、海洋公益服务、海洋执法与权益维护、国际海洋事务、海洋科技与教育、实施规划措施等十个方面，系统规划了中国在 2006～2010 年发展海洋事业的目标[1]。《规划纲要》是新中国成立以来首次发布的海洋领域总体规划，是海洋事业发展新的里程碑，对促进海洋事业全面、协调、可持续发展和加快建设海洋强国具有重要指导意义[2]。

二 制定全国性海洋开发规划

1995 年 5 月国务院批准了《全国海洋开发规划》。目的是根据国家经济发展需要，结合海洋资源实际情况，寻求人口、资源、环境以及经济、社会、生态的最佳协调形式。同时实现战略目标，即统筹安排海洋资源的开发利用和保护，协调和解决海洋开发中的矛盾和问题，以宏观指导和调控全国海洋开发活动，加速海洋开发进程，为实现国民经济战略目标贡献力量[3]。中国政府根据《海域使用管理法》《海洋环境保护法》及有关法规和政策，于 2002 年制定了《全国海洋功能区划》。2003 年 5 月 9 日，国务院批准了《全国海洋经济发展规划纲要》，规划期为 2001 年至 2010 年，要求各地结合实际认真贯彻执行。该规划纲要是中国政府为促进海洋经济

---

[1] 金永明：《新中国在海洋法制与政策上的成就和贡献》，《毛泽东邓小平理论研究》2009 年第 12 期，第 67 页。

[2] 中华人民共和国中央人民政府：《国务院批准并印发〈国家海洋事业发展规划纲要〉》，http://www.gov.cn/gzdt/2008-02/22/content_897673.htm，2022 年 9 月 25 日访问。

[3] 金永明：《新中国在海洋法制与政策上的成就和贡献》，《毛泽东邓小平理论研究》2009 年第 12 期，第 67 页。

综合发展而制定的第一个宏观指导性文件，对中国加快海洋资源开发利用、促进沿海地区经济合理布局和产业结构调整、促使海洋经济各产业形成国民经济新的增长点意义重大①。

三　加强海洋外宣工作

中国在国际海洋年（1998 年）公布了《中国海洋事业的发展》政府白皮书。白皮书由前言、海洋可持续发展战略、合理开发利用海洋资源、保护和保全海洋环境、发展海洋科学技术和教育、实施海洋综合管理、海洋事务的国际合作组成②，全面、系统阐述了中国海洋事业的成就以及应遵循的基本政策和原则。加强了中国为发展海洋事业、开发和保护海洋作出的积极努力的对外宣传，把海洋事业可持续发展作为一项基本战略，逐步提高国民海洋意识的同时，扩大中国海洋政策的影响力。

四　履行国际义务

1996 年 5 月 15 日第八届全国人民代表大会常务委员会第十九次会议决定，批准 1982 年《联合国海洋法公约》，中国作为《海洋法公约》缔约国参与国际海洋事务。

2006 年 8 月 25 日，中国依据《海洋法公约》第 298 条规定，向联合国秘书长提交了书面声明，对《海洋法公约》第 298 条第 1 款第（a）、（b）和（c）项所述的任何争端（即涉及海洋划界、领土争端、军事活动等争端），中国政府不接受《海洋法公约》第 15 部分第 2 节规定的任何国际司法或仲裁管辖。换言之，中国与其他国家关于海洋问题的上述争端不适用裁判包括仲裁制度，将由相关国家通过协商解决，即通过政治方式解决国家之间的争端。

---

① 中华人民共和国中央人民政府：《国务院关于印发全国海洋经济发展规划纲要的通知》，http：//www.gov.cn/gongbao/content/2003/content_62156.htm，2022 年 9 月 25 日访问。
② 中华人民共和国中央人民政府：《中国海洋事业的发展》，http：//www.gov.cn/zhengce/2005-05/26/content_2615749.htm，2022 年 9 月 25 日访问。

2009 年 5 月 11 日，中国常驻联合国代表团向联合国秘书长提交了《中国关于确定 200 海里以外大陆架外部界限的初步信息》（以下简称《初步信息》），内容涉及中国东海部分海域 200 海里以外大陆架外部界限。《初步信息》指出，中国在东海的大陆架自然延伸超过 200 海里，而且依据从大陆坡脚量起 60 海里确定的外部界限线点没有超过从测算领海宽度的基线量起 350 海里。提交《初步信息》，也是中国履行《海洋法公约》规定的义务、尊重《海洋法公约》缔约国大会通过的决议的具体表现。

第二节　海洋法治政策与管理实践演进

中国海洋法治政策与管理工作的推进从国内、国际两个层面展开。在国内层面，海洋管理体制发生变革，对原国家海洋局职能进行整合，组建中华人民共和国自然资源部，由其进行统一管理。在国际层面，积极参与大陆架界限委员会和国际海底管理局的工作与实践，提升我国海洋话语权与影响力。

一　海洋管理体制的变革

从各国海洋管理实践来看，海洋管理的主体为国家及其代表，即各级政府及其行政管理人员。海洋管理就是政府海洋管理或海洋行政管理。改革开放以来，中国的海洋管理是以集中管理为主、集中管理和分散管理相结合的体制。原国家海洋局曾是中国海洋管理体制中的重要机构组织，在国家管理海洋事务中发挥至关重要的作用。原国家海洋局成立于 1964 年，在国务院机构改革浪潮中，组织地位和职能权限经历了多次调整，直至 2018 年职责整合，组建中华人民共和国自然资源部，不再保留国家海洋局。经过近 60 年的改革，中国海洋管理体制逐步形成了由分散走向整合、由行业管理走向综合管理的局面。

（一）国家管理机构的演变

自 1964 年 7 月原国家海洋局成立以来，组织机构与职能经历了数次变动与整合，1983 年原国家海洋局主要职责集中于海洋科研调查领域，1988 年其职责发生重大转变，被正式赋予"综合管理中国管辖海域"的职能。1989 年，原国家海洋局确立了北海、东海和南海分局 10 个海洋管区和 50 个海洋监察站的职权，明确规定海洋管区是所辖海区内的综合管理机构，负责领导和指挥所属海洋监察站完成维护海洋权益、协调海洋资源开发、保护海洋环境的执法管理。1993 年国务院机构改革，国家科委取代国务院成为原国家海洋局的主管单位，同时原国家海洋局的职责在"综合管理中国管辖海域"基础上聚焦"加强海洋综合管理"，"减少相关的具体事务"，下设了"海洋综合管理司"。1998 年，根据国务院机构改革的"三定方案"，新一轮的国务院机构改革将原国家海洋局定位为组织海洋科研的行政机关，海洋资源行政管理职能划归原国土资源部。2013 年，原国家海洋局再次进行整合，原国家海洋局及中国海监、公安部边防海警、原农业部中国渔政、海关总署海上缉私警察的队伍和职责整合，重新组建国家海洋局，由原国土资源部管理。这种机构设置一直延续至 2018 年。

原国家海洋局在海洋管理过程中，参与了一系列海洋法律法规及相关政策的制定工作，包括《海洋环境保护法》《海域使用管理法》《海岛保护法》《渔业法》《矿产资源法》《野生动物保护法》《环境影响评价法》《测绘法》《海上交通安全法》《港口法》《海洋观测预报管理条例》《海底电缆管道保护规定》《海洋行政处罚实施办法》等。在行政方面，原国家海洋局对涉海行政许可事项进行审查与审批，具体包括：海域使用权审核，海底电缆管道路由调查勘测、铺设施工审批，海洋工程建设项目环境影响报告书核准，海洋工程建设项目环境保护设施验收，海洋工程建设项目投入试运行前环境保护设施检查，拆除或闲置海洋工程环保设施审批，海洋工程拆除或改作他用的审批，废弃物海洋倾倒许可证审批，临时性海洋倾倒区审批，海洋石油勘探开发溢油应急计划审批，海洋石油勘探开发化学消油剂使用核准，国家级海洋自然保护区内相关活动审批，涉海海洋科学研究审批，海洋石油勘探含油钻井泥浆和钻屑的排放审批，南北极考察活动审批，海域使用论证单位资质审批等①。

另外，海洋管理体制变革过程中存在不容忽视的问题，如海洋行政管理体制运行不畅，管理范畴与职能定位不清，原国家海洋局和公安部"双头领导"下的中国海警局在具体执法中面临很多质疑，在实际操作中较难发挥作用等②。

（二）新的国家海洋管理机制

2018 年 3 月，根据第十三届全国人民代表大会第一次会议批准的国务院机构改革方案，将原国家海洋局的职责整合，组建中华人民共和国自然资源部，将原国家海洋局的海洋环境保护职责整合，组建中华人民共和国生态环境部；将原国家海洋局的自然保护区、风景名胜区、自然遗产、地质公园等管理职责整合，组建中华人民共和国国家林业和草原局，由中华人民共和国自然资源部管理③。

根据《自然资源部职能配置、内设机构和人员编制规定》第 2 条，自然资源部是国务院组成部门，为正部级，对外保留国家海洋局牌子。自然资源部内设机构中与海洋管理直接相关的司局及其职能如下。海洋战略规划与经济司：拟订海洋发展、深海、极地等海洋强国建设重大战略，并监督实施，拟订海洋经济发展、海岸带综合保护利用、海域海岛保护利用、海洋军民融合发展等规划，并监督实施；承担推动海水淡化与综合利用、海洋可再生能源等海洋新兴产业发展工作；开展海洋经济运行综合监测、统计核算、调查评估、信息发布工作。海域海岛管理司：拟订海域使用和海岛保护利用政策与技术规范，监督管理海域海岛开发利用活动；组织开

---

① 《国家海洋局行政许可》，中华人民共和国中央人民政府，http：//www.gov.cn/govweb/fwxx/bw/gjhyj/jxss.htm，http：//www.gov.cn/govweb/fwxx/bw/gjhyj/412ling.htm，2022 年 7 月 1 日访问。

② 滕晓键：《浅谈中国海洋管理体制改革》，《中国管理信息化》2020 年第 16 期，第 201 页。

③ 中华人民共和国中央人民政府：《国务院机构改革方案》，http：//www.gov.cn/xinwen/2018-03/17/content_5275116.htm，2022 年 7 月 1 日访问。

展海域海岛监视监测和评估，管理无居民海岛、海域、海底地形地名及海底电缆管道铺设；承担报国务院审批的用海、用岛的审核、报批工作；组织拟订领海基点等特殊用途海岛保护管理政策，并监督实施。海洋预警监测司：拟订海洋观测预报和海洋科学调查政策和制度，并监督实施；开展海洋生态预警监测、灾害预防、风险评估和隐患排查治理，发布警报和公报；建设和管理国家全球海洋立体观测网，组织开展海洋科学调查与勘测；参与重大海洋灾害应急处置。国际合作司（海洋权益司）：拟订自然资源领域国际合作战略、计划，并组织实施；承担双多边对外交流合作和国际公约、条约及协定履约工作，指导涉外、援外项目实施；负责外事管理工作，开展相关海洋权益维护工作，参与资源勘探开发争议、岛屿争端、海域划界等谈判与磋商；指导极地、公海和国际海底相关事务；承担自然资源领域涉外行政许可审批事项①。改制后的国家海洋管理体制走向整合之路。

改制后自然资源部的海洋管理职责包括：用途管制、空间规划、国土空间生态修复以及监督实施海洋战略规划和发展海洋经济、海洋开发利用和保护的监督管理工作等。具体包括：履行全民所有海洋自然资源资产所有者职责和所有国土空间用途管制职责，拟订深海等法律法规草案，制定部门规章并监督检查执行情况；组织拟订并实施海洋自然资源年度利用计划，负责海域、海岛等国土空间用途转用工作；负责海洋生态、海域海岸线和海岛修复；负责监督实施海洋战略规划和发展海洋经济，研究提出海洋强国建设重大战略建议，组织制定海洋发展、深海、极地等战略并监督实施，会同有关部门拟订海洋经济发展、海岸带综合保护利用等规划和政策并监督实施，负责海洋经济运行监测评估工作；负责海洋开发利用和保护的监督管理工作，负责海域使用和海岛保护利用管理，制定海域海岛保护利用规划并监督实施，负责无居民海岛、海域、海底地形地名管理工

---

① 《自然资源部职能配置、内设机构和人员编制规定》第四条，中华人民共和国中央人民政府网，https://www.gov.cn/zhengce/2018-09/11/content_5320987.htm，2023年6月7日访问。

作，制定领海基点等特殊用途海岛保护管理办法并监督实施，负责海洋观测预报、预警监测和减灾工作，参与重大海洋灾害应急处置；配合开展维护国家海洋权益工作，参与相关谈判与磋商，负责极地、公海和国际海底相关事务①。

机构改革之后，中国涉海立法也趋于完善。以海上执法为例，《全国人大常委会关于中国海警局行使海上维权执法职权的决定》和新修订的《刑事诉讼法》与《人民武装警察法》明确赋予中国海警局以海上维权执法职责，海警队伍的权限、地位与执法范围大幅扩增，成为海上执法中最为核心的主体，且这种趋势正在向地方纵深推进，这是海洋管理集中化的一种表现。总而言之，中国的海洋管理体制大致沿着由"管理职能相对集中，执法职能相对分散"向"管理职能相对分散，执法职能相对集中"这一脉络演进，集中与分散两种模式以不同形式交替呈现②。

管理职能的部门间重叠问题仍有待进一步解决。此次机构改革的一大成果是调整了海洋环境主管机构设置与海洋环境管理职能配置，优化了中国的海洋环境管理体制。但这种管理体制变革却并不彻底，至少在职能划分上，部分涉海机构间的职能重叠现象依旧存在，这成为当前海洋治理的一大掣肘。海洋管理职能的交叉重叠主要体现为以下四点：一是生态环境部门与自然资源部门在围填海管控、国家海洋督察、海洋生态修复工程上的职能划分，二是生态环境部门与林业和草原部门在海洋自然保护地管理上的职能划分，三是生态环境部门与渔政部门、海事部门在渔业污染、船舶污染上的职能划分，四是生态环境、自然资源等涉海行政部门与海警队伍在海洋环境执法上的职能划分③。管理职能的分工细化与具体化应是未来机构改革的重点方向之一。

---

① 《自然资源部职能配置、内设机构和人员编制规定》第三条。
② 王琪、崔野：《面向全球海洋治理的中国海洋管理：挑战与优化》，《中国行政管理》2020年第9期，第8页。
③ 崔野：《新时代推进海洋环境治理的难点与应对》，《海洋环境科学》2021年第2期，第260页。

二　参与国际海洋法治的实践

（一）大陆架界限委员会

大陆架界限委员会（以下简称"委员会"）是根据《海洋法公约》设立的条约机构。根据《海洋法公约》规定，如果沿海国陆地领土的自然延伸超过自领海基线量起 200 海里，则该沿海国可以主张 200 海里以外的大陆架（以下简称"外大陆架"）。委员会的主要职责就是审议沿海国提交的 200 海里以外大陆架外部界限的相关数据资料并提出建议。根据《海洋法公约》规定，沿海国在委员会建议基础上划定的大陆架外部界限应有确定性和拘束力①。中国作为《海洋法公约》的缔约国，积极履行《海洋法公约》规定的义务，行使《海洋法公约》赋予的权利，遵守国际法规定管理中国海域。一方面，及时提交中国外大陆架外部界限的初步信息和部分划界案；另一方面，针对其他国家侵占中国海域的不合法划界案以及其他国家提出的侵犯全人类共同利益的划界案作出反对声明。中国积极参与委员会相关工作，对委员会的工作作出重要贡献。

1. 提交外大陆架外部界限的初步信息和部分划界案

2009 年 5 月 11 日，中国常驻联合国代表团向联合国秘书长提交了《中华人民共和国关于确定 200 海里以外大陆架外部界限的初步信息》（以下简称《初步信息》）。《初步信息》采用"坡脚+60 海里"公式，通过一系列科学数据和资料，充分、详细地证明了中国在东海 200 海里以外大陆架外部界限位于冲绳海槽轴部，没有超过从测算领海宽度的基线量起 350 海里。《初步信息》表明，中国具有 200 海里以外大陆架的立场，将在适当时候提交全部或部分 200 海里以外大陆架外部界限的划界案②。

2012 年 12 月 14 日，中国常驻联合国代表团代表中国政府，向联合

---

① 《联合国海洋法公约》第 76 条第 8 款。
② 《中华人民共和国关于确定二百海里以外大陆架外部界限的初步信息》，第 3~4 页。

国秘书处提交了《中国东海部分海域 200 海里以外大陆架外部界限划界案》（以下简称《中国东海部分划界案》）。《中国东海部分划界案》指出，地貌与地质特征表明东海大陆架是中国陆地领土的自然延伸，冲绳海槽是具有显著隔断特点的重要地理单元，是中国东海大陆架延伸的终止①。中国东海大陆架宽度从测算中国领海宽度的基线量起超过 200 海里。根据《中国东海部分划界案》，中国在东海冲绳海槽内选择了 10 个最大水深点，以直线连线作为中国东海部分海域 200 海里以外大陆架的外部界限。这些定点既没有超过限制线，也没有超过公式线，完全符合《海洋法公约》第 76 条的规定②。这 10 个定点全部位于冲绳海槽内，符合中国关于东海大陆架向东延伸到冲绳海槽的一贯主张，从科学角度进一步强化了东海大陆架自然延伸的事实。2013 年 8 月 16 日，中国政府代表团就《中国东海部分划界案》向委员会进行了陈述，在国际场合重申中国东海大陆架向东延伸至冲绳海槽的一贯主张。

2. 对周边国家划界案作出立场声明

2009 年 5 月 7 日，越南向大陆架界限委员会提交了南海北部 200 海里外大陆架划界案。越南划界案执行摘要③声称，划界案区域与相关国家没有争议，这显然是不真实的。越南提交划界案当天，中国常驻联合国代表团向联合国秘书长提交了关于越南外大陆架划界案声明（CML/18/2009）。声明指出，中国对南海诸岛及其附近海域拥有无可争辩的主权，对相关海域及其海床和底土享有主权权利和管辖权。越南划界案严重侵害了中国在南海的主权、主权权利和管辖权，是非法的、无效的。根据《大陆架界限委员会议事规则》附件一第 5 条（a）项，因为存在海洋争端，中国政府

---

① 《中华人民共和国东海部分海域二百海里以外大陆架外部界限划界案执行摘要》，第 1 页。

② 《中华人民共和国东海部分海域二百海里以外大陆架外部界限划界案执行摘要》，第 6 页。

③ Submissions, through the Secretary-General of the United Nations, to the Commission on the Limits of the Continental Shelf, pursuant to article 76, paragraph 8, of the United Nations Convention on the Law of the Sea of 10 December 1982, Viet Nam-in North Area (VNM-N), https: //documents-dds-ny. un. org/doc/UNDOC/GEN/N09/536/21/PDF/N0953621. pdf? OpenElement, 2023 年 7 月 4 日访问。

要求委员会对越南划界案不予审理。中国的反制声明附有标注了南海断续线的地图，由此引发国际社会的特别关注①。

2009 年 5 月 6 日，越南与马来西亚联合向大陆架界限委员会提交划界案。中国常驻联合国代表团也于 5 月 7 日向联合国秘书长提交了关于越马联合划界案的声明（CML/17/2009），就马来西亚和越南联合划界案表明立场②。针对这一问题，中国明确立场，中国对南海诸岛及其附近海域拥有无可争辩的主权，对相关海域及其海床和底土享有主权权利和管辖权。马来西亚和越南联合划界案所涉 200 海里以外大陆架区块，严重侵害了中国在南海的主权、主权权利和管辖权。根据大陆架界限委员会《议事规则》附件一第 5 条（a）项，中国政府郑重要求委员会对马来西亚和越南联合划界案不予审理。这份反制声明也附有标注了南海断续线的地图③。越南单独以及与马来西亚联合提交的划界案，所涉区域位于中国断续线以内海域，侵犯了中国的海洋权益。

"冲之鸟"是孤立于太平洋中两块不足床垫大小的岩礁。日本将"冲之鸟"作为等同于大陆的领土，主张专属经济区、大陆架乃至 200 海里外大陆架。2008 年 11 月 12 日，日本向大陆架界限委员会提交了包括以"冲之鸟"为基点的 200 海里外大陆架划界案④。中国常驻联合国代表团于 2009 年 2 月 6 日向联合国秘书长提交了立场声明（CML/2/2009），指出

① 中国常驻联合国代表团就越南划界案向联合国秘书长提交的普通照会，https://www. un. org/Depts/los/clcs_new/submissions_files/vnm37_09/chn_2009re_vnm_c. pdf，2022 年 7 月 20 日访问。

② Joint Submission to the Commission on the Limits of the Continental Shelf pursuant to Article 76, paragraph 8 of the United Nations Convention on the Law of the Sea 1982 in respect of the southern part of the South China Sea. https://www. un. org/Depts/los/clcs_new/submissions_files/mysvnm33_09/mys_vnm2009excutivesummary. pdf，2022 年 7 月 20 日访问。

③ 《中国常驻联合国代表团就马来西亚越南划界案向联合国秘书长提交的普通照会》，https://www. un. org/Depts/los/clcs_new/submissions_files/mysvnm33_09/chn_2009re_mys_vnm. pdf，2022 年 7 月 20 日访问。

④ Japan's Submission to the Commission on the Limits of the Continental Shelf pursuant to Article 76, paragraph 8 of the United Nations Convention on the Law of the Sea executive summary, https://www. un. org/Depts/los/clcs_new/submissions_files/jpn08/jpn_execsummary. pdf，2022 年 7 月 20 日访问。

"冲之鸟"是不能维持人类居住或其本身经济生活的岩礁，不应有大陆架和外大陆架，大陆架界限委员会无权审议以"冲之鸟"为基点的外大陆架相关资料①。组成"冲之鸟"的两块岩石总面积不足 10 平方米，既无法满足维持人类居住的基本条件，同时也无法维持其自身经济生活。"冲之鸟"属于《海洋法公约》第 121 条第 3 款规定的岩礁，无法拥有专属经济区和大陆架以及外大陆架。以"冲之鸟"礁为基点主张外大陆架，既不符合国际法规定，同时侵犯了作为人类共同继承财产的国际海底区域。日本提出划界案后，中国、韩国两国分别就其涉及"冲之鸟"的问题提出评论照会②，指出"冲之鸟"不具备拥有任何范围大陆架的权利基础，建议委员会不对日本划界案涉及"冲之鸟"部分采取任何行动③。2012 年 6 月 3 日，委员会公布了对日本划界案"建议"摘要。委员会认为，在中国、韩国、帕劳和美国等国家的照会中所提及的问题得到解决之前，无法就建议草案中关于南九州帕劳洋脊区块的内容采取行动④。"冲之鸟"礁划界案引起国际社会对有关岛礁划定 200 海里以外大陆架的权利基础问题的关注和讨论。在国际海底管理局第 14 届会议、《海洋法公约》缔约国大会第 19 次会议等场合，来自国际组织、观察员和一些国家的专家学者热烈讨论⑤，指出日本利用岩礁主张专属经济区和大陆架不具合法性。

---

① 《中国常驻联合国代表团就日本划界案向联合国秘书长提交的普通照会》，https：//www.un.org/Depts/los/clcs_new/submissions_files/jpn08/chn_6feb09_c.pdf，2022 年 7 月 20 日访问。

② 2009 年 2 月 6 日，中国政府致函联合国秘书长，就日本划界案所涉"冲之鸟"礁问题提出评论照会（CML/2/2009），http：//www.un.org/Depts/los/clcs_new/submissions_files/jpn08/chn_6feb09_c.pdf；2009 年 2 月 27 日，韩国政府提出评论照会（MUN/04//09），https：//www.un.org/Depts/los/clcs_new/submissions_files/jpn08/kor_27feb09.pdf，2022 年 7 月 20 日访问。

③ 《大陆架界限委员会议事规则》（CLCS/40/Res.1）第 46 条规定，"在存在海岸相向或相邻国家间的争端或其他未解决的陆地或海洋争端的情况下提出划界案"，其附件一规定，"在存在海岸相向或相邻国家间的争端或其他未解决的陆地或海洋争端的情况下提出划界案"。

④ 《大陆架界限委员会工作的进展 主席的说明》（CLCS/74），第 4~5 页第 18~19 段。

⑤ Seabed authority organizes briefing for members and observers attending its fifteenth session（Council SB/15/10），https：//ran-s3.s3.amazonaws.com/isa.org.jm/s3fs-public/files/documents/sb-15-10.pdf，2022 年 7 月 20 日访问。

（二）国际海底管理局

国际海底管理局是各缔约国依据《海洋法公约》第 11 部分以及 1994 年《关于执行〈联合国海洋法公约〉第十一部分的协定》（以下简称《执行协定》）所成立的政府间国际组织。国际海底管理局依据《海洋法公约》和《执行协定》所确立的各项国际海底区域（以下简称"区域"）的具体制度，对《海洋法公约》各成员国在其国家管辖范围之外"区域"所进行的各类活动进行管理。国际海底管理局作为对"区域"内所蕴含的各类丰富的矿物资源进行保护和管理的政府间国际组织，地位极其重要。

中国在国际海底管理局中的总体定位是一个开放的发展中大国，这是由中国目前的发展状况以及世界地位共同决定的。中国在国际上所处的地位有非常强的两面性，既具有作为一个大国的影响力，同时，本质上中国目前仍然是一个发展中国家。这一定位一方面决定了中国在国际海底管理局各项活动中必须要坚持有所作为，另一方面也要努力担负起作为一个大国的责任，为自身以及其他国家对"区域"合理、合法的利用贡献力量。中国是国际海底管理局多边合作机制的维护者和促进者。国际海底管理局为各个成员国提供了一个多边协商、合作的平台，各国通过这种方式解决在"区域"保护、开发等方面存在的问题。中国历来注意加强对国际海底管理局多边合作的维护，倡导各国通过平等对话消除分歧、解决争端。中国也在不断研究和分析国际海底管理局目前的多边合作机制，积极探索完善该机制的路径。

中国大洋矿产资源研究开发协会（以下简称"大洋协会"）与国际海底管理局签订了多金属结核勘探合同，是对"区域"内资源进行开发的重要承包者，在享有多金属结核矿区勘探权的同时，积极履行相应的国际义务，并为大力保护"区域"环境、公平利用"区域"资源、积极发展深海技术、推进海洋科学进步作出了巨大努力。作为中国开展"区域"研究开发活动的主要业务协调部门，中国大洋协会积极参与了国际海底管理局的各项业务活动，并一直与管理局保持着良好的合作关系。

1991 年 3 月 5 日，经联合国批准，大洋协会在国际海底管理局和国际海洋法法庭筹备委员会登记注册为国际海底开发先驱者，在国家管辖范围外的"区域"分配到15万平方公里的开辟区。1999年3月5日，在完成开辟区50%区域放弃义务后，大洋协会在上述区域最终获得7.5万平方公里具有专属勘探权和优先商业开采权的多金属结核矿区，拓展了中国资源储备来源。1997年，根据《海洋法公约》有关规定，国际海底管理局批准了大洋协会在其多金属结核矿区15年的勘探工作计划。随后，大洋协会于2001年5月与国际海底管理局签订了勘探合同，标志着中国大洋协会正式从国际海底开辟活动的先驱投资者成为国际海底资源勘探的承包者。继2001年在东北太平洋获得7.5万平方公里多金属结核合同区后，大洋协会于2011年在西南印度洋获得面积为1万平方公里的多金属硫化物合同区，2014年在东北太平洋获得面积为3000平方公里的富钴结壳合同区，中国成为世界上第一个在"区域"拥有"三种资源、三块矿区"的国家[1]。

在深海装备和保障能力方面，逐步形成"三龙"（"蛟龙"号、"海龙"号和"潜龙一号"）和四大装备（中深钻、电视抓斗、声学拖体和电磁法）为代表的深海装备体系，以及以国家深海基地管理中心为代表的大洋保障体系。在参与国际事务方面，中国大洋协会积极参与国际事务，履行承包者义务，特别是在深海环境保护方面，组织国内优势力量，开展实质性研究，切实履行合同义务。

中国作出的"基线及其自然变化"计划已经被列为国际海底管理局所组织安排的四大重要国际合作项目之一[2]。中国积极派出代表出席历届国际海底管理局会议以及联合国海底筹委会会议。2004年6月3日，国际海底管理局第10届会议进行了理事会半数成员的改选工作。中国作为海底矿物所含金属的主要消费国，当选为理事会A组成员，任期4年，中国正

① 中国大洋矿产资源研究开发协会，http://www.comra.org/2013-09/23/content_6322477.htm，2022年9月26日访问。

② 金永明：《国际海底制度研究》，新华出版社，2006，第90~91页。

式成为"区域"内矿物资源的最大消费者集团的组成成员①。中国全面参与了管理局的各级机构、各个层次的各类开发和管理活动，在国际海底管理局的地位得到巩固和提升。

中国作为国际海底管理局理事会成员，为国际海底区域治理体系建设、资源开发与可持续利用、环境保护等方面作出重要贡献。目前，中国是世界上获得国际海底区域勘探矿区数量最多、资源种类最全的国家。作为国际海底管理局与成员建立的首个培训和研究机构，"中国—国际海底管理局联合培训与研究中心"主要面向发展中国家、欠发达国家和小岛屿国家的学员，致力于深海科学、技术、政策培训和研究工作，展示了中国促进发展中国家能力建设、推动构建海洋命运共同体的决心和能力。2020年11月11日，中国常驻国际海底管理局代表、驻牙买加大使田琦与国际海底管理局秘书长迈克·洛奇在牙买加首都金斯敦签署《中华人民共和国政府与国际海底管理局关于共同推进丝绸之路经济带和21世纪海上丝绸之路建设的谅解备忘录》。②

在国际社会的共同努力下，以国际海底管理局为核心的多边区域治理体系在落实"人类共同继承财产原则"、促进人类对"区域"资源的开发利用、增进人类对"区域"环境的认知和保护以及加强发展中国家海洋能力建设等方面取得了诸多成绩。国际海底管理局的工作不断取得新进展，在促进勘探合同监管、推进开发规章制定、推动企业部运作、落实管理局战略计划以及促进发展中国家能力建设等方面做了大量工作。中国是"区域"事务的积极参与者和贡献者，在参与"区域"治理和国际规则制定方面继续发挥着重要作用。大洋协会在第二期会议期间，在管理局总部举办了"合作、贡献与人类命运共同体"主题边会，分享了中国承包者自管

---

① 中华人民共和国常驻国际海底管理局代表处：《2004年国际海底区域活动大事记》，http://isa.china-mission.gov.cn/zgyglj/zgygljdsj/dsj2004/，2022年10月3日访问。

② 《2020年国际海底区域活动大事记》，中华人民共和国常驻国际海底管理局代表处，https://www.isa.china-mission.gov.cn/zgygihdgljldsj_131847/zgygljdsj/202208/t 20220819_10746660.htm，2023年6月7日访问。

理局成立以来为"区域"事务所做的贡献和努力；中国担保的北京先驱公司勘探矿区申请为管理局新贡献了一块保留区；中国政府继续就开发规章制定提交书面意见，积极促进规章草案更加优化合理；自然资源部与管理局共建联合培训和研究中心，是中国促进发展中国家能力建设、推动构建"人类命运共同体"的积极贡献，充分体现了中国在促进"区域"事务发展中的大国担当。

第三节　海洋法治政策与管理展望

一　完善国内海洋政策与管理体制

为进一步推动中国海洋法治发展，中国海洋法律体系可从如下三个层面予以完善。一是修改部分涉海法律法规。一方面，要结合 2018 年政府机构改革后的机构设置、职能配置及权责关系情形及时修订《渔业法》《海洋环境保护法》《海域使用管理法》《治安管理处罚法》等相关法律，并将执法监督、简政放权、公民参与等法治理念嵌入其中；另一方面，要重点解决法律条款的冲突问题，如《海上交通安全法》对"沿海水域"的界定可能与《专属经济区和大陆架法》规定的航行和飞越自由的内容相互矛盾，亟待妥善调整。二是尽快制定一批急需的海洋法律。新的时代背景呼唤着新的海洋法律，如"海洋基本法""海洋自然保护区管理法"等，特别是"海洋基本法"的出台将对中国海洋法律体系完善具有支柱性意义。若短期内立法条件不成熟，也可以先行制定一些行政法规或规章，以为解决中国海洋管理和海上执法面临的关键问题提供明确的操作依据。三是针对全球海洋治理发展趋势，强化中国涉外海洋法律制定或修订工作，如加快涉南极立法、修订《涉外海洋科学研究管理规定》、制定"深海海底区域资源勘探开发许可规定"等。积极参与国家管辖海域外生物多样性养护与可持续利用国际协定、国际海底区域采矿规章、全球海洋塑料垃圾管控公约等新兴国际海洋立法进程，为未来将这些国际海洋立法顺畅转化为国内海洋法律奠定基础①。

在部门协调方面，应当建立或强化跨部门的海洋议事协调机制，加强各部门在海洋管理重大事项上的沟通、协同与合作。在中央层面，建议尽快构建起国家海洋委员会的组织实体和制度体系，吸纳党、政、军、学、社等多方主体，使其由"名义上存在"转变为"实质性运转"，扮演好总协调者的角色；在地方层面，山东省及其沿海地市已在各级党委工作序列中成立了海洋发展委员会，其他地区可以参照这一做法，在时机成熟时组建类似的海洋协调机构，就区域内的重大海洋问题开展沟通协调。

这种推进应以三个维度为重点，即职能范围的清晰厘定、部门协调机制的构建、地方及基层改革的深入。在职能划分方面，应进一步理顺各涉海管理机构间的权责边界，这是深化改革的重中之重。需要着重厘清的职能范围主要包括以下部门：一是生态环境部门与自然资源部门在围填海管控、国家海洋督察、海洋生态修复工程上的职能划分，二是生态环境部门与林业和草原部门在海洋自然保护地管理上的职能划分，三是生态环境部门与渔政部门、海事部门在渔区污染、港口污染上的职能划分，四是海警队伍与自然资源部门、生态环境部门、渔政部门、海事部门等行政机关在海上执法上的职能划分。此外，还需要在地方层面理顺中央有关部门的派出机构与当地政府涉海管理机构之间的职能划分。

二　全方位参与全球海洋治理

（一）跟踪大陆架界限委员会工作进展，加强相关工作战略布局

自 2001 年俄罗斯提交第一份大陆架划界案以来，大陆架的争夺已成为"蓝色圈地"运动的新热点。目前，大陆架界限委员会共收到 93 份大陆架划界案材料及 49 份外大陆架初步信息，这些划界案主张的外大陆架

---

① 王琪、崔野：《面向全球海洋治理的中国海洋管理：挑战与优化》，《中国行政管理》2020 年第 9 期，第 10～11 页。

总面积约合 2600 万平方公里①。

2010 年，中国创办了大陆架划界国际高峰论坛。这一由原国家海洋局海洋发展战略研究所和原国家海洋局第二海洋研究所共同发起的高峰论坛是国际上一个让科学与法律专家汇聚一堂的平台，汇聚联合国三大机构及全球划界专家，该论坛已成功举办四届。论坛围绕国家海洋划界和权益维护的重大科学技术、法律和政策问题进行深度研讨，增强了各国的交流，进一步提升我国的国际话语权。中国应把握好这一高峰论坛平台建设，为大陆架划界、海洋权益维护、参与国际海洋事务等提供科学技术和法律支撑，为国家海洋划界和权益维护工作提供开放研究和理论创新指导。

（二）共建蓝色伙伴关系，贡献中国海洋智慧

"21 世纪海上丝绸之路"是海洋领域国际合作的重要契机。中国与很多沿线国家都开展不同形式的友好合作，大陆架划界是其中的亮点之一。中国大陆架划界技术历经十余年攻坚克难已初见成效，编制了全球首份海洋地形地貌调查标准，创建了大陆架划界技术理论体系。截至目前，37个非洲沿海国家中，已有 24 国提交了划界案。但是，绝大多数划界案是根据外国的部分援助或精度较低的全球公开数据完成的，很难通过大陆架界限委员会的审查。这些国家亟须开展大陆架划界调查，补充高精度数据，拿出新的方案。受科研水平、专业技术和人才力量等限制，这些国家迫切需要理论与技术帮助。目前，中国已为 20 余个国家提供了相关技术援助。

2012 年，中国与尼日利亚开启两国大陆架国际合作调查航次。以此为开端，大陆架划界技术成为中国对非洲技术援助的重要内容。2016 年，原国家海洋局第二海洋研究所和莫桑比克的科研机构开启了中国—莫桑比

---

① 大陆架界限委员会，https：//www.un.org/Depts/los/clcs_new/commission_submissions.htm，数据最后更新于 2023 年 5 月 12 日；https：//www.un.org/Depts/los/clcs_new/commission_preliminary.htm，数据最后更新于 2022 年 3 月 11 日，2023 年 7 月 4 日访问。

克大陆边缘地球科学联合调查航次，对地球物理和水文进行了综合调查。同年，第二海洋研究所与塞舌尔的研究机构共同开启了大陆边缘海洋地球科学联合调查航次，为该国大陆架划界提供了高精度调查数据。此外，中国还与马达加斯加、毛里求斯、桑给巴尔、喀麦隆、加纳、安哥拉、肯尼亚等国家广泛开展海洋科技交流与合作，并积极创造条件，助力他国海洋划界人才培养。未来，中国应持续开展大陆架划界技术援助项目，广泛提升中国亲和力、感召力和影响力。

第四章　海洋经济的法治发展

改革开放 40 多年来，中国传统海洋产业稳步发展，新兴海洋技术产业迅速崛起，海洋经济已成为国民经济发展中重要的、强劲的、新的增长点。开发和保护海洋，建设 21 世纪海上丝绸之路，对建立全球发展新秩序、构建人类命运共同体、促进中国经济发展和社会进步等具有重大意义。海洋经济发展与海洋权益维护、海洋资源开发利用和海洋环境保护等联系紧密，而海洋权益维护、海洋资源开发利用和海洋环境保护无一例外都需要完善的法治作为保障。因此，系统梳理总结中国海洋经济及其法治发展，对未来中国海洋经济高质量发展有重要意义和价值。

第一节　海洋经济发展概述

一　海洋经济概念与产业分类

1. 海洋经济概念

中国 1998 年出版的《海洋大辞典》将海洋经济界定为：人类在开发利用海洋资源、空间过程中生产、经营、管理等经济活动的总称。

原国家海洋局于 1999 年发布的国家标准《海洋经济统计分类与代码》认为，"海洋产业是涉海性的人类经济活动"，并指出了"涉海性"的五个方面：①直接从海洋中获取产品的生产和服务；②直接从海洋中获取的产品的一次加工生产和服务；③直接应用于海洋和海洋开发活动的产品的生产和服务；④利用水或海洋空间作为生产过程的基本要素所进行的生产和服务；⑤与海洋密切相关的科学研究、教育、社会服务和管理。

2003 年 5 月，国务院出台了《国务院关于印发全国海洋经济发展规划纲要的通知》（国发〔2003〕13 号）。《全国海洋经济发展规划纲要》对海洋经济的定义是："海洋经济是开发利用海洋的各类产业及相关经济活动的总和"，海洋产业主要包括海洋渔业、海洋交通运输业、海洋石油天然气业、滨海旅游业、海洋船舶业、海盐及海洋化工业、海水淡化及综合利用业和海洋生物医药业等。

2006 年发布的《海洋及相关产业分类》（GB/T20794-2006）将海洋经济定义为：开发、利用和保护海洋及相关联的全部活动的总和。按海洋经济活动性质不同，将海洋经济划分为海洋产业及海洋相关产业两个部分。海洋产业指以开发利用和保护海洋资源及海洋空间为对象的产业主体部门，主要包括直接从海洋中获取产品的生产和服务活动，直接从海洋中获取的产品的一次加工生产和服务活动，直接应用于海洋和海洋开发活动的产品生产和服务活动，利用海水或海洋空间作为生产过程的基本要素所进行的生产和服务活动，海洋科学研究、教育、管理和服务活动共五类经济活动行为[1]。

2022 年 7 月 1 日开始实施的《海洋及相关产业分类》（GB/T20794-2021）将海洋概念修订为：开发、利用和保护海洋的各类产业活动，以及与之相关联活动的总和。

2. 海洋经济产业分类

1999 年 12 月，为规范海洋统计的基本定义和行业分类，原国家海洋局从基本定义和行业分类角度发布了我国海洋统计领域的首个行业标准《海洋经济统计分类与代码》（HY/T 052-1999）。该标准以 GB/T 4754-1994《国民经济行业分类与代码》为依据，以涉海性为原则，首次从整个国民经济体系中划分出与海洋有关的产业分类和产业活动的统计范围。该标准的发布与实施，统一了海洋行业分类口径，规范了海洋行业分类，

---

① 朱坚真、贺义雄、张小凡等编著《海洋经济学》（第 2 版），高等教育出版社，2016，第 1~7 页。

是海洋经济统计工作走向标准化的一个重要起点。

2006 年 12 月，为全面综合统计海洋经济总量状况，反映海洋经济内部组成部分之间的有机联系，首版国家标准《海洋及相关产业分类》（GB/T 20794-2006）正式发布（以下简称"现行标准"）。该标准首次将海洋经济划分为两类三个层次：海洋产业（海洋核心层、海洋经济支持层）和海洋相关产业（海洋经济外围层），包括 2 个类别、29 个大类、107 个中类。可与 GB/T 4754-2002《国民经济行业分类》配套使用，是海洋经济领域最基础、应用最为广泛的标准之一。

2012 年 12 月，为全面、系统掌握我国海洋经济基本情况，完善我国海洋经济基础信息，国务院批准同意开展第一次全国海洋经济调查。但当时标准对照的国民经济行业分类已经修订，无法完全反映海洋经济的发展实际，全国海洋经济调查领导小组于 2015 年 1 月印发《第一次全国海洋经济调查海洋及相关产业分类》（以下简称"调查用标准"）。该标准按照 GB/T 4754-2011《国民经济行业分类》的行业划分规定和海洋经济活动的同质性原则，对海洋及相关产业进行分类，共包括 2 个类别、34 个大类、128 个中类、416 个小类。

2021 年 12 月，鉴于海洋经济已成为国民经济发展的重要增长点，海洋新产业、新业态不断涌现，现行标准已经不能反映海洋经济发展状况并保证与国家数据有效共享，且国民经济行业分类也进行了新一轮修订，国家海洋信息中心在调查用标准的基础上，结合第一次全国海洋经济调查的实证检验以及对新形势下部分重点海洋产业的分析调研，编制了修订版《海洋及相关产业分类》（GB/T 20794-2021）。该标准以 GB/T 4754-2017《国民经济行业分类》为依据，将海洋经济划分为海洋产业、海洋科研教育、海洋公共管理服务、海洋上游产业、海洋下游产业等 5 个产业类别，下分 28 个产业大类、121 个产业中类、362 个产业小类[1]（见表 1）。

---

[1]　安海燕：《国家标准〈海洋及相关产业分类〉修订版发布》，《中国自然资源报》2022 年 1 月 11 日，第 5 版，DOI：10.28291/n.cnki.ngtzy.2022.000114。

表 1 三个版本标准基本情况对照

	2006 年颁布国标	2015 年调查用标准	2021 年修订版国标
名称	GB/T 20794-2006《海洋及相关产业分类》	《第一次全国海洋经济调查海洋及相关产业分类》	GB/T 20794-2021《海洋及相关产业分类》
背景	海洋经济日益成为国民经济的新增长点。主要海洋产业统计有稳定的数据源，但在统计范围、口径、标准等方面都存在一定缺陷，有待进一步完善和规范	现行标准对照的国民经济行业分类已经修订，无法完全反映海洋经济的发展实际	海洋经济已成为国民经济发展的重要增长点，总量不断迈上新台阶，海洋新产业、新业态不断涌现。现行标准已经不能保证与国家数据的有效共享，亟须开展标准修订工作
目的	形成国家层面、规范化、能全面综合反映海洋经济运行状况的海洋经济核算体系	开展第一次全国海洋经济调查	完善海洋产业分类体系，明晰海洋产业分类构成，实现与国民经济行业分类、国际标准产业分类的有机衔接
意义	是海洋经济最基础最广泛的标准之一，为从事海洋有关工作的涉海企事业单位、国家机关和社会团体进行海洋产业类别划分提供了重要依据	为第一次全国海洋经济调查提供了基本分类依据，并为后续国标修订提供了实证检验	标准分类具有较强的操作性，为海洋经济调查、统计、核算、评估等工作提供科学、全面的技术支撑，体现了科学性、前瞻性、实用性
结构与门类	标准分为两类三个层次，共包括 2 个类别、29 个大类、107 个中类	标准共包括 2 个类别、34 个大类、128 个中类、416 个小类	标准共包括 5 个产业类别，下分 28 个产业大类、121 个产业中类、362 个产业小类
参考	参考《全部经济活动的国际标准产业分类》（1989 年修订，第三版，简称：ISIC/Rev.3）	—	参照 GB/T 1.1-2020《标准化工作导则第 1 部分：标准化文件的结构和起草规则》的规定起草
配套使用	GB/T 4754-2002《国民经济行业分类》	GB/T 4754-2011《国民经济行业分类》	GB/T 4754-2017《国民经济行业分类》
废止	实施之日起，HY/T 052-1999《海洋经济统计分类与代码》即行废止	—	代替 GB/T 20794-2006《海洋及相关产业分类》，该文件于 2006 年首次发布，本次为第一次修订

二 中国海洋经济发展历程与现状

1. 中国海洋经济发展历程①

（1）社会主义革命和建设时期

新中国成立初期，我国海洋力量十分薄弱，以毛泽东同志为核心的第一届党中央领导集体，总结了近百年我国饱受西方列强从海上入侵的历史，提出了"海防为我国今后主要的国防前线""建设一支强大的海军"等战略方针。由于抗日战争和解放战争对经济造成了极大破坏，我国海洋经济发展的起步阶段十分困难。受制于没有一支符合时代的海军力量，中国海洋安全受到了东南亚国家、台湾国民党当局及美国等多方势力的威胁。同时，由于没有科学的发展方针，过度的海洋捕捞对海洋生态造成了不可逆的影响，使我国的海洋渔业资源至今未能重回历史高位。此外，新中国成立初期我国海洋运输业规模极小，中国大量的运输需求对外国船只的依赖度很高，沟通的高成本限制了中国与外国的海洋交流。

（2）改革开放和社会主义现代化建设时期

20 世纪 70 年代末开始了影响我国发展格局的改革开放，海洋经济各行业实现了长足发展。一方面补足了中国某些海上行业的空缺，另一方面推动了中国海洋经济各个行业的深度发展。在海军建设上，新式舰船陆续入列服役，保障了中国推进海洋经济开发的军事力量支撑。在制度管理层面，这一时期陆续出台了《海洋渔业法》《海域使用管理法》《对外国籍船舶管理规则》《对外合作开采海洋石油资源条例》等一系列法律法规，加强了对各种海洋经济活动的管理和监督，提高了开发效率，增进了长远效益。同时，运输船只制造能力提升，中国逐步摆脱对外国运输船只的依赖，海洋运输业取得了很大进步。这一阶段中国对国外技术的需求仍然居高不下，对技术要求较高的海洋资源开发等产业发展仍然较为缓慢，且缺乏统一的产业规划，各产业相对独立，难以获得协同发展的契机，这些都

---

① 廖民生主编《海洋经济学读本》，中国海洋大学出版社，2019，第 12～14 页。

是这一阶段我国海洋经济发展存在的问题。

（3）21世纪进入快速发展时期

经历了改革开放二十余年的发展，中国海洋发展体系逐步完善，科技水平稳步提升，工业制造业规模逐步扩大，海洋经济快速发展已是大势所趋。国务院在2003年颁布了《全国海洋经济发展规划纲要》，作为中国第一部海洋发展的纲领性文件，标志着中国正式跨入海洋经济全面发展时代。沿海各省份在这一时期先后推出了适合本地区的发展规划，将海洋经济规划上升到国家战略高度。国家先后设立山东半岛蓝色经济区、浙江海洋经济发展示范区、广东海洋经济综合实验区等区域性发展试点，在海洋统一发展格局下根据各地经济特点作出具有地方特色的发展规划。此外，加入WTO等国际组织为中国提升海洋话语权提供了契机。

（4）战略性转型新时期

随着党中央提出"提高海洋资源开发能力，发展海洋经济，保护海洋生态环境，坚决维护国家海洋权益，建设海洋强国"这一重大部署，中国开始向海洋强国迈进。海洋强国这一重大部署将海洋经济提升到更高的战略层次。2013年，习近平总书记在主持中共中央政治局第八次集体学习时进一步强调，建设海洋强国是中国特色社会主义事业的重要组成部分，要进一步关心海洋、认识海洋、经略海洋。同年，中国首次提出建设"21世纪海上丝绸之路"的战略决策，要求大力发展海洋经济。在经济发展新常态背景下，海洋经济发展的重要意义进一步凸显，党的十九大报告提出，"坚持陆海统筹，加快建设海洋强国"，强调以陆海统筹视角发展海洋经济，将区域规划范围由陆地拓展至海洋。为推进海洋经济高质量发展，2018年中国批准了14个海洋经济发展示范区，深入实施创新驱动发展战略，推动试点地区成为全国海洋经济发展的重要增长极和建设海洋强国的重要功能平台。在这一阶段，中国开始重新认识海洋、关心海洋、理解海洋，开始大力加强海洋资源保护，加强海洋环境污染防治，进一步确保海洋生物多样性发展，为海洋经济长远发展奠定了基础。

2. 中国海洋经济发展现状

（1）总体情况①

根据自然资源部海洋战略规划与经济司颁布的《2022 年中国海洋经济统计公报》，2022 年中国海洋生产总值 9.46 万亿元，较上年增长 4.69%，对国民经济增长贡献率为 7.8%（见图 1）。其中海洋第一产业增加值 4345 亿元，第二产业增加值 34565 亿元，第三产业增加值 55718 亿元。第二产业与第三产业的均衡发展格局被打破，第三产业迅速发展，"三二一"的产业结构趋于稳定，标志着中国海洋经济结构调整已经取得了初步成效。其中，占比前三位的分别为滨海旅游业、海洋交通运输业和海洋渔业，三者产值相加占海洋经济总产值的比重超过 80%，为中国海洋经济体系中绝对的主导产业。

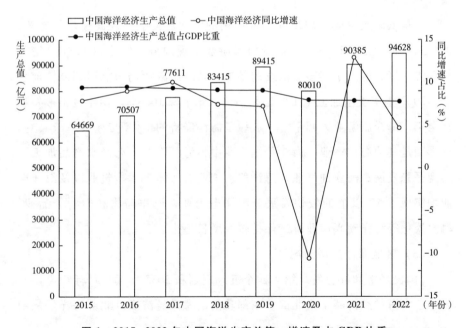

图 1　2015~2022 年中国海洋生产总值、增速及占 GDP 比重

---

① 本部分数据来源于《2022 年中国海洋经济统计公报》，自然资源部，http//gi. mnr. gov. cn/202304/t20230413_2781419. html。

（2）主要海洋经济产业发展情况①

一是海洋渔业。近年来，海洋渔业转型升级逐步推进。由于行业本身受自然环境影响较大，加强自然环境保护是进一步发展海洋渔业的重点。目前，针对养殖和捕捞的结构优化已经稳步推进，种质资源保护与利用能力不断强化，逐步推进绿色智能化捕捞和养殖体系。世界范围内均存在海洋鱼类资源枯竭趋势，未来海洋渔业增长空间不大，中国应继续提高资源获取和分配效率，合理分配海洋资源。

二是海洋交通运输业。受 2020 年以来新冠疫情影响，国际贸易发生了不同程度的停滞和下降，海洋交通运输业增长速度也有一定程度下降。但 2021 年疫情防控常态化以后，中国海洋交通运输业依旧实现了稳步增长。2022 年中国海洋交通运输业产值达 7528 亿元，同上年相比增长 6.0%。

三是滨海旅游业。2020 年以前中国的滨海旅游业呈现高速增长态势，但受到疫情冲击，2020 年之后滨海旅游业呈现颓势。虽然 2021 年疫情防控形势向好，但由于其多点散发的影响，滨海旅游业仍未能回到疫情前水平。2022 年实现增加值 13109 亿元，比上年下降 10.3%。由于疫情散发贯穿全年，海洋旅游业大幅下滑，放缓了海洋经济的整体增速。

四是其他海洋产业。海洋传统产业中，海洋渔业、海洋水产品加工业实现平稳发展；海洋油气业、海洋船舶工业、海洋工程建筑业以及海洋矿业均实现了 5%以上的较快发展。海洋电力业、海洋药物和生物制品业、海水淡化等海洋新兴产业继续保持较快增长势头。

（3）区域海洋经济情况②

《国民经济和社会发展第十四个五年规划和 2035 年远景目标纲要》指出，三大海洋经济圈是指北部、东部和南部海洋经济圈。北部海洋经济圈

---

① 本部分数据来源于《2022 年中国海洋经济统计公报》，自然资源部，http//gi. mnr. gov. cn/202304/t20230413_2781419. html。

② 本部分数据来源于《2021 年中国海洋经济统计公报》，自然资源部，http//gi. mnr. gov. cn/202204/t20220406_2732610. html。

是由辽东半岛、渤海湾和山东半岛沿岸地区所组成的经济区域，主要包括辽宁省、河北省、天津市和山东省的海域与陆域。东部海洋经济圈是由长江三角洲沿岸地区所组成的经济区域，主要包括江苏省、上海市和浙江省的海域与陆域。南部海洋经济圈是由福建、珠江口及其两翼、北部湾、海南岛沿岸地区所组成的经济区域，主要包括福建省、广东省、广西壮族自治区和海南省的海域与陆域。

2021 年，中国海洋经济总体仍呈南高北低特征。北部海洋经济圈总产值 25867 亿元，东部海洋经济圈总产值 29000 亿元，南部海洋经济圈总产值 35518 亿元，增长幅度均在 10% 以上，整体呈同步发展态势（见图 2）。

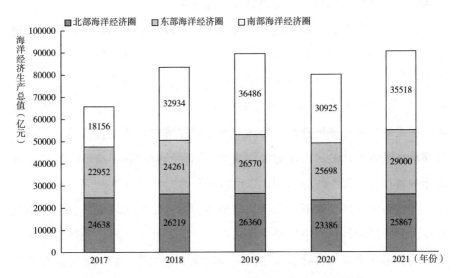

图 2　2017~2021 年中国三大海洋经济圈海洋生产总值概况

三　中国发展海洋经济的积极探索

（一）实施"科技兴海"战略，推动海洋产业提质增效

海洋经济发展较好的地区，需要持续增加海洋科技创新投入，加强海洋科技人才培养，提升海洋科研能力，及时关注国际海洋科技前沿，为有

效破除海洋新兴产业技术瓶颈以及解决海洋技术"卡脖子"难题创造有利条件；逐步加大对海洋科技投入和政策支持力度，鼓励创新，加强人才引进和培养，出台完善人才引进政策和制度，吸引海外人才有序有效回流；同时，加大本土人才培养力度，依托科研院所和产业园区，培养一批具有科技创新能力和管理能力的高级海洋人才①。海洋经济欠发达地区要充分整合科技创新资源，通过设立海洋科研机构以及创新产业园区等方式，打造海洋科技创新平台，加强海洋开发研究，提升地区海洋创新能力。充分利用地区涉海高等院校及研究机构的资源优势，大力引进或培养海洋领域高素质专业人才，与海洋产业发展需求对接，为地区整体发展以及中国海洋经济发展提供人力保障。

（二）落实陆海统筹，推进区域海洋经济协同发展

以广东、上海、山东为代表的海洋经济发展基础深厚的地区，要明确未来海洋新兴产业的发展方向，积极培育产业发展市场环境，并将劳动密集型相关产业转移到海洋经济欠发达地区。其他海洋经济发展水平较低的地区，一方面要充分利用自身的丰富资源与发展环境优势，统筹陆海资源，积极培育具有地区特色的海洋产业，有序形成产业优势；另一方面要做好承接沿海发达地区海洋劳动密集型等相关产业转移的准备，通过产业转移丰富自身的海洋产业结构，以此打破行政限制，促进沿海省市深度合作，推进海洋发展要素资源在区域间流通，达到缩小区域发展差距、实现整体协同发展的目标。中国是一个陆海兼备的发展中大国，处理好陆地和海洋的关系，事关经济社会长远发展和国家安全大局，陆海统筹在海洋强国建设中发挥引领作用。党的十九大报告明确指出："坚持陆海统筹，加快建设海洋强国。"

（三）增强绿色发展意识，实现海洋经济绿色健康发展

提高新时代海洋经济发展质量，首先，必须要增强绿色发展意识，

---

① 王殿昌、李先杰、宋维玲、段晓峰：《完善海洋经济管理 构建海洋经济发展新格局》，《海洋经济》2021年第5期，第29~37页。

政府在充分发挥海洋管理职能基础上建立健全海洋生态环境保障体制，为实现海洋经济绿色健康发展提供政策和法律保障；其次，产业发展应从绿色节能出发，充分考虑海洋产业布局，摒弃低效益高能耗的落后发展方式，采用低能耗、低排放发展方式，实现海洋经济绿色发展；最后，通过宣传教育、对外文化交流、发展相关文化产业等方式，提升居民海洋环境保护意识，为形成海洋绿色发展模式及实现人类与海洋和谐相处创造有利条件。

（四）加强海洋经济法律保障，加快建设海洋强国

中国已经明确了建设"海洋强国"的战略思想，也出台了海洋领域的规划文件。后续要进一步完善规划，建立包含资金、政策、法律、管理的战略体系，针对各海洋产业制定产业发展规划与政策指导目录。在海洋经济时代，海洋大国在海洋资源、海权以及海洋经济等方面的竞争日趋激烈。面对激烈的竞争局面，中国也要立规矩，理直气壮地管控海洋、经略海洋，发展海洋经济，实施海洋发展战略，推动海洋强国建设不断取得新进展，占据海洋发展战略的制高点①。在这一过程中，要向世界传播中国的声音，公开表达中国的意志，让世界了解中国的需要。中国要实现海洋强国战略目标，必须建立本土化海洋话语体系；完善法治，增强海洋话语的合法性；加快海军现代化建设步伐，为确立海洋话语权提供坚强后盾；打好经济牌，增强中国海洋国际事务发言权，理性融入国际海洋话语体系，与各方平等开展沟通对话；在网络平台上创造中国式海洋话语，提升中国海洋话语权。

中国作为负责任的海洋大国，积极参与国际海洋治理，在"海洋命运共同体"理念指导下发展开放型海洋经济，以中国智慧、中国方案积极参与塑造新型国际海洋治理格局，确保各国合理开发海洋资源的权利，共同维护全球海洋秩序，携手建设人类赖以生存的蓝色家园。

---

① 郭莹：《海洋强国战略背景下海洋经济发展方向及策略》，《中国统计》2020年第9期，第36~38页。

第二节　海洋经济立法

一　海洋经济法律的范畴

海洋经济法律并非专门的法律术语。确定海洋经济法律的范畴有助于宏观上考察海洋法治发展状况、促进海洋法律体系的形成与完善。目前对海洋经济法律的定义主要围绕海洋经济的概念、范围以及促进海洋经济发展的各种要素进行界定。根据 2003 年国务院发布的《全国海洋经济规划发展纲要》，海洋经济是指开发利用海洋的各类产业及相关经济活动的总和。因此有学者认为，"海洋经济法律是对海洋经济中各项海洋产业、海洋相关活动的具体权利义务关系的确认，不仅包括涉海经济的单行法，也包括部门法中的涉海经济法律规范"①。该定义是从学理上界定海洋经济法律的有益尝试，一定程度上指的是狭义上的海洋经济法律，大致包括海洋渔业、海洋交通运输业、海洋油气业、滨海旅游业、海洋船舶工业、海盐及海洋化工业、海水利用业、海洋生物医药业、海洋经济区域、海岛及临近海域、大陆架和专属经济区、海洋生态环境与资源保护（海洋污染防治、海洋生态保护、海洋生物资源保护、海岸/河口和滩涂保护）等方面的法律、法规以及部门规章等。在更广泛的意义上，海洋法律均与海洋经济相关，即包括宪法、海洋基本法、专门性海洋立法以及包含涉海内容的立法，亦即包含"管海""用海""护海"的一切法律。

海洋经济法律的范畴不应过于限缩或扩张，尤其不宜等同海洋法律，否则专门研究海洋经济法律于学理和实践皆无意义。从国家对海洋经济发展的规划出发，海洋经济法律应包含调整、规范、促进、保障海洋经济发展的所有法律规范。

---

① 曲波、杨川：《论海洋经济法律的体系化》，《宁波大学学报》（人文科学版）2018 年第 6 期。

二 海洋经济法律的体系化发展

海洋经济法律是海洋法律的重要组成部分。自改革开放至今，海洋经济法律随着海洋法治的发展已逐步走向体系化，为我国海洋经济发展提供了重要的法律保障。概括起来，我国海洋经济法律的体系化发展主要经历了以下三个阶段。

1. 海洋经济法律基本框架的形成

20世纪80年代至20世纪末，我国先后在海洋资源开发、海洋环境保护、海上交通安全、海上交通运输等方面制定了专门性法律法规及部门规章，初步形成了海洋经济法律的基本框架。

专门性法律包括：《海洋环境保护法》（1982年）、《海上交通安全法》（1983年）、《渔业法》（1986年）、《矿产资源法》（1986年）、《海商法》（1992年）、《专属经济区和大陆架法》（1998年）等。

行政法规包括：《对外合作开采海洋石油资源条例》（1982年）、《防止船舶污染海域管理条例》（1983年）、《海洋石油勘探开发环境保护管理条例》（1983年）、《海洋倾废管理条例》（1985年）、《渔业法实施细则》（1987年）、《航道管理条例》（1987年）、《防止拆船污染环境管理条例》（1988年）、《渔港水域交通安全管理条例》（1989年）、《海上交通事故调查处理条例》（1990年）、《防治陆源污染物污染损害海洋环境管理条例》（1990年）、《船舶和海上设施检验条例》（1993年）、《航标条例》（1995年）。

部门规章包括：《海洋石油勘探开发环境保护管理条例实施办法》（1989年）、《国家海域使用管理暂行规定》（1993年）等。

2. 海洋经济法律的发展

进入21世纪，海洋经济成为国民经济新的增长点。2003年《全国海洋经济发展规划纲要》将完善法律法规体系、加大执法力度、理顺海洋管理体制作为发展海洋经济的首要措施，提出"完善相关法律法规体系，抓紧制定和组织实施海域权属管理制度、海域有偿使用制度、海洋功能区划制度，完善海洋经济统计制度"。2008年《国家海洋事业发展规划纲要》

对海洋法制建设提出了更为具体的要求：建立健全海洋管理法律法规，尽快完善海域使用管理法、海洋环境保护法、海上交通安全法、渔业法等的配套法规，深化领海及毗连区法、专属经济区和大陆架法的配套制度研究。

根据上述规划纲要，海洋经济法律得到进一步发展完善。专门法律方面，2001年《海域管理法》规定了海域管理制度，具体包括海洋功能区划制度、海域使用权制度以及海域有偿使用制度。《环境影响评价法》（2002年）、《港口法》（2003年）、《可再生能源法》（2005年）、《循环经济促进法》（2008年）、《海岛保护法》（2009年）等的颁行完善了海洋环境生态等领域的管理与保护。海洋经济行政法规也得到进一步健全，如制定了《国际海运条例》（2001年）、《防治海洋工程建设项目污染损害海洋环境管理条例》（2006年）、《防治船舶污染海洋环境管理条例》（2009年）等。

此外，已有的法律法规等也进行了修订。修订的法律主要有：《渔业法》（先后于2000年、2004年、2009年修订）、《海域使用管理法》（2004年修订）、《矿产资源法》（2009年修订）。修订的行政法规主要有：《对外合作开采海洋石油资源条例》（先后于2001年、2011年进行了两次修订）、《防治海洋工程建设项目污染损害海洋环境管理条例》（2006年修订）、《航道管理条例》（2008年修订）、《防止船舶污染海域管理条例》（2009年修订）、《渔港水域交通安全管理条例》（2011年修订）。

3. 海洋经济法律的深化

党的十八大报告明确提出："提高海洋资源开发能力，发展海洋经济，保护海洋生态环境，坚决维护国家海洋权益，建设海洋强国。"党的十八届四中全会提出，"全面推进依法治国"，中国特色社会主义法治建设进入新的阶段。海洋经济在海洋强国战略下快速发展，海洋经济法律在海洋法治建设过程中进一步深化。

2012年国务院《全国海洋经济发展"十二五"规划》将完善海洋法律法规体系作为优化海洋经济发展的制度环境措施之一，要求"抓紧制定海域使用管理法、海洋环境保护法、海岛保护法、海上交通安全法、矿产资源法、渔业法等法律法规的配套制度，加大执法力度，强化执法监督。

加强对地方海洋立法工作的指导，支持沿海地区进行制度创新和改革"。
2017 年《全国海洋经济发展"十三五"规划》针对海洋法律完善进一步
提出："推进海洋基本法、南极立法相关工作，加强海洋防灾减灾、海洋
科研调查、海水利用等方面的立法，完善深海海底矿产资源开发法、海域
使用管理法、海洋环境保护法、海岛保护法、海上交通安全法、矿产资源
法、渔业法等法律法规的配套制度。加强对地方海洋立法工作的指导，支
持沿海地区进行制度创新和改革。"2021 年 3 月 12 日，《国民经济和社会
发展第十四个五年规划和 2035 年远景目标纲要》发布，明确提出"积极拓
展海洋经济发展空间"，具体要求是：坚持陆海统筹、人海和谐、合作共赢，
协同推进海洋生态保护、海洋经济发展和海洋权益维护，加快建设海洋强
国。2021 年 12 月 27 日《"十四五"海洋经济发展规划》获得国务院批复。

上述对海洋经济法律发展作出的阶段性发展规划，保持了海洋经济法
律发展的连续性。其间，专门法律的发展表现在：2016 年制定了《深海
海底区域资源勘探开发法》，修订了《渔业法》（2013 年）、《海洋环境保
护法》（先后于 2013 年、2016 年、2017 年修订）、《海上交通安全法》
（先后于 2016 年、2021 年修订）。修订的行政法规有：《对外合作开采海
洋石油资源条例》（2013 年）、《国际海运条例》（先后于 2013 年、2016
年、2019 年修订）、《防治船舶污染海洋环境管理条例》（2009 年颁布，
先后于 2013 年 7 月、2013 年 12 月、2014 年、2016 年、2017 年、2018 年
进行 6 次修改）、《防止拆船污染环境管理条例》（2016 年）、《海洋倾废
管理条例》（先后于 2016 年、2017 年修订）、《防治海洋工程建设项目污
染损害海洋环境管理条例》（先后于 2017 年、2018 年修订）、《渔港水域
交通安全管理条例》（先后 2017 年、2019 年修订）、《船舶和海上设施检
验条例》（2019 年）、《渔业法实施细则》（2020 年）。

值得重点关注的是，海洋基本法于 2015 年被列入国务院立法工作计
划，2018 年被十三届全国人大常委会列入二类立法项目。2017 年 12 月，
原国家海洋局修订《国家海洋局海洋立法工作程序规定》，进一步规范国
家海洋局立法工作程序。2019 年江苏省颁布了《江苏省海洋经济促进条

例》，这是全国首部促进海洋经济发展的地方性法规。海洋经济法律的体系化程度进一步增强。

第三节　海洋经济行政执法

一　海洋经济行政管理体制概述

我国现行的海洋管理体制是在 1998 年行政体制改革基础上形成的，即以行业条线为基础的管理部门和从陆地延伸到海洋的管理模式，是一种分散型的管理体制。

海洋经济管理是指管理者为达到一定目的，对海洋领域的生产和再生产活动进行的以协调各当事者的行为为核心的计划、组织、推动、控制、调整等活动。海洋管理是国家对全部海洋活动的计划、组织、控制和监督。海洋经济管理只是海洋管理的一部分，但是，由于海洋经济管理涉及海洋管理的其他内容甚至全部内容，从某种意义上说，它们具有同一性。从海洋经济管理范围来看可分为五个层次（见表2）。

表 2　海洋经济管理的五个层次

第一层次	国际社会对公海和国际海底区域经济活动的管理
第二层次	中央政府对全国海洋经济系统的管理
第三层次	各经济区域和各沿海地区政府对本地区海洋经济活动的管理
第四层次	各海洋产业部门对本行业的经济管理
第五层次	各海洋企业对本企业的经营管理

根据我国现有的涉海法律法规，有多个部门获得授权管理我国相关海洋事务。可以看出，原国家海洋局是我国管理海洋事务的最主要部门。根据条块结合的管理模式，行业管理按照"条条"纵向分级进行。各涉海部门依据"中央—省—市—县"从上到下逐级建立，属业务指导关系。区域管理横向并列存在，县、市、省政府分别管理各自辖区内的涉海事务。从

国家层次来讲，目前尚缺乏统领海洋经济发展的常设机构，由于原国家海洋局级别和权限较低，不具有统筹和协调海洋开发的权力或职能，涉海部门间的协调沟通机制尚未形成。从地方层次来讲，也存在相同的问题。由于地方海洋管理职能部门级别和权限较低，不具有统筹和协调海洋开发的权力或职能，目前也基本没有统领海洋经济发展的常设机构。但为加强地方各涉海部门之间的联系与沟通，地方政府通常以"海洋经济领导小组"的形式设立以政府为主导的临时性议事机构，由地方政府行政领导人任组长，各涉海部门主要负责人任组员，以加强地方海洋经济统筹发展，涉海部门的沟通协调机制框架初步形成（见表3）。

表 3　我国现行海洋经济管理体制

主管部门	主要管理职责	授权依据
原国土资源部、原国家海洋局	拟定海洋基本法律、法规和政策，承担海洋经济与社会发展的统计工作，监督管理海域使用，主管海洋环境保护工作，监督管理涉外海洋科学调查研究活动，组织海洋基础与综合调查、海洋重大科技攻关和高新技术研究等	国务院各部门的三定方案、《海洋环境保护法》《海域使用管理法》
原交通部、国家海事局	国家水上安全监督和防治船舶污染、船舶及海上设施检验、航海保障管理和行政执法	《海上交通安全法》、船舶登记章程、《海洋环境保护法》《海商法》等
原农业部渔业局	渔业行业管理，行使渔政、渔港和渔船检验监督管理权，负责渔船、船员、渔业许可和渔业电信的管理	《渔业法》、禁渔区、休渔期命令、《海洋环境保护法》等
中国海关	查缉各类走私案件	《海关法》
中国海军	海洋国土保卫、护渔、护航	
公安部边防管理局海警部队	维护海上治安，打击海上违法犯罪活动，缉毒缉枪、缉私、反偷渡	关于领海的声明，以及其他关于海洋主权的声明
原国家环境保护部	海洋环境保护、海岸工程的审批	《环境保护法》《海洋环境保护法》
水利部	水资源综合利用与保护、海岸滩涂的治理和开发	水资源法
国家旅游局	滨海旅游管理	
国家发展改革委	海上石油开发利用	

然而，我国海洋法治建设相对滞后，涉海立法单一、分散，管理体制尚未统一，海洋权益时常遭到侵犯，海洋强国战略受到严重挑战。近年来，国家海洋管理机构改革加快、海洋执法队伍整合提速，海洋安全的国内外环境和海洋生态环境保护亟待进一步改善，我国参与全球海洋治理逐渐增多，提升国家的海洋治理能力，为实现海洋强国建设目标提供法律保障。

改革开放后，我国海洋治理主要是为保障海洋发展，争取和平安全的海洋环境，采取"搁置争议、共同开发"策略，着力发展海洋经济。我国在维护国家海洋权益的基础上，进一步注重海洋科技、发展海洋产业、振兴海洋经济。

进入21世纪，我国大力推进生态文明建设，保护海洋生态环境。党的十八大报告第八部分"大力推进生态文明建设"明确提出，"建设海洋强国"。在新时代，我国更加重实海洋战略问题，党的十九大报告指出，"要坚持陆海统筹，加快建设海洋强国"。2021年1月，中共中央印发《法治中国建设规划（2020～2025年）》，提出"建设高效的法治实施体系，深入推进严格执法、公正司法、全民守法"①任务。海洋治理的内涵包括海洋经济、海洋生态、海洋科技、海洋法治与海洋维权等方面。推进海洋强国建设即推动海洋经济向质量效益型转变。党的十九届四中全会决定推进国家治理体系和治理能力现代化，国家治理现代化的核心是法治现代化。

二　海洋经济行政管理体制在依法治海实践中不断完善

党的十一届三中全会以后，我国海洋行政管理工作逐步走上了健康发展道路。在依法治海实践中不断健全和完善海洋行政管理体制，是提高海洋法治建设质量和水平的重要保证。从中央到地方各级涉海部门紧紧围绕海洋法律法规的施行和监督，持续完善依法行政的若干制度机制。

1. 由中央单一管理体制调整为央地分级管理体制

由中央政府单一管理海洋的体制调整为中央统一管理和授权地方分级

---

① 《法治中国建设规划（2020～2025）》，人民网，2021年1月11日，http：//politics.people.com.cn/n1/2021/0111/c1001-31995033.html，2022年7月30日访问。

管理相结合的管理体制。从 1978 年至 1994 年，我国的海洋行政管理体制处于中央统一管理阶段。1994 年以后，进入了中央统一管理和授权地方分级管理相结合的阶段，在这之前地方政府并没有参与。然而，随着海洋科技的不断深入和海洋事业的迅速发展，沿海各级地方政府及其相关涉海部门、相关涉海行业与海洋的联系越来越紧密，但沿海地方政府行政区划不含海域，因此由中央政府单一管理海洋体制的弊端表现得越来越明显，严重制约海洋经济的发展。基于这种情况，于 1995 年 9 月出台了《国家海洋局北海、东海、南海分局机构改革方案》，要求原国家海洋局各海区分局尽快理顺与地方海洋行政管理机构的关系，明确分局与地方政府的行政管理权限和范围。该方案规定：分局主要负责管理领海、大陆架、专属经济区，并做好本海区的海洋综合管理和公益服务工作；沿海地方政府主要负责海岛海岸带及其近海海域的海洋工作。自此，我国的海洋行政管理体制实现了中央统一管理与地方分级管理相结合。

2. 调整完善原国家海洋局的主要职能

不断调整原国家海洋局的隶属关系，完善其建制和主要职能。原国家海洋局是全国范围内海洋行政管理工作的承担者，也是全国海洋事务统一协调的专门机构。隶属关系上，从 1980 年 10 月开始，原国家海洋局由海军代管改为由原国家科委代管，主要职能为海洋行政管理和公益服务；1983 年，改为直接隶属于国务院，原国家科委进行归口管理，主要职责是：组织和协调全国范围内的海洋工作，组织和实施海洋管理、海洋科研、海洋调查和海洋公益服务等方面的工作；1988 年，原国家海洋局被赋予海洋综合管理的职能，通过制定涉及海洋管理的综合法规和政策，建立和发展直接为各项海洋事业服务的科研调查和工业服务体系，开展一系列旨在开发海洋资源和保护海洋生态环境的综合管理工作。1993 年，原国家海洋局成为原国家科委管理的国家局，主要职责基本不变；到 1998 年，原国家海洋局改为隶属于新组建的国土资源部。

3. 成立中央海权办

2012 年下半年，中央海洋权益工作领导小组办公室宣告成立，简称

"中央海权办"，主要职责是具体负责协调统筹海洋权益事宜，是我国海洋维权核心政策中枢。这一高层协调机构与中央外事工作领导小组办公室合署办公，其成员单位包括军方、外交部、公安部、原农业部和原国家海洋局等。中央海权办的成立和原国家海洋局的重组为我国的海洋强国战略实施提供了组织和机构准备，主要从国家战略高度对海洋权益的维护和拓展进行审视、把握、实施。

4. 重组国家海洋局

在此之前，我国的海洋行政管理一直处于"五龙治海"状态，且中央层面的涉海管理部门多达 17 个部委和机构，这样的体制结构严重制约了我国海洋维权能力的提高。2013 年十二届人大第一次会议决定重组原国家海洋局，对国家海洋管理和执行体制进行改革，将原农业部、中国渔政、海关总署、海上缉私警察、公安部边防海警的职能划归原国家海洋局，原国家海洋局以中国海警局名义对外维权执法，业务上接受公安部的指导。2018 年在国家机构改革后，原国家海洋局撤销，仅对外保留国家海洋局牌子，其职责和功能相应归并到自然资源部和生态环境部。同时设立国家层面的议事协调机构国家海洋委员会，负责研究制定海洋发展战略，统筹协调海洋重大事项。

三　海洋经济行政管理体制不断完善

1. 健全制度体系

"发达的海洋经济是建设海洋强国的重要支撑。"[1] 习近平总书记强调："海洋是高质量发展战略要地。要加快建设世界一流的海洋港口、完善的现代海洋产业体系、绿色可持续的海洋生态环境，为海洋强国建设作出贡献。"[2]

强化市场主导，完善海洋产业投融资风险分担机制，发挥涉海企业在

---

[1] 《推动海洋经济高质量发展》，《人民日报》2021 年 6 月 23 日，第 5 版。

[2] 《习近平谈建设海洋强国》，人民网，http：/politics.people.com.cn/nl/2018/0813/c1001-30225727.html，2022 年 6 月 20 日访问。

海洋经济发展中的主体作用和创新创造活力，配合国家建立重点涉海企业联系制度，健全海洋产业发展标准体系，着力解决涉海中小企业发展中面临的问题。更好发挥政府作用，强化风险意识和底线思维，加强同财政、金融、重要资源、生态环境等领域政策制度的协同联动。建立健全海洋经济人才队伍体系，强化沿海各级管理力量配备，加强业务知识培训，提升海洋经济管理决策和服务能力。改革海洋执法机制，整合执法力量，创新执法模式，维护海洋合法权益。

2. 规范行政权力运行

研究拟定海洋经济行政管理部门的权力清单、责任清单和负面清单。针对海洋经济行政管理部门在海洋经济发展中更多承担的是制定重大行政决策、推进依法行政、发挥行政指导的积极作用，要加强事中事后监管，尤其是过程性监督。通过法定程序的规范实施，把海洋经济行政管理部门的行政权力关进制度的笼子。此外，进一步拓展主动公开政务信息范围，完善公众参与渠道，扩展海洋经济行政管理的互动功能。

3. 健全协调和评估机制

加强统筹协调与沟通合作，健全涉海法律法规制度体系，强化财政、投融资等政策的协调配合，健全规划实施与评估机制，提高对海洋经济发展的管理和调节能力。

一是加强宏观指导。充分发挥促进全国海洋经济发展部际联席会议作用，加强对全国海洋经济发展规划实施的指导、监督和评估，协调解决海洋经济发展政策与机制创新中的重大问题。国务院各有关部门要按照职责分工，落实责任，提高行政管理效能，制定促进海洋经济发展的政策措施。提高中央与地方海洋经济管理工作的联动性，健全完善跨区域协调机制，建立促进军民融合发展的工作机制。沿海地方政府加大对海洋经济发展的支持力度，研究制定促进本地区海洋经济发展的政策措施。发挥企业在海洋经济领域的主导作用，在产业集中度较高的城市，支持组建各类涉海行业协会、商会，增强行业自律、信息互通、资源共享和产业合作。

二是完善制度体系。切实发挥海洋主体功能区规划的基础性和指导性作用，加快编制与实施沿海省级海洋主体功能区规划。严格执行海洋功能区划制度，加强海洋功能区划实施的跟踪与评估。编制实施海岛保护、国际海域资源调查与开发、海洋科技创新、海水利用、海洋工程装备等专项规划，加强专项规划的环境影响评价。加强行政决策程序建设，完善海洋行政许可制度，强化执法监督检查。实施海洋督察制度，开展常态化海洋督察。健全海洋普法宣传教育机制。

第四节　海洋经济发展的司法保护

一　逐步实现司法解释对海事纠纷的全覆盖

根据《中国海事审判》统计，最高人民法院于 1986 年至 1992 年陆续制定了关于涉外海事诉讼管辖、诉前扣船、强制变卖被扣押船舶、海事法院收案范围、涉外海上人身伤亡损害赔偿等 5 个司法解释。《海商法》和《海事诉讼特别程序法》颁布后，最高人民法院于 1994 年至 2013 年二十年间，先后制定颁布了关于船舶碰撞和触碰财产损害赔偿、《海事诉讼特别程序法》的适用、海上保险、船舶碰撞、无正本提单交付货物、海事赔偿责任限制、船舶油污损害赔偿、海上货运代理纠纷等 16 个司法解释，逐步实现了对常规性海事纠纷的"全覆盖"，保障了法律的统一、规范适用。此后，最高人民法院陆续制定、修改了关于海事法院受理案件范围、海事诉讼管辖、船舶扣押与拍卖以及海洋生态环境保护等方面的海事司法解释，如《最高人民法院关于审理船舶油污损害赔偿纠纷案件若干问题的规定》（2011 年）、《最高人民法院关于审理海上货运代理纠纷案件若干问题的规定》（2012 年）、《最高人民法院关于海事诉讼管辖问题的规定》（2015 年）、《最高人民法院关于海事法院受理案件范围的规定》（2015 年）、《最高人民法院关于审理发生在我国管辖海域相关案件若干问题的规定（一）》（2015 年）、《最高人民法院关于审理发生在我国管辖海域相关案件若干问题的规定（二）》（2016 年）、《最高人民法

院关于审理海洋自然资源与生态环境损害赔偿纠纷案件若干问题的规定》
（2017 年）。

2020 年最高人民法院制定、修订了多部司法解释，包括《最高人民
法院关于审理涉船员纠纷案件若干问题的规定》（2020 年 9 月 29 日起施
行），修改了《最高人民法院关于审理海上保险纠纷案件若干问题的规
定》《最高人民法院关于审理船舶碰撞纠纷案件若干问题的规定》《最高
人民法院关于审理无正本提单交付货物案件适用法律若干问题的规定》
《最高人民法院关于审理海事赔偿责任限制相关纠纷案件的若干规定》
《最高人民法院关于审理船舶污染损害赔偿案件若干问题的规定》《最高
人民法院关于审理海上货运代理纠纷案件若干问题的规定》。

2022 年 5 月 11 日，最高人民法院、最高人民检察院联合发布《最高人
民法院、最高人民检察院关于办理海洋自然资源与生态环境公益诉讼案件若
干问题的规定》，该司法解释统一规范海洋环境公益诉讼案件裁判尺度，充
分发挥海洋环境监督管理部门、人民检察院在海洋环境公益诉讼中的不同职
能作用，构建较为完善、独立的具有中国特色的海洋环境公益诉讼制度，有
利于保障海洋安全、保护海洋资源、推进海洋法治、服务海洋强国建设。

二 制定司法文件与工作意见，强化海事司法服务保障能力

近年来，最高人民法院为保障"一带一路"、自由贸易试验区、长江
经济带、海洋强国等党和国家重大决策部署的实现，出台了一系列司法文
件，不断强化海事司法服务保障能力。具体包括《最高人民法院关于人民
法院为"一带一路"建设提供司法服务和保障的若干意见》（2015 年）、
《最高人民法院关于全面推进涉外商事海事审判精品战略 为构建开放型
经济体制和建设海洋强国提供有力司法保障的意见》（2015 年）、《最高人
民法院关于为自由贸易试验区建设提供司法保障的意见》（2016 年）、《最
高人民法院关于为长江经济带发展提供司法服务和保障的意见》（2016
年）、《关于人民法院服务保障进一步扩大对外开放的指导意见》（2020
年）等。

　　各地海事法院也先后出台了多个保障海洋经济发展的工作意见。2017年11月，天津海事法院出台《关于为发展海洋经济推进建设海洋强国提供司法保障的意见》，从五个方面加强和改进工作。一是深化对发展海洋经济、建设海洋强国的认识，二是切实提升海事司法理念和水平，三是服务海上开发开放和海洋权益维护，四是服务涉海区域动力引擎建设，五是建立健全海事司法工作机制。

　　2021年7月，厦门海事法院发布了《厦门海事法院关于服务保障加快建设"海上福建"的工作意见》与《厦门海事法院关于服务保障"丝路海运"的实施意见》。《厦门海事法院关于服务保障加快建设"海上福建"的工作意见》的目标是充分发挥海事审判职能作用，服务保障加快建设"海上福建"，促进海洋经济高质量发展和全方位推进高质量发展。主要内容如下。一是提高站位，切实把握服务保障加快建设"海上福建"的任务要求。增强服务保障加快建设"海上福建"的责任感和使命感。全面对接加快建设"海上福建"的任务要求。正确把握服务保障加快建设"海上福建"的工作原则。二是对标对表，精准保障服务"海上福建"加快建设。切实加强临海产业开发建设的司法保障。依法支持海工装备和海洋船舶产业壮大发展。依法促进海洋科技创新和新产业发展。依法保障海上牧场建设和蓝海渔业发展。积极支持东南国际航运中心做大做强。积极推动滨海旅游业健康发展。积极推进海洋生态综合治理。积极助力海洋开放合作。三是强化落实，全面提高服务保障的质量和成效。完善多元解纷，丰富保障体系。做强审判主业，提升保障精度。推进改革创新，提高保障能力。加强专业化队伍建设，夯实保障基础。《厦门海事法院关于服务保障"丝路海运"的实施意见》的主要内容如下。一是提高站位，把握服务保障"丝路海运"建设的总体要求。充分认识"丝路海运"建设的重大意义。找准服务保障"丝路海运"建设的着力点。二是充分发挥海事审判职能，为"丝路海运"保驾护航。运用好海事法院专门司法优势，公正高效审理涉航运案件。重视新类型案件的审理，积极支持新交易、新模式、新业态的培育与发展。提供精准司法服务，保障重点项目，支持

"丝路海运"基础设施建设。妥善办好涉"丝路海运"行政案件，促进海洋综合管理能力现代化。发挥好对台优势，支持"丝路海运"加强两岸融合发展。着力提升疫情防控的司法应对，保障"丝路海运"行稳致远。三是通过创新、完善工作机制，提升服务保障"丝路海运"建设的水平、能力。加强审判管理，保证审判质效，不断出台司法便民利民新举措。加强海事纠纷多元化解，推进区域性海事纠纷解决中心建设。加强海事司法需求调研，提升服务保障前瞻性、时效性、精准性。加强审判队伍专业化建设，夯实服务保障工作的人才储备。

2022年1月14日，青岛海事法院公开发布优化海洋法治营商环境十条意见。具体内容包括：①建立诉讼代理概括性授权认可机制，提高涉外海事海商案件审判效率；②加强诉前调解，提高一次性化解纠纷比例；③拓宽域外法查明渠道，提高涉外纠纷法律适用能力；④依法公开海事司法信息，主动接受监督；⑤依法审理海洋自然资源与生态环境损害案件，保护海洋生态环境；⑥依法审理海事行政案件，规范引导涉海行政执法行为；⑦提供司法标准，促进海洋经济高质量发展；⑧支持海事仲裁壮大发展；⑨规范船舶扣押与拍卖流程；⑩依法审理涉航运企业破产案件。

2022年7月22日，宁波海事法院出台服务保障浙江海洋经济稳步提质十条措施。具体包括：①护航自贸区高标准建设；②支持世界一流强港建设；③推进"全域数字法院"改革助企排难；④创新"海上枫桥经验"助企解纷；⑤依法活用执行措施助企纾困；⑥探索海事破产审判改革助企革新；⑦打造船员"安薪"工程；⑧开展"渔民放心"行动；⑨稳定港航企业资金链；⑩畅通跨境贸易供应链。

三 发布典型司法案例，加强司法裁判与监督

1. "守护海洋"检察公益诉讼专项监督活动典型案例

2020年4月29日，最高人民检察院发布14件"守护海洋"检察公益诉讼专项监督活动典型案例，其中行政公益诉讼诉前程序案例9件，行政

公益诉讼提起诉讼案例1件，民事公益诉讼案例1件，刑事附带民事公益诉讼案例3件（见表4）。

表4 2020年"守护海洋"检察公益诉讼专项监督活动典型案例

行政公益诉讼诉前程序案例	天津市古海岸与湿地国家级自然保护区海洋生态环境保护行政公益诉讼案
	辽宁省盖州市入海河流污染渤海生态环境行政公益诉讼案
	江苏省如东县船舶修造企业危废污染环境行政公益诉讼案
	浙江省平阳县守护南麂岛行政公益诉讼系列案
	福建省福州市长乐区漳港海岸线餐饮酒楼违法排污行政公益诉讼案
	山东省青岛市崂山区居民小区生活污水直排入海行政公益诉讼系列案
	广西壮族自治区防城港市污水直排污染红树林生态环境行政公益诉讼案
	海南省海口市海洋非法倾废行政公益诉讼案
	海南省海口市秀英区定置网破坏渔业资源行政公益诉讼案
行政公益诉讼案例	山东省招远市违建码头整治行政公益诉讼案
民事公益诉讼案例	浙江省舟山市人民检察院诉杨某某等人破坏海洋野生动物资源保护民事公益诉讼系列案
刑事附带民事公益诉讼案例	河北省唐山市路北区人民检察院诉高某某等6人非法捕捞水产品刑事附带民事公益诉讼系列案
	上海铁路运输检察院诉周某某非法捕捞水产品刑事附带民事公益诉讼案
	广东省广州市南沙区人民检察院诉陈某某等5宗10人非法捕捞水产品刑事附带民事公益诉讼系列案

2. 全国海事审判典型案例

根据《中国海事审判》白皮书的统计，从1984年至2013年12月底共受理各类海事案件225283件，审结执结215826件。2015年至2017年，全国受理各类海事海商、海事行政、海事诉讼特别程序以及海事执行案件95043件、审执结92598件。2018年至2021年，全国海事审判三级法院受理各类海事海商、海事行政、海事刑事以及海事执行案件132633件，审执结133309件。

发布全国海事审判典型案例是统一海事司法裁判尺度的重要举措，引导了海事司法的良性发展。2022 年 6 月 8 日，最高人民法院发布 2021 年全国海事审判典型案例。此次发布的典型案例共 10 件，彰显了海事司法对加强海洋生态保护、促进海洋经济发展和维护海洋权益的重要作用（见表 5）。这 10 件典型案例具有四个方面的特点：一是依法行使海事司法管辖权，坚决维护国家海洋权益；二是保护海洋及通海可航水域生态环境，助力海洋经济发展；三是充分发挥海事司法职能作用，促进国际航运复苏和贸易稳定发展；四是持续实施海事审判精品战略，提升海事司法的国际公信力。

表 5　2021 年全国海事审判典型案例

文某（VAN）非法捕捞水产品案
陶某某不服上海市宝山区水务局、上海市宝山区人民政府行政处罚决定及复议决定案
中洋运输股份有限公司不服台州海警局、浙江海警局行政处罚决定及复议决定案
万泽丰渔业有限公司与海洋工程装备研究院有限公司养殖设备建造合同纠纷案
大连凯洋食品有限公司等申请海事强制令案
马士基有限公司（Maersk A/S）与百鲜食品（福建）有限公司海上货物运输合同纠纷案
通德船舶修造有限公司系列执行案件
东盛航运有限公司（ORIENTAL PRIME SHIPPING CO., LIMITED）与商行荣耀国际航运有限公司（HONG GLORY INTERNATIONAL SHIPPING COMPANY LIMITED）申请承认和执行外国仲裁裁决案
天津轮驳有限公司申请设立海事赔偿责任限制基金案
"天使力量"（Angelic Power）轮船员劳务合同纠纷系列案

第五章　海洋科技的法治发展

　　海洋是人类生存发展的重要基础。党的十八大以来，习近平总书记统筹国际国内两个大局，提出建设海洋强国的战略思想，"要进一步关心海洋、认识海洋、经略海洋，推动中国海洋强国建设不断取得新成就"①。建设海洋强国，必须大力发展海洋科技。近年来，中国对海洋科技的投入逐步加大，硬件建设水平与先进国家的差距不断缩小，为海洋科技创新从"跟跑者"向"并跑者""领跑者"转变提供了有力保障②。但也要看到，实现中国海洋科技跨越式发展，除了需要科技工作者付出艰辛努力之外，法律制度供给也是必不可少的。海洋科技进步与更新离不开法治保障。

第一节　海洋科技法治发展概述

　　加快建设海洋强国和"21世纪海上丝绸之路"，从经济基础看，应当发挥基础研究的引领作用和海洋高新技术的支撑作用，推进海洋领域科学研究和应用技术融合与协调发展；从上层建筑看，应当加快海洋科技法治建设，以法治保障和促进海洋科技发展，进而提升中国海洋科技整体实力。

---

　　① 《向海图强，总书记心系海洋》，http：//www.qstheory.cn/zhuanqu/2022-04/14/c_1128560837.htm，2022年7月7日访问。
　　② 吴立新：《建设海洋强国离不开海洋科技》，《人民日报》2017年11月7日，第7版。

一 海洋科技的内涵

海洋科技是科技大系统的重要组成部分,通常是指运用高新技术手段开发海洋领域的方法,将海洋科学的相关研究和智慧应用在海洋资源开发管理过程中,包括海洋工程勘测技术、海水淡化技术、海洋生物技术、海洋资源开采技术、海洋遥感技术、海水资源利用技术和海洋环境保护技术等,是当代重要的科学技术[①]。海洋科技是中国建设海洋强国、提高海洋竞争力、增强综合国力的一大重要支撑。

其一,创新海洋科技是建设海洋强国的关键抓手[②]。海洋独特的战略价值培育了非凡的中华海洋文明,丰富的海洋资源支撑了中华民族的繁衍和发展,开发和利用海洋是世界强国发展的必由之路[③]。海洋科技在海洋资源开发利用、海洋生态环境保护以及交通安全维护等方面发挥的作用日益凸显,已成为决定国际海洋竞争力的关键性因素[④]。为科学、高效、可持续地利用海洋资源,各国大幅提高海洋科技投入。我国作为海洋大国,必须实施海洋科技创新战略,抓住科技革命和产业革命的机遇,提高海洋产业竞争力[⑤],以科技创新助力海洋强国建设。

其二,海洋科技的发展、突破与创新离不开制度保障。从海洋科技自主创新的发展路径来看,充分的制度支持是提升海洋科技自主创新能力并确保科技效应发挥的关键。事实上,海洋科技领域的制度供给既包括党和国家的顶层设计,又涉及海洋科技专项领域的发展规划;既体现在海洋科技管理体制与激励机制方面的新举措,又表现为沿海地区的科技发展布局

① 吴明圣、李博:《江苏省科技发展政策对海洋产业企业创新的影响分析》,《中国海洋经济》2018 年第 2 期,第 85 页。
② 沈满洪、余璇:《习近平建设海洋强国重要论述研究》,《浙江大学学报》(人文社会科学版)2018 年第 6 期,第 10 页。
③ 贾宇:《关于海洋强国战略的思考》,《太平洋学报》2018 年第 1 期,第 1 页。
④ 徐胜、李新格:《创新价值链视角下区域海洋科技创新效率比较研究》,《中国海洋大学学报》(社会科学版)2018 年第 6 期,第 19 页。
⑤ 马志荣:《我国实施海洋科技创新战略面临的机遇、问题与对策》,《科技管理研究》2008 年第 6 期,第 68 页。

与实践探索。简言之，围绕海洋科技发展制定的系列政策、法律法规或其他规范性文件，都将为推动中国海洋科技发展、突破与创新提供制度保障。

二　海洋科技法治发展

（一）海洋科技法治发展背景分析

其一，建设海洋强国是实现中华民族伟大复兴的重大任务，对于推动中国高质量发展、全面建成社会主义现代化国家具有深远意义。建设海洋强国必须大力发展海洋高新技术。创新是引领发展的第一动力。党的十八大以来，中国海洋科学技术取得了巨大进步，在深水、绿色、安全等海洋高新技术领域不断取得突破，一批海洋"国之重器"创造多项世界之最，但战略性、基础性、颠覆性的海洋科技创新能力不足，部分关键技术存在"卡脖子"问题。当前世界各海洋大国和周边邻国已经纷纷制定适应新形势的海洋战略和规划，加速向海洋布局。中国也应当加快制定海洋科技战略规划和总体布局，坚持把实现海洋科技高水平自立自强作为战略目标，努力突破制约海洋事业发展的技术瓶颈，形成加快建设海洋强国的强劲动能。

其二，随着逆全球化推进和海洋开发能力提高，海上传统和非传统安全、气候变化和生态环境等跨区域问题压力增大，新的海洋问题不断涌现，全球海洋治理面临严峻挑战。海洋能否可持续发展关系到人类的共同利益，已成为当今全球海洋治理和法治建设的重点。现有的包括海洋法在内的国际法框架尚不能完全覆盖海洋可持续发展各个领域的问题。"海洋命运共同体"理念的提出，符合全球海洋治理的总体目标，符合海洋有序、健康和可持续发展的实际需求，符合全人类的共同利益。在海洋法治建设中，国际海洋规则的制定、发展与完善应将"海洋命运共同体"理念贯穿始终[①]。在建设"21世纪海上丝绸之路"过程中，中国已经与沿线国

---

① 密晨曦：《构建海洋命运共同体理念与海洋法治建设》，https：//aoc.ouc.edu.cn/2020/0914/c9821a299552/page.htm，2022年7月7日访问。

家开展了广泛的海洋科学研究合作。实现海洋科技发展,不仅需要各国政府高度重视海洋科学研究,提升海洋科学研究水平,更需要设置完善的、各国认可的基本原则和规则体系①。

（二）促进海洋科技法治发展的意义

其一,促进海洋科技法治发展是推动海洋科技创新的重要举措。一方面,法治能够激发创新活力,制定保护知识产权以及鼓励创新的法律法规和政策文件,保护海洋科技创新成果;另一方面,法治能够完善海洋科技体制机制,形成一套规范的法治体系,为海洋科技发展服务。近年来,中国出台了多项促进海洋科技的政策规划,为促进海洋科技发展、科技成果转化提供了明确依据,对调整科技创新领域的社会关系、促进科技进步和创新发展发挥了重要作用。面对世界各国在海洋科技领域的发展,中国应继续深化改革,发挥法治对海洋科技创新的制度保障作用,推动海洋科技创新管理实现科学化、规范化、制度化。

其二,促进海洋科技法治发展是构建和谐海洋秩序的制度保障。"良法是善治的前提",健全、完善、合理的国际海洋法治体系,是形成全球海洋秩序的基础和前提。海洋的发展是全人类的发展,海洋科技法治则是构建国际海洋秩序和保障中国海洋权益的有效途径,是实现海洋命运共同体理念的关键步骤。

第二节　海洋科技法治立法梳理

中国参与国际海洋法治建设起步较晚,国内海洋法治建设亦是在改革开放后才步入发展快车道②。目前,中国海洋科技立法包括国家层面的政策指引性文件、行政法规与部门规章、地方规范性文件,主要体现为海洋

---

① 张晏瑲、孙越:《论海洋命运共同体视野下的海洋科学研究相关规制》,《中国海商法研究》2022年第2期,第73页。
② 吴蔚:《构建海洋命运共同体的法治路径》,《国际问题研究》2021年第2期,第102～113页。

科技发展规划、特色领域发展布局以及海洋科技创新成果等。这些规范性文件的出台，丰富和发展了海洋科技法治体系，促进了海洋科技发展。

一　海洋科技创新的政策性文件

为推进海洋科技创新，国家出台了一系列引导海洋科技发展的政策性文件，对中国海洋科技规划与布局提供了指引。早在 2008 年，国务院就批准了《国家海洋事业发展规划纲要》，这是新中国成立以来首次发布的海洋领域总体规划，对促进海洋事业全面、协调、可持续发展和加快建设海洋强国有重要指导意义。该纲要认为，中国海洋科技创新体系基本完善，自主创新能力明显提高，强调要在重大海洋技术自主研发方面实现新突破，增强科技对海洋管理、海洋经济、防灾减灾和国家安全的支撑能力。此后，2016 年 3 月，第十二届全国人民代表大会第四次会议公布的《国民经济和社会发展第十三个五年规划纲要》进一步指出："发展海洋科学技术，重点在深水、绿色、安全的海洋高技术领域取得突破，加强海洋资源勘探与开发，深入开展极地大洋科学考察。"

除上述两个政策性文件，专门面向海洋科技的政策性文件还包括科技部与原国土资源部海洋局出台的《"十三五"海洋领域科技创新专项规划》（以下简称《专项规划》）与原国家海洋局与科技部联合印发的《全国科技兴海规划（2016~2020 年）》（以下简称《兴海规划》）。前者对中国海洋科技领域的工作基础和主要问题作了简要说明，提出了战略需求、指导思想、总体思路、发展目标、重点任务和保障措施，对进一步建设完善中国海洋科技创新体系、提升中国海洋科技创新能力发挥了指导作用。后者立足实现海洋发展的"新引擎""新动力""新能力""新局面""新环境"总体目标，提出深入实施创新驱动发展战略，充分发挥海洋科技在经济社会发展中的引领支撑作用，增强海洋资源可持续利用能力，推动海洋领域"大众创业、万众创新"，促进海洋经济提质增效。总体而言，上述两个文件为协调推进海洋资源保护与开发、推进海洋强国建设提出了海洋科技方案和措施，提供了整体目标。

在智慧港航领域，工业和信息化部、交通运输部、国防科工局联合编制了《智能船舶发展行动计划（2019~2021年）》（以下简称《行动计划》），为贯彻落实党中央、国务院关于建设制造强国、海洋强国、交通强国的战略部署，制定了相关科技发展计划。2019年，交通运输部等七部门印发《智能航运发展指导意见》（以下简称《指导意见》），对中国智能航运发展作出了顶层设计，围绕"智能航运发展的基础环境、以高度自动化和部分智能化为特征的航运新业态以及高质量智能航运体系"等阶段性建设目标确立了规划与方案。

二 专门性海洋科技立法

在政策性文件之外，中国还存在一些专门性海洋科技立法，主要为原国家海洋局制定的部门规章，核心目标在于激励海洋科技创新。这些立法对激发海洋科技人员的积极性、创造性，加速中国海洋事业发展具有积极意义。

早在20世纪80年代，原国家海洋局就颁布了《海洋科学技术进步奖励办法》（1985年11月10日发布，1993年12月25日修订），该办法为调动广大海洋科学技术工作者的积极性和创造性提供了法律依据，促进了中国海洋经济和海洋事业的科学发展。原国家海洋局于1995年颁布了《海洋科学技术进步奖励办法实施细则（试行）》，细致规定了海洋科学技术进步的奖励范围、申报条件、申报程序以及评审与审批程序等内容。2013年3月29日，原国家海洋局颁布了《海洋科学技术奖奖励办法（暂行）》，从组织机构、奖励范围、奖励等级及评审标准、申报与推荐、受理与评审、异议与处理、批准与奖励等多个方面对海洋科学技术奖的相关问题作出规定，丰富了立法内容与层次，为海洋科学研究、技术创新与开发、科技成果推广应用、高新技术产业化、科学技术普及、国际科学技术合作提供了激励方案。

国务院于1996年发布了《涉外海洋科学研究管理规定》（以下简称《管理规定》），这一行政法规为加强对中华人民共和国管辖海域内的涉外海洋科学研究活动管理提供了规范参考。整体来看，《管理规定》有效促进了海洋科学研究的国际交流与合作，也有助于避免涉外海洋科研工作中可能出现的问题以及损失，维护国家海洋权益。

总体来看，上述立法为加强海洋科技人才队伍建设与创新能力培养提供了依据。通过逐步完善奖励机制等，以法律形式明确具体机制，对中国海洋科技创新和突破具有积极意义。

三 海洋立法中的科技条款

除了上述针对海洋科技创新的立法或政策性文件，中国海洋立法中也存在一些具有科技因素的条款，为以科技手段推进海洋权益保护和产业发展提供保障。

一些海洋立法针对该领域的科学研究活动作出了原则性规定，表明了鼓励、支持海洋科学研究的基本立场。《海岛保护法》第 7 条第 1 款规定，"国务院和沿海地方各级人民政府应当加强对海岛保护的宣传教育工作，增强公民的海岛保护意识，并对在海岛保护以及有关科学研究工作中做出显著成绩的单位和个人予以奖励"；第 18 条进一步强调，"国家支持利用海岛开展科学研究活动。在海岛从事科学研究活动不得造成海岛及其周边海域生态系统破坏"；第 21 条规定，"国家安排海岛保护专项资金，用于海岛的保护、生态修复和科学研究活动"。《海上交通安全法》第 8 条规定，"国家鼓励和支持先进科学技术在海上交通安全工作中的应用，促进海上交通安全现代化建设，提高海上交通安全科学技术水平"。在环境保护领域，《海洋环境保护法》第 13 条第 1 款规定："国家加强防治海洋环境污染损害的科学技术的研究和开发，对严重污染海洋环境的落后生产工艺和落后设备，实行淘汰制度。"

在海洋勘探这一海洋科技应用较广的领域，《深海海底区域资源勘探开发法》第四章专门对科学技术研究作出了规定。该法第 15 条规定，"国家支持深海科学技术研究和专业人才培养，将深海科学技术列入科学技术发展的优先领域，鼓励与相关产业的合作研究。国家支持企业进行深海科学技术研究与技术装备研发"；第 16 条规定，"国家支持深海公共平台的建设和运行，建立深海公共平台共享合作机制，为深海科学技术研究、资源调查活动提供专业服务，促进深海科学技术交流、合作及成果共享"；第 17 条规定，"国家鼓励单位和个人通过开放科学考察船舶、实验室、陈列室和其他场地、设施，举办讲座或者提供咨询等多种方式，开展深海科学普及活动"。

针对国际组织或外国在中国领海、毗连区以及专属经济区从事海洋科技研发活动，为维护国家利益，《领海及毗连区法》第 11 条第 1 款规定："任何国际组织、外国的组织或者个人，在中华人民共和国领海内进行科学研究、海洋作业等活动，须经中华人民共和国政府或者其有关主管部门批准，遵守中华人民共和国法律、法规。"《专属经济区和大陆架法》第 3 条第 2 款规定，"中华人民共和国对专属经济区的人工岛屿、设施和结构的建造、使用和海洋科学研究、海洋环境的保护和保全，行使管辖权"；第 4 条第 2 款规定，"中华人民共和国对大陆架的人工岛屿、设施和结构的建造、使用和海洋科学研究、海洋环境的保护和保全，行使管辖权"；第 9 条规定，"任何国际组织、外国的组织或者个人在中华人民共和国的专属经济区和大陆架进行海洋科学研究，必须经中华人民共和国主管机关批准，并遵守中华人民共和国的法律、法规"。

通过海洋立法中的科技相关条款，以法律手段推进科技创新，确立了海洋科技建设的法治目标。

四　地方性海洋科技立法（政策性文件）

山东省、浙江省、广东省等沿海省份出台了一系列关于海洋科技的地方文件，涉及海洋科技创新示范工程管理、海洋科技创新研发、海洋科技成果转化以及海洋科技创新平台工作方案等多方面内容。

2017 年 7 月，山东省政府出台的《"十三五"海洋经济发展规划》指出："到 2020 年，构建起现代海洋产业新体系，海洋科技创新能力大幅提升；以科技创新为核心的全面创新取得重大进展，智慧海洋工程建设有效推进，深水、绿色、安全的海洋高端产业领域取得重大突破，优势领域海洋科技自主创新能力达到国际先进水平，科技进步对海洋经济的贡献率提高到 70% 以上，建成具有全球影响力的海洋科技创新中心。"

2021 年 5 月 17 日，浙江省政府出台了《海洋经济发展"十四五"规划》，明确了"海洋创新能力跻身全国前列"的基本目标，并从"做强海洋科创平台主体、增强海洋院所及学科研究能力、推动关键技术攻关及成果转化"三个维度确立了科技创新目标。

2021 年 11 月 15 日，福建省政府出台了《"十四五"海洋强省建设专项规划》，确立了"科技兴海、创新驱动"基本原则，"优化整合海洋科技创新资源，加强创新平台建设，攻关海洋科技关键核心技术，构筑海洋科技创新基地，补足海洋强省建设的科技创新短板，推动海洋经济向创新引领型转变"。

2021 年 12 月 14 日，广东省政府出台了《海洋经济发展"十四五"规划》，其中第五章"强化海洋科技自立自强战略支撑"分为"优化海洋科技资源配置、激发涉海企业创新活力、加强海洋科技人才培育、改善海洋科技创新环境"四个部分，以海洋科技创新引领建成海洋高端产业集群。

第三节　海洋科技法治实践考察

中国海洋立法重视促进海洋科技发展，一些重点领域海洋技术研发与应用取得一定成绩。通过对具体领域的考察，可以明确海洋科技工作的着力点和主攻方向。

一　智能港航领域

智能港航是港航信息化的高级阶段，围绕港航管理、服务、决策三大核心业务需求，充分运用物联网、云计算、移动互联网、大数据分析等新兴信息技术，精细化、智能化梳理或改造港航业务，实现人性化、智慧化功能，促进行业管理效能、服务效果和决策水平的综合提升①。智能港航领域科技法治发展取得显著成效。

其一，《行动计划》与《指导意见》明确了中国智能船舶、智能航运领域的中长期发展规划。《行动计划》总结了中国智能船舶的发展现状，明确了今后智能船舶发展的4项原则以及9项重点任务，提出三年内形成中国智能船舶发展顶层规划和标准体系。《指导意见》以五年为一个任务周期，按照近期、中期、远期目标，分阶段、分层次加强顶层设计和系统谋划，明确了提升港口码头和航运基础设施的信息化、智能化水平，推进智能船舶技术应用，加强智能航运技术创新，加快船舶智能航行保障体系建设，培育智能航运服务新业务新模式，防范智能航运安全风险，加强智能航运法规标准与监管机制建设，加强智能航运人才培养等十个方面的任务。

其二，《行动计划》与《指导意见》为推动关键技术快速发展提供制度保障，确保应用新一代信息技术，培育航运发展新模式、新业态，形成发展新动能，以法治手段推动行业信息技术应用创新。《行动计划》明确指出，将提升网络和信息安全防护能力作为重点任务，依据相关行业科研基础和科技成果，加强网络与链路安全、系统硬件与软件安全、数据安全等方面应用研究，全面提升智能船舶网络和信息安全防护能力，推进区块链在交通运输电子单证、危险品全链条监管、全程物流可视化等领域的创新应用。《指导意见》将提升港口码头和航运基础设施的信息化、智能化水平与推进智能船舶技术应用作为智能航运发展的主要任务，从港口建设、生产运营和管理等方面进一步提升智能港口技术和系统集成能力，有效提高港口智能化水平及运营效率。

其三，以《行动计划》与《指导意见》为规范基础，通过法治手段完善智能港航保障体系布局，为智能港航领域的科技发展保驾护航。具言

---

① 《什么是智慧港航？全球港航信息化市场规模分析》，https://www.chinairn.com/hyzx/20211209/184954165.shtml，2022年6月26日访问。

之，《行动计划》以独立章节提出保障措施，要求加强组织实施，建立政府、企业、行业组织和专业机构等协同推进机制，强化部门协同和上下联动。《指导意见》同样以独立章节明确保障措施，首先，要求加强组织协调，建立政府、企业、行业组织和专业机构等的协同推进机制；其次，明确营造良好的发展环境，通过有效利用中央和地方资源，吸引和调动相关社会资源力量，统筹推动智能航运发展；再次，通过规范确定试点，鼓励、支持试点示范，保障智能航运安全有序发展；最后，《指导意见》亦强调要促进开放合作，支持国内外具有智能航运技术优势的机构开展合作研发，鼓励引进国外先进技术消化吸收再创新，积极开展政府间合作，参与国际事务，提供中国方案。

二 海洋渔业领域

作为典型的沿海大国，中国渔业发展有悠久的历史。20世纪70年代以前，海洋渔业以传统捕捞为主，生产手段原始粗放且效率低下，改革开放以后，科学技术日新月异。中国的海洋渔业呈上升势头，近几年国家非常重视渔业发展，相关政策性文件相继出台，以法治手段为打造高质量现代渔业强国提供保障。

《专项规划》立足实施海洋强国战略，为提高海洋资源开发能力，发展海洋经济，保护海洋生态环境，坚决维护国家海洋权益，明确了发展主题与发展方向，围绕海洋特有的三类生物资源，从三个层面提出，建设一体化布局的海洋生物资源开发利用重点任务创新链。培育与壮大中国海洋生物战略性新兴产业，同时也明确，随着沿海经济不断发展，海洋开发面临诸多挑战，海洋灾害时有发生，中国海洋渔业发展要以全面提升海洋生物资源可持续开发自主创新能力为目标[1]。在此提出了六项具体任务，以规范制度改变海洋渔业状况，经过连续高强度、持续性海洋开发，近海海

---

[1] 《"十三五"海洋领域科技创新专项规划》，https：//most. gov. cn/xxgk/xinxifenlei/fdzdgknr/fgzc/gfxwj/gfxwj2017/201705/t20170517_132854. html，2022年7月12日访问。

域资源环境等面临危机和压力，多数产业存在内部结构不太合理、生产方式粗放落后、资源依赖明显等问题，亟待运用法治手段缓解制约海洋资源可持续利用、影响海洋经济健康发展的问题。

为解决中国海洋渔业源头供给不足、转化效率不高、海洋生态环境保护与修复技术体系不完善等问题，《兴海规划》提出了推动海洋渔业安全高效发展的具体任务。第一，加强现代海水增养殖技术开发转化。重点突破先进育种技术，发展动物蛋白替代技术，推广应用智能化、生态化、高循环率的工厂化循环水养殖设备等技术。第二，发展负责任海洋渔业技术。开发近海海洋生物资源保护与修复技术，推广应用近海渔业资源友好型捕捞设备和技术；开发卫星遥感远洋渔业、海洋环境和大范围海域组网监测技术；发展和应用负责任远洋渔业技术与装备。第三，提升海洋水产品精深加工和安全控制技术。重点发展水产品分类加工、综合利用和精深加工技术；开发海洋渔业生产流通过程监控、储运与海上一线保鲜、水产品安全追溯等技术；构建互联网+冷链物流配送智能化服务系统，大幅提升渔业资源高值化和清洁加工能力。

三 海洋环境保护领域

随着人类社会开发海洋与利用海洋活动的增多，海洋环境保护压力日渐增大，成为制约海洋可持续发展的重大隐患[1]。立足环境保护的基本国策[2]，《专项规划》与《兴海规划》设置了相应条款，以期提升我国海洋环境保护、修复与治理能力。

其一，《专项规划》与《兴海规划》将发展海洋环境技术列为重点任务。具言之，《专项规划》提出，发展近海环境质量监测传感器和仪器系统以及深远海动力环境长期连续观测重点仪器装备，自主研发海洋环境数

---

① 邱士雷、王子龙、刘帅、董会忠：《非期望产出约束下环境规制对环境绩效的异质性效应研究》，《中国人口·资源与环境》2018年第12期，第40页。
② 《第二次全国环境保护会议》，https://www.mee.gov.cn/zjhb/lsj/lsj_zyhy/201807/t20180713_446638.shtml，2023年6月1日访问。

值预报模式，提高海洋环境灾害及突发事件的预报预警水平和应急处置能力，致力于解决国家海洋环境安全保障平台建设中的关键技术问题。《兴海规划》也提出了全力强化海洋生态环境保护与治理技术应用的发展规划，特别是重点加强海洋环境监测评估预警新技术业务化应用。《兴海规划》还提出，强化海岛保护与合理利用技术，加强海岛保护与利用关键技术示范应用。

其二，《专项规划》与《兴海规划》强调发展海洋环境保护技术，提升中国海洋环境保障能力。《专项规划》将构建国家海洋环境安全保障平台系统作为海洋环境安全保障重点任务的具体目标，有效提升了中国海洋环境安全保障能力。《兴海规划》同样强调海洋环境保障服务技术应用，提出三项具体任务：一是推动海洋环境保障服务技术业务化，二是推动海洋环境保障服务产品市场化，三是推动海洋卫星服务产品产业化。《兴海规划》还提出，加强海上维权执法技术示范应用，开展海上目标监视技术、海上维权执法通信保障技术等技术的示范应用，发展海上目标的远程、立体探测与类型识别技术，开发大陆架、专属经济区划界技术体系和决策系统，为维权执法决策提供支撑，明确以公权力保障国家海洋环境安全。

四 海洋勘探开发领域

海洋勘探开发包括对海洋资源的勘探与开发，勘探即为探明资源的种类、储量和分布，对海洋资源尤其是海底矿产资源进行的取样、观察和调查过程；开发是指对海洋及其周围环境（大气、海岸、海底等）的资源开发和空间利用活动的总称。中国高度重视海洋勘探开发，《专项规划》《兴海规划》都重视发展深海探测技术，逐步提升海洋勘探技术水平，满足中国在深海领域的重大需求。

其一，《专项规划》针对中国在探索深海、开发利用深海资源以及保障国家深海安全等方面的重大需求，明确提出重点突破制约中国深海领域发展能力的深海运载、探测、战略资源开发、深远海能源保障等核心共性关键技术，提升中国深海技术的基础研究水平和原始创新能力，形成中国深海运载、探测装备谱系化和配套能力，带动深海技术与装备的自主产业发展。《兴海规划》也提出，大力发展海洋高端工程装备，发展深海空间站、海上大型结构物以及天然气水合物开发等配套装备，以此提高大洋科学考察、深海资源探测探采、大洋环境安全保障设备装备自给率，构建具有自主知识产权的深海矿产资源开采技术装备体系，提升深海生物多样性调查能力。

其二，《专项规划》提出，将深水能源和矿产资源勘探与开发作为重点任务，实现核心技术和装备国产化，全面提升海洋资源自主开发能力，为海洋强国建设提供支撑。《专项规划》明确了以下具体任务：第一，开展海洋油气工程新概念、新技术研究，开发深水油气勘探核心技术和工程装备，形成深水油气资源自主开发能力；第二，开展海洋天然气水合物成藏、成矿机理以及安全开采等基础问题研究，开发精确勘探和钻采试验技术与装备，形成海底天然气水合物开采试验能力；第三，开展大洋矿产成矿机理与分布规律等科学问题研究，开发高效勘探核心技术研究及深海采矿系统设计，研制集矿与输送装备，完成1000米深海集矿、输送等技术海上试验。

其三，《专项规划》顺应当今世界对极地地区的开发研究趋势，将极地资源探测与开发列为主要任务之一，提出探索和了解极地地区的油气资源、矿产资源、渔业资源、航道资源，评估这些资源的潜力和商业价值；开展关键技术攻关和装备研发，开展极地地区地质构造及潜在矿产资源探测、极区油气和天然气水合物资源探测、极区生物资源探查及利用等技术研究，为极地科学研究、资源探测与开发利用提供技术及装备支撑，提升中国的极地科研水平和技术保障条件。《兴海规划》提出极地开发特种功能材料技术等方面的示范应用，重点推进极地环境和资源观测、探测技术的应用，开展极地耐低温环境仪器装备、极区严酷环境现场长期观测系统等关键技术装备应用示范。

五 海上风电领域

海上风电科技是指在潮间带、近海海域等主要区域建立风力发电场，并将风能转换为电能的一种使用离岸风力能源的方式。海上风电将会是未来清洁能源的新方向。粗略统计，各沿海省份海上风电开发目标已超过5000万千瓦，这也意味着中国海上风电正步入快车道[①]。

从中央政策支持来看，中国海上风电发展共经历了数个阶段。2010年之前是示范项目阶段，中国能源局印发《海上风电场工程规划工作大纲》，上海东海大桥海上风电场成为首个国内大型海上风电示范项目；2010年到2014年是特许权招标阶段，国家能源局印发《海上风电场建设管理暂行办法》，2010年5~9月，国内首轮海上风电特许权项目启动招标，就中国的风电科技发展现状来说，海上风电行业已进入平价发展阶段。随后国家能源局相继印发《风电标准建设工作规则》《能源行业风电标准化技术委员会章程》《风电标准体系框架》。《风电标准建设工作规则》旨在明确风电标准，按照协商一致的原则建设，统一规划、统筹安排、分工合作、协调配合，实现风电标准的完整与统一。设立风电标准建设领导小组，负责研究拟定中国风电标准，审查确定风电标准体系建设规划，协调解决风电标准建设中的重大问题。《能源行业风电标准化技术委员会章程》要求，根据国家能源局的统一规划，组建能源行业风电标准化技术委员会，负责开展能源行业风电标准化技术组织管理工作。《风电标准体系框架》确立了风电标准体系框架，明确了各个类型体系框架的具体规定。

福建、广东、浙江、广西等沿海省份"十四五"海上风电发展规划相继出炉，以地方政府规范性文件助力海上风电发展。《广西可再生能源发展"十四五"规划》提出，重点推进风电规模化发展，结合地区特色，

---

① 李丽旻：《海上风电有望乘风破浪：沿海省份"十四五"海上风电规划目标已超5000万千瓦》，《中国能源报》2022年6月17日，第4版。

打造北部湾海上风电基地。《福建省"十四五"能源发展专项规划》提出，加大风电建设规模，加快清洁能源建设，推进能源绿色低碳转型。《山东省能源发展"十四五"规划》着眼 2025 年能源发展目标，实施可再生能源倍增行动，打造千万千瓦级海上风电基地，推进海上风电与海洋牧场融合发展试点示范。《广东省能源发展"十四五"规划》着力推动能源绿色低碳转型，打造粤东、粤西千万千瓦级海上风电基地。《浙江省能源发展"十四五"规划》立足省内能源资源禀赋特色，着眼长远，强调开展"风光倍增"工程，全力打造百万千瓦级海上风电基地。

第四节　海洋科技法治发展总结

伴随"海洋强国"战略的深入推进，我国海洋科技领域立法取得了一定成效，初步完成构建海洋科技法治体系的基本目标。目前，海洋科技法治体系能够实现统筹全国海洋科技发展方向的基本目标，并且能够助推地方特色海洋科技发展的任务部署。

一　确立以海洋科技发展规划为主的顶层设计

进入 21 世纪，国家进一步加强了海洋科技规划编制，出台了《国家海洋事业发展规划纲要（2006~2010 年）》《国家"十一五"海洋科学和技术发展规划纲要》《全国科技兴海规划纲要（2008~2015 年）》《国家"十二五"海洋科学和技术发展规划纲要》《海水淡化科技发展"十二五"专项规划》等海洋科技领域的发展规划，形成了指导、规范全国海洋科技发展的初步规划体系。《国家中长期科学和技术发展规划纲要（2006~2020 年）》对中国 2006~2020 年科技发展作出了全面系统的规划与部署，是新时期指导中国科学和技术发展的纲领性文件。该规划纲要高度重视海洋科技发展，从重点领域及其优先主题、前沿技术和基础研究等方面确定了重点任务，明确了海洋科技工作的着力点和主攻方向，将海洋技术确定为 5 个战略重点任务之一。

二 地方性海洋科技政策文件的具体部署

在国家宏观政策带动下，沿海省份以国家海洋科技总体规划和顶层设计为指导，结合区域资源优势，积极探索，在本地海洋领域发展规划中对海洋科技发展作出具体部署。沿海地区政府普遍将增强海洋科技创新能力、完善海洋科技创新体系、加快海洋创新型人才培养和引进作为地区海洋科技发展的重要目标。一些沿海省份相继出台地方性海洋发展规划，如山东省《"十三五"海洋经济发展规划》、浙江省《海洋经济发展"十四五"规划》、福建省《"十四五"海洋强省建设专项规划》以及广东省《海洋经济发展"十四五"规划》。这些规划明确了各地海洋科技发展的重点方向和重点任务，是促进海洋科技发展与指导地方编制相关专项规划的重要依据。

三 "科技驱动型海洋强国"的立法目标和共识

海洋科技创新发展政策更加注重自主创新和科技产业化，强调科技和经济的密切结合，发挥科技对海洋经济的支撑作用，推动海洋科技成果产业化，建设"创新型"国家。"十三五"期间海洋科技创新要按照"原创驱动、技术先导、认识海洋、兴海强国"的指导方针，坚持"双轮驱动"，走中国特色的海洋科技创新之路。海洋强国必须是海洋科技强国，推动实现重大科学问题的原创性突破，加快核心关键技术攻关。2017年5月，科技部、原国土资源部和原国家海洋局联合印发《"十三五"海洋领域科技创新专项规划》，明确了"十三五"期间海洋领域科技创新的发展思路、发展目标、重点技术发展方向、重点任务和保障措施[1]。

四 海洋科技研究与人才培养的激励性立法

培养优秀青年海洋科技人才，鼓励优秀青年海洋科学工作者参与创新

---

[1] 刘明：《党的十八大以来中国海洋科技发展政策》，http：//www.chinaislands.org.cn/c/2017-10-26/1525.shtml，2022年7月12日访问。

性研究，提升科学竞争力，设立国家海洋局青年海洋科学基金，进一步推动海洋科研。海洋科技研究与人才培养方面的立法对促进海洋科学技术国际合作与交流、维护国家主权和海洋权益具有重要意义。首先，能够促进海洋技术国际交流合作，为维护国家主权和海洋权益提供规范依据。其次，为解决可能出现的海洋科学研究纠纷提供法律保障。最后，有利于营造有效激发海洋科技创新活力的研究氛围，助力科研人员投入海洋科学研究、促进中国海洋事业发展和进步。

五　海洋科技法治的延伸与细化

《"十三五"国家科技创新规划》对中国未来 5 年科技创新作了系统谋划和前瞻布局，是国家"十三五"规划纲要和《国家创新驱动发展战略纲要》的细化落实。该规划对中国深海技术、海洋农业技术、海上风电技术、船舶制造技术以及海洋领域的基础研究进行了规划和部署。《兴海规划》提出了 2020 年科技兴海的总体目标和重点任务。全国海洋科技创新大会部署了"十三五"时期海洋科技创新发展的工作思路和重点任务。

综上所述，中国海洋科技创新发展政策已基本形成宏观层面的顶层设计、多领域的专项规划及沿海地区的具体政策三个层面的布局，建立了由国家协调和牵头、区域均衡、地方协同推进的实施机制。

第五节　海洋科技法治发展前景

中国的海洋科技发展进入了新时代，取得了突出成效。有效推进科技创新驱动发展，形成了较为完善的海洋开发与利用规划体系，建成了国家海洋科技创新体系。海洋科技工作以经济建设为中心，以前沿技术基础研究以及发展高新技术为目标，服务海洋强国建设。但应当看到，中国海洋科技法治建设仍然存在一些不足。

一 海洋科技法治发展存在的问题

"十三五"以来，虽然中国海洋科技发展已经取得一定成绩，但海洋技术研发总体上仍以模仿为主，原始创新能力明显不足，部分领域与世界先进水平还有较大差距，科学技术和法律制度都有不小改进空间。

第一，海洋科技发展立法仍然是以制定政策性文件为主，规范层级较低，难以起到实质性的指导作用。海洋科技法律规范系统并不完整，缺乏体系性，尤其是缺乏专门规范海洋科技发展的法律总领全局。一方面，专门法律缺位，大量低位阶的法规或者规范性文件内容存在重复甚至冲突，无法凸显海洋科技发展的重点方向与关键任务，一定程度上制约了海洋科技的发展速度与发展质量；另一方面，随着中国海洋科技的发展，对外交流的意愿与需求逐步提升，缺乏专门性法律与国际条约衔接，限制了中国履行《海洋法公约》中资源开发、船舶航行、科学研究、海洋环境保护等方面义务的能力[1]。在规范位阶和法规数量上，中央法规过少，无法针对不同海洋科技领域设立专门法律规范，不仅难以引领统筹地方政策，也难以进一步激发地方法治创新。

第二，海洋科技激励性专门立法相对分散，且未能与引导性政策文件充分衔接，有待整合及更新。不同部门在制定推进海洋科技发展的激励性政策文件或立法时缺乏有效沟通，导致海洋科技法律规范内部缺乏体系协调性，规范之间存在交叉重复或效力不清问题，难以理顺关系。同时，海洋科学技术成果的激励性立法侧重奖励制度，忽视了整体规划与管理相关规定与说明；如果确立的激励性目标无法实现，或者具体规划设计不当，可能导致海洋科技创新者难以获得预期奖励，还可能反向制约海洋科技发展。总体而言，这种立法模式难以满足海洋科技领域制定系统科学的规

---

① 薛桂芳：《〈联合国海洋法公约〉体制下维护我国海洋权益的对策建议》，《中国海洋大学学报》（社会科学版）2015 年第 6 期，第 13 页。

则、规矩和规范的要求①。随着时代变迁和国际形势发展，过于分散的立法模式难以适应引领海洋科技发展的需求，优化海洋科技激励性立法成为现实问题。

第三，围绕"权利、责任与程序"等要素展开具体制度设计的激励海洋科技创新立法仍然缺位。由于当前海洋科技领域立法结构较为松散，海洋科技领域法律规范往往未能明确创新主体的权利或利益供给保障，对于具体执行激励措施的公权力机关职责定位也不够明确，在推进海洋科技创新方面难以形成有效的制度输出②。同时，激励性海洋科技政策文件或立法多属于原则性宣示，没有确立一套可操作性的程序规则，既不利于创新者获得明确预期，也不利于主管机构依法行使职权。简言之，如果不能在立法层面围绕"权利、责任与程序"等要素进行具体制度设计，便难以为海洋科技发展提供强有力的法律保障③。

二　海洋科技法治发展的方向

积极构建海洋科技法治体系，目的在于以法治保障促进科技创新在海洋经济发展中的引领作用④。我国海洋科技法治体系优化的构想，应立足国内海洋科技发展现状与未来诉求，围绕"立法位阶较低、规制内容分散、缺乏综合性立法"等问题展开，实现对海洋科技法治体系的有效整合。

第一，加快海洋科技领域的引领性立法。整体来看，国务院和各省五年规划体现了国家目标实现能力⑤，但由于整体位阶较低，缺乏基础性、

---

① 黄建钢：《论中国海洋法的现状及其发展趋势》，《浙江海洋学院学报》（人文科学版）2010 年第 3 期，第 4 页。

② 李龙飞：《中国海洋环境法治四十年：发展历程、实践困境与法律完善》，《浙江海洋大学学报》（人文科学版）2019 年第 3 期，第 25 页。

③ 李志文、马金星：《论我国海洋法立法》，《社会科学》2014 年第 7 期，第 89 页。

④ 《中国海洋事业改革开放 40 年系列报道之科技篇——科技创新助力海洋强国建设》，https：//www.mnr.gov.cn/zt/zh/ggkf40/201807/t20180709_2366685.html，2023 年 6 月 1 日访问。

⑤ 鄢一龙：《五年规划：一种国家目标治理体制》，《文化纵横》2019 年第 3 期，第 76 页。

统一性部署，难以准确把握我国海洋产业升级和高质量发展的方向①。因此，需改变当前立法模式，专门制定海洋创新立法或在海洋基本立法中确立专门的科技创新规划模块。例如，日本基于《海洋基本法》的立法指引，每五年出台一部"海洋基本计划"，明确海洋科技发展"前瞻性、战略性、多样性、灵活性"的目标，确立今后海洋科技发展的重点。此外，日本还以"年度报告"形式对《海洋基本计划》中制定的目标进行拆解、跟进、总结。其内容对照《海洋基本计划》中每一项目标"逐条逐句"写明时间、事件、完成进度，有效推动了包括海洋科技发展在内的各项海洋战略目标的跟进评估、跟踪落实②。我国可以借鉴上述模式，以专门海洋创新立法或在海洋基本立法中设立专门的科技创新规划模块的形式确立规划，并以"年度报告"形式总结归纳每一年度海洋科技发展情况，制定下一年度发展目标，以保证立法的及时性、准确性。

第二，优化海洋科技的激励性制度设计。在强调加快海洋科技领域引领性立法的同时，应当看到，我国海洋科技法律法规虽然存在激励性立法，但主要作用局限于激励相关科技人员的创造动力，国家层面缺乏以海洋科技布局为目标的激励政策与具体措施，因此，应当尽快优化我国海洋科技的激励性制度设计。海洋科技的激励性制度设计不仅包括"奖励措施"等具体的激励性内容，还包括"整体布局""不同阶段目标""具体权利义务""管理体制""具体程序"以及"责任清单"等规定。概言之，通过上述制度设计可以形成对海洋科技发展整体布局与具体目标较为清晰的判断，并对管理体制机制形成基本预期，由此以制度方案为海洋科技创新提供可靠保障。

第三，各类海洋立法中可作出特色型科技条款规定。在强调加强海洋科技领域引领性立法与激励性制度设计的同时，海洋资源开发、环境保

---

① 中国社会科学院经济研究所课题组：《"五年规划"的历史经验与"十四五"规划的指导思想研究》，《经济学动态》2020年第4期，第10页。

② 王旭：《日本海洋科技发展的演进》，https://aoc.ouc.edu.cn/2019/1127/c9824a277138/page.htm，2022年7月10日访问。

护、能源利用以及其他各领域的海洋立法应结合具体科技需求作出针对性专门规定，也即以"一般性规定+特殊条款"结合立法模式构建海洋科技创新的法律保障体系。当前海洋科技法治体系涵盖海洋科技各细分领域，但相关条文宽泛空洞、缺乏可操作性。例如，《海洋环境保护法》第 13 条规定："国家加强防治海洋环境污染损害的科学技术的研究和开发，对严重污染海洋环境的落后生产工艺和落后设备，实行淘汰制度。"本条虽系"禁止性"规范，提出了淘汰落后设备，但并未设置相关责任规范，导致本条款偏向"宣示性"条款，可执行性较低。直观来看，国务院及其部门依法对涉及海洋科技的法律、法规、规章的含义、具体应用和执行等作出说明和阐释，地方可以立足本地海洋科技发展特色以及实际管理需求，针对性明确、细化地方性法规与规范性文件中有关海洋科技的条款。立足长远考虑，应当通过修法在各类海洋立法中逐步增设"科技条款"。

第六章　海洋环境的法治发展

习近平总书记在 2013 年 7 月 30 日十八届中央政治局第八次集体学习讲话中指出："要把海洋生态文明建设纳入海洋开发总布局之中，坚持开发和保护并重、污染防治和生态修复并举，科学合理开发利用海洋资源，维护海洋自然再生产能力。"[①] 法治是海洋环境治理的重要手段之一，随着中国改革开放推进和海洋环境保护意识逐渐增强，构成海洋环境保护法治体系的立法、执法和司法都得到全面、快速发展。

第一节　海洋环境法治概述

一　海洋环境及其问题

"环境"总是相对于某一中心事物而言的，人们常把这个中心称为主体，把围绕该中心的周围世界称为环境。中心不同，环境的内涵和外延也有所不同。《环境保护法》将环境界定为：影响人类生存和发展的各种天然的和经过人工改造的自然因素的总体，包括大气、水、海洋、土地、矿藏、森林、草原、湿地、野生生物、自然遗迹、人文遗迹、自然保护区、风景名胜区、城市和乡村等[②]。可见，中国环境立法中的环境是以人类为中心、特指那些对人类的生存和发展有影响的自然因素。

---

① 习近平：《进一步关心海洋认识海洋经略海洋　推动海洋强国建设不断取得新成就》，《人民日报》2013 年 8 月 1 日，第 1 版。
② 《环境保护法》第 2 条。

与环境息息相关的另外一个概念是自然资源。1972年联合国环境规划署将自然资源界定为：在一定时间、地点条件下，能够产生经济价值、提高人类当前和未来福利的自然环境因素的总称①。《宪法》第9条规定："矿藏、水流、森林、山岭、草原、荒地、滩涂等自然资源，都属于国家所有，即全民所有……国家保障自然资源的合理利用，保护珍贵的动物和植物。禁止任何组织或者个人用任何手段侵占或者破坏自然资源。"根据该条款，自然资源本身就属于环境要素，是环境要素中可被人类开发和利用的物质和能量的总称。如果将海洋视为一种资源，由于它具有永续利用性，人们普遍认为海洋是一种无限资源。从狭义上说，海洋资源是指在海水中生存的生物、溶解于海水中的化学元素、海水中所蕴藏的能量以及海底的矿产资源。从广义上说，除了上述能量和物质外，海湾、四通八达的海洋航线、水产资源的加工、海洋上空的风、海底地热、海洋远景甚至海洋的纳污能力均可视为海洋资源②。

海洋是一种自然资源还是自然环境，是从不同角度对同一客体作出的评价。既然自然资源本身就属于环境要素，是整体生态环境的重要构成，这就要求在合理开发利用海洋资源的同时实现海洋环境保护目标。

基于上述分析，海洋环境是指由海水水体、海床、底土以及生活于其中的海洋生物、环绕于周围的海岸、滨海陆地和临近海面上空的大气等天然的和人工改造的自然因素构成的统一整体。

海洋环境问题是全球环境问题的一部分。由于海洋地势较低，陆地上的各种物质，包括污染物质，最终都将进入海洋。海洋对进入其中的物质具有巨大的稀释、扩散、氧化以及生物降解能力，可以容纳一定量的污染物而不造成海洋环境损害。海洋的净化能力有一定限度，无节制地向海洋倾倒废水、废物，势必会造成海洋环境污染。随着海洋科技的发展，人类对海洋的开发利用亦向纵深发展，海洋生态环境亦遭到严重破坏。

---

① 汪劲：《环境法学》，北京大学出版社，2014，第3页。
② 马英杰：《海洋环境保护法概论》，海洋出版社，2012，第2页。

　　威胁海洋环境、引发海洋危机的海洋环境问题可以分为两类，即原生海洋环境问题和次生海洋环境问题。原生海洋环境问题又被称为第一类海洋环境问题，是指由于海洋的自然变化所引起的海洋环境问题，如海啸、台风、赤潮等。次生海洋环境问题又被称为第二类海洋环境问题，是指由于人类活动所引起的海洋环境问题。随着自然科学发展和人类对环境问题本质认识的深入，许多过去被认为是由自然因素引起的第一类海洋环境问题，现在看来也与人类的活动有关。当人类活动对自然环境的干预达到一定程度时，就可能演变成表现为第一类海洋环境问题的自然灾害。

　　根据具体表现形式不同，次生海洋环境问题又可以分为海洋环境污染和海洋生态破坏两类。前者是指人类活动直接或间接向海洋排入超过其自净能力的物质或能量，产生的海洋环境质量下降等有害影响。后者是指人类不合理地开发利用海洋，从海洋过度索取物质或能量，从而使海洋恢复和增值能力受到破坏的现象。海洋环境污染和海洋生态破坏的主要区别在于损害海洋的方式不同，一个强调物质或能量的引入，又称为投入性海洋环境损害或者污染性损害，另一个强调物质或能量的取出，又称为取出性损害或者破坏性损害。实践中，这两类损害往往交织在一起或相伴发生，不易严格区分。《海洋法公约》对海洋环境污染进行了界定，即仅强调了"引入"性海洋环境损害。该公约第 1 条规定："'海洋环境的污染'是指：人类直接或者间接地把物质或者能量引入海洋环境，其中包括河口湾，以致造成或可能造成损害海洋生物资源和海洋生物、危害人类健康、妨害包括捕鱼和海洋其他正当用途在内的各种海洋活动、损坏海水使用质量和减损环境优美等有害影响。"《海洋环境保护法》第 94 条也对海洋环境污染损害作出了类似《海洋法公约》的界定，即"海洋环境污染损害是指直接或者间接地把物质或者能量引入海洋环境，产生损害海洋生物资源、危害人体健康、妨害渔业和海上其他合法活动、损害海水使用素质和减损环境质量等有害影响"。

　　当代海洋环境问题的主要表现形式有以下几个方面。①海平面上升。全球气候变化和温室效应所引起的海平面上升，已对人类特别是沿海地区造成普遍威胁。②海岸侵蚀。海岸带是海洋和陆地交界的地方，具有一定宽度。这里不仅自然资源丰富，也是人类活动频繁之地。海岸侵蚀是沿海各地区海岸普遍经历的过程。据报道，世界沿海有70%以上的砂质海岸正在或者已经遭到侵蚀①。③外来物种入侵。海洋外来物种入侵被认为是海洋生物污染的形式之一，对土著物种和海洋生态平衡的影响往往是灾难性的。④海洋生态环境恶化。人类对海洋资源的不合理开发利用使河口或海湾生态系统瓦解或消失，使海岸带与近海生物资源量减少、生物多样性下降。由于近海海域富营养化，赤潮等现象频频发生。

二　海洋环境状况

2002~2017年，国家环境保护主管部门连续发布《中国近岸海域环境质量公报》，具体内容包括全国近岸海域水质状况、入海河流水质状况、直排海污染源废水及主要污染物排放状况、海洋渔业水域环境状况以及海上污染事故等。从2018年开始，《中国海洋生态环境状况公报》取代《中国近岸海域环境质量公报》。公报具体内容也发生了变化，主要包括海洋环境质量、海洋生态状况、主要入海污染源状况、主要用海区域环境状况以及相关行动与措施等。《2021年中国海洋生态环境状况公报》（以下简称《2021年公报》）显示，中国海洋生态环境状况稳中趋好，海水水质整体持续改善，主要用海区域环境质量总体良好，但近岸局部海域生态环境质量有待改善。

根据《2021年公报》，一类水质海域面积占管辖海域面积的97.7%，同比上升0.9个百分点；近岸海域优良水质（一、二类）面积比例为81.3%，同比上升3.9个百分点。夏季呈富营养化状态的海域面积30170平方千米，同比减少15160平方千米。海水环境质量整体持续向好。中国主要用海区域环境质量总体良好。倾倒区水深、海水水质和沉积物质量与上年相比基本保

---

① 陈燕等：《海洋资源与生态环境理论及其问题研究》，中国海洋大学出版社，2019，第19~23页。

持稳定，倾倒活动未对周边海域生态环境及其他海上活动产生明显影响。

公报还显示，近岸局部海域生态环境质量有待改善。一方面，直排海污染源存在超标排放现象，458 个日排污水量大于或等于 100 吨的直排海污染源污水排放总量约为 727788 万吨，个别点位总磷、氨氮、悬浮物、化学需氧量、五日生化需氧量等超标；另一方面，河口海湾水质有待进一步改善，2021 年劣四类水质海域面积为 21350 平方千米，主要超标指标为无机氮和活性磷酸盐。中国海洋生态灾害多发易发，2021 年管辖海域共发现赤潮 58 次，累计面积 23277 平方千米[①]。

三　海洋环境法治发展概况

新中国成立至 20 世纪 60 年代，中国出台了一系列有关海洋的立法。例如，1952 年的《外籍船舶进出口管理暂行办法》、1956 年的《关于渤海、黄海及东海机轮拖网渔业禁渔区的命令》以及 1964 年的《外国籍非军用船舶通过琼州海峡管理规则》等。这些立法大都是为了加强某些领域的行政管理，很少有直接与海洋环境保护相关的内容。虽然中国批准加入了多项相关国际公约，但这些公约多数与海洋主权相关[②]。当然，这些立法也在不同程度上促进了中国海洋环境保护工作。中国防治海洋环境污染的第一个规范性法律文件制定于 1974 年 1 月，即《防止沿海水域污染暂行规定》。这是中国防止海洋环境污染的第一个规范性文件，该暂行规定的颁布实施是中国海洋环境保护法治史上的重要里程碑。

改革开放后，随着《海洋法公约》的开放签署以及中国海洋勘探开发进程不断深入，海洋生态及海洋环境问题不断显现。中国的海洋环境法治建设也经历了从相对忽视到重点关注的发展过程。2012 年是中国海洋环境保护法治发展的突破性一年，党的十八大创造性地提出了保护海洋生

---

① 《2021 年中国海洋生态环境状况公报》，https://www.mee.gov.cn/hjzl/sthjzk/jagb/202205/P020220527579939593049.pdf，2022 年 7 月 12 日访问。

② 李龙飞：《中国海洋环境法治四十年：发展历程、实践困境与法律完善》，《浙江海洋大学学报》（人文科学版）2019 年第 3 期。

态、发展海洋经济、维护海洋权益的海洋强国战略，这标志着中国对海洋环境与海洋生态的重视上升到了新高度。2013 年，习近平总书记又提出了"一带一路"倡议，再一次强调了海洋强国的重要意义。"十三五"以来，在党中央和国务院坚持"海陆统筹，发展海洋经济，科学开发海洋资源，保护海洋生态环境，维护海洋权益，建设海洋强国"的发展思路和发展方向指引下，中国海洋环境法治建设取得新发展新突破。海洋环境法律体系更加完善，海洋环境监管与综合执法体系基本建成，海洋环境司法作用不断加强。为建设海洋生态文明、满足人民群众日益增长的高品质海洋生态环境需求、发展海洋经济提供了强有力的法治支撑。

（一）海洋环境立法体系进一步完善

从 1974 年《防止沿海水域污染暂行规定》这一专门防止海洋环境污染的第一部规范性文件出台，中国海洋环境立法已历经奠基、快速发展以及修改完善三个阶段[①]，总体上实现了从重近海污染防治到海洋生态环境保护的系统化、集成化推进，法治体系建设也取得了突出成效。自 1982 年颁布《海洋环境保护法》（该法已历经一次修订、三次修改）以来，已出台涉及海洋自然资源及生态环境保护相关法律法规 100 余部[②]，基本形成了以《宪法》为根本，以《海洋环境保护法》为主体，以《民法典》《环境保护法》《刑法》《民事诉讼法》《行政诉讼法》等相关法律为补充，以海洋环境保护法规、规章、规范性文件等为配套，以相关国际公约（条约）为参照的海洋环境立法体系。

（二）海洋环境监管与综合执法体系基本建成

中国海洋环境监管与执法以整个海洋行政执法体系为依托，历经多次改革。根据 2018 年《国务院机构改革方案》，海洋环境监管体制进行了调整，将原国家海洋局的海洋环境保护职责整合到新组建的生态环境部。地

①　马英杰、赵敬如：《中国海洋环境保护法制的历史发展和未来展望》，《贵州大学学报》（社会科学版）2019 年第 3 期。

②　张海文：《〈中华人民共和国海洋环境保护法〉发展历程回顾及展望》，《环境与可持续发展》2020 年第 4 期。

方层面，省级地方生态行政机关（生态环境局）承担了海洋环境监管职责。此次改革解决了海洋资源管理和海洋环境污染防治领域多头管理的问题，为实现海陆统筹发展和海洋综合管理提供了体制保障①。此外，统一海洋环境执法队伍。海洋环境执法由原来的国家海洋局及其所属的中国海监整合至中国海警局。根据《海警法》的规定，国家在沿海地区按照行政区划和任务区域编设中国海警局海区分局和直属局、省级海警局、市级海警局和海警工作站，分别负责所管辖区域的有关海上维权执法工作。海警机构依法履行的职责范围包括：对海洋工程建设项目、倾倒废弃物海洋污染损害、自然保护地海岸线向海一侧保护利用等活动实施监督检查，查处违法行为，按照规定权限参与海洋环境污染事故的应急处置和调查处理。

据中国海警局新闻发言人介绍，近年来中国海警局全面强化重要区域常态监管。综合运用陆岸巡查、海上巡航和空中巡视等手段，加强重点项目定期巡查、热点区域常态巡查和关键环节动态巡查，检查海洋工程、石油平台、海岛、倾倒区等 1.9 万余个次，查处非法围填海、非法倾废、破坏海岛等案件 360 余起，收缴罚款近 2 亿元②。

（三）海洋环境司法保障不断加强

党的十八大以来，检察机关、审判机关不断加大海洋环境司法保护力度，服务海洋强国建设，制定完善了一系列司法解释和司法政策，织密了海洋生态环境的司法保护网。例如，《关于审理海洋自然资源与生态环境损害赔偿纠纷案件若干问题的规定》（2017）、《关于办理海洋自然资源与生态环境公益诉讼案件若干问题的规定》（2022）等。

人民法院深入推进环境司法改革创新，建成具有中国特色的环境资源审判体系。截至 2021 年底，全国共设立环境资源专门审判机构和审判组织

---

① 自然资源部海洋发展战略研究所课题组：《中国海洋发展报告（2021）》，海洋出版社，2021，第 176 页。

② 《我国典型海洋生态系统基本消除不健康状态》，法治网，http://www.legaldaily.com.cn/government/content/2022-07/03/content_8745805.htm，2022 年 7 月 14 日访问。

2149 个①。全国 11 家海事法院设立了 40 余个派出法庭，适应海事法院管辖区域线长面广的特点，增强了海事审判服务功能，方便了当事人诉讼，已经成为海事司法保障沿海沿江地区经济发展与生态文明建设的重要前沿。

第二节　海洋环境保护立法

中国海洋环境保护立法由国内立法以及中国参加或缔结的国际立法两部分构成。

一　海洋环境保护国内立法

海洋环境保护立法体系既是环境法律体系的组成部分，又是海洋法体系的一个分支。从效力等级来看，中国海洋环境保护国内立法体系的构成如下。

（一）宪法中关于环境保护的规定

中国现行《宪法》关于环境的规定是中国海洋环境保护法律体系的根基，其中关于环境保护的规定构成了海洋环境保护法的依据。《宪法》第26 条规定："国家保护和改善生活环境和生态环境，防治污染和其他公害。"据此，环境保护被确立为国家的一项基本职责。此外，《宪法》在其他条款从所有权角度对矿藏、水流、森林、土地等重要环境要素进行了规定，保障自然资源的合理利用，保护珍贵动物和植物等。

（二）环境保护基本法

2014 年 4 月修订后的《环境保护法》（以下称 2014 年《环境保护法》）已于 2015 年 1 月 1 日起施行。这部被称为"史上最严"的环境法适用于"中华人民共和国领域和中华人民共和国管辖的其他海域"。该法第 34 条对

---

① 《中国环境资源审判（2021）》，Microsoft Word-中国环境资源审判（2021）白皮书平台转存定稿 . docx，https：//www. court. gov. cn/upload/file/2022/06/05/10/33/20220605103348_49325. pdf，2022 年 7 月 23 日访问。

海洋环境保护作了原则性和衔接性规定，"国务院和沿海地方各级人民政府应当加强对海洋环境的保护。向海洋排放污染物、倾倒废弃物，进行海岸工程和海洋工程建设，应当符合法律法规规定和有关标准，防止和减少对海洋环境的污染损害"，构成中国海洋环境保护法律体系的基础。

虽然《环境保护法》1989 年出台时已将海洋纳入保护范围，2014 年修订时增加了生态环境保护内容，但该法仍然存在重陆地、轻海洋，重污染防治、轻生态保护，重分别治理、轻综合管理的情况。该法的统领性不够强，不仅表现在缺乏陆海统筹，还表现在对各主要污染类型的防治、各重要生态环境要素的保护以及污染防治与生态保护的关系缺乏统筹考虑。《环境保护法》要承担起统筹山水林田湖草海综合保护的"龙头法"重任，需要进一步完善①。

（三）海洋环境保护专门立法

中国海洋环境保护专门立法由法律、行政法规、部门规章等不同位阶的立法以及其他有关海洋环境保护的规范性文件构成。

1. 海洋环境保护法律

根据调整范围以及规范内容不同，中国海洋环境保护法律包含综合性环境保护法律和单行性环境保护法律。《海洋环境保护法》（制定于 1982 年）是综合性的海洋环境保护专门立法。该法确立了中国海洋环境监督管理体制，构建了中国海洋生态保护制度体系，对包括陆源污染物、海岸工程建设项目、海洋工程建设以及倾倒废弃物等不同来源的海洋污染规定了详细的防治措施，构成中国海洋环境保护法律体系的主干。

《海洋环境保护法》分别于 1999 年修订和 2013 年、2016 年、2017 年三次修改，均努力探索在海洋生态环境保护与科学合理开发利用海洋自然资源之间寻求平衡。这些努力鲜明体现如下：鉴于处于经济快速发展阶段，尚无法做到完全禁止入海排污口、海洋及海岸工程建设项目、船舶等活动对海洋环境造成损害，只能加强对海洋污染的防治、加大力度打击污

---

① 李挚萍：《陆海统筹视域下我国生态环境保护法律体系重构》，《中州学刊》2021 年第 6 期。

染海洋环境的违法行为、确立海洋生态保护红线制度和生态补偿机制等，不断完善海洋环境保护法律制度，为保护海洋生态环境提供法律保障①。

单行性海洋环境保护法律主要包括《海域使用管理法》（2001）、《海岛保护法》（2009）等。《海域使用管理法》的颁布与实施极大促进了我国海洋环境法治建设的发展②。为贯彻落实该法确立的海域使用权、海洋功能区划、海域有偿使用等制度，原国家海洋局会同有关部门发布了一系列部委规章及其他规范性文件，构建了较完善的海域使用管理法律体系。

2009年12月26日颁布的《海岛保护法》是中国海洋环境保护领域的一部重要法律，它首次以立法形式对中国众多海岛实行保护和管理。该法的立法目的是，保护海岛及其周边海域生态系统，合理开发利用海岛自然资源，维护国家海洋权益，促进经济社会可持续发展。

2. 海洋环境保护行政法规

中国海洋环境保护行政法规数量众多，主要包括海洋污染防治法规和海洋资源保护法规。从制定目的看，这些法规可以分为两类，一类是为了有效实施环境保护基本法和海洋环境保护法而制定的条例或实施细则，另一类是对海洋环境保护工作中出现的新领域或尚未制定相应法律的某些重要领域所制定的规范性文件。前者主要包括：《防治陆源污染物污染损害海洋环境管理条例》（1990年）、《防治海岸工程建设项目污染损害海洋环境管理条例》（1990年，分别于2007年、2017年、2018年修改）、《防治海洋工程建设项目污染损害海洋环境管理条例》（2006年，分别于2017年、2018年修改）、《防治船舶污染海洋环境管理条例》（2009年，分别于2013年、2014年、2016年、2017年、2018年修改）、《防止拆船污染环境管理条例》（1988年，分别于2016年、2017年修改）、《海洋石油勘探开发环境保护管理条例》（1983年）、《海洋倾废管理条例》（1985年，分别于2011年、

---

① 张海文：《〈中华人民共和国海洋环境保护法〉发展历程回顾与展望》，《环境与可持续发展》2020年第5期。

② 王小军：《论〈我国海域使用法〉的修订》，《上海法学研究》（集刊）2019年第21卷，上海市法学会海洋法治研究会文集。

2017 年修改）、《对外合作开采海洋石油资源条例》（1982 年，分别于 2001
年、2011 年、2013 年修改）、《海洋观测预报管理条例》（2012 年）等。

3. 海洋环境保护部门规章

海洋环境保护部门规章是由生态环境、交通运输、自然资源、农业农
村等对海洋环境负有监督管理职责的部门，为有效实施《海洋环境保护
法》等海洋环境保护专门法律及其配套行政法规所发布的有关海洋环境保
护的规范性文件。海洋环境保护部门规章数量众多。有专门针对不同来源
海洋污染防治而出台的，如《船舶及其有关作业活动污染海洋环境防治管
理规定》（2010 年，分别于 2013 年 8 月、2013 年 12 月、2016 年 12 月以
及 2017 年 5 月四次修改）、《海洋倾废管理条例实施办法》（1990 年，分别
于 1997 年、2016 年、2017 年修改）、《船舶安全营运和防止污染管理规则
（试行）》（2001 年）以及《海洋工程环境保护税申报征收办法》（2018
年）。也有专门适用于海洋生态保护的，如《海洋自然保护区管理办法》
（1995 年）、《海洋特别保护区管理办法》（2010 年）、《海洋生态损害国
家损失索赔办法》（2014 年）、《海岸线保护与利用管理办法》（2017 年）、
《围填海管控办法》（2017 年）等。还有既适用于海洋环境污染防治也适
用于海洋生态环境保护的，如《海洋标准化管理规定》（1997 年，已失
效）、《临时海域使用管理暂行办法》（2003 年）、《海域使用权管理规定》
（2006 年）、《海域使用权登记办法》（2006 年，已失效）、《填海项目竣工
海域使用验收管理办法》（2007 年，已失效）、《海洋功能区划管理规定》
（2007 年）、《区域建设用海规划管理办法（试行）》（2016 年，已失效）等
规范性文件。

4. 海洋环境保护地方性立法

沿海具有立法权的地方人民代表大会及其常务委员会和地方人民政
府，为实施国家海洋环境保护法律和行政法规，结合本行政区域的具体情
况和实际需要，制定和发布了一系列地方性法规和规章。以海南省为例，
已出台《海南省海洋环境保护规定》《海南省珊瑚礁保护规定》《海南省
红树林保护规定》《海南省实施〈中华人民共和国海域使用管理法〉办

法》《海南经济特区海岸带保护与开发管理规定》等多部海洋环境地方性
法规，基本形成海南省海洋环境法规构架。此外，辽宁省、天津市、山东
省、江苏省等沿海各省、自治区和直辖市也结合本地实际，出台了地方性
海洋环境法规或地方政府规章，如《辽宁省海洋环境保护办法》《山东省
海洋环境保护条例》《江苏省海洋环境保护条例》《福建省海洋环境保护
条例》《大连市海洋环境保护条例》等。

5. 其他有关海洋环境保护的规范性文件

除了以上各效力等级立法之外，中国海洋环境保护国内立法体系构成
中还包括其他有关海洋环境保护的政策、规划以及标准等技术性规范。例
如，为进一步优化海洋空间开发格局，国务院于2015年8月印发《全国
海洋主体功能区规划》。该规划要求遵循自然规律，根据不同海域资源环
境承载能力、现有开发强度和发展潜力，合理确定不同海域主体功能，科
学谋划海洋开发，调整开发内容，规范开发秩序，提高开发能力和效率，
着力推动海洋开发方式向循环利用型转变，实现可持续开发利用，构建陆
海协调、人海和谐的海洋空间开发格局。2017年3月，原环境保护部等十
部门联合印发《近岸海域污染防治方案》，提出以改善近岸海域环境质量
为核心，加快沿海地区产业转型升级，严格控制各类污染物排放，开展生
态保护与修复，加强海洋环境监督管理，为中国经济社会可持续发展提供
良好的生态环境保障。2017年5月，原国家海洋局印发《关于进一步加
强渤海生态环境保护工作的意见》。

为加强和规范排污口监督管理，2022年3月2日，国务院办公厅印发
《关于加强入河入海排污口监督管理工作的实施意见》。这是第一次从国家
层面出台加强和规范排污口监督管理的指导文件。该意见要求，以改善生
态环境质量为核心，深化排污口设置和管理改革，建立健全责任明晰、设
置合理、管理规范的长效监督管理机制，有效管控入河入海污染物排放，
不断提升环境治理能力和水平，为建设美丽中国作出积极贡献。再如，生
态环境部、国家发展改革委等六部门于2022年3月联合印发《"十四五"
海洋生态环境保护规划》，对"十四五"期间海洋生态环境保护工作作出

了统筹谋划和具体部署。2022年1月，生态环境部、国家发展改革委等七部门联合发布《重点海域综合治理攻坚战行动方案》，要求坚持稳中求进工作总基调，以渤海、长江口—杭州湾、珠江口邻近海域三大重点海域存在的突出生态环境问题为导向，坚持精准治污、科学治污、依法治污，深入实施陆海统筹的综合治理、系统治理、源头治理，推进美丽海湾建设和示范引领，以重点海域生态环境综合治理的攻坚成效，推动全国海洋生态环境持续改善和沿海地区经济高质量发展，提升人民群众临海亲海的获得感和幸福感。

有关部门还出台了一系列海洋环境保护的技术性规范，如《海水质量状况评价技术规程（试行）》（2015年）、《海洋垃圾监测与评价技术规程（试行）》（2015年）等。另外，中国还颁布了一系列海洋环境保护标准，海洋环境保护标准分为国家标准和地方标准两级。目前，中国海洋环境保护国家标准有《海水水质标准》（GB3097-1997）、《渔业水质标准》（GB11607-89）、《船舶水污染物排放控制标准》（GB3552-2018）、《污水综合排放标准》（GB8978-1996）、《海洋石油开发工业含油污水排放标准》（GB4914-85）、《污水海洋处置工程污染控制标准》（GB18486-2001）以及《海洋生物水质基准推导技术指南（试行）》（HJ 1260-2022）等。

（四）其他适用于海洋环境保护的法律

海洋环境保护是一项巨大系统的工程，单靠专门立法不可能调整涉及海洋环境的全部社会关系。因此，不仅需要其他环境立法，也需要其他部门立法加以补充。

其他能够适用于海洋环境保护的环境立法。中国与海洋环境保护相关的环境法律主要包括《水污染防治法》《大气污染防治法》《环境影响评价法》《湿地保护法》《野生动物保护法》《生物安全法》《水法》《环境保护税法》《可再生能源法》等环境立法。

其他部门法中能够适用于海洋环境保护的立法。其他部门法中能够适用于海洋环境保护的立法数量众多，如《行政许可法》《行政复议法》《行政处罚法》等行政立法中关于行政许可以及行政执法的相关规定，

《突发事件应对法》对包括海洋环境突发事件在内的各种突发事件预防与应急的规定，《民法典》"总则编""物权编""侵权责任编"中与环境相关的规定等，《刑法》关于环境犯罪的规定等。此外，《行政诉讼法》《民事诉讼法》《刑事诉讼法》《海事诉讼特别程序法》中的相关规定也适用于海洋环境保护领域。

二 海洋环境保护国际立法

中国参加、批准的有关海洋环境保护国际立法可分为三类。一是涉及海洋环境保护规定的一般国际立法，如《海洋法公约》中关于海洋环境保护的规定。二是专门的海洋环境保护国际立法，如 1952 年的《国际防止海上油污公约》、1973 年的《国际防止船舶造成污染公约》等。三是涉及海洋环境保护的国际环境立法，如《控制危险废物越境转移及其处置的巴塞尔公约》《保护臭氧层维也纳公约》及其议定书，《气候变化框架公约》《生物多样性公约》《联合国湿地公约》《关于持久性有机污染物的斯德哥尔摩公约》等。

（一）《联合国海洋法公约》

《联合国海洋法公约》中有关保护海洋环境的内容是 20 世纪 70 年代国际社会面对日益严重的环境污染作出的法律应对。除了散见于各部分防止污染和养护生物资源的规定，有关保护海洋环境的内容都集中在第 12 部分"海洋环境的保护和保全"。该部分共 11 节，为海洋环境保护勾勒出基本的法律框架，集中体现了《海洋法公约》对海洋环境保护的贡献。但由于制度具体设计存在不足，《海洋法公约》无法满足全球海洋环境治理的现实需求①。

（二）专门性海洋环境保护国际立法

专门性海洋环境保护国际立法主要包括关于陆源污染、船舶污染、海

---

① 刘惠荣、齐雪薇：《全球海洋环境治理国际条约演变下构建海洋命运共同体的法治路径启示》，《环境保护》2021 年第 15 期。

洋倾废等不同来源的海洋污染防治立法以及海洋生物资源养护与管理等方面的立法。下文主要梳理各种不同来源的海洋污染防治立法情况，海洋生物资源养护与管理等方面的立法见第七章"海洋资源利用的法治发展"。

1. 防治陆源污染的国际立法

目前还没有专门的针对陆源污染的全球性国际条约。《海洋法公约》第 207 条仅对防治陆源污染作了简单规定。为弥补《海洋法公约》的不足，国际社会一直为达成全球性防治陆源污染专门立法而努力。1985年，联合国环境规划署起草《保护海洋环境免受陆源污染蒙特利尔准则》（*Montreal Guidelines for the Protection of the Marine Environment against Pollution from Land-Based Sources*，以下简称《蒙特利尔准则》），以帮助制定保护海洋环境免受陆源污染的国际法及国内法。《蒙特利尔准则》强调，各国要采取包括环境影响评价、环境监测以及数据管理、信息交流、建立特别保护区等措施，以防止、减少和控制陆源污染。该准则是国际上公认的第一个专门解决陆源污染的全球性机制[1]。

1995 年，联合国环境规划署在华盛顿召开政府间国际会议，《保护海洋环境免受陆上活动污染全球行动方案》（*Global Programme of Action for the Marine Environment from Land-Based Activities*，以下简称《全球行动方案》）获得通过。该方案号召区域和各成员国分别制定相应的行动计划，旨在推动从国家、区域到全球三个层面共同采取行动保护海洋环境。《全球行动方案》的目标是通过促进各国履行保全和保护海洋环境的义务，防止陆上活动对海洋环境的健康、繁殖及生物多样性的威胁。2006 年 10 月 16 日到 20 日在北京召开了《全球行动方案》第二次政府间审查会议，通过了《关于进一步推动执行保护海洋环境免受陆源污染全球行动方案的北京宣言》。

2. 防治船舶污染的国际立法

船舶污染是海洋环境的第二大污染源，来自船舶的污染包括两种：一

---

① 王慧、陈刚：《跨国海域海洋环境陆源污染防治的国际性法律框架》，《浙江海洋学院学报》（人文科学版）2011 年第 6 期。

种是船舶在正常航行中产生的污染，如向海洋中排放生活污水、垃圾、压载水、油类等，这类污染可以称为"排放性污染"或"操作性污染"；另一种是船舶在海上航行过程中发生事故造成的污染，即"事故性污染"。与此相对应，防治船舶污染的国际立法可以分为防治船舶排放性污染的国际立法、防治船舶事故性污染的国际立法。中国参加的防治船舶污染的国际公约数量众多。具体详情请参考第十一章"防治船源污染的法治发展"。

3. 防治倾倒废物的国际立法

1972 年 10 月，在伦敦召开的关于海上倾倒废弃物公约的政府间会议通过了《防止倾倒废弃物及其他物质污染海洋的公约》（*Convention on the Prevention of Marine Pollution by Dumping of Wastes and Other Matter*，以下简称《伦敦倾废公约》）。《伦敦倾废公约》是第一个旨在控制海洋倾废的全球性公约，是防止海洋倾废的一个创举①。公约的问世是海洋环境保护国际合作的又一里程碑。

随着 1982 年《海洋法公约》的问世，以及 1992 年联合国环境与发展大会的召开，海洋开发与海洋环境保护受到广泛重视。为保护日益恶化的海洋环境，发挥《伦敦倾废公约》作用，需要充实新的内容、补充新的条款。从 1992 年到 1996 年，针对公约的修改共召开了 3 次修改组会议和 4 次缔约国协商会议及 1 次缔约国特别会议，最终形成了 1996 年议定书。1996 年议定书的通过标志着防治海洋倾倒污染进入一个新的发展阶段。

（三）涉及海洋环境保护的国际环境立法

中国参加或缔结的众多国际环境公约或议定书都包含海洋环境保护内容，这些公约或议定书构成海洋环境国际立法体系不可或缺的一部分。

1. 涉及海洋生态保护的国际环境立法

这部分国际环境立法主要包括《关于特别是作为水禽栖息地的国际重要湿地公约》（以下简称《湿地公约》）、《生物多样性公约》、《濒危野生动植物物种国际贸易公约》、《保护野生动物迁徙物种公约》以及《气

---

① 朱建庚：《海洋环境保护的国际法》，中国政法大学出版社，2013，第 65 页。

候变化框架公约》等。

《湿地公约》缔结于 1971 年 2 月，是全球第一部政府间多边环境公约，其宗旨是通过地区和国家层面的行动以及国际合作，推动所有湿地的保护和合理利用，以此推动全球实现可持续发展。2019 年 6 月 26 日，在瑞士格兰德举办的湿地公约常委会第 57 次会议上，审议通过了中国举办该公约第 14 届缔约方大会的议题。2022 年 11 月 21 日至 29 日，第 14 届《湿地公约》缔约方大会在湖北武汉举办，这是中国首次承办该国际会议。此次会议主题为"珍爱湿地，人与自然和谐共生"。会议推进落实联合国 2030 年可持续发展议程，审议公约发展战略等重大事项。

《生物多样性公约》（*Convention on Biological Diversity*，CBD）是一项保护地球生物资源的国际性公约，于 1992 年 6 月 1 日由联合国环境规划署发起的政府间谈判委员会第七次会议在内罗毕通过。1992 年 6 月 5 日，由签约国在巴西里约热内卢举行的联合国环境与发展大会上签署。该公约是全球范围内第一个提出涵盖全部物种生物多样性概念、旨在保护地球生物资源的国际性公约，也是保护海洋生物多样性最重要的国际法律文件。CBD 推动了国际海洋环境保护法律在海洋生物资源保护方面向纵深发展。2004 年 2 月，CBD 缔约方第七次部长级会议在吉隆坡举行，会议就海洋和沿海生物多样性问题通过了《CBD 公约秘书处报告》，主要包括审查关于海洋和沿海生物多样性的工作计划、海洋和沿海保护区、海产养殖、国家管辖权以外的深海海底遗传资源等内容[1]。

1973 年 3 月 3 日，由 21 个国家的代表在美国华盛顿签署了《濒危野生动植物物种国际贸易公约》（*the Convention on International Trade in Endangered Species of Wild Fauna and Flora*，CITES）。该公约的目的是保证野生动植物物种的国际贸易不构成对这些物种生存的威胁。中国是 CITES 第 63 个缔约方，该公约于 1981 年 4 月 8 日正式对中国生效。CITES 有三个附录，均包含了许多海洋物种，如海龟、海马、某些鲸类物种等。从全球范围来看，履约工作

---

[1] 马英杰：《海洋环境保护法概论》，海洋出版社，2012，第 147 页。

还存在不少问题。在第 16 次缔约方大会上，许多代表要求采取更为严格的履约措施，包括停止与没有采取履约行动的缔约方的贸易等①。

《保护野生动物迁徙物种公约》（*Convention on Migratory Species*）于 1979 年 6 月 23 日签订于德国波恩，又名《波恩公约》（*Bonn Convention*）。其目的在于保护陆地、海洋和空中迁徙物种的活动空间范围。该公约是为保护通过国家管辖边界以外野生动物中的迁徙物种而订立的。

《气候变化框架公约》（*United Nations Framework Convention on Climate Change*）于 1992 年 5 月在联合国纽约总部通过，同年 6 月在巴西里约热内卢举行的联合国环境与发展大会期间正式开放签署。公约的最终目标是"将大气中温室气体的浓度稳定在防止气候系统受到危险的人为干扰的水平上"。2015 年达成并于 2016 年生效的《巴黎协定》（*Paris Agreement on Climate Change*）是全球海洋治理的最大进展。尽管在该协定中几乎很难直接找到"海洋"一词，但其达成和生效也是全球海洋治理的历史性突破。《巴黎协定》为人类克服全球挑战注入了乐观和希望②。

2. 涉及海洋污染防治的国际环境立法

这部分国际环境立法主要包括《控制危险废物越境转移及其处置巴塞尔公约》以及《关于持久性有机污染物的斯德哥尔摩公约》等。

《控制危险废物越境转移及其处置巴塞尔公约》（*Basel Convention on the Control of Transboundary Movements of Hazardous Wastes and Their Disposal*，以下简称《巴塞尔公约》）于 1989 年 3 月 22 日在联合国环境规划署主持召开的世界环境保护会议上通过，1992 年 5 月正式生效。公约的宗旨是，采取严格的控制措施来保护人类健康和环境，使其免受危险废物和其他物质的危害等不良影响。

《关于持久性有机污染物的斯德哥尔摩公约》（*Stockholm Convention on Persistent Organic Pollutants*，以下简称《POPs 公约》）通过于 2001 年 5

---

① 夏堃堡：《濒危野生动植物物种国际贸易公约 42 年》，《世界环境》2016 年第 1 期。

② 庞中英：《在全球层次治理海洋问题——关于全球海洋治理的理论与实践》，《社会科学》2018 年第 9 期。

月。《POPs公约》旨在减少、消除和预防持久性有机污染物污染，保护人类健康和环境免受其害。这是继1987年《保护臭氧层的维也纳公约》和1992年《气候变化框架公约》之后，第三个具有强制性减排要求的国际环境公约，是国际社会对危险化学品采取优先控制行动的重要步骤，也是直接规制被《全球行动方案》列为污染源之一、具有法律拘束力的主要国际法律文件。有效执行该公约对于防治海洋环境的陆源物质污染具有重要意义。

3. 其他涉及海洋环境保护的国际规范性文件

涉及海洋环境保护的国际环境立法，除了以上对缔约国有拘束力的国际公约、协定之外，还存在大量对海洋环境保护具有指导、倡导意义的宣言、计划等规范性文件，如《人类环境宣言》（1972）、《里约宣言》（1992）、《21世纪议程》（1992）、《2030年可持续发展议程》（2015）等。其中，《人类环境宣言》"吹响了对海洋环境进行全面保护的号角"①。《里约宣言》与《人类环境宣言》相比，有更多的突破，虽然该宣言本身不具有法律拘束力，但它确定了可持续发展这一国际社会共同发展的目标，指导了各国国内相关立法和行动，有些内容还直接被后来的一些海洋环境保护条约所采纳。《21世纪议程》是世界范围内可持续发展的行动计划，虽与宣言一样不具有法律拘束力，但是反映了关于发展与环境合作的全球共识和最高级别的政治承诺。该议程第十七章"保护大洋和各种海洋，包括封闭和半封闭海以及沿海区，并保护、合理利用和开发其生物资源"是专门针对海洋所作的规定。该议程以《海洋法公约》建立的法律框架和机制为基础，强调对海洋尤其是沿海环境及资源的保护和持续利用。《2030年可持续发展议程》是2015年在联合国大会第七十届会议上通过、2016年1月1日正式启动的议程。新议程呼吁各国采取行动，为今后15年实现17项可持续发展目标而努力。"保护和可持续利用海洋和海洋资源以促进可持续发展"是其中的第14个目标。

---

① 杜大昌：《海洋环境保护与国际法》，海洋出版社，1990，第6页。转引自徐祥民《海洋环境的法律保护研究》，中国海洋大学出版社，2006，第26页。

第三节 海洋环境保护执法

执法是政府履行法定职责、保持社会稳定、彰显法律价值的基本手段，也是全面推进依法治国的重要路径。2020年11月召开的中央全面依法治国工作会议将习近平法治思想确定为全面依法治国的指导思想，强调"要坚持全面推进科学立法、严格执法、公正司法、全民守法"，凸显了执法在国家治理体系中的重要作用。在海洋领域，海洋环境保护执法对于维持海洋环境秩序、维护海洋生态权益、发展海洋蓝色经济同样具有深远影响。在加快建设海洋强国、保护海洋环境的时代背景下，海洋环境保护执法受到党和政府的高度重视，在国家立法议程中的地位不断上升[①]。

一 海洋环境保护执法体系的发展[②]

新中国成立以来，中国海洋生态环境保护执法体系的发展历程大致分为四个阶段。

1. 起步期（20世纪60年代至70年代）

国家成立国家海洋局，中国海洋生态环境被纳入了专业化管理。最初的国家海洋局是一个涵盖海洋资源调查管理、海洋数据分析处理及相关领域公共服务的综合性海洋环境保护管理机构，包括海洋研究所、沿海观测站、水文和海洋气象预报站等。海洋生态环境保护执法的主体单一、对象单一、手段单一。

2. 形成期（20世纪70年代至90年代）

1979年9月13日，第五届全国人民代表大会第十一次会议原则通过

① 崔野：《中国海上执法建设的新近态势与未来进路——基于2018年海上执法改革的考察》，《中国海洋大学学报》（社会科学版）2022年第2期，第14~15页。
② 生态环境部环境与经济政策研究中心：《海洋生态环境保护相关部门和地方职责专题论证研究报告》，2019年7月。

了《环境保护法（试行）》，这部法律包括了海洋环境保护领域的相关规定。1982 年 8 月 23 日，第五届全国人民代表大会常务委员会第二十四次会议审议通过了《海洋环境保护法》，是中国第一部真正意义上有关海洋生态环境的专业立法，作为海洋生态环境保护的基本法，为中国海洋生态环境保护执法提供了法律依据。随后，在海洋生态环境保护方面，国家有关部门制定和实施了一系列法律法规和行业标准，如《海水水质标准》《渔业水质标准》《污水综合排放标准》《船舶污染物排放标准》《海洋石油开发工业含油污水排放标准》等，这些法律法规初步构成了海洋生态环境保护执法体系。

3. 发展期（20 世纪 90 年代至 21 世纪初）

1993 年，全国人大增设了环境保护委员会，逐步建立起从中央到地方各级政府环境保护部门为主管、各部门相互分工的环境保护执法机制，形成国家、省、市、县、乡五级管理体制。1995 年 9 月，为理顺中央和地方在海洋生态环境保护执法中的关系，中央发文明确提出，地方近海海域及附近海岛、海岸的相关海洋生态环境保护工作归地方政府管辖。

国务院将原国家海洋局划归原国土资源部。职能由最初的海洋环境管理扩展到海洋环境保护立法、规划和综合执法方面，基本职责也涵盖了海洋环境保护、促进国际海洋合作、海洋相关科技研究、海域使用、海洋发展及海洋权益维护等六方面内容。1999 年，原国家海洋局成立了中国海上监察总队，依法行使海洋环境监督监察权，有权力对破坏海洋生态环境、侵害海洋合法权益等相关违法违规行为进行处罚。之后，原国家海洋局分别在下属各分局成立了相应的海上监察队。

这个时期海洋局和环保局之间存在千丝万缕又难理清的职责交缠关系，仍然是分散的海洋生态环境保护执法体系，职权分散在各部门，缺乏独立的海洋生态环境保护执法机构，缺乏有效的协调机制①。

---

① 张燕雪丹、崔金星：《海洋生态环境保护监管新格局下执法困境与破解路径》，《环境与可持续发展》2020 年第 4 期，第 116~117 页。

4. 完善期（21 世纪初至今）

2008 年，《国家海洋事业发展规划纲要》出台，为中国新时期海洋事业发展提供了基本纲领和发展思路。随后党的十六大提出，"实施海洋开发"战略，十五大提出，要"发展海洋产业"战略，海洋生态环境保护执法更加重要。2010 年经全国人民代表大会批准的《国民经济和社会发展第十二个五年规划纲要》提出，"制定和实施海洋发展的战略"，切实提高海洋防灾减灾和海洋资源环境监管等方面能力，完善海洋综合协调机制。2013 年 4 月发布的海洋领域"十二五"规划——《国家海洋事业发展"十二五"规划》指出，要进一步完善海洋综合管理体制机制，不断加大海洋环境保护联合执法力度，健全涉海法律法规和政策，海洋综合管理调控手段进一步明确与加强。

2013 年机构改革重新组建国家海洋局。重新组建后的国家海洋局在几个方面实现了突破。整合了海上执法队伍，成立了新的中国海警局。将原来分别隶属于原国家海洋局、公安部、原农业部、海关总署的海上执法队伍进行了整合，成立了新的海上执法队伍——中国海警。中国海警局接受原国家海洋局的领导，公安部进行业务指导。涉海行政机构之间的职能划分也进一步理顺，如原国家海洋局负责起草海洋管理和海上执法的规章制度，原国土资源部负责审议发布；原农业部负责拟定渔业发展政策和规划，原国家海洋局享有参与权；中国海警与海关建立情报交换共享机制，开展联合打击海上走私行动；原国家海洋局与交通运输部建立协调合作机制，联合开展海上执法、海洋污染防治等行动；原国家海洋局与原环境保护部建立海洋生态环境保护数据共享机制，实施联合执法检查[1]。

2018 年新一轮机构改革后，根据《深化党和国家机构改革方案》，不再保留国家海洋局，自然资源部对外保留国家海洋局牌子，将原国家海洋

---

[1] 李挚萍、郭昱含：《央地海上生态环境执法权划分的原则和机制探讨》，《中国地质大学学报》（社会科学版）2021 年第 5 期，第 21~22 页。

局承担的海洋环境保护职责划转至生态环境部，即"负责组织开展海洋生态环境保护工作。按国家统一要求，组织拟订海洋生态环境保护标准、规范和污染物排海总量控制制度并监督实施，制定海洋环境监测监视和评价规范并组织实施，发布海洋环境信息，承担海洋生态损害国家索赔工作，组织开展海洋领域应对气候变化相关工作"。

在海洋环境保护执法具体层面，2018年6月第十三届全国人民代表大会常务委员会第三次会议通过了《关于中国海警局行使海上维权执法职权的决定》，重大变化是海警队伍整体划归中国人民武装警察部队领导指挥，称中国海警局。中国海警局统一履行海上环境保护执法职责，包括执行海洋资源开发利用、海洋生态环境保护、海洋渔业管理、海上缉私等方面的执法任务，协调指导地方海上环境保护执法工作。有相应执法权的行政机关应与中国海警局建立执法协作机制。2018年7月10日，中国海警局正式受理非法围填海、擅自改变海域使用用途、未经批准开发利用无居民海岛、未经批准或未按规定进行海底电缆管道作业和破坏海底电缆管道、破坏海洋自然保护地（海岸线向海一侧）、违规实施海洋工程建设项目、倾倒废弃物造成海洋环境污染损害等违法违规行为和涉渔纠纷。

二 海洋环境保护执法体系现状①

中国在海洋生态环境保护领域共颁布9部法律、11部行政法规、9部规章，主要涉及污染防治、海洋资源开发利用、海洋自然生态保护等方面。根据海洋生态环境保护领域相关法律法规以及机构改革后各部门三定方案的内容，中国目前海洋生态环境保护领域的法律法规规定、海洋生态环境保护法律法规相关职责划分、各部门三定方案中海洋生态环境管理体制的职责分工如下。

---

① 生态环境部环境与经济政策研究中心：《海洋生态环境保护相关部门和地方职责专题论证研究报告》，2019年7月。

在油气勘探开发领域，自然资源部负责自然资源的合理开发利用，组织拟订自然资源发展规划和战略，制订自然资源开发利用标准并组织实施；生态环境部负责海洋油气勘探开发对海洋污染损害的生态环境保护工作。两部门职责界限主要在于：自然资源部负责管理开发利用，生态环境部负责污染防治。

在海洋、海岸工程建设领域，自然资源部主要负责拟订海岸带综合保护利用规划并监督实施；生态环境部负责防治海岸和海洋工程建设项目对海洋污染损害的生态环境保护工作。两部门职责界限在于：自然资源部负责拟定开发利用规划并监督实施，生态环境部负责建设项目的污染防治工作。

在海洋倾废领域，全部环境保护执法工作由生态环境部负责，包括全国海洋废弃物倾倒许可证申请审核发放、废弃物海洋倾倒的监督管理和污染防治以及组织划定海洋倾倒区等。

在船舶污染领域，按照不同水域船舶污染进行划分，船舶污染事故调查处理由交通运输部海事局总体负责，其所管辖港区水域内非军事船舶和港区水域外非渔业、非军事船舶污染海洋环境的防治工作由交通运输部海事局负责。渔港水域船舶污染和渔业水域船舶污染则由农业农村部执法监管。军队环境保护部门负责军事船舶污染海洋环境的监督管理及污染事故的调查处理。

在海洋生态系统保护与修复领域，自然资源部承担海洋生态、海域海岸带和海岛修复等工作，生态环境部监督重要生态环境建设和生态破坏恢复工作。两部门职责界限主要在于：自然资源部负责承担具体的保护与修复工作，生态环境部指导、协调和监督生态保护修复工作。

在海洋生物多样性保护领域，生态环境部（生物多样性保护办公室）负责组织起草生态保护规划，组织开展生物多样性保护、生物遗传资源保护、生物安全管理工作；农业农村部渔业局负责组织渔业水域生态环境及水生野生动植物保护工作。

在海洋自然保护区领域，生态环境部负责组织制定各类自然保护地生态环境监管制度并监督执法，承担自然保护地、生态保护红线等相关监管工作；自然资源部负责组织划定生态保护红线，组织拟订并实施土地、海洋等自然资源年度利用计划，拟订海洋经济发展、海岸带综合保护利用、海域海岛保护利用、海洋军民融合发展等规划并监督实施。两部门职责界限主要在于：自然资源部负责划定生态保护红线并组织实施自然资源保护规划，生态环境部负责制定监管制度并监督执法，承担监管工作。

在海域海岛开发利用领域，生态环境部负责会同有关部门编制并监督实施海域生态环境规划，统筹协调海域生态环境保护工作；自然资源部负责拟订海域使用和海岛保护利用政策与技术规范，监督管理海域海岛开发利用活动。组织开展海域海岛监视监测和评估，管理无居民海岛、海域、海底地形地名及海底电缆管道铺设。两部门职责界限主要在于：生态环境部负责编制海域生态环境规划、统筹并监督生态环境保护工作，自然资源部负责拟订具体政策与技术规范，管理相关开发利用活动并开展监测和评估。

在海洋预警应急领域，生态环境部负责牵头协调重特大环境污染事故和生态破坏事件的调查处理，指导协调地方政府对重特大突发生态环境事件的应急、预警工作；自然资源部负责拟订海洋观测预报，开展海洋生态预警监测、灾害预防、风险评估和隐患排查治理，发布警报和公报，建设和管理国家全球海洋立体观测网，组织开展海洋科学调查与勘测，参与重大海洋灾害应急处置；应急管理部负责组织编制国家总体应急预案和安全生产类、自然灾害类专项预案，综合协调应急预案衔接工作，组织开展预案演练，组织协调重大灾害应急救援工作，会同自然资源部、水利部、中国气象局、国家林业和草原局等有关部门建立统一的应急管理信息平台，建立监测海洋预警和灾情报告制度，健全自然灾害信息资源获取和共享机制，依法统一发布灾情。三部门职责界限主要在于：自然资源部职责重在预防、预警与监测，生态环境部职责重在调查处理，应急管理部职责重在组织协调应急救援。

第四节　海洋环境保护司法

一　海事司法机构的发展

中国海事司法机构的发展始于 1984 年，以广州、上海、天津、青岛、武汉和大连六家海事法院的设立为标志，之后陆续成立海口、厦门、宁波、北海、南京五家海事法院。自成立以来，这些海事司法机构审理了大量各类海事海商案件。2019 年南京海事法院挂牌成立，标志着中国基本形成了分布合理、管辖区域覆盖全面的海事司法网络，完成了具有中国特色的海事司法体制构建。

自 1984 年第一批海事法院设立，中国海事审判发展迅速。近 40 年来，海事案件数量总体上逐年以约 10% 的涨幅持续增长。中国已经成为世界上设立海事审判专门机构最多、最齐全的国家，也是受理海事案件最多的国家，具备较为完善的海事法律制度。最高人民法院于 1997 年提出的 2010 年之前将中国建设成为亚太地区海事司法中心的目标已经如期实现①。

各海事法院、海事法院所在地高级人民法院和最高人民法院构成海事案件"三级两审终审制"的制度基础。各海事法院审理案件范围包括：海事侵权纠纷案件、海商合同纠纷案件、海洋及通海可航水域开发利用与环境保护相关纠纷案件、其他海事海商纠纷案件、海事行政案件和海事特别程序案件②。在中国海事法院审理的案件中，除传统的海事海商案件外，海洋环境保护相关案件数量不断增加。全国 11 家海事法院设立了 40 余个派出法庭，适应海事法院管辖区域线长面广的特点，受理案件地理范围北

---

① 最高人民法院：《中国海事审判白皮书（1984~2014）》（摘要），《人民法院报》2014 年 9 月 4 日，第 4 版。

② 《最高人民法院关于海事法院受理案件范围的规定》，最高人民法院网，2016 年 2 月 24 日，http://www.court.gov.cn/fabu-xiangqing-16682,html。

至黑龙江、南至海南诸岛等中华人民共和国管辖的全部港口和水域，增强了海事审判的服务功能，方便了当事人诉讼，已经成为海事司法保障沿海沿江地区经济发展与生态文明建设的重要力量。

人民法院深入推进环境司法改革创新，建成具有中国特色的环境资源审判体系。截至 2022 年底，全国共设立环境资源专门审判机构和审判组织 2426 个①。海事司法机构在海洋生态环境保护领域发挥着越来越重要的作用，亦是环境资源专门审判机构的组成部分。

二　海洋环境案件管辖

海事司法机构对海洋环境案件的管辖可以分为民事、行政、刑事领域。

首先，关于海洋环境民事案件，根据《海事诉讼特别程序法》第 7 条第 2 款的规定，因船舶排放、泄漏、倾倒油类或者其他有害物质，海上生产、作业或者拆船、修船作业造成海域污染损害提起的诉讼，由污染发生地、损害结果地或者采取预防污染措施地海事法院管辖，明确了此类原因导致的海洋环境诉讼案件无论是公益诉讼还是私益诉讼均由海事法院专属管辖。这一专属管辖在其后的司法解释中又被进一步确认，如最高人民法院《关于海事法院受理案件范围的若干规定》第 4 条、第 5 条之规定，最高人民法院《关于审理船舶油污损害赔偿纠纷案件若干问题的规定》规定，对油轮装载持久性油类引起的船舶油污事故由海事法院管辖。海事司法机构对其他原因导致的海洋环境污染案件管辖问题需分别讨论。其他原因导致的海洋环境污染案件私益诉讼与一般环境污染案件私益诉讼并无不同，根据《民事诉讼法》第 28 条的规定，依照侵权案件管辖规则由侵权行为地或者被告住所地人民法院管辖，且从审级看，该类案件一审一般在基层法院，海事司法机构无管辖权。而其他原因导致的海洋环境污染公益诉讼根据《民事诉讼法》司法解释第 285 条、《最高人民法院关于审理发

① 《中国环境资源审判（2021）》，https：//www.court.gov.cn/upload/file/2023/06/05/21/20/20230605212052_50154.pdf，2023 年 8 月 16 日访问。

生在中国管辖海域相关案件若干问题的规定（一）》（以下简称《涉海案件审理规定（一）》）第6条和《最高人民法院关于审理海洋自然资源与生态环境损害赔偿纠纷案件若干问题的规定》（以下简称《海洋环境资源损害赔偿规定》）第2条，因污染中国管辖海域内的海洋环境而提起的海洋环境公益诉讼由海事法院管辖。但上述规定与《最高人民法院、最高人民检察院关于检察公益诉讼案件适用法律若干问题的解释》（以下简称《检察公益诉讼司法解释》）第5条和《最高人民法院关于审理环境民事公益诉讼案件适用法律若干问题的解释》（以下简称《环境民事公益诉讼司法解释》）第6条规定存在冲突，不能排除由污染环境、破坏生态行为发生地、损害结果地或者被告住所地的中级以上人民法院管辖的可能性。

其次，关于海洋环境行政诉讼，最高人民法院在2016年发布了《最高人民法院关于海事诉讼管辖问题的规定》（以下简称《关于海事诉讼管辖问题的规定》），赋予海事法院审理海事行政案件的权力。

最后，海事法院始终对刑事案件没有管辖权。2017年2月，最高人民法院指定宁波海事法院试点管辖海事刑事案件。同年6月5日，宁波海事法院发布公告称，依据浙江省高院指定管辖决定，正式受理马耳他籍货船"卡塔利娜"号（CATALINA）撞沉中国山东渔船"鲁荣渔58398"号并致19名船员死亡、失踪一案。最终宁波海事法院在2017年8月21日对"卡塔利娜"号二副艾伦以交通肇事罪判处有期徒刑3年6个月。该案成为中国海事法院行使刑事管辖权第一案。在海事法院"三审合一"试点改革的背景下[1]，海事法院具有根据上级法院指示受理破坏海洋环境资源刑事案件的可能，在此情形下海洋环境刑事诉讼将由海事法院管辖。

三　海洋环境污染公益诉讼

随着《环境保护法》《民事诉讼法》及相关司法解释的修订完善，环

---

[1]　侯猛、代伟：《海洋强国战略背景下的海事法院建设——从"三审合一"模式切入》，《法律适用》2021年第2期，第15~23页。

境公益诉讼制度在中国已经基本建立，对依法保护各类环境公共利益起到基础性制度作用。海洋环境公益诉讼作为环境公益诉讼的重要分支，对海洋环境保护起到重要作用。

中国海洋生态环境保护公益诉讼制度的法律体系已初步构建，主要包括《海洋环境保护法》第89条第2款、《环境保护法》第58条、《民法典》第1235条、《民事诉讼法》第58条等法律规定，《环境民事公益诉讼司法解释》《最高人民法院关于审理环境侵权责任纠纷案件适用法律问题的解释》《海洋环境资源损害赔偿规定》等司法解释，以及2021年最高人民检察院颁布的《人民检察院公益诉讼办案规则》等。但是这些分散的法律规范缺乏系统性与整体性，造成了诉讼主体不明确、管辖法院不明、赔偿计算标准不明、司法鉴定效力争议较大等问题，这些司法实践中存在的问题限制了海洋生态环境保护公益诉讼制度发挥应有的效能。

2022年5月，最高人民法院、最高人民检察院发布《关于办理海洋自然资源与生态环境公益诉讼案件若干问题的规定》，明确了海洋环境监督管理部门和人民检察院是海洋环境公益诉讼的适格原告主体，确定了海事法院是海洋环境民事、行政公益诉讼的专门管辖法院。该规定充分发挥海事法院的专业化审判优势，保障审判质量，统一裁量尺度，旨在构建较为完善独立、具有中国特色的海洋环境公益诉讼制度，对完善海洋环境公益诉讼制度意义重大。

四 典型案例

通过司法手段保护海洋环境，是海事审判的重要职能之一。海洋环境污染事故往往会造成国家海洋资源和生态环境损失，海事法院自成立以来一直积极探索，致力于推动相关制度的发展完善。近40年来，中国海事法院在海洋环境公益诉讼领域积累了丰富的实践经验。

（一）破坏海洋野生动物资源保护民事公益诉讼案

青岛海事法院1985年受理了"大庆232"轮油污损害赔偿纠纷案，

拉开了海事司法保护海洋环境的序幕①。海洋环境民事公益诉讼相较于行政公益诉讼和刑事附带民事公益诉讼案件数量更多。2019 年，宁波海事法院审理了破坏海洋野生动物资源保护民事公益诉讼案。该案由舟山市人民检察院向宁波海事法院提起民事公益诉讼，宁波海事法院对系列案件作出一审判决，支持舟山市人民检察院的全部诉讼请求。该案被告等人非法交易、运输海洋野生保护动物，形成违法侵害规模大、持续时间长的产业链条，使国家重点保护野生动物资源和海洋生态环境遭到了严重破坏。该案充分表明，对海洋野生动物资源保护多环节、全流程、全链条的司法保护非常必要。对于各环节违法者，检察机关均依法提出民事公益诉讼，有利于对非法交易野生动物黑色产业链的惩治。该案作为全国首批由检察机关向海事法院提起的海洋生物资源民事公益诉讼案件，受到了媒体的广泛关注，向社会大众传递了破坏海洋自然资源"公益有价、损害担责"的信号，实现"办理一案、警示一片、教育影响社会面"的办案效果②。

（二）污染海洋环境责任纠纷民事公益诉讼案

检察机关在海洋环境公益诉讼中发挥着越来越重要的作用。中山市海洋与渔业局诉彭某、冯某等污染海洋环境责任纠纷民事公益诉讼案是中国首例检察机关支持起诉的海洋环境公益诉讼案件。该案中，中山市人民检察院在履职过程中发现，被告等人存在非法倾倒行为，可能危害社会公共利益，立案调查并依法督促中山市海洋与渔业局依法提起环境公益诉讼。中山市海洋与渔业局向广州海事法院提起民事公益诉讼后，中山市人民检察院支持该局提起公益诉讼并向广州海事法院提交"支持起诉意见书"③。在该案中，检察机关对履职过程中发现的破坏生态环境等损害社会公共利

① 最高人民法院：《中国海事审判白皮书（1984~2014）》（摘要），《人民法院报》2014 年 9 月 4 日，第 4 版。
② 《"守护海洋"检察公益诉讼专项监督活动典型案例》，最高人民检察院网，2020 年 4 月 29 日，https://www.spp.gov.cn/xwfbh/wsfbt/202004/t20200429_460199.shtml#1。
③ 一审：广州海事法院（2017）粤 72 民初 541 号（2018 年 6 月 13 日）；二审：广东省高级人民法院（2018）粤民终 2065 号（2018 年 10 月 28 日）。

益行为，及时督促整改并支持有关机关提起公益诉讼，有效保护受损的社会公共利益。

（三）海洋非法倾废行政公益诉讼案

近年来，海事法院逐渐将海洋环境行政案件纳入海事法院专属管辖范围。海南省海口市海洋非法倾废行政公益诉讼案便是其中的典型案例。该案中，海口市秀英区人民检察院永兴海洋检察室发现海口市海洋与渔业局对美丽沙附近海域倾倒垃圾行为不作为后，将情况反映给海口市海洋与渔业局执法支队并与其一起出海调查取证。海南省人民检察院对此案高度重视，检察长亲自担任指导检察官，全程组织指挥。海口市人民检察院向海口市海洋与渔业局公开送达检察建议书，要求其依法履行职责。针对被告非法倾废造成的海洋生态环境损失，海口市人民检察院向海口海事法院提起了民事公益诉讼。该案是坚持重大案件上级办和"一把手"带头办案的典型案例，同时坚持运用行政、民事公益诉讼等综合性手段，切实提升海洋环境保护质效①。

（四）非法捕捞水产品刑事附带民事公益诉讼案

近年来，沿海地区非海事法院也承担了一部分海洋环境案件审理职能。河北省唐山市路北区人民检察院诉高某某等6人非法捕捞水产品刑事附带民事公益诉讼系列案就是非海事法院审理海上刑事附带民事公益诉讼的典型案件。该案中，被告人多次于禁渔期在河港和唛头附近海域捕捞水产品，唐山市路北区人民检察院向路北区法院提起刑事附带民事公益诉讼，要求被告以增殖放流或支付赔偿方式修复海洋生态环境。路北区人民法院支持了全部诉讼请求。该案一方面通过刑事附带民事公益诉讼，使被告承担生态环境修复费用，修复被破坏的海洋生态环境；另一方面，通过检察建议，督促行政机关全面依法履职，促进提升社会治理能力。此案的办理，贯彻了损害担责、全面赔偿的生态保护理念，实现了政治效果、法

---

① 《"守护海洋"检察公益诉讼专项监督活动典型案例》，最高人民法院，2020年4月29日，https://www.spp.gov.cn/xwfbh/wsfbt/202004/t20200429_460199.shtml#1。

律效果和社会效果的有机统一①。

五 小结

改革开放以来，中国海洋环境保护立法、执法、司法都取得了长足发展。

在海洋环境保护立法方面，中国已基本形成了以《宪法》为根本，以《海洋环境保护法》为主体，以《民法典》《环境保护法》《刑法》《民事诉讼法》《行政诉讼法》等相关法律为补充，以海洋环境保护法规、规章、规范性文件等为配套，以相关国际公约（条约）为参照的海洋环境立法体系，构筑了健全完善的海洋环境保护法律屏障。

在海洋环境保护执法方面，2018年机构改革解决了海洋资源管理和海洋环境污染防治领域多头管理的问题，同时，将海洋环境执法职责整合至中国海警局，也有效解决了执法力量分散的问题。未来海洋环境保护执法体系应当进一步完善，坚持陆海统筹，解决职责交叉重复和多头治理的问题，不断完善执法体系，将海洋污染防治与海洋生态保护目标并重，充分调动政府、企业、公众参与海洋生态环境保护的积极性，努力构建海洋生态环境保护共治格局。

在海洋环境保护司法方面，审判机关、检察机关出台的系列司法解释和司法政策，织密了海洋生态环境的司法保护网。具有中国特色的环境资源审判体系也已基本建成，海事审判体制正在朝"三审合一"方向迈进。海洋环境公益诉讼法律体系已经初步构建且不断完善。尽管相关法律存在体系性不强、内容衔接不当等不足，司法实践中仍存在原告资格不清、司法管辖不明及救济方式不健全等诸多问题，但有关部门不断出台完善政策，正在稳步推进海洋环境公益诉讼制度健全。随着立法的完善，海洋环境科学鉴定技术不断进步，各地海事法院司法裁判尺度日渐统一，海事司法也将为海洋环境保护提供更大保障。

---

① 《"守护海洋"检察公益诉讼专项监督活动典型案例》，最高人民法院，2020年4月29日，https：//www.spp.gov.cn/xwfbh/wsfbt/202004/t20200429_460199.shtml#1。

第七章　海洋资源利用的法治发展

建设海洋强国是党和国家的重大战略部署，有效利用海洋资源是建设海洋强国的内生需求，也是经济社会可持续发展的重要支撑。在推进海洋战略过程中，健全完善的法治体系是推动海洋资源开发健康有序发展、提高海洋资源利用效率的有力保障。

第一节　海洋资源利用的法治发展概述

海洋资源从古至今就是人类赖以生存的重要资源，它也作为公共资源被人们共同利用。相较于其他自然资源，海洋资源本身的独特属性使与其利用相关法治建设工作更为复杂。

一　海洋资源利用现状

海洋资源泛指在海洋空间中存在的一切资源，是海洋中各种类型资源的一种总的称呼，属于复合型的资源系统，是一个集合概念。从狭义上讲，海洋资源是指与海水水体本身有直接关系的物质和能量，即能在海水中生存的生物、溶解于海水中的化学元素和淡水、海水中所蕴藏的能量以及海底的矿藏资源；从广义上讲，所有在一定时间内能够产生经济价值、以增进当前和未来人类福利的海洋自然环境因素都称作海洋资源，通常把港湾、海洋航线、水产资源加工、海洋风能、海底地热、海洋景观、海洋空间以及海洋纳污能力等都视为海洋资源。

中国立法采用海洋资源民事立法和自然资源立法分立的立法模式，海洋资源利用权内容和管理存在复杂的交叉，而且不同的海洋资源利用权有不同的效力和性质，加剧了同一个客体上行使海洋资源利用权的冲突。中国长期实行自然资源分部门管理、分门类立法，产生权力交叉重叠、缺位遗漏等问题，导致部分使用权体系不完善。上述两点导致在海洋资源利用过程中频繁产生法律冲突、权利重叠等问题，如水域滩涂养殖权与承包经营权、海域使用权的冲突，取水权与地下水、地热水、矿泉水采矿权的冲突等。

二　海洋资源利用法治体系

海洋资源利用与保护法治体系是由相互联系、相互补充、相互制约，旨在调整因开发、利用、保护、改善海洋资源所发生的社会关系的法律、法规、规章和其他具有法律约束力的规范性文件所组成的系统。中国已颁行了一系列海洋资源保护与海洋管理方面的法律法规，初步构成了中国海洋资源利用与保护法治体系，主要由以下七个层次构成：宪法、海洋资源法律、海洋资源行政法规、地方海洋资源法规、海洋资源行政规章、地方海洋资源行政规章、其他海洋资源规范性文件，基本形成了中央统管与地方分管、原国家海洋局综合管理与各部门分行业管理相结合的管理体制。

《民法典》在促进海洋资源节约集约利用和有效保护方面发挥了积极作用。《民法典》除了第 395 条明确海域使用权为新增的可抵押财产类型外，其他条款也对海洋资源利用作出了原则性规定，具体内容可结合各领域特别法进行解释适用。但是，海洋资源利用仍存在资产底数不清、所有者不明确、权责不明晰、权益不落实、监管保护制度不健全等问题，进而导致产权纠纷多发、资源保护乏力、开发利用粗放、生态退化严重。为加快健全海洋资源利用体系，进一步推动生态文明建设，重点领域的先行立法必不可少，海洋资源利用需重点关注海洋资源的科学分层利用、海洋资源产权流转、海洋"新资源"有效开发利用等问题。

第二节　海洋资源利用的重点问题

海洋资源按照不同标准进行类别划分：按照海洋资源的性质、特点、存在形态可分为海洋生物资源、海底矿产资源、海洋空间资源等，按照资源所处地理位置可分为海岸带资源、大陆架资源、海岛资源等，按照资源能否更新和恢复可分为可更新海洋资源与不可更新海洋资源。由于分类标准不一、利用形式不同，海洋资源利用会产生权利重合或冲突，主要分布于以下三个重点领域。

一　海洋空间资源利用的权利配置

《海域使用管理法》第 2 条明确规定，海域作为立体空间资源，分为水面、水体、海床和底土四层，同时适用于"持续使用特定海域三个月以上的排他性用海活动"；第 23 条规定，"海域使用权人对不妨害其依法使用海域的非排他性用海活动，不得阻挠"。《海域使用管理法》的规定既表明海域使用权具有排他性，又强调了非排他性用海的情形，充分表征同一海域空间层叠使用具有兼容性。《民法典》也认可土地立体空间的物权属性，而海域使用权作为典型的用益物权，基于海洋资源与土地资源的共通性，海洋空间资源分层利用也符合《民法典》的立法思想。但是，《海域使用管理法》第 6 条规定，"国家建立海域使用权登记制度，依法登记的海域使用权受法律保护"，并未对海域使用权立体分层确权登记作出明确规定。

目前中国对海域立体分层使用在权属、权能、权利管理层面的法律制度尚未建立，海域立体分层设权使用的技术标准和操作指南缺失，"平面化"思维主导政策制定，缺乏海域立体空间规划立法。

二　海域使用权的规范流转

自《海域使用管理法》和《海域使用权管理规定》颁布以来，海域使用权的流转不再局限于海域所有权人与海域使用权人构建的一级流通市场，为充分发挥其使用价值，海域使用权人也在积极通过转让、出租、抵押等方式跻身二级流通市场。《关于统筹推进自然资源资产产权制度改革的指导意见》明确，海域使用权包括出让、转让、抵押、出租、作价出资（入股）等权能。《民法典》也明确了海域使用权为新增的可抵押财产类型，该规定解决了以往海域使用权是否可以作为抵押财产的争议。由此，海域使用权既受到《海域使用管理法》和《海域使用权管理规定》的规制，也受到《民法典》抵押权规则的调整。

海域使用权抵押问题在《海域使用管理法》中缺乏对应的法律依据，同时海域使用权与一般财产相比又具有特殊性，所以在司法实践中很容易产生混乱。

三 海洋"新资源"的科学利用

党的十八大报告提出"海洋强国"重要战略①目标后，海洋资源的利用与发展进入了新阶段。制度建设不仅要解决海洋资源利用领域面临的难题，还要将眼光投向未来海洋资源的利用。其中，可再生能源与无居民海岛开发利用对人类未来的生存发展具有战略性意义。《可再生能源法》为中国大力发展海洋可再生能源提供了基本法律和制度依据，为可再生能源法律体系建立奠定了基础。海洋可再生能源是指海洋中所蕴藏的潮汐能、潮流能（海流能）、波浪能、温差能、盐差能等，具有总蕴藏量大、可永续利用、绿色清洁等特点。这些能源在世界海洋范围内储量十分丰富，沿海国家都非常重视新能源的开发和利用，相关海洋科技处于持续创新研究中。追溯中国海洋新能源开发和利用的历程可以看出，以海洋可再生能源为重要组成部分的新能源产业的发展极为突出。

中国沿海无居民海岛数量多，且蕴含丰富的矿产资源、生物资源等海洋资源，对于能源、科研、旅游、港口等社会经济重要产业发展具有深远

---

① 习近平：《进一步关心海洋认识海洋经略海洋　推动海洋强国建设不断取得新成就》，《人民日报》2013 年 8 月 1 日，第 1 版。

意义。中国是一个沿海多岛屿国家，拥有 11000 余个海岛，无居民海岛是未来经济社会可持续发展的重要资源保障。《民法典》第 248 条规定，"无居民海岛属于国家所有，国务院代表国家行使无居民海岛所有权"，体现了国家对无居民海岛主权的重视。《海岛保护法》规定了海岛保护规划与具体措施、检查监督、法律责任等条款。《无居民海岛开发利用审批办法》细化了无居民海岛有偿使用制度。规定用岛单位和个人应按照有关规定缴纳无居民海岛使用金，并按照不动产统一登记有关规定办理不动产登记手续，领取不动产权属证书。

在海洋强国战略背景下，将海洋可再生资源与无居民海岛纳入海洋资源开发和利用规划，对缓解沿海城市人口、供水等压力有重大意义。

第三节　海洋资源利用的立法与政策

完善海洋法律体系是建设海洋强国的关键，在海洋基本法尚未出台的背景下，针对重点领域的专门立法与配套政策是现阶段保障海洋资源有序利用的基本手段。

一　海洋空间资源利用的立法与政策

针对海洋空间资源分层利用中基础的海域使用权问题，中央确立了立体多元、分层优化、互联互通的海域使用权立体分层设权战略。中共中央办公厅、国务院办公厅针对海域使用权立体分层设权先后印发了《关于统筹推进自然资源资产产权制度改革的指导意见》（中办发〔2019〕25 号）、《要素市场化配置综合改革试点总体方案》（国办发〔2021〕51 号）两个重要文件，反复提出"探索海域使用权立体分层设权"，确立了立体多元、分层优化、互联互通的海域使用权立体分层设权战略。《关于推进海域使用权立体分层设权的通知》则首次从国家层面提出，探索海域使用权立体分层设权，海洋开发利用逐渐从简单的二维平面走向三维立体空间。

在法律层面，《海域使用管理法》是探讨海洋空间资源分层利用的重要法律依据，它从三个角度为海洋空间资源分层利用提供了法律支持。其一，它明确了海域是立体的空间资源且包含四个层次，分别是水面、水体海床和底土。同时还规定，海域使用指的是"使用特定海域 3 个月以上的排他性用海活动"，即在同一海域不同空间存在确权的可能性。其二，《海域使用管理法》不仅确定了特定海域的主导功能，也规定了该海域的兼容功能，这表明海域使用管理制度在设计之初就已经集合考虑了海域多层次开发、立体使用的现实需求。其三，《海域使用管理法》第 23 条规定，"海域使用权人有依法保护和合理使用海域的义务；海域使用权人对不妨害其依法使用海域的非排他性用海活动，不得阻挠"，即海域使用权具有排他性，但同时法律也规定了非排他性用海的情形，表明同一海域的不同层次空间存在用海兼容。

《民法典》也认可土地立体空间的物权属性，而海域使用权作为典型的用益物权，基于海洋资源与土地资源的共通性，海洋空间资源分层利用也符合《民法典》的立法思想。《民法典》第 395 条明确了海域使用权为新增的可抵押财产类型，解决了各地方性立法与上位法相违背以及各地方海域使用权抵押制度规定差异等立法混乱问题。

在地方试点中，广东深圳、浙江宁波的做法具有示范意义。2020 年中共中央办公厅、国务院办公厅印发的《深圳建设中国特色社会主义先行示范区综合改革试点实施方案（2020～2025 年）》支持推动在建设用地地上、地表和地下分别设立使用权，探索按照海域的水面、水体、海床、底土分别设立使用权，促进空间合理开发利用。浙江省自然资源厅印发的《关于推进海域使用权立体分层设权的通知》探索海域管理从"平面"到"立体"的转变，拓展海域开发利用的深度和广度，力图为海上光伏、海上风电等项目立体开发提供可行路径。从 2022 年 1 月 30 日起，宁波象山县正式实施《象山县海域分层确权管理办法（试行）》，将海域从水面到底土进行分层确权使用。

2022 年中央立法规划的发布及地方立法试点的有效实施，标志着探索海洋空间资源分层利用进入全新发展阶段。

二　海域使用权的立法与政策

海域使用权是海洋资产产权的重要组成部分，除规定海域使用权的专项法律《海域使用管理法》以外，各省市如广东省、浙江省、山东省、天津市等地方因为地理条件的先天优势，在实践中积累了丰富经验，出台了与海域使用权相关的一系列地方性立法。中国与"海域使用权"相关的地方性立法见表1。

表1　中国"海域使用权"相关地方性立法

省（市）	名称
江苏省	《江苏省海域使用管理条例》
天津市	《天津市海域使用管理条例》
深圳经济特区	《深圳经济特区海域使用管理条例》
海南省	《海南省实施〈中华人民共和国海域使用管理法〉办法》
浙江省	《浙江省海域使用管理条例》
大连市	《大连市海域使用管理条例》
广东省	《广东省海域使用管理条例》
河北省	《河北省海域使用管理条例》
厦门市	《厦门市海域使用管理规定》
山东省	《山东省海域使用管理条例》
福建省	《福建省海域使用管理条例》
广西壮族自治区	《广西壮族自治区海域使用管理条例》

与《海域使用管理法》相比，地方性立法均对海域使用权进行了专章规定。广东省、天津市、山东省均对海域使用权的取得、出让、合理使用、流转、海域使用金、期限届满后续期以及海域使用权收回等作出了具

体规定。值得注意的是，《天津市海域使用管理条例》第 22 条①以及《山东省海域使用管理条例》第 29 条②均对海域使用权转让、抵押等流转方式作出规定，而《广东省海域使用管理条例》与《海域使用管理法》对此则未置明文。

三　海洋"新资源"的立法与政策

随着海洋科学技术的发展，一些对人类生存发展具有战略性意义的海洋资源种类被发现和利用，海洋经济逐渐发展成为世界经济的重要增长极③。在众多海洋资源中，海洋可再生能源和无居民海岛是最具有代表性的"新资源"之一。

（一）海洋可再生能源

海洋可再生能源开发利用已经成为全球经济的重要领域，中国也顺应经济发展潮流，通过灵活有效的政策保障和促进海洋可再生能源产业发展。在中央立法层面，2009 年 12 月 26 日颁布的修订后的《可再生能源法》首次在国家立法层面明确了可再生能源的发展方式和方向④。该法第 2 条规定："本法所称可再生能源，是指风能、太阳能、水能、生物质能、地热能、海洋能等非化石能源"，也是中国首次在国家法律层面明确提出海洋能作为可再生能源的类型之一。总体上看，该法进一步完善了总量目标实现的规划制度，并确立了可再生能源开发利用的不同层次目标及规划一体实施、统筹安排制度，为大力发展海洋可再生能源提供了基本的法律和制度依据。其后，2018 年 10 月 26 日修订颁布的《大气污染防治法》

① 《天津市海域使用管理条例》第 22 条第 1 款规定："缴纳海域使用金取得的海域使用权，可以转让、出租、抵押、作价入股和继承。"

② 《山东省海域使用管理条例》第 29 条规定："海域使用权人在批准的海域使用年限内可以依法转让、出租、抵押海域使用权，但法律、法规另有规定的除外。转让、抵押海域使用权的，应当依法办理登记手续。"

③ 姜秉国、韩立民：《海洋战略性新兴产业的概念内涵与发展趋势》，《太平洋学报》2011 年第 5 期，第 78 页。

④ 姜勇、赵喜喜、田敬云等：《我国海洋可再生能源产业技术发展现状以及山东省未来发展思路》，《海洋开发与管理》2015 年第 9 期，第 34 页。

明确规定，国家大力研发和推行大气污染防治技术，鼓励发展水能、地热能、风能、生物质能、太阳能等清洁可再生能源，以新能源、清洁能源逐步替代传统化石能源，进而降低人类生产生活造成的大气污染。它是中国可再生能源开发利用从小规模、零星开发利用到规模化、整体性推进的重要立法。

在地方立法层面，各省（市）修订或新颁布了可再生能源发展与促进条例。例如，浙江省于2021年修订的《浙江省可再生开发利用促进条例》，山东省于2020年修订的《山东省农村可再生能源条例》，广东省于2019年修订的《广东省节约能源条例》，广西壮族自治区于2019年修订的《广西壮族自治区水能资源开发利用管理条例》，江苏省于2019年颁布的《江苏省海洋经济促进条例》等等。这些地方性立法无一例外规定了海洋能应作为可再生能源的一部分加以开发和利用，并规定了海洋能开发利用过程中相应的权利、义务和责任。这些条例都高度重视本地海洋可再生能源的实际和特殊情况，并结合区域特性对本区域海洋可再生能源开发利用和扶持促进作出了具体规定。整体来看，中国临海省市已对海洋可再生能源开发利用作出了专门性地方立法尝试，且取得了一定成效。

在政策层面，自党的十八大提出"海洋强国"战略之后，海洋资源的利用与发展有了长足进步。国家层面先后出台了一系列配套重大政策，推动和促进海洋新资源的开发和利用，进一步贯彻落实习近平总书记讲话重要精神和"海洋强国"战略。2013年12月，原国家海洋局印发了《海洋可再生能源发展纲要（2013~2016年）》，明确了海洋可再生能源利用的指导思想、基本原则和发展目标，并根据能源资源分布特点和能源需求状况，科学布局全国海洋能发展[1]。2015年10月，十八届五中全会审议通过的《中共中央关于制定国民经济和社会发展第十三个五年规划的建议》

---

[1] 《海洋局关于印发〈海洋可再生能源发展纲要（2013-2016年）〉的通知》，中国政府网，http：//www.gov.cn/gongbao/content/2014/content_2654541.htm，2022年7月13日访问。

明确指出："推进能源革命，加快能源技术创新，建设清洁低碳、安全高效的现代能源体系；加快发展风能、太阳能、生物质能、水能、地热能，安全高效发展核电。"① 2016 年，原国家海洋局以《可再生能源发展专项资金管理暂行办法》为基础依据，修订了《海洋可再生能源专项资金项目实施管理细则》，最终颁布了《海洋可再生能源资金项目实施管理细则（暂行）》，进一步细化了海洋可再生能源发展规划制度、招标制度、经济激励制度等一系列保障制度，对保障海洋可再生能源资金项目顺利实施、提高资金使用效益起到重要推动作用。2021 年，十三届全国人大四次会议表决通过了《国民经济和社会发展第十四个五年规划和2035 年远景目标纲要》②，明确强调要构筑现代能源体系，推进能源革命，其中"有序发展风电""因地制宜开发利用地热能""建设广东、浙江、江苏等海上风电基地"等多项举措被提上议事日程，多次提及海洋可再生能源③。

上述立法及政策的颁布和落地，客观上对推动中国海洋可再生能源开发利用政策法规群的系统化和体系化发挥了重要作用。

（二）无居民海岛

无居民海岛是指不属于居民户籍管理的住址登记地的海岛。中国是一个沿海多岛屿国家，在中国 18000 千米的大陆海岸线上，共有 11000 余个海岛，其中面积大于 500 平方米的有 6000 多个。众多海岛构成了中国海洋权益和社会经济发展的重要基础，其中的无居民海岛已成为经济和社会可持续发展的宝贵财富。

---

① 《中共中央关于制定国民经济和社会发展第十三个五年规划的建议》，中国政府网，http：//www.gov.cn/xinwen/2015-11/03/content_5004093.htm，2022 年 7 月 15 日访问。张立锋、李俊然：《中国可再生能源产业发展促进法研究》，《河北法学》2016 年第 4 期，第 129 页。

② 《中华人民共和国国民经济和社会发展第十四个五年规划和 2035 年远景目标纲要》，中国政府网，http：//www.gov.cn/xinwen/2021-03/13/content_5592681.htm，2022 年 7 月 16 日访问。

③ 《"十四五"可再生能源发展规划》，国家发展和改革委员会官网，https：//www.ndrc.cn/xwdt/tzgg/202206/t20220601_1326720_ext.html，2022 年 7 月 16 日访问。

从利用现状来看，目前中国用于开展公共服务活动的无居民海岛有 365 个，旅游娱乐用无居民海岛有 73 个，农林牧渔业用无居民海岛有 340 个，工业、仓储、交通运输用无居民海岛有 49 个，可再生能源、城乡建设等其他用途无居民海岛有 80 多个。依据 2018 年公布的海岛统计调查报告，中国共批准开发利用 34 个无居民海岛，应征收海岛使用金 6.6 亿元，360 个无居民海岛实现了电力供应。同时，对全国一万多个无居民海岛进行卫星和遥感监测，对无居民海岛数量、植被覆盖率、自然岸线和开发利用情况等进行实时监视。中国无居民海岛的开发利用在稳步推进。

在立法上，2003 年，原国家海洋局、民政部和原中国人民解放军总参谋部联合发布管理规定，开始建立专门的海岛制度。管理规定首次提出个人或机构可以申请开发利用无居民海岛。2010 年 3 月 1 日，《海岛保护法》正式实施。该法共 6 章 58 条，包含适用范围及原则、海岛保护规划与具体措施、检查监督、法律责任等条款。《海岛保护法》的颁行填补了国家层面与海岛相关的立法空白，首次在法律层面完整覆盖了中国海洋空间领域各个组成部分，中国海岛保护和利用步入有法可依轨道。2016 年，原国家海洋局印发了《无居民海岛开发利用审批办法》并以此作为进一步加强无居民海岛保护与管理、规范无居民海岛开发利用审批工作、保护海岛及其周边海域生态系统的规范依据。根据该办法的规定，国务院批准的用岛，由原国家海洋局负责印发用岛批复文件；省级人民政府批准的用岛，由省级海洋行政主管部门负责印发批复文件。用岛单位和个人应按照有关规定缴纳无居民海岛使用金，并按照不动产统一登记有关规定办理不动产登记手续，领取不动产权属证书，更加细化了无居民海岛的有偿使用制度。

《民法典》第 248 条规定了国家对无居民海岛的所有权及行使方式："无居民海岛属于国家所有，国务院代表国家行使无居民海岛所有权。"《民法典》作为民商事法律制度的基础性核心立法，对无居民海岛的明确规定既能够更好地保护国家对无居民海岛的所有权，同时也极大地在政治意义上宣示了国家对无居民海岛的主权，为其开发利用过程中权利义务责任的合理配置提供了强大的法律依据和法治保障。

在政策上，党的十八大以来，习近平总书记强调，"要提高海洋开发能力，扩大海洋开发领域"。习近平总书记的重要论述为新时代发展海洋事业指明了前进方向，提供了根本遵循。国家和各地方先后出台了一系列有关无居民海岛开发利用的重要配套政策。这些政策性文件为中国推进无居民海岛资源开发利用指引了方向、规范了行为、提供了动力。

在地方试点中，辽宁省、海南省和广东省的做法颇具代表性。2017年，辽宁省发布了《辽宁省海洋主体功能区规划》，提出建立健全无居民海岛开发利用审查批准制度、无居民海岛有偿使用制度，健全完善规章制度，规范海岛开发秩序。鼓励近岸海岛多元化保护利用，扶持边远海岛发展。支持码头、游步道、海水淡化、垃圾污水处理、电力供应、海洋牧场、景观保护与修复等基础设施建设，改善海岛生产生活条件。2018年，海南省发布的《海南省无居民海岛开发利用审批办法》明确指出，单位或个人申请开发利用无居民海岛，应向省级海洋行政主管部门提出申请，并提交无居民海岛开发利用申请书、具体方案和项目论证报告，并规定了无居民海岛开发利用的最高期限（养殖用岛 15 年，旅游、娱乐用岛 25 年，盐业、矿业用岛 30 年，公益事业用岛 40 年，港口、修造船厂等建设工程用岛 50 年）。2019 年，广东省发布《广东省自然资源厅关于无居民海岛使用权市场化出让办法（试行）》，明确了全省旅游娱乐、交通运输、工业仓储、渔业等经营性用岛，应当通过市场化方式出让无居民海岛使用权，为广东无居民海岛的经营性开发利用打开一条市场化通道。

总体看来，个别沿海省份在海洋新资源开发利用领域"先行先试"，对规范无居民海岛开发和利用全过程的法律法规体系建设与法治保障完善等作出了积极探索、取得了显著成就，也为全国其他沿海区域提供了有益的参考和借鉴。

第四节　海洋资源利用的行政执法

一　行政执法的主体与内容

（一）行政执法主体

在海洋资源领域，海上行政执法系指享有海上行政执法权的行政机关，依照法定职权和程序，对海洋资源、海域使用和海洋权益等海洋事务实施管理的专门活动①。海上行政执法主体属于海洋管理体制中的一部分。迄今为止，海洋管理体制的发展经历了三个阶段，分别是分散管理阶段、海军管理阶段和分散性行业管理阶段。海上行政执法主体也伴随海洋管理机关的发展而变化，并在海洋管理机关的指导下进行海上行政执法。目前，中国海上行政执法体制为"二元制"模式，即海警局和海事局按照各自职责开展海上行政执法。从实际工作来说，中国海上行政执法管理体制为多个执法机构的松散执法模式，即中国海事、中国海监、中国边防、中国渔政和海关缉私依照各自职责开展海上行政执法。而海洋资源利用中的行政执法主体，亦包含于上述五个行政主体中。

（二）行政执法内容

在海洋资源利用开发中，海上行政执法的任务和内容就是要维护海洋资源开发周边环境的安全和正常秩序。海上治安和打击海上犯罪一直是海上行政执法的重要命题，关乎海洋资源生产安全、运输安全、作业安全等。作为维护海洋安全的重要机关，打击海上犯罪、维持海上治安是海上行政执法主体的职责之一。安全的海洋环境是开发海洋资源的基础，也是海上贸易繁荣的重要保证。同时，海洋资源的开发与利用需要遵循一定规则秩序，包括法律法规、行业规范、技术流程等。在中国海域发生的盗采事件和无序开采会对海洋资源可持续利用造成阻碍，因此，海洋资源利用

---

① 阎铁毅、王秀芬、吴淞豫：《新编行法与行政诉讼法》，大连海事大学出版社，2013，第9页。

的执法内容主要包括：国家层面利用执法机关来维持海洋秩序，企业和个人层面利用国家公权力干预来满足秩序平衡的需求。海上行政执法主体通过巡航、监视、检查等措施来保证海洋资源的合理开发，对违反秩序的资源开发行为进行纠正，维护海洋秩序。

维护海洋资源利用与开发的安全环境和正常秩序是海上行政执法主体的主要任务，而这些任务需要通过海上行政执法主体的各类行政行为来实现。这些行政行为主要包括以下方面。

第一，海洋行政许可。海洋行政许可主要包括行为许可和资格许可两个方面。海洋行政执法机关设定的行政许可通常表现为海域使用权许可、海洋倾废许可、海底资源调查勘探许可等①。

第二，海洋行政处罚。海洋是行政公产，海洋管理主要包括公产管理和用海秩序管理两个方面，海洋行政处罚有其特殊性。总体可分为管理处罚和修复责任两大类，管理处罚是海洋行政主体对破坏用海秩序或违反用海制度的行为所作的处罚，如对一些没有经过审批或审批不合格的资源开采、围海捕捞等行为进行罚款、没收所得等行政处罚。修复责任是海上行政主体对侵犯海洋行政公产的行为实施的处罚，如对侵占海洋石油资源的行为，责令其赔偿国家损失、恢复海洋生态等行政处罚。

第三，海洋行政强制。海洋行政强制是为了防止制止违法行为、控制危险扩大或者处理紧急情况而实施的行政行为。海洋行政强制是海上行政主体进行海上维权执法的重要方式。海洋行政强制措施有很多种，如责令停航、责令停止开采、暂扣船舶或者设施等。

第四，海洋行政检查。海洋行政检查是海洋行政主体依法行使职权，对行政相对人是否遵守行政法律规范和执行行政决定等情况进行了解的行为。通常表现为：对海洋倾倒作业单位是否取得有效海洋倾倒许可证的检查，外籍船舶在中国管辖海域内从事的海洋资源科研调查活动是否经中国政府批准的检查，用海单位或个人是否持有有效海域使用证的检查等。

---

① 张惠荣：《海域使用权属管理与执法对策》，海洋出版社，2009，第11页。

二　行政执法典型案例

中国海警局以贯彻落实《海警法》为抓手，全面履行海域使用、海岛保护开发、海洋生态环境保护和海洋渔业管理等执法职责，以整治海洋资源环境突出问题和打击涉渔违法犯罪为重点，联合相关涉海部门组织开展"碧海""海盾""亮剑""卫海"等专项执法行动，依法严厉打击盗采海砂、违法用海、非法捕捞、涉渔"三无"船舶等违法犯罪行为，共查处（破获）海洋资源和渔业类案件1200余起，典型案例见表2[①]。

表2　海洋资源行政执法典型案例

1	**"2020.6.30"非法采矿案** 2021年9月6日，广东海警局联合地方公安机关成功破获"2020.6.30"非法采矿案，抓获涉案人员50名，查扣涉案船舶9艘、现金1200余万元，冻结涉案资金4.8亿元，成功打掉一个长期活跃在闽粤沿海的盗采海砂犯罪团伙。经查，该犯罪团伙借合法中标开采海砂名义长期大肆盗采海砂，仅2021年5月至9月盗采海砂高达1094万吨，获利超10亿元。
2	**某水务集团有限公司非法占用海域案** 2021年3月23日，山东海警局在巡查中发现，某水务集团有限公司在未经批准情况下非法占用海域用于建设施工。经查，该公司非法占用海域面积为1.7702公顷。山东海警局依法对该公司作出责令退还非法占用的海域、恢复海域原状、并处罚款3954.56万元的行政处罚。
3	**余某某非法利用无居民海岛案** 2021年5月27日，福建海警局查处一起非法利用无居民海岛案。经查，余某某在未取得某地某海岛使用权的情况下，自2010年12月起非法在该岛进行生产建设，并开展养殖和旅游活动。2021年7月20日，福建海警局依法没收余某某违法所得4.175万元，并处罚款10万元。

[①]《2021年度海洋资源环境和渔业领域海上执法典型案例》，中国海警局网，http：//www.ccg.gov.cn/2022/wqzf_0130/1040.html，2022年9月27日访问。《2020年度海洋资源环境和渔业领域海上执法典型案例》，中国海警局网，http：//www.ccg.gov.cn//2021/wqzf_0130/312.html，2022年9月27日访问。

4	"2021.5.30"非法捕捞水产品案 　　2021年5月28日，辽宁海警局在庄河市附近海域查获一艘大马力摩托艇，查扣渔获物6.4吨，抓获涉案人员7名，后经深挖扩线，成功将参与"捕、运、接、销"的所有犯罪嫌疑人抓获。该团伙在禁渔期非法捕捞渔获物，数量巨大，涉嫌构成非法捕捞水产品罪。
5	"桂某渔28028"船非法捕捞水产品案 　　2020年11月28日，广东海警局在阳江附近海域查获非法捕捞渔船2艘，抓获涉案人员25名。经查，陈某某等人使用禁用方法非法捕捞渔获物约67吨，涉嫌构成非法捕捞水产品罪。2021年4月，该案4名被告人被判处八个月至一年不等有期徒刑，并没收违法所得4.6万元，同时判处陈某某等人连带民事赔偿3万元，用于修复海洋生态环境。
6	"2020.4.27"特大非法采矿案 　　2020年11月19日，福建海警局在福建省公安厅的协同配合下，破获"2020.4.27"特大非法采矿案，抓获涉案人员59名，查扣涉案砂船7艘、海砂约3.5万吨、现金257.3万元，冻结涉案赃款2283.5万元，成功打掉一个盘踞台湾浅滩海域的宗族式盗采海砂犯罪团伙。经查，该团伙涉嫌盗采海砂约7500万吨，涉案金额达52亿元。
7	"2020.4.28"特大非法采矿案 　　2020年6月5日，中国海警局东海分局在福建省公安厅的协同配合下，组织福建、浙江海警局成功破获"2020.4.28"特大非法采矿案，抓获涉案人员90名，查扣涉案砂船9艘、海砂2万余吨、现金101万元、黄金3.8公斤，冻结涉案赃款5600余万元。经查，该团伙涉嫌盗采海砂超5000万吨，涉案金额超20亿元。
8	"2020.8.2"非法猎捕、杀害珍贵、濒危野生动物案 　　2019年11月，福建海警局获取宁德霞浦某团伙利用改装渔船非法猎捕红珊瑚线索。2020年8月2日，利用目标渔船受台风影响返港时机，福建海警局果断组织收网，在福建福鼎海域成功查获涉案转运船1艘，抓获犯罪嫌疑人5名，查扣红珊瑚110余公斤。经连续作战，在浙江霞关某船厂又查扣涉案捕捞船1艘，成功打掉一个流窜闽浙海域猎捕红珊瑚的犯罪团伙。

9	大连某水产有限公司违法占用海域案 　　2020年7月21日，辽宁海警局巡查发现，大连某水产有限公司2处码头工程违法占用海域填海施工。经第三方鉴定机构评估，该公司改变海域使用用途实施码头建设，面积分别为0.4921公顷和1.0632公顷，超范围占用海域0.1138公顷。10月，辽宁海警局对该公司作出"责令退还非法占用的海域、恢复海域原状、并处罚款1232.44万元"的行政处罚。
10	天津某海洋技术开发有限公司未经环评擅自施工案 　　2020年4月8日，天津海警局巡查发现，天津某海洋技术开发有限公司在未取得海域使用权证、海洋环境影响报告书未经核准的情况下擅自施工建设。经第三方鉴定机构评估，该公司非法占用海域面积10.8697公顷。7月，天津海警局对该公司作出"责令停止施工、退还非法占用的海域、恢复海域原状、并处罚款142.84万元"的行政处罚。

第五节　海洋资源利用的司法实践

海洋空间占用率上升与管理事务混杂是妨碍海洋资源最优配置的两大问题①。中国海洋资源利用需要兼顾海域使用权、养殖权、捕捞权等相关权利的行使，通过制度完善调和这些权利在行使过程中产生的冲突。

一　海洋资源利用的权利冲突表现

（一）渔业权与海域使用权的冲突

中国立法并未明确规定渔业权的概念，事实上渔业权包括养殖权和捕捞权，《民法典》第329条规定了养殖权和捕捞权受法律保护，从两方面规定了渔业权的权利构成。2013年《渔业法》和2020年《渔业法实施细则》分别将养殖权和捕捞权规定于"养殖业"和"捕捞业"两章中，从

---

① 江泽慧、王宏主编《中国海洋生态文化》（下），人民出版社，2018，第492页。

渔业资源监督管理角度，对渔业生产经营者的养殖和捕捞活动进行调整。渔业权和海域使用权的客体存在重叠，在中国海域进行渔业活动要受到《渔业法》和《海域使用管理法》的双重规制，这就会出现制度因素导致的权利冲突。

2008 年，原国家海洋局颁布的《海域使用分类体系》（国海管字〔2008〕273 号）对海域使用的分类原则、类型和用海方式进行了规定，将海域使用权的种类区分为九类，包括渔业用海、工业用海、交通运输用海、旅游娱乐用海、海底工程用海、排污倾倒用海、造地工程用海、特殊用海以及其他用海。其中渔业用海与渔业权的权利内容存在重叠，分别适用《海域使用管理法》和《渔业法》调整就可能出现冲突。《海域使用管理法》第 19 条①、20 条②规定了海域使用权的三种取得方式：经申请批准后登记取得、招标取得、拍卖取得。同时该法第 27 条明确规定，海域使用权可以依法继承、可以依法转让。《渔业法》第 11 条第 1 款规定了养殖权的取得需要渔业养殖主体向渔业行政主管部门申请取得养殖证，获得养殖许可，开展渔业养殖活动。

在海域进行养殖的权利可以通过不同方式取得，在权利设定上就可能发生权利重叠设定、权利并存的冲突。海域使用类型中并不包含捕捞用海，但当同一片海域的海域使用权与渔业权属于同一主体时，由于《海域使用管理法》和《渔业法》规定的权利的设立方式不同，申请人需要分别就两种权利进行两次申请，凸显了程序的烦琐。

---

① 《海域使用管理法》第 19 条规定："海域使用申请经依法批准后，国务院批准用海的，由国务院海洋行政主管部门登记造册，向海域使用申请人颁发海域使用权证书；地方人民政府批准用海的，由地方人民政府登记造册，向海域使用申请人颁发海域使用权证书。海域使用申请人自领取海域使用权证书之日起，取得海域使用权。"

② 《海域使用管理法》第 20 条规定："海域使用权除依照本法第十九条规定的方式取得外，也可以通过招标或者拍卖的方式取得。招标或者拍卖方案由海洋行政主管部门制订，报有审批权的人民政府批准后组织实施。海洋行政主管部门制订招标或者拍卖方案，应当征求同级有关部门的意见。"

（二）矿业权与海域使用权的冲突

矿业权的取得和海域使用权的取得相互独立，二者各自受不同的法律规制。根据《矿产资源法》的规定，矿业权可以通过申请、转让、赠与、继承等形式取得。若某一区域矿产权的权利人与海域使用权的权利人为同一主体，两种权利在内容和程序设置上可能存在重叠，进而可能发生以下三种冲突情形。

第一，从使用期限来看，《海域使用管理法》第25条规定，盐业、矿业最高用海期限为30年，《矿山资源开采登记管理办法》第7条规定，采矿许可证有效期按照矿山建设规模确定：大型以上的，采矿许可证有效期最长为30年；中型的，采矿许可证有效期最长为20年；小型的，采矿许可证有效期最长为10年。上述规定表明，就算矿业权与海域使用权可以同时申请，两者的使用期限也难以协调，产生使用期限不衔接的冲突。

第二，从取得方式来看，矿业权和海域使用权都可以通过转让方式取得，《矿业权出让转让管理暂行规定》第36条规定，矿业权转让是指矿业权人将矿业权转移的行为，包括出售、作价出资、合作、重组改制等。《海域使用权管理规定》第37条规定，海域使用权有出售、赠与、作价入股、交换等情形的，可以依法转让。矿业权与海域使用权流转产生冲突的情况是当两者的权利人属于同一主体，或要将这两个权利同时转让给同一主体，就会产生转让程序复杂问题，从而导致转让难。

第三，从管理来看，根据《矿产资源法》第40条、第41条的规定，超越批准的采矿范围采矿以及采矿行为违法形式达到一定程度，可被吊销采矿许可证。《矿产资源勘查区块登记管理办法》第10条规定，探矿权与采矿权都会在逾期不办理延续登记手续时自行废止。《海域使用管理法》则规定了不同用途的海域使用权使用期限，同时第30条还规定了因公共利益和国家安全需要，国家可收回海域使用权。通过对比上述规定可以发现，矿业权和海域使用权存续期限不同以及权利消灭的其他原因不同，在实践中可能会因为消灭阶段立法内容不衔接产生法律适用冲突。

（三）海域役权与海域相邻权的冲突

海域作为中国领土之一部，应属于"不动产"范畴，虽然立法尚未对海域役权、海域相邻权作出进一步规定，实践中已有类似案例出现了海域役权与海域相邻权冲突问题。

在福建省某船舶有限公司诉某铁路有限责任公司财产损害赔偿纠纷案中①，某船厂项目是经福建省人民政府批准立项建设的省级重点项目。2006 年 11 月 13 日，某船舶公司取得"海域使用权证"。2009 年 2 月 25 日通过投标竞拍取得国有土地使用权，2010 年 6 月 17 日取得"国有土地使用证"。在获得某船厂项目海域使用权与土地使用权的同时，某船舶公司着手展开实质性项目前期准备及施工建设等工作。某铁路公司建设的福州至某地跨海铁路大桥从该船舶公司正在投资建设的该船厂项目区域及前沿海域通过，该船厂项目的前沿海域大部分被大桥及依照《铁路安全管理条例》《通航海轮桥梁通航标准》规定的预留安全宽度所占用，跨海铁路大桥的建设阻断了该船厂项目的出海通道，造成该船厂项目无法继续施工建设，整个项目废置，某船舶公司多年投入化为泡影，预期经济利益无法实现并需支付巨额违约金。

本案的争议焦点为某铁路公司建设跨海大桥导致某船舶公司某船厂项目整体废置的行为是否构成侵权。法院认为，应当认定某地海峡公铁两用大桥建设导致某船厂项目建设整体废置，客观上造成某船舶公司财产损失。因此，某铁路公司作为项目的建设单位应根据公平原则以及双方意向书的约定，承担相应的补偿责任。

（四）养殖权与航行权、捕捞权的冲突

养殖权和航行权、捕捞权的冲突在司法实践中极为常见。在养殖权与航行权、捕捞权的权利冲突中，需要分层次、分阶段进行综合探讨。

在漳浦县佛昙镇下苏村村民委员会海域使用权纠纷案中②，杨某 1 与

---

① 福建省高级人民法院（2015）闽民初字第 37 号民事判决书。
② 厦门海事法院（2019）闽 72 民初 322 号民事裁定书。

下苏村村民陈某某等人及下坑村两位村民共同组成下苏村养殖承包联合体，向银行贷款围建虾池。后因无力偿还贷款，将上述虾池的承包经营权以公开招标方式进行发包，另一村民杨某2中标后未签订承包合同。1994年12月15日，下苏村村委会与杨某1签订补充条款协议书，将1986年7月3日所签虾池养殖承包合同约定的承包期限延长至2016年12月30日，并办理了公证。1996年4月15日，在未按民主议定程序并经村民会议决议的情况下，下苏村村委会又与杨某1签订补充条款协议书，将承包期限延至2025年12月31日。2006年10月30日，漳浦县人民政府向杨某1颁发063563065号"海域使用权证"，证书面积记载为169亩。法院查明，依据2010年10月18日双方协议书的约定，杨某1应自2011年1月1日起至2016年12月31日止，于每年1月1日前向下苏村村委会缴纳承包款30012元，但经多次催讨，杨某1未履行相应义务。协议书还明确约定杨某1负有交还"海域使用权证"原件以及协助办理变更登记之义务，但也未履行该义务，后经法院认定，杨某1的行为已构成违约。该案经两次裁定，主要围绕案件争议地点是否属于海事法院管辖进行讨论。

在纪某某与于某某海域使用权纠纷案中①，2017年2月，纪某某取得辽（2017）金普新区不动产权第01930063号"不动产权证书"，登记权利为海域使用权，用途为渔业用海，用海方式为开放式养殖（海底），用海期限自2017年2月21日至2019年12月31日，且该证书注明了海域使用界址坐标点。2017年4月29日，纪某某与案外人王某某签订海域经营权承包协议书，约定纪某某将其"不动产权证书"项下海域经营权承包给王某某使用，期限自2017年6月1日至2022年5月31日，合同签订之日双方即完成海域经营事宜交接。王某某承包使用纪某某证书项下海域后发现海域内有于某某设置的网具。2017年8月8日，大连金普新区农业局确定纪某某海域确与于某某三处张网定点存在重叠。2017年8月18日，大

---

① 大连海事法院（2018）辽72民初215号民事判决书。

连金普新区农业局出具说明，确认该局渔政管理所于 2017 年 8 月 14 日对于某某使用"辽大开渔 11065"和"辽大金渔 81007"号渔船捕捞许可证项下定置网具的测量坐标数据。2018 年 1 月 9 日，乙方于某某与丙方王某某在列明甲方纪某某和乙方、丙方均为协议当事方的"养殖用海调解协议书"上签字，纪某某因不同意该协议内容未签字；该协议第 2 条规定，"在 2019 年 11 月前于某某不得在此海域设置坛网等干扰王某某海上生产作业活动，并在王某某生产作业期间撤出相关坛网设施"。

法院认定该纠纷为海域使用权纠纷，本案的争议焦点为于某某设置网具的行为是否侵权。虽然纪某某为不动产权证书登记的海域使用权人，但是其主张法院在司法裁判中并没有予以认定。于某某作为实际经营人，并不能因发生重叠区域的捕捞许可证未登记在其名下就认定经营行为违法，且根据原农业部《渔业捕捞许可管理规定》的规范，只要于某某经营范围并未超出许可范围也不能认定该行为具有民事违法性。

综合法院的结论，对于在合法开垦条件下养殖使用海域影响航行权或捕捞权需要综合研判，在利益平衡视角下对双方进行协调，择其最优解。

二 海洋资源利用的典型司法案例

近年来，在司法审判方面，全国海事审判队伍以习近平法治思想为根本遵循，坚持统筹国内法治和涉外法治，深入贯彻实施海事审判精品战略，扎实推进国际海事司法中心建设，不断增强海事司法的影响力和公信力。最高人民法院发布的全国海事审判典型案例在充分发挥典型案例示范引领作用的同时，彰显了海事司法对加强海洋生态保护、促进海洋经济发展和维护海洋权益的重要作用；地方法院发布典型案例，通过以案释法方式，普及海洋环境资源保护法律，提高海洋开发利用各方的生态环境保护意识，引导相关政府、企业、群众自觉遵守涉海环境资源法律法规，促进海洋生态改善和海洋资源高效利用，同时营造人人重视、人人参与、人人保护海洋生态环境的良好社会氛围，案例见表 3。

表 3　2020 年度①与 2021 年度②全国与地方海事审判关于海洋资源的典型案例

案例一	莆田市秀屿区海洋与渔业局与加斯佩罗船贸有限公司海洋自然资源损害赔偿纠纷案
基本案情与裁判结果	2018 年 9 月 22 日，希腊加斯佩罗船贸有限公司（Jaspero Shiptrade S. A.，以下简称"加斯佩罗公司"）所有的巴拿马籍"正利洛杉矶"轮从福州市向江阴港出港航行过程中触礁搁浅，船体破损造成燃油泄漏，导致该海域的养殖业、海洋生态环境、渔业资源遭受损害。加斯佩罗公司在厦门海事法院设立海事赔偿责任限制基金。莆田市秀屿区海洋与渔业局提起海洋自然资源与生态环境损害赔偿诉讼。遭受油污损害的 905 名渔民另案提起诉讼，索赔养殖设施和养殖收入损失。 厦门海事法院受理后，组织莆田市秀屿区海洋与渔业局、加斯佩罗公司、渔民进行调解，促成三方达成调解协议，由加斯佩罗公司对海洋自然资源与生态环境损害、渔民养殖设施和养殖收入损失等进行赔偿。厦门海事法院对调解协议进行公告后，作出民事调解书。加斯佩罗公司已依约支付赔款。
本案意义	本案系中国海洋行政机关提起的海洋自然资源与生态环境损害赔偿纠纷。海事法院依法由三名法官和四名人民陪审员组成合议庭进行审理，邀请生态环境技术专家参与调解、公告案件的受理情况和调解协议的内容，同步扩大司法民主、保障促进公众对海洋环境治理的参与和推进案件的专业化审理，提高了海洋生态审判的公信力，全面提升、优化和夯实了海洋生态司法保护。本案的依法妥善处理，一方面，使海洋行政机关及时获得合理的生态环境损失和修复费用的赔偿，为开展事故海域的生态环境、渔业资源修复工作提供了有力支持，守护了美丽海洋；另一方面，依法平等保护中外当事人的合法权益，彰显中国海洋生态司法保护的专业化和现代化水平，向国际业界充分展示、传播了海洋自然资源与生态环境保护的中国司法理念、司法制度和司法成效。

---

① 《最高法发布 2021 年全国海事审判典型案例》，最高人民法院网，https：//www. court. gov. cn/xinshidai-xiangqing-361681. html，2022 年 9 月 28 日访问。

② 《最高法发布 2020 年全国海事审判典型案例》，最高人民法院网，https：//www. court. gov. cn/zixun-xiangqing-317811. html，2022 年 9 月 28 日访问。

续表

案例二	于某诉大连某村委会涉公益性用海海域承包合同纠纷案
基本案情与 裁判结果	1999 年，大连某村委会与案外人刘某签订 400 亩海域的承包协议，约定承包期限 30 年，经营期间要服从上级政府、村委会以及镇政府以上的规划，因规划造成的经济损失按有关规定由受益方承担。2003 年，于某与村委会、刘某签订三方合同，受让上述协议下海域的承包经营权。2006 年，于某与村委会签订补充协议，将承包期限划分为 1999~2006 年、2006~2021 年、2021~2029 年三个承包期，约定合同终止的情形包括"因公共利益或者国家安全需要，国家依法收回海域使用权"。2019 年，旅顺口区政府以该海域"位于军事管理区范围内"为由向村委会发出收回海域使用权的决定，村委会随即向于某发出解除合同通知函。于某认为村委会违约，于 2020 年 4 月向大连海事法院提起诉讼，请求判令村委会赔偿预期经济损失 4215 万余元。 　　大连海事法院一审认为，依据三方合同，于某在受让海域承包经营权之初对海域可能被政府规划收回已有预料，并提前约定了发生该种情况的损失补偿办法。该约定在于某与村委会 2006 年与 2013 年分别签订的补充协议中得以延续，进一步明确为国家依法收回海域使用权时，双方合同符合终止条件。旅顺口区政府于 2019 年决定收回国海证 XX 号下的部分海域使用权，村委会向于某履行了通知义务，符合双方约定的合同终止情形，故村委会有权终止履行合同义务。村委会在合同解除前已依约履行了第一承包期与第二承包期部分期限内的海域承包义务，合同终止后不再负有提供海域的义务。于某主张的预期利益损失于法无据，故判决驳回于某的诉讼请求。辽宁省高级人民法院二审维持原判。
本案意义	本案系政府提前收回海域导致的海域承包合同纠纷。承包海域的养殖户，既对海域享有合法的承包经营权，又应当预料到海域存在被政府提前收回的可能，并在政府收回的情况下积极履行合同义务。承包合同双方约定的合同解除条件已经成就，村委会有权解除合同，并依据政策对养殖户的现有损失予以补偿，但养殖户无权要求村委会赔偿其未能继续履行合同的损失。本案的处理重申了海域属于国家所有这一基本立场，维护了海域使用权正常收回与海洋统一功能区划的制度实施，对促进依法管海用海、服务保障海洋强国战略具有积极意义。

案例三	文某（VAN）非法捕捞水产品案
基本案情与裁判结果	文某（VAN）系"Qng94600TS""Qng94619TS"两船的所有权人，并担任"Qng94600TS"船船长。2020年7月，文某带领10名外籍船员从境外驾船进入中国海南岛东侧陵水海域并开始由南向北至琼海、文昌近海海域，进行双船底拖网捕捞水产品作业，后被海警局查获。海南省人民检察院第一分院提起公诉和刑事附带环境民事公益诉讼。 海口海事法院审理认为，文某在中国南海伏季休渔期间，驾驶渔船在中国领海内禁渔区使用禁用的工具非法捕捞，情节严重，构成非法捕捞水产品罪，应依法予以处罚。文某的行为破坏了当地海洋生态环境和生态平衡，对渔业资源可持续利用造成不利影响，损害了社会公共利益，依法应当承担民事侵权责任。法院依法判处文某有期徒刑，没收作案工具和非法所得，并判令其承担生态修复费用。文某服判，一审判决已生效。
本案意义	本案系发生在中国南海海域的外籍人员非法进入中国领海进行水产品捕捞的海事刑事案件，表明中国法院依法对中国管辖的南海海域实施有效司法管控，彰显了海事司法在海洋维权中的重要作用。本案对在海洋水域，在禁渔区、禁渔期或者使用禁用的工具、方法捕捞水产品的行为依法惩处，对破坏海洋生态环境行为起到严厉警示作用，展示了海事司法为保护海洋自然资源与生态环境、服务保障海洋生态文明建设和海洋渔业资源可持续利用而发挥的重要作用。海口海事法院试点管辖破坏海洋生态环境资源犯罪及刑事附带民事公益诉讼案件，推动海事审判"三合一"改革，是深化人民法院司法体制改革、落实《最高人民法院关于人民法院为海南自由贸易港建设提供司法服务和保障的意见》、服务保障国家重大战略要求的重要内容和具体举措。

　　海洋资源是人类社会可持续发展的宝贵财富，加强海洋法治建设是进一步提升海洋经济持续发展能力、保障海洋资源有序开发和有效利用的重要依据。在新时代背景下，党和国家对海洋资源的开发、利用提出了更高要求，海洋资源相关法治研究要从国家长远利益出发，确保海洋治理朝着综合、协调和可持续的方向发展，助力实现海洋强国目标。

第八章　海洋安全的法治发展

当今国际海洋形势正在发生深刻变化，世界主要海洋国家纷纷加强和调整海洋政策，以海权角逐为核心的海洋地缘战略争夺不断加剧，同时海洋领域非传统安全威胁的影响也日益凸显。在此背景下，中国的海洋安全面临日趋严峻的挑战。应明确海洋威胁的来源与类型，制定明确的海洋安全战略，以法治手段维护国家海洋安全。

第一节　国家海洋安全战略

国家海洋安全战略是指导国家海洋事业发展和保障国家海洋利益安全的总体方略，是国家战略在海洋事务中的运用和体现，是集指导海洋经济发展、海洋科技进步、海洋环境保护和海上安全保障等于一体的战略体现。中国新时代国家海洋安全战略要站在现代化建设全局的高度，用全球视野、历史眼光和战略思维观察与处理海洋问题，切实把海洋发展、海洋安全作为国民经济和社会发展的重要组成部分，提高海洋综合管理水平，确保将海洋安全统筹于国家整体安全，努力开创海洋事业新局面。

一　统筹总体安全观，推进海洋强国建设

坚持总体国家安全观。统筹发展和安全，增强忧患意识，做到居安思危，是党和国家治国理政的一个重大原则。习近平总书记指出，当前中国国家安全内涵和外延比历史上任何时候都要丰富，时空领域比历史上任何

时候都要宽广，内外因素比历史上任何时候都要复杂，必须坚持总体国家安全观，以人民安全为宗旨，以政治安全为根本，以经济安全为基础，以军事、文化、社会安全为保障，以促进国际安全为依托，走出一条中国特色国家安全道路①。海洋事业关系民族生存发展，关系国家兴衰安危。建设海洋强国是中国特色社会主义事业的重要组成部分。党的十八大作出了建设海洋强国的重大部署。实施这一重大部署，对推动经济持续健康发展，对维护国家主权、安全、发展利益，对实现全面建成小康社会目标进而实现中华民族伟大复兴都具有重大而深远的意义。

二 以法治手段维护国家海洋安全

运用法治思维和手段维护和塑造国家安全是全面依法治国的题中应有之义，是实现国家长治久安的重要保障。党的十九大报告指出，要"完善国家安全制度体系，加强国家安全能力建设，坚决维护国家主权、安全、发展利益"，同时强调要"健全国家安全体系，加强国家安全法治保障，提高防范和抵御安全风险能力"。维护国家海洋安全，同样需要用法治思维、以法治手段确保国家海洋权益完整坚固。立法方面，要在《国家安全法》《国家情报法》等塑造的安全法律体系内战略性、前瞻性、系统性统筹海洋安全立法，补齐国家安全法律海洋领域薄弱环节，完善国家安全法律体系，为国家海洋安全执法、司法和守法提供制度依据，从更高层次、更具前瞻性地维护国家安全。在法制运用上，要善于利用法律武器维护国家海洋主权、安全和发展利益，在健全境内海洋法治的基础上加快涉外海洋法治工作战略布局，充分运用法治方式协调推进国内与国际海洋治理，开展有理有据有节的海洋安全斗争，切实维护国家海洋主权、尊严和核心利益。

三 筑牢海洋安全，维护国家发展利益

习近平总书记指出，中国既是陆地大国，也是海洋大国，拥有广泛的

---

① 《坚持总体国家安全观　走中国特色国家安全道路》，《中国青年报》2014 年 4 月 16 日，第 1 版。

海洋战略利益。经过多年发展，中国海洋事业总体上进入了历史上最好的发展时期。这些成就为建设海洋强国打下了坚实基础。我们要着眼于中国特色社会主义事业发展全局，统筹国内国际两个大局，坚持陆海统筹，坚持走依海富国、以海强国、人海和谐、合作共赢的发展道路，通过和平、发展、合作、共赢方式，扎实推进海洋强国建设。同时，要维护国家海洋权益，着力推动海洋维权向统筹兼顾型转变。我们爱好和平，坚持走和平发展道路，但决绝能放弃正当权益，更不能牺牲国家核心利益。"要统筹维稳和维权两个大局，坚持将维护国家主权、安全与发展利益相统一，维护海洋权益和提升综合国力相匹配。要坚持用和平方式、谈判方式解决争端，努力维护和平稳定。要坚持'主权属我、搁置争议、共同开发'方针，推进互利友好合作，寻求和扩大共同利益的汇合点"①。历史经验告诉我们，面向海洋则兴、放弃海洋则衰，国强则海权强、国弱则海权弱。要坚持把国家主权和安全放在第一位，贯彻总体国家安全观，周密组织边境管控和海上维权行动，坚决维护领土主权和海洋权益，筑牢边海防铜墙铁壁。海军作为国家海上力量主体，对维护海洋和平安宁和良好秩序负有重要责任。

四　加快建设海洋强国

面向海洋则兴、放弃海洋则衰。中国既是陆地大国，也是海洋大国，拥有 1.8 万多公里大陆海岸线、1.4 万多公里岛屿岸线、300 万平方千米主张管辖海域，拥有广泛的海洋战略利益。海洋事业发展得怎么样，海洋问题解决得好不好，关系民族生存发展，关系国家兴衰安危。经过多年发展，中国已经建立起比较完整的海洋产业体系，海洋科学技术取得重大突破，海洋资源开发能力持续增强，海洋法律法规体系逐步健全，海洋综合管理体制初步确立，维护海洋权益能力明显增强，海洋事业总体上进入历

---

① 习近平：《进一步关心海洋认识海洋经略海洋　推动海洋强国建设不断取得新成就》，《人民日报》2013 年 8 月 1 日，第 1 版。

史上最好的发展时期。这些成就为建设海洋强国打下了坚实基础。建设海洋强国是中国特色社会主义事业的重要组成部分。要进一步关心海洋、认识海洋、经略海洋，推动中国海洋强国建设不断取得新成就。我们要顺应国际海洋事务发展潮流，着眼于中国特色社会主义事业发展全局，统筹国内国际两个大局，坚持陆海统筹，扎实推进海洋强国建设。提高海洋资源开发能力，着力推动海洋经济向质量效益型转变。要加强海洋产业规划和指导，优化海洋产业结构，提高海洋经济增长质量，重点发展海洋生物资源开发利用、海水利用、海洋船舶工业、海洋油气、矿产资源勘探开发、海洋交通运输、海洋旅游等产业，实施海洋工程和装备重大专项；提高深海勘探开发和运载能力，培育壮大海洋战略性新兴产业；提高海洋产业对经济增长的贡献率，努力使海洋产业成为国民经济的支柱产业，为保障国家能源安全、食物安全、水资源安全作出贡献。保护海洋生态环境，着力推动海洋开发方式向循环利用型转变。要把海洋生态文明建设纳入海洋开发总体布局，坚持开发和保护并重、污染防治和生态修复并举，科学合理开发利用海洋资源，维护海洋自然再生产能力。发展海洋科学技术，着力推动海洋科技向创新引领型转变。建设海洋强国必须大力发展海洋高新技术，要搞好海洋科技创新总体规划，坚持有所为有所不为，重点在深水、绿色、安全等海洋高技术领域取得突破。

五　推进构建海洋命运共同体

"亲望亲好，邻望邻好。"中国坚持与邻为善、以邻为伴，坚持睦邻、安邻、富邻，践行亲、诚、惠、容理念，努力使自身发展更好地惠及更多国家。中方积极建设 21 世纪海上丝绸之路，拓展多边旅游、海洋科研、海洋经济、港口建设、海上安全等领域合作。中国政府愿同相关国家加强沟通和合作，共同维护海上航行自由和通道安全，构建和平安宁、合作共赢的海洋秩序。中国一贯坚持通过对话协商，以和平方式处理同有关国家的领土主权和海洋权益争端。中国切实加强务实合作，积极推进"一带一路"建设，努力寻求同各方利益的汇合点，通过务实合作促进合作共赢，同

"一带一路"沿线国家加强合作，实现道路联通、贸易畅通、资金融通、政策沟通、民心相通，共同打造开放合作平台，为地区可持续发展提供新动力，携手建设更为紧密的海洋命运共同体，促进地区和平、稳定、繁荣。

第二节　周边海域海洋安全的法治发展

一　周边海域海洋安全现状

（一）东北亚海域海洋安全现状

东北亚地区海洋安全受该区域内国家之间海洋争议的影响，呈现多样性、复杂性和长期性特点。首先，东北亚地区国家之间广泛存在海洋资源利用、海洋航道争夺、海洋经济竞争、海洋资源开采和养护、领土及岛屿主权归属、专属经济区和大陆架划界等各类争端，地区海洋安全局势紧张。其次，东北亚地区的海洋争端很少由单一种类争端构成，东北亚海洋权益争端表现为多种类的复合型争端，尤其以岛屿和领土主权归属、海洋划界和资源开发争议交织并存为典型。针对多样化争端产生的不同影响和作用，东北亚海洋安全维护和促进也呈现多样化态势。最后，东北亚地区国家之间政治经济关系复杂，缺乏有效的区域安全信任和合作机制，海洋安全问题将长期存在。

（二）南海海域海洋安全现状

南海海域的海洋安全问题起源于 20 世纪五六十年代南沙群岛附近石油和天然气资源的发现。在巨大经济利益的驱动下，南海周边国家纷纷开始占领岛礁。1982 年《海洋法公约》生效后，周边国家纷纷提出了各自的海洋主张，并采取单边行动，对南海海域进行声索。同时，美国、日本、澳大利亚、印度等域外国家，积极介入和插手南海事务，为部分域内国家提供支持，加强本国在南海区域的军事存在。复杂的主权归属和海洋权益争端以及多方势力的存在，使得南海海域已经成为全世界海上安全形势最复杂的区域之一。

南海海域海洋安全问题既体现为传统安全，也包括非传统安全问题。海洋安全法治既包括国家层面推进海洋合作的整体设计，也包括国内海洋法律制度的建设和完善，以及国家间和区域内海洋合作的法律机制建设。

南海海域海洋安全牵涉多国利益，但集中体现在以下几个方面：第一，南海海域国家之间的领土争端和海洋权益争端；第二，南海海域安全合作机制建设与航行安全问题；第三，域外国家及其推行的海洋政策对南海海域海洋安全的影响；第四，非传统安全领域的合作与冲突。其中，值得关切的海洋安全法律问题包括海洋整体安全局势、海上通道安全、海上环境安全、预防和打击海上犯罪、海上搜救与救援合作等。

二　周边海域海洋安全法治现状

（一）周边海域海洋安全的法律体系现状

东北亚海域海洋安全法治渊源薄弱，调整东北亚海洋安全问题的国际法渊源仍然主要限于《联合国宪章》《海洋法公约》等多边条约、区域内个别国家间缔结的综合性战略合作条约、针对特定安全事项缔结的双边或多边条约。同时，东北亚地区围绕海洋安全形成的区域习惯法规则有限，国内法中涉及海洋安全问题的法律域外效力也值得商榷。

现有海洋安全法治渊源对海洋争端涉及的实体性问题缺乏明确界定，如《海洋法公约》对岛屿和岩礁的界定方法过于模糊；还缺少对具体海洋安全问题处理的规定，如《海洋法公约》对专属经济区和大陆架划界的规定过于抽象，缺乏对具体划界规则和方法的界定和阐述，可操作性不强。对于围绕安全问题产生的争端解决，现有国际法渊源也呈现较弱的状态①。争端解决机构和相应程序的选择，在很大程度上仍依赖于国家意志。

东北亚海域海洋安全法治内容单一。传统东北亚安全仍然围绕领土和岛屿安全展开，如中日钓鱼岛争端、韩日岛屿争端、俄日岛屿争端等。

---

① Alan E. Boyle. "Dispute Settlement and the Law of the Sea Convention: Problems of Fragmentation and Jurisdiction." *International and Comparative Law Quarterly*, 1997（46）：37-54.

随着东北亚国家海洋实践的发展，以维护海洋权益为代表的新的影响安全局势的不稳定因素逐渐出现，主要涉及区域海洋资源开发等问题，包括中韩黄海渔业资源争议、中日东海油气资源问题等。

南海海域各国法律规范。国内立法是国家明确和强化海洋主张、实施有效管辖的法律依据。从中国而言，中央立法层面已经制定了相应的法律规范，其中涉及海洋安全的立法包括：第一，《政府关于领海的声明》《领海和毗连区法》《专属经济区和大陆架法》《深海海底区域资源勘探开发法》等，对中国的海洋立场和主张加以明确；第二，《渔业法》《海上交通安全法》《海警法》《渔港水域交通安全管理条例》《对外合作开采海洋石油资源条例》《海底电缆管道保护规定》《海岛保护法》等法律、行政法规和规章，对于渔业、油气、港口、海上执法、海域使用等事项加以规定，以规范国内各主体的海洋活动，促进管辖海域内权利的有效行使。

南海周边国家也通过制定和完善国内立法强化本国的海洋主张。以几个重点国家为例，菲律宾宪法中特别列明了领土资源条款①。菲律宾也颁布了《菲律宾国家海洋政策》《菲律宾 21 世纪议程》等宏观海洋政策，以及《国家海事安全规划》《预防和制止海盗和武装劫船国家行动计划》等具体安全政策。菲律宾同样制定了《渔业法》《地方政府法》，并辅之以资源开发和生态保护相关立法，建立了本国的海洋执法机构和机制②。越南制定了《越南海洋法》，将中国领土写入本国立法侵犯了中国主权③。越南以该法为依据强化海洋巡逻、管控和执法，并阻挠中国在相关海域的执法活动，加剧了海上不安全因素。2019 年，《越南海警法》正式生效实施，该法强化了越南海上武装力量职能和海洋执法任务的国内法依据。

---

① Philippine Constitution （1987），Article 12，available at：https：//nwrb.gov.ph/images/laws/THE_1987_PHILIPPINE_CONSTITUTION.pdf（2022.7.28）.
② 雷小华、黄志勇：《菲律宾海洋管理制度研究及评价》，《东南亚研究》2014 年第 1 期。
③ 《越南海洋法》介绍，https：//cn.nhandan.vn/documentation/item/5601，2022 年 7 月 23 日访问。

中国与南海周边国家签订或加入的国际法律文件。虽然中国和周边国家海洋冲突和争端一直存在，但国家间的海洋安全合作尤其是低敏感领域的海上合作和对话机制一直灵活畅通。这种法律框架性文件包括双边和多边两种类型，法律文件形式包括条约、备忘录、联合声明等多种形式。

第一，通过发布联合声明方式，明确全面的合作意向，加强海上防务合作、打击海上犯罪、维护航行安全等具体安全问题的合作。例如，中国和马来西亚早在1999年就发布了联合声明，双方愿意发展防务合作关系，促进双方执法机关的合作与相互协助，打击跨国犯罪①。中马两国也通过后续的联合声明，同意提升两国防务合作水平，并促进两军高层合作交流，共同打击跨国犯罪等，维护南海的和平与稳定②。

第二，通过签订双边和多边法律文件，加强信息共享，推进低敏感领域的双边和多边合作，推进航道安全、海上救助与搜救等公共产品建设。例如，中国和马来西亚于2009年签订了《中华人民共和国政府与马来西亚政府海洋科技合作协议》，中国加入了《1979年国际海上搜寻救助公约》。

第三，加入打击海盗等海上犯罪的双边和多边条约。中国与南海周边国家签订了《中华人民共和国政府和菲律宾共和国政府关于打击非法贩运及滥用麻醉药品、精神药物及管制易制毒化学品的合作谅解备忘录》《中华人民共和国政府和印度尼西亚共和国政府关于加强禁毒合作的谅解备忘录》《中华人民共和国政府和马来西亚政府关于打击跨国犯罪的合作协议》，中国也加入了《亚洲地区反海盗及武装劫船合作协定》。东盟成员之间也建立了多边合作机制，包括《打击跨国犯罪东盟行动计划》《东盟安全共同体行动纲领》等，以及《亚洲地区打击海盗和武装劫船合作协

---

① 《中华人民共和国政府和马来西亚政府关于未来双边合作框架的联合声明》（1999），http：//my. china-embassy. gov. cn/zt/zmgxzywj/199905/t19990531_1769035. htm，2022年7月23日访问。

② 《中华人民共和国政府和马来西亚政府联合声明》（2018），http：//my. china-embassy. gov. cn/chn/zmgx/201808/t20180820_1721940. htm，2022年7月24日访问。

定》区域合作法律机制。

第四，适用于南海安全的国际海事公约。比如，《国际海上避碰规则》作为通行的海事规则，有助于航道通行安全和避免船舶碰撞。《制止危害航行安全非法行为公约》《制止危及大陆架固定平台安全非法行为议定书》将海盗、恐怖主义、海上犯罪等纳入海事条约体系，有助于更好地打击海上犯罪，有效补充区域性条约的不足。

正在形成中的国际文件。落实《南海各方行为宣言》和南海行为准则的磋商，推进海上务实合作，形成区域性的行为和治理准则。2022 年是《南海各方行为宣言》签订 20 周年，中国与东盟各国对于如何推进准则的磋商和落实也一致保持良性对话和沟通，这对于维护海域安全与稳定、促进区域合作具有重要意义①。

（二）东北亚海域海洋安全法治执行机制

作为地理概念的东北亚是指东亚东北部地区，范围可包括中国东部、朝鲜半岛、日本列岛、俄罗斯远东地区。本章在地理概念的基础上，着眼于东北亚地区黄海、东海海域的海洋安全法治问题，并围绕中韩、中日海域划界及海洋资源开发展开研究。

东北亚各国海洋法治状况、海洋实力、经济发展水平参差不齐的现状，影响了区域海洋合作水平提升。日本海洋安全战略发展较早，积极推进海洋资源的开发和利用，强化与区域国家及域外国家的合作，然而朝鲜则因为各种原因，仍游离于区域合作框架之外。

目前，东北亚海洋安全法治的落实基本依赖区域会议、合作论坛，以及在此基础上形成的有限双边和多边合作，多数合作仍以不具有法律拘束力的声明和宣言形式呈现。由于缺乏行之有效的法治体系以及强有力的执行机制，东北亚国家之间海洋安全合作难以长期有效进行，海洋安全法治执行状态堪忧。

---

① 《落实〈南海各方行为宣言〉第 36 次联合工作组会在柬埔寨举行》，http：//bbs.fmprc.gov.cn/wjb_673085/zzjg_673183/bjhysws_674671/xgxw_674673/202205/t20220527_10693564.shtml，2022 年 7 月 24 日访问。

（三）东北亚海域海洋安全的域外影响因素

美国的战略重心转向亚太地区后，推行"亚太再平衡战略"和"印太战略"。为了制衡中国，通过建立和强化亚太盟国伙伴关系，加强对地区海域控制，在东北亚产生博弈热点地区，影响了东北亚海洋安全的法治进程①。

（四）南海海域海洋安全的法治合作机制

海洋安全合作机制及运行情况。第一，国家间展开海上执法机构合作交流。2021年4月和10月，中国海警局和越南展开了两次北部湾领域联合巡航，维护海上渔业活动安全秩序②。东盟国家之间的海岸警卫队也达成了一系列双边协议，如菲律宾和印度尼西亚海岸警卫队在苏拉威西海实施的搜救与反海盗协议③。第二，区域性合作和对话机制的建立，促进国家间就海上安全相关事项展开合作。例如，东盟国家的《东盟南海宣言》，以及东盟地区论坛、东亚峰会、东盟地区论坛以及亚太安全合作理事会、香格里拉对话机制等，持续关注和应对亚太安全形势和安全威胁④。第三，航道安全多边法律合作机制。马来西亚、印度尼西亚与新加坡三国建立了海峡合作机制以及三边巡逻机制，以保障马六甲海峡的航道安全以及打击海上犯罪。东盟成员国之间建立了双边合作机制，如印度尼西亚—新加坡联合巡逻机制、马来西亚—印度尼西亚协调巡逻机制、马来西亚—菲律宾巡逻机制、马来西亚—泰国联合巡逻机制以及菲律宾—印度尼西亚巡逻机制等。第四，部分域外国家与南海周边国家建立的军事保障与安全合作机制，力图主导南海安全。美国主导下的美日澳三边战略对话、地区海事安

---

① 宫笠俐、叶笑晗：《"海洋命运共同体"视域下的东北亚海洋安全信任机制构建》，《东北亚论坛》2021年第5期，第99~128页。

② 《中越海警开展2022年第一次北部湾海域联合巡航》，http://www.ccg.gov.cn/2022/hjyw_0423/1641.html，2022年7月24日访问。《中越海警开展2021年第二次北部湾海域联合巡航》，http://www.ccg.gov.cn/2022/gjhz_0215/1152.html，2022年7月24日访问。

③ 《防止IS渗透 印尼与菲律宾启动海上巡逻》（2017.7.6），新华社，http://www.xinhuanet.com/world/2017-07/06/c_129648249.htm，2022年7月26日访问。

④ 李志斐：《南海非传统安全问题的现状与应对机制分析》，《太平洋学报》2020年第4期，第76页。

全倡议①、五国联防协议②，以及频繁进行的联合军演，这种合作机制中，中国被排除在机制之外，也是域外国家插手南海事务、增强存在的重要手段。

区域性和次区域性合作机制的参与。南海海域划界尚未实现，但也通过建立一些区域性和多边合作机制，促进海上安全、海上搜救等事项。例如，"中国—东盟海事磋商机制"、中国与东盟"10+1"交通部长会议是落实宣言的具体体现，但现有搜救长效机制的不足同样也需要南海各国加深合作。在打击海盗问题上，国际海事组织发布了建议和指南，也促进了区域和次区域机制的形成③。

这种区域和次区域性的合作机制存在一定局限和困境。南海地区的安全合作机制林立与功能重叠凸显了传统安全的结构性困境。自2010年之后，中国海军力量迅速成长，并加快岛礁建设步伐，在这种背景下，南海周边国家一方面加强与美国等域外国家的合作，一方面采取强硬措施，大力发展海上力量，越南、马来西亚和印度尼西亚的海上力量都取得长足发展，其中越南的发展最为迅速。这就决定了南海地区虽然存在数量不少的多边对话与合作机制等战略对话平台，但由于结构性安全困境的存在，所形成的成果多止步于缺乏强约束力和效力的倡议、宣言、声明，没有实现有效治理的效果④。

---

① Regional Maritime Security Initiative, available at: https://www.globalsecurity.org/military/

② Five Power Defence Arrangements（FPDA）, available at: https://www.globalsecurity.org/military/world/int/fpda.htm（2022.7.28）. J. Vitor Tossini, "The Five Power Defence Arrangements"（2017.2.28）, available at: https://ukdefencejournal.org.uk/britain-and-regional-security-the-five-power-defence-arrangements/（2022.7.28）.

③ 国际海事组织发布的相关文件包括《海盗与持械抢劫船只：为预防与制止海盗和持械抢劫船只给各国政府的建议》《海盗与持械抢劫船只：为防止海盗与武装抢劫船舶给船东、船舶运营商、船长与船员的指南》《调查海盗与武装抢劫船舶犯罪操作准则》。

④ 李志斐：《南海非传统安全问题的现状与应对机制分析》，《太平洋学报》2020年第4期，第77页。

三 周边海域海洋安全法治展望

（一）东北亚海域海洋安全法治体系的构建

以"海洋命运共同体"为理论基础。习近平总书记2019年4月23日会见出席中国人民解放军海军成立70周年多国海军活动外交代表团团长时提出"海洋命运共同体"的重要理念[①]。从这一理念视角来看，首先，东北亚地区是由海洋连结成的区域命运共同体，区域海洋问题的妥善解决直接关系各国人民的安危；其次，中国坚定奉行防御性国防外交，以东北亚海洋安全法治为基础，在区域倡导树立共同、综合、合作、可持续的新安全观；再次，在中国21世纪海上丝绸之路倡议下，通过东北亚海洋安全法治的构建和发展，促成海上互联互通和各领域务实合作，共同增进海洋福祉；最后，东北亚国家之间的海洋安全争端和问题应以和平方式妥善解决，不能动辄诉诸武力或以武力相威胁。

以区域条约和国际习惯为渊源。为确保东北亚海洋安全法治的权威性和有效性，在尊重国家意志基础上缔结的区域条约，在区域内形成的长期、反复、一致的习惯法，以及区域各国国内法的一般法律原则应作为东北亚海洋安全法治的实质性渊源；国际和区域司法判例及学者学说也可以作为补充性渊源。同时，对于影响东北亚海洋安全的各类具体争端，可以结合其特点和解决途径细化渊源分析。

东北亚海洋安全核心议题——海洋划界争端的解决应遵守基于国际划界实践形成的划界原则：尊重主权原则，国家之间有约定则以约定为基础进行划界；公平原则，综合考虑包含形状、岛屿、比例等在内的地理因素，以及地质地貌、经济因素、习惯行为、国家安全、周边国家利益以及历史性权利等在内的非地理因素等一切相关情况，从公平划界目的出发，

[①] 《人民海军成立70周年　习近平首提建构"海洋命运共同体"》，中国共产党新闻网，http://cpc.people.com.cn/n1/2019/0423/c164113-31045369.html（2019-04-23），2022年7月27日访问。

达到公平划界结果①；自然延伸原则，对 200 海里外大陆架的划界实践具有重要意义，确保沿海国得到本国领土向海一面自然延伸的最大范围内大陆架上的资源。

以区域对话合作为主要形式。和平解决国际争端已被公认为是具有强行法性质的现代国际法基本原则。谈判和协商在和平解决国际争端的政治方法中应用最为频繁，特别是在海洋划界争端解决中起主要作用。在已经划定的 180 多条海洋边界中，大约 160 条是通过谈判协商或以其为主解决的。理论上谈判协商并不完全等同，但是实践中两者具有同样的内涵。概括来说，谈判协商的特点在于：第一，政治性强，可与国家的政治意愿同步调整，海洋边界的战略性需求往往就此能与谈判的政治性相契合，使划界结果摆脱零和博弈；第二，规范性强，虽然谈判属于政治方法，但是其运作必须符合国际法原则和规范，使争端解决能够建立在合法性基础上；第三，灵活性强，与国际司法实践中体现的法律确定性相比，谈判中使用的各种划界方法更注重个案的具体情况和当事国双方的意愿，使争端的解决更有效率。

（二）南海海域海洋安全法治体系的构建

南海地区作为全世界海洋冲突最为复杂的海域之一，海洋安全法治建设既体现了区域性冲突所带来的影响，也兼具区域治理机制的显著特征。前者体现在区域冲突下国家间的安全合作机制存在成员、机制目的的重叠，碎片化较为明显；后者体现在，国家间的合作意向多以软法性的法律文件为表征，区域性和次区域性组织内部合作开展较多。南海海域所处的地理位置位于重要航线和航路上，海域安全维护既符合所有国家的航行利益，因此低敏感领域的安全合作机制更能吸引其参与，同时航行自由和航

---

① 公平原则在国际专属经济区和大陆架划界实践中得到广泛运用，包括：1977 年英法大陆架案、1982 年突尼斯—利比亚大陆架划界案、1984 年缅因湾划界案、1985 年利比亚—马耳他大陆架划界案、1992 年法国—加拿大海洋划界案、1993 年格陵兰—扬马延海洋划界案、2001 年卡塔尔—巴林海洋划界案、2001 年喀麦隆—尼日利亚划界案等。公平原则在国际习惯法中的法律地位已经得到国际社会普遍支持和认可。

行安全也是域外国家加以介入的重要借口。可以预见，短期内如果要形成更为系统化、长效性仅涉区域内国家的安全合作机制尚有一定难度，围绕海上执法、渔业、航行安全等展开的冲突仍会继续，但整体安全形势是稳定的，对话和沟通机制也是积极畅通的。

南海海域安全法治建设需要寻求平衡国家利益与区域利益，寻求共性，并在此基础上尊重差异，逐渐减弱域外因素的影响，构建区域共同体，可以从以下方面继续努力。第一，贯彻和推行"海洋命运共同体"理念，坚持双轨制对话思路。南海问题应当由南海国家自己解决，南海安全秩序更需要南海国家加以建设和维护。第二，进一步推动落实《南海各方行为宣言》，积极推进南海行为准则的磋商，构建区域性的合作和对话机制。第三，以低敏感海域的安全合作加强合作互信，推动海上公共产品、基础设施完善。

第三节 非传统海洋安全的法治发展

海洋安全可分为传统海洋安全与非传统海洋安全两类[1]。传统海洋安全主要与各国对海洋领土的控制与争夺相关，如围绕岛屿、海域主权和管辖权的战争、冲突与对抗等，包含更多的政治属性。非传统海洋安全则指除军事、政治和外交冲突以外，与海洋相关、对主权国家及人类整体生存与发展构成威胁的因素[2]。海洋非传统安全问题具有多样性、复杂性、国际性等特征，大致可分为如下类型：①海上交通秩序与安全威胁问题，主要指国家对领海内航行秩序或本国籍船只船员进行管理、保护的问题，以及海盗、武装抢劫船只等问题；②海上犯罪活动，主要指一切以海洋为场所的违法犯罪活动，通常包括走私、人口贩卖、毒品交易、秘密军火交易

---

① Basil Germond, "The Geopolitical Dimension of Maritime Security", *Maritime Policy*, Vol. 54, 2015, pp. 137-142.

② Christian Bieger, "What is Maritime Security?", *Maritime Policy*, Vol. 53, 2015, pp. 159-164.

（包括大规模杀伤性武器的扩散）等；③海洋生态环境安全与海洋灾害问题，包括核污染、化学物品或者原油造成的海洋污染、人类生产和生活垃圾造成的海洋污染、海啸或台风造成的海洋灾害等。

一　《海上交通安全法》与海洋安全

海上交通安全是海洋安全的重要组成部分，《海上交通安全法》是建设海洋强国、维护海洋权益的重要法律依据。1983 年 9 月 2 日第六届全国人民代表大会常务委员会第二次会议通过了《海上交通安全法》，为加强海上交通管理，保障船舶、设施和人身财产安全，维护国家权益提供了成文法保障。但是，近年来海洋权益争端冲突不断升级扩散，对中国海上权益的维护手段和维护力度提出了新的要求，原《海上交通安全法》已不能适应新的局面。因此，国家在 2021 年修订《海上交通安全法》，细化了维护海洋安全方面的规定，提升了维护海洋安全手段的可操作性，为国家海洋安全发展提供了法律保障。

船员境外管辖权。新《海上交通安全法》明确规定了船员境外突发情况的管辖，是属人管辖原则的一大体现[1]。新《海上交通安全法》第 16 条明确规定，"国务院交通运输主管部门和其他有关部门、有关县级以上地方人民政府应当建立健全船员境外突发事件预警和应急处置机制，制定船员境外突发事件应急预案。船员境外突发事件应急处置由船员派出单位所在地的省、自治区、直辖市人民政府负责，船员户籍所在地的省、自治区、直辖市人民政府予以配合。中华人民共和国驻外国使馆、领馆和相关海事管理机构应当协助处置船员境外突发事件"。这是中国首次将船员境外突发事件预警和应急处置等制度写入法律，明确了防备突发事件和发生事件时各责任主体的职责，划分了各自的职责边界，有助于高效处理突发状况，保护船员利益。

---

① 左婧、周希铭：《从新〈海上交通安全法〉谈我国海洋安全权益维护》，《中国海事》2022 年第 2 期。

中国籍船舶的域外管辖。《海洋法公约》等国际公约赋予了船旗国对本国籍船舶的域外管辖权限，《海洋法公约》第 94 条规定了船旗国的义务，其中第一款规定，"每个国家应对悬挂该国旗帜的船舶有效地行使行政、技术及社会事项上的管辖和控制"。新《海上交通安全法》细化了《海洋法公约》赋予船旗国的管辖权，明确将中国籍船舶的域外管辖制度纳入新《海上交通安全法》，使中国海事管理机构能够有效行使船旗国管辖权，保护中国管辖海域外中国籍船舶和船东的利益，保护中国海洋安全权益。

修订后的《海上交通安全法》第 79 条第 2 款规定，"中国籍船舶在中华人民共和国管辖海域以及海上搜救责任区域以外的其他海域发生险情的，中国海上搜救中心接到信息后，应当依据中华人民共和国缔结或者参加的国际条约的规定开展国际协作"，提出了中国籍船舶在域外发生险情时的国际协作制度，对中国籍船舶进行域外保护；第 86 条第 1 款规定，"中国籍船舶在中华人民共和国管辖海域外发生海上交通事故的，应当及时向海事管理机构报告事故情况并接受调查"，规定了中国籍船舶在域外发生海上交通事故时中国的监督管辖权。这些条文明确具体化了《海洋法公约》对船旗国管辖权的规定，厘清了中国海事管理机构对悬挂中国国旗船舶行使管辖权和监督权的法律依据。

完善了海洋安全权益维护中港口国监督制度。港口国监督是《海洋法公约》赋予港口国管理机关的一项重要权力，传统的监督检查和处罚主要依据行政法规和规章，如《国际船舶保安规则》《港口设施保安规则》《外国籍船舶管理规则》《船舶安全检查规则》等，但这些法规位阶较低，效力有限。原《海上交通安全法》更多地将重心放在对中国籍船舶的监管上，不仅没有明确港口国监督管理的具体要求、执法程序以及实施流程，还存在与下位法不能有效衔接的问题[1]，致使海事管理机构无法充分履行

---

① 李志文、范天娇：《〈海上交通安全法〉修改中对国家海洋权益的考量》，《中国海商法研究》2014 年第 25 期。

相应的职责。

新《海上交通安全法》第 88 条重新规定了中国作为港口国监督检查的内容、程序、实施等方面的具体内容："海事管理机构对在中华人民共和国管辖海域内从事航行、停泊、作业以及其他与海上交通安全相关的活动，依法实施监督检查。海事管理机构依照中华人民共和国法律、行政法规以及中华人民共和国缔结或者参加的国际条约对外国籍船舶实施港口国、沿岸国监督检查。海事管理机构工作人员执行公务时，应当按照规定着装，佩戴职衔标志，出示执法证件，并自觉接受监督。海事管理机构依法履行监督检查职责，有关单位、个人应当予以配合，不得拒绝、阻碍依法实施的监督检查。"该条规定明确了海事管理机构的权力，展示了中国监督管理相关事宜的坚定决心和有效手段，是维护国家海洋安全权益的重要体现。

细化了海洋安全权益维护中针对外籍船舶非法入侵的措施。以美国为首的西方国家经常通过派出舰船前往中国管辖海域航行、侦查等进行骚扰挑衅，严重威胁中国海上交通安全和国家海洋安全。原《海上交通安全法》仅在第 11 条规定，"外国籍非军用船舶，未经主管机关批准，不得进入中华人民共和国的内水和港口"，并没有为中国海事管理机构处理外籍船舶非法入侵情况提供具体的执法依据。新《海上交通安全法》针对外籍船舶非法入侵的处理措施进行了完善升级，为中国处理类似事件提供了有力法律支持。

禁止外国籍船舶的非无害通过。中国根据《海洋法公约》允许外国籍船舶无害通过，即在不损害中国海洋和平、安全与良好秩序的情况下，无须事先通知或征得许可而连续不停地迅速通过中国领海或为驶入内水或自内水驶往公海而通过领海的航行[①]。新《海上交通安全法》第 53 条明确禁止外国籍船舶在领海的非无害通过："国务院交通运输主管部门为维护

---

① 曲亚囡、迟佳俊：《〈联合国海洋法公约〉框架下无害通过制度体系研究》，《邢台学院学报》2021 年第 36 期。

海上交通安全、保护海洋环境，可以会同有关主管部门采取必要措施，防止和制止外国籍船舶在领海的非无害通过"，同时明确了责任主体和手段权限。

明确紧追权的使用。《海洋法公约》明确赋予了缔约国对非法入侵的外籍船舶使用紧追权，以及对非法入侵的外籍船舶进行拿捕的权利。新《海上交通安全法》第 92 条第 2 款规定，"外国籍船舶违反中华人民共和国海上交通安全或者防治船舶污染的法律、行政法规的，海事管理机构可以依法行使紧追权"，也赋予了海事管理机构紧追权，以法律形式固定海事管理机构权力，有效维护国家海洋安全权益。

明确对外籍船舶非法入侵的处罚。新《海上交通安全法》针对外籍船舶非法入侵，建立了明确的处罚条件、处罚依据和处罚规则，为相关海事管理机构提供了明确的执法依据。第 46 条第 1 款规定，"国际航行船舶进出口岸，应当依法向海事管理机构申请许可并接受海事管理机构及其他口岸查验机构的监督检查。海事管理机构应当自受理申请之日起五个工作日内作出许可或者不予许可的决定"，第 2 款规定，"外国籍船舶临时进入非对外开放水域，应当依照国务院关于船舶进出口岸的规定取得许可"，规范了国际航行船舶、外籍船舶进出中国海域的具体要求，以及管理相关事项的具体机构及办事流程。第 92 条第 1 款规定，"外国籍船舶可能威胁中华人民共和国内水、领海安全的，海事管理机构有权责令其离开"；第 104 条、第 107 条针对外国籍船舶违反规定进出中华人民共和国口岸、内水、领海的情况，规定了行政处罚对象及标准，即追究船舶所有人、经营人或管理人和船长的责任。

对特殊船舶的特别规定。新《海上交通安全法》制定了严于《海洋法公约》要求的规定，以更好地应对中国日益复杂的海洋安全境况，保障中国海洋安全权益。

《海洋法公约》规定，潜水艇或其他潜水器通过领海必须浮出水面并展示国旗，即潜水艇或其他潜水器拥有无害通过权，意味着外籍船舶只要按照公约要求浮出水面并显示国旗，就可以在不事先通知或征得沿海国同意的情况下，连续不间断地航行通过沿海国领海，这无疑给中国海洋安全带来了安全隐患。

为此，新《海上交通安全法》对特殊船舶在中国领海的航行作了新规定，第54条明确规定，外国籍的潜水器、核动力船舶、载运放射性物质或者其他有毒有害物质的船舶、其他可能危及中华人民共和国海上交通安全的船舶进出中华人民共和国领海，应当向海事管理机构报告，应当持有有关证书，采取符合中华人民共和国法律、行政法规和规章规定的特别预防措施，并接受海事管理机构的指令和监督。

加强了海洋安全权益部门协作。海洋权益代表着海洋综合管理的具体成效，是国家综合管理力量的体现，所以维护海上交通安全权益需要在部门分级分类管理的前提下，对海洋区划、发展战略、立法、执法以及行政监督等各方面进行统筹规划与分工协作。

新《海上交通安全法》第4条、第18条、第19条等条款明确规定，国务院交通运输主管部门主管海上交通安全工作，界定了国家海事管理机构的工作范围与职责职权；第43条、第118条规定了渔业、体育业、能源行业等不同行业应接受相应主管部门的监督管理。新《海上交通安全法》设立了多业态、多部门的配合协助机制，希望减少政出多门、政令矛盾等管理难题，通过主管部门有效合作达到维护国家海洋安全和其他海洋权益的效果。

二　打击海盗犯罪的法律机制与举措

海盗已成为危害海上安全的重要国际罪行之一。利益的驱动和诱惑是海盗现象产生和发展的根本原因，而社会动荡、政府弱化进一步为海盗泛滥提供了"温床"①。近年来，新冠疫情加剧了各国和地区的经济冲突、航运冲突等，海上安全不利形势加剧。根据《联合国2020年海洋和海洋法报告》，与2019年同期相比，2020年上半年发生的海盗和武装抢劫事

---

① 崔任：《打击索马里海盗的国际法分析》，《国际关系学院学报》2010年第6期。

件增加了约 20%，亚洲增加了近一倍，可能部分归因于新冠疫情的影响①。现今的海盗活动呈现种类多元化、行为恐怖主义化和犯罪集团组织能力及现代化程度提升等特点，这都增加了打击海盗犯罪的难度。

（一）打击海盗犯罪的国际法与国内法现状

联合国针对日益严重的海盗犯罪已通过各种方式加以规制，国际条约和其他合作机制也对打击海盗犯罪涉及的管辖与执法问题进行了规定，如1958 年《公海公约》、1982 年《海洋法公约》、2006 年《亚洲打击海盗及武装抢劫船只的地区合作协定》，都对海盗罪的定义、区域合作联防联控机制和数据共享模式等作出了详细规定。针对海盗犯罪的普遍管辖原则也被广泛采用，登临检查和紧追则被作为各国打击海盗犯罪的刑事执法手段。

国内立法仅是在"国际立法"基础上对海盗犯罪的定义进行完善和补充。《刑法》中目前没有关于海盗犯罪的条款，也没有设置海盗罪这个罪名。中国在 1996 年经全国人大常委会批准加入了《海洋法公约》，从履行国际法义务来看，中国有义务依据公约的相关规定履行打击海盗犯罪的职责。经由 1997 年修订的现行《刑法》第 10 条确立了普遍管辖原则，再次明确了对中国缔结或参加的国际条约规定的国际义务应当依法履行。但是，《宪法》和《刑事诉讼法》都没有针对中国能否直接适用国际公约追诉国际犯罪提供原则上的指导，按照《刑法》第 3 条规定的"罪刑法定"原则，中国暂且不能直接适用国际公约审理国际犯罪或国内相关犯罪。换言之，如果中国拘捕了海盗罪的犯罪嫌疑人，中国也必须在国内刑法框架内对海盗犯罪加以惩处，从中国的立法状况来看，中国刑法目前尚不能支持国内司法机关以"海盗罪"这一罪名打击海盗犯罪，借助其他罪名惩治海盗犯罪难以与国际公约相衔接，国际条约的国内进程还有提升的空间②。

---

① 联合国大会第 75 届会议临时议程，《海洋和海洋法秘书长报告》，2020 年 9 月。

② 赵微、王赞：《海上国际犯罪研究》，法律出版社，2015，第 196 页。

（二）国际护航为打击海盗提供有力支持

自 2008 年 12 月至 2022 年 6 月，中国先后向亚丁湾、索马里海域派出了 41 批护航编队，完成 1500 批 7000 余艘中外船舶护航任务，为保证国际重要贸易通道安全、打击国际海盗犯罪、维护世界和平稳定作出了重要贡献。

2008 年，索马里海域海盗活动升级，严重威胁该地区的航行安全。中国根据联合国安理会有关决议的安排和索马里过渡政府的请求，于当年 12 月 26 日派出首批护航编队赴亚丁湾、索马里海域执行护航任务，开启了人民海军赴远海常态部署的新征程。之后，中国海军先后执行了利比亚撤侨船舶护航任务、也门撤侨船舶护航任务，提升了国家撤侨、护航的综合能力。此外，中国护航编队还积极参与国际交流与合作，访问过数十个国家上百个国际港口，为打击海盗等海上国际犯罪的国际合作提供了支持帮助。在包括中国人民解放军海军及其他国际力量的强有力震慑下，近年索马里海域的海盗袭击事件呈下降趋势，使得亚丁湾这个世界"最危险海域"重新成为"黄金航道"，海盗的国际犯罪活动也因此大幅减少。据统计，2012~2021 年全球海盗事件数量整体呈减少趋势，2021 年全球海盗事件数量为 132 起①，是自 1995 年以来的历史最低值，仅为国际海事局（IMB）自 1993 年统计以来最高值（2003 年 469 起）的 28.1%。

中国海军护航编队对中外船舶的护航需求有求必应，尽最大能力确保被护船舶安全，并提供给力所能及的医疗救护和装备修理保障，有效保护了国际航道的通行安全，打击了海盗等国际海上犯罪，是对中国所倡导的"人类命运共同体"以及"海洋命运共同体"理念的有力践行。

（三）打击海盗犯罪的展望和建议

中国应在已有良好基础上继续对海盗犯罪活动实施严厉打击，坚决维护国家海洋安全和海洋权益。首先，在打击海盗犯罪协调机制方面，可以在中国刑法中设立海盗罪，提供打击海盗犯罪的直接法律支持，积极推动

①　IMB，Piracy and Armed Robbery Against Ships，2021.

制定联合国反海盗犯罪公约，实现各个国家适用同一规范打击海盗，避免国家之间因法律对海盗定义不同而产生管辖困难。其次，立法方面要协调与完善国内立法与国际立法相关规定，加强区域立法的信息交流，形成完整、平衡、互补的国际国内法律体系。再次，执法方面要协调海盗犯罪的管辖权冲突，明确执法主体范围、权责和登临权规定，推动打击海盗犯罪的执法体系更加有效。最后，应继续加强打击海盗犯罪的国际司法合作、军事合作，积极参与建立全球合作防控机制，引领推动完善区域合作机制。

三　日本核废水排海对海洋安全的危害及应对

核安全是一个横跨传统安全和非传统安全两个层面的复合型概念，包括核防护、核安保与核保障三个方面，属于非传统安全层面的为前两者。日本核废水处理问题涉及的主要是核设施及核电活动带来的废水处理及其安全管理问题，并不涉及核材料与核设备是否被用于和平以外的其他目的。因此，核废水处理问题基本不涉及核保障等传统安全问题，核废水排入海中将对全球海洋生态环境造成巨大破坏，严重影响他国和全球海洋安全，因而属于重要的非传统海洋安全问题。对其违法性论证及应对分析等将在第 17 章"国际海洋法治热点问题：日本核污水排海的国际治理"中详细展开。

海洋安全是国家安全的重要组成部分，维护海洋安全和海洋权益是建设海洋强国的核心内容。海洋法治作为应对海洋安全的战略选择，是中国特色社会主义法治体系的重要组成部分。以习近平法治思想和总体国家安全观为指导，加强中国海洋法治建设，应当明确海洋法治涉外性强的鲜明特征，在全面依法治国总体布局中坚持统筹推进国内法治和涉外法治，将海洋强国建设、实现海洋安全纳入法治轨道。

第九章 船员管理与权益保障的法治发展

船员在建设海洋强国、推进"一带一路"建设、服务长江经济带、促进水上交通运输发展等方面发挥着重要作用，为国民经济和社会发展作出了突出贡献，是国家重要战略资源①。在全球范围内，将船员界定为关键工人（key worker）已经成为越来越多国家和地区的共识。作为支撑中国海洋强国战略的重要举措之一，船员队伍的发展和保障也得到了国家高度重视。交通运输部编制的《中国船员发展规划（2016~2020年）》提出，由船员大国向船员强国转变的建设目标，并自2015年起每年发布船员发展报告，对外公开中国船员队伍的"家底"②。

根据2015~2020年《中国船员发展报告》，我国船员（包括外派海员）的规模见表1、表2。

表1 2011~2020年中国注册船员人数

单位：人

类型	2011年	2012年	2013年	2014年	2015年	2016年	2017年	2018年	2019年	2020年
国际海员	337326	383045	417924	447054	470512	497197	524498	545877	575823	592998
沿海海员	134796	146513	153281	161413	168478	175764	184524	191780	208532	215185

---

① 《中国船员发展规划（2016~2020年）》。

② 郭萍、邵帅：《软硬法兼施下船员权益多维度法治保障探究》，《法治论坛》2019年第3期，第150页。

续表

类型	2011 年	2012 年	2013 年	2014 年	2015 年	2016 年	2017 年	2018 年	2019 年	2020 年
内河船员	-	-	-	707914	731234	719790	774225	837577	874833	908683
总计	-	-	-	1316381	1370224	1392751	1483247	1575234	1659188	1716866

表 2　2013~2020 年中国外派海船船员人数

单位：人

类型	2013 年	2014 年	2015 年	2016 年	2017 年	2018 年	2019 年	2020 年
外派海船船员	119316	124568	133326	142738	138854	145922	155449	122304

　　从以上统计数据可以看出，中国是一个不折不扣的船员大国，同时，船员队伍也面临实际人数下降、船员整体素质不高等问题，船员队伍的可持续健康发展面临挑战。特别是受疫情影响，船员换班难问题持续困扰航运业，超期服务不仅严重损害了船员的身心健康，还对海洋环境、港口安全和海上生命安全带来潜在威胁。中国的船员队伍建设既取得了显著成就，也面临诸多挑战。

　　本章梳理我国在船员立法、执法以及司法等方面的发展情况，总结我国船员法治发展状况，探索未来我国船员法治保障的方向。

第一节　船员立法发展

　　船员立法涉及领域和层面非常广：从部门法角度，包括行政法、民法、经济法、劳动与社会保障法等多个领域的立法；从立法效力层次角度，涉及法律、行政法规、部门规章、规范性文件等；从法律体系角度，包含国内立法和国际立法。

一　船员立法概况

从立法效力层次角度看，中国目前并未制定统一的船员法，有关船员立法散见于多部法律、法规、规章。在法律层面，《海商法》第 32 条、33 条和《海上交通安全法》第 13 条对船员作了原则性规定，其他的法律如《劳动法》《民法典》合同编的规定对船员权益保护也都有重要作用。在行政法规层面，《船员条例》对船员的注册、任职、培训、职业保障以及船员服务提供等制度作出了全面规定，对于构建中国船员管理和保障的法律框架起到重要作用。在规章层面，《海员外派管理规定》《船员培训管理规则》《海船船员适任考试和发证规则》《内河船舶船员适任考试和发证规则》《船舶最低安全配员规则》《海员船上工作和生活条件管理办法》等进一步细化了中国船员的法律制度。

具体而言，中国船员相关立法按照时间顺序梳理情况见表 3。

表 3　中国船员相关立法

实施（修订/改）日期	性质	名称	效力状态
1950 年 11 月 27 日	国务院规范性文件	《进出口船舶、船员、旅客、行李检查暂行通则》	现行有效
1981 年 1 月 1 日	部门规范性文件	《交通部关于实施集中公休制船员享受探亲假、法定节假日待遇问题的通知》	现行有效
1984 年 1 月 1 日（2021 年 9 月 1 日修订）	法律	《海上交通安全法》	现行有效
1990 年 8 月 1 日	部门规范性文件	《国家海洋局关于调整船员近、中海伙食补助标准的通知》	现行有效
1990 年 9 月 1 日	部门规范性文件	《国家海洋局关于调整近、中海船员艰苦津贴标准的通知》	现行有效
1991 年 12 月 18 日	部门规章	《国家海洋局关于印发〈国家海洋局机动船员管理的暂行规定〉》	现行有效

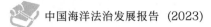

续表

实施（修订/改）日期	性质	名称	效力状态
1993 年 1 月 1 日	部门规章	《内河船舶船员考试发证规则》	失效
1993 年 7 月 1 日	法律	《海商法》	现行有效
1993 年 8 月 4 日	部门规章	《海船船员考试发证规则近洋航区适任证书考试发证补充办法》	失效
1994 年 8 月 18 日	部门规章	《内河渔业船舶船员考试发证规则》	失效
1995 年 2 月 15 日	部门规章	《农业部关于颁布〈中华人民共和国海洋渔业船舶船员考试发证规则〉的通知》	失效
1997 年 11 月 5 日（2009 年 1 月 1 日、2014 年 4 月 1 日、2017 年 4 月 15 日、2019 年 6 月 1 日修订）	部门规章	《船员培训管理规则》	现行有效
1998 年 1 月 1 日（2013 年 2 月 1 日、2020 年 7 月 6 日修订）	部门规章	《海船船员值班规则》	现行有效
1998 年 8 月 1 日（2004 年 8 月 1 日修订）	部门规章	《海船船员适任考试、评估和发证规则》	失效
1999 年 1 月 5 日	部门规范性文件	《海事局关于加强船员教育和培训管理工作若干意见的通知》	失效
2000 年 1 月 14 日	部门规范性文件	《海事局关于颁布〈中华人民共和国海船船员船上培训管理办法〉的通知》	失效
2002 年 2 月 27 日	部门规范性文件	《海事局关于颁布〈中华人民共和国船员港澳航线专业培训、考试和发证办法〉的通知》	失效
2003 年 1 月 10 日	部门规范性文件	《海事局关于印发〈内河客船船员特殊培训考试和发证办法〉的通知》	失效

续表

实施（修订/改）日期	性质	名称	效力状态
2004 年 7 月 1 日	部门规章	《渔业船舶普通船员专业基础训练考核发证办法》	失效
2005 年 6 月 1 日	部门规章	《内河船舶船员适任考试发证规则》	失效
2006 年 9 月日	部门规章	《海洋渔业船员发证规定》	失效
2007 年 9 月 1 日（2013 年 7 月 18 日、2014 年 7 月 29 日、2017 年 3 月 1 日、2019 年 3 月 2 日、2020 年 3 月 27 日修订）	行政法规	《船员条例》	现行有效
2008 年 7 月 1 日（2018 年 9 月 1 日修订）	部门规章	《船员注册管理办法》	失效
2008 年 10 月日	部门规章	《船员服务管理规定》	失效
2011 年 1 月 1 日	部门规章	《内河船舶船员适任考试和发证规则》	失效
2011 年 7 月 1 日（2016 年 4 月 11 日、2019 年 11 月 28 日、2021 年 8 月 11 日）	部门规章	《海员外派管理规定》	现行有效
2012 年 3 月 1 日（2013 年 12 月 24 日、2017 年 4 月 5 日、2020 年 11 月 1 日、2022 年 4 月 14 日修订）	部门规章	《海船船员适任考试和发证规则》	现行有效
2015 年 1 月 1 日（2022 年 1 月 7 日修订）	部门规章	《渔业船员管理办法》	现行有效
2016 年 5 月 1 日（2020 年 7 月 6 日修订）	部门规章	《内河船舶船员适任考试和发证规则》	现行有效
2016 年 5 月 1 日（2020 年 7 月 6 日修改）	部门规章	《内河船舶船员值班规则》	现行有效

中国参加的涉及船员的国际条约也是船员立法的重要组成部分。其中，中国 1980 年加入的《1978 年海员培训、发证和值班标准国际公约》（以下简称《STCW 公约》）和 2015 年加入的《2006 年海事劳工公约》对于提升船员素质、强化船员权利保障起到了非常积极的作用①。就前者而言，中国于 1979 年制定的《轮船船员考试发证办法》所规定的海船船员考试原则和标准，就与《STCW 公约》基本保持一致，该办法结束了中国船员管理的"无政府"状态，船员的教育、培训、考试、发证等管理从以院校和国有船公司为主，开始向政府主导和管理的方式转型和过渡。1997 年 10 月，中国进一步完成《STCW78/95 公约》国内法的转化工作，形成了一套由《海船船员适任考试、评估和发证规则》及一系列规范性文件组成的国内履约法规体系。就《2006 年海事劳工公约》而言，该公约规定了海员就业和社会权利相关内容，包括海员上船工作的最低要求、就业条件、起居舱室、娱乐设施以及健康保护、医疗等内容，这些规定对于进一步帮助中国海员实现体面工作、生活，提升海员权益保障水平具有重要意义。

二 船员立法的具体内容

（一）船员注册和任职资格

《海商法》第 32 条规定："船长、驾驶员、轮机长、轮机员、电机员、报务员，必须由持有相应适任证书的人担任。"《海上交通安全法》第 13 条规定："中国籍船员和海上设施上的工作人员应当接受海上交通安全以及相应岗位的专业教育、培训。中国籍船员应当依照有关船员管理的法律、行政法规的规定向海事管理机构申请取得船员适任证书，并取得健康证明。外国籍船员在中国籍船舶上工作的，按照有关船员管理的法律、行政法规的规定执行。船员在船舶上工作，应当符合船员适任证书载明的

---

① 李燕霞、涂梅超、马睿君、李晓峰：《国外船员典型制度对我国船员立法的启示》，《交通运输研究》2022 年第 2 期，第 22~29 页。

船舶、航区、职务的范围。"上述两部法律对船员资质作出了原则性规定。《船员条例》第二章对船员注册和任职资格规定了详细内容，包括申请船员适任证书应当具备的条件、船员申请适任证书的机构、船员适任证书的内容以及海员证的申请等相关内容。条例的相关规定促进了船员管理标准与国际标准对接，对船员、教育培训机构、船员服务机构和社会都产生了积极的影响。

实践中，中国在外籍船员适任证书的签发上也开始取得突破。2022年4月15日，深圳海事局向克罗地亚籍船员西维奥·尤多维奇（Silvijo Udovicic）颁发了"中华人民共和国海船船员适任证书"。这是国内签发的首份外籍船员适任证书，标志着中国在推进境外专业人才执业便利化领域获得新突破[1]。

（二）船员的职责

有关船员的职责在《海商法》《海上交通安全法》《船员条例》等法律法规中都有明确规定。尤其是2021年新修订的《海上交通安全法》，将部分《船员条例》中规定的船员职责上升为立法规定，对于完善中国船员职责的立法体系起到了重要作用。在这些规定中，有关船长职权和义务的规定尤为关键。

船长是船上的最高指挥者，通常也是船上最有经验的驾驶员。因此，与其他国家立法一样，《海商法》第35条第1款规定：船长负责船舶的管理和驾驶。2021年新修订的《海上交通安全法》第38条则进一步规定：在保障海上生命安全、船舶保安和防治船舶污染方面，船长有权独立作出决定。这是中国首次在法律层面明确赋予了船长在上述方面的独立决定权，对于确保船长独立作出决定、维护海上航行安全具有重要价值。同时，新修订的《海上交通安全法》第40条还规定："发现在船人员患有或者疑似患有严重威胁他人安全的传染病的，船长应当立即启动相应的应急预案，在职责范围内对相关人员采取必要的隔离措施，并及时报告有关

---

① 《全国首份外籍船员适任证书在深颁发》，https：//www.sohu.com/a/538613754_161794。

主管部门。"该规定在新冠疫情背景下，对于明确船长处置海上突发疫情的程序和责任具有重要意义。此外，《海商法》第 36 条、《海上交通安全法》第 39 条还规定了船长有权对在船上进行违法犯罪活动的人采取禁闭或者其他必要措施等内容，很好地衔接了《治安管理处罚法》第 4 条对在中华人民共和国船舶内发生的违反治安管理行为的法律适用问题。《海商法》第 37 条则规定了特殊情况下船长的公证权。

除了上述职权，《海商法》第 39 条还规定：船长管理船舶和驾驶船舶的责任，不因引航员引领船舶而解除。同时，《海商法》和《海上交通安全法》对船长进行海上救助的义务①以及违反救助义务的责任②也进行了明确规定。

（三）船员权益保障

中国一直非常重视船员劳动权益保障。早在 1953 年中国就发布了《中央人民政府交通部船员公休假暂行办法》；1955 年，原外贸部、原卫生部、原交通部、中国人民解放军原总参谋部联合发布了《船员登陆管理办法》。而 2007 年颁布并施行的《船员条例》则对船员在船上工作期间的职业保障作出了更为全面的规定，并对《2006 年海事劳工公约》中规定的原则和核心内容作了原则性或者衔接性的规定。考虑到当时中国对是否加入《2006 年海事劳工公约》尚处于酝酿阶段，将公约的主要精神和原则首先在国内立法中加以体现，是中国立法史上具有适当前瞻性的创新之举。《船员条例》也为《2006 年海事劳工公约》在中国的生效和实施奠定了法律基础③。从具体内容来看，《船员条例》第四章"船员职业保障"对船员的社会保险，船上生活和工作场所的防护、保护、卫生、医疗等，劳动合同的订立，工会的保障作用，船员工资待遇，防止疲劳值班和特有的带薪年休假待遇以及船员遣返待遇等进行了较为系统的规定，对于保障船员的合法权益具有重要意义。

---

① 《海商法》第 174 条。
② 《海上交通安全法》第 112 条。
③ 交通运输部海事局编《中国海员史》（现代部分），人民交通出版社，2019，第 267 页。

中国于 2015 年正式加入《2006 年海事劳工公约》，中国的船员权益保障在中国积极履约的态势下有了更全面的法律依据。

（四）船员培训

中国的船员培训一直是交通运输主管部门十分重视的工作之一。早在 1950 年 4 月，原交通部航务总局就指示上海区港务局成立船员检定考试委员会，随后大连、天津等地相继也成立了船员检定考试委员会①。1982 年 4 月，中国水监局在北京召开的"船员考试工作座谈会"上决定，率先对香港船员开展"四小证"（即船舶消防、救生艇筏操作、海上救生、海上救急）培训工作，由黄埔港务监督提出办法草案和负责考试发证工作②。1984~1985 年，黄埔港务监督签发"四小证"共 25629 张，这是中国首次完整按照《STCW 公约》要求，对国际海员进行专业训练。1982 年 9 月 6 日，原交通部在《批转水上安全监督局〈关于船员四个单项证书问题的报告〉的通知》，同意由大连、上海、天津、青岛黄埔港务监督办理中国外派船员的 4 个单项训练发证工作③。

1998 年，中国正式颁布《海船船员适任考试、评估和发证规则》，中国的船员培训工作与国际基本接轨。2009 年 6 月 22 日，交通运输部颁布《船员培训管理规则》，该规则根据《船员条例》规定，并在 1997 年颁布的《海船船员适任考试、评估和发证规则》基础上重新修订。2010 年，中国海事局相继下发《船员培训监督检查办法》《培训机构现场核验》《船员培训考试发证管理权限》等 3 个通知，进一步明确船员培训有关事项以及海事机构的职责权限④。

从上述内容来看，中国船员相关的法律、法规、规章等随着实践发展不断趋于完善，表现为国内立法和国际公约相辅相成。船员的资质、职责、培训等相关规定更加明确、系统，船员权益有了更加全面的法律保

---

① 交通运输部海事局编《中国海员史》（现代部分），人民交通出版社，2019，第 30 页。
② 交通运输部海事局编《中国海员史》（现代部分），人民交通出版社，2019，第 172 页。
③ 交通运输部海事局编《中国海员史》（现代部分），人民交通出版社，2019，第 173 页。
④ 交通运输部海事局编《中国海员史》（现代部分），人民交通出版社，2019，第 232~233 页。

障。船员在建设海洋强国、"一带一路"以及国际贸易中发挥了不可替代的作用。船员立法的完善与发展，也将对相关战略或倡议的布局与实施起到积极的推动和保障作用。

第二节 船员执法发展

一 船员执法与管理机构

（一）中国海事局

中国海事局及其所属海事机构是中国主要的船员执法管理机构。为有效开展船员管理，中国海事局设置船员管理处，其主要职责如下。①组织起草船员管理相关法律、法规、规章草案和规范性文件，并监督实施，负责组织船员管理质量体系的建立、运行和管理。②负责拟订船员（引航员）、磁罗经校正人员适任资格标准，并监督实施；负责船员（引航员）、磁罗经校正人员培训、考试和发证管理工作。③负责船员发展和船员职业保障等管理工作；负责海事劳工条件检查和发证管理工作，承担全国海上劳动关系三方协调机制办公室工作，保障船员整体权益；参与交通运输部行业综治维稳相关工作。④负责培训机构从事船员（引航员）培训业务的资质管理及其质量管理体系的审核和监督管理。⑤负责机构从事海员外派业务管理工作，负责海员证管理工作。⑥负责组织制定船舶最低安全配员标准和配员证书的管理工作①。

在《海事系统"十四五"发展规划》中，完善船员管理，助力船员队伍可持续健康发展被列为一项重要任务，包括：加强高素质船员队伍建设，优化船员发展环境，拓宽船员培养渠道，提升船员职业素养，保障船员权益，健全海上劳动关系三方协调机制，构建船员职业保障公共服务体

---

① 《内设机构》，海事局网，https：//www. msa. gov. cn/page/article. do？ articleId＝45AF5734－8B5D－429C－BAB3－F8EFD079E1AC&channelId＝7B1BBBD5－BBF4－438F－8CDA－B026A8B5003F，2022年6月24日访问。

系，全面履行《2006年海事劳工公约》，持续推进与全球航运国家船员证书互认①。

(二)其他与船员管理相关的机构及组织

中国人力资源和社会保障部。人力资源和社会保障部是统筹机关企事业单位人员管理和统筹城乡就业和社会保障政策的国家权力机构。在船员管理方面，人社部负责与国际劳工组织直接沟通和协调。在海事劳工证检查工作中，海事局负责公约规定的最低年龄、工资支付、劳动时间、劳动合同、休假、社会保险等方面的监督检查；人社部负责对国家劳动保障法律、法规及其他有关劳动法、劳动合同法实施情况的监督检查。

中国船级社。中国船级社（CCS）是根据中华人民共和国政府的有关法令得到注册，并由国际海事组织备案的专业技术团体。2013年，海事局与中国船级社签署《关于对中国籍国际航行船舶发放海事劳工符合证明的委托协议》，委托中国船级社对中国籍国际航行船舶海事劳工条件进行检查，并代海事管理机构发放海事劳工符合证明。中国船级社发布了《海事劳工条件检查实施指南》，对船舶海事劳工检查进行规范和指导。

中国船东协会和中国海员建设工会。中国船东协会是由在中华人民共和国注册并从事水上运输的商船所有人、经营人和管理人以及与航运相关的单位和组织自愿组成的行业协会。该协会具有上联政府、下联企业的作用。中国海员建设工会全国委员会是中华全国总工会领导下的全国性产业工会组织，为海员合法权益的代表和维护者。在《2006年海事劳工公约》规定的三方协调机制中，中国船东协会与中国海员建设工会每年定期举行集体协商会议，讨论船员最低工资标准、最低伙食费、延长补贴，并评估中国海员集体协议的规定。

---

① 《海事系统"十四五"规划》，第14页。

二 船员的执法检查

（一）海事劳工条件检查

为履行好《2006 年海事劳工公约》，保护船员的合法权益，交通运输部、人力资源和社会保障部联合发布了《海事劳工条件检查办法》，于 2017年 1 月 1 日起执行。2018 年海事劳工条件检查工作于上海、山东、浙江、广东、深圳辖区开始试点，到 2022 年全国首个海事劳工条件检查工作站正式成立，中国政府的《2006 年海事劳工公约》履约机制步入了正常轨道。

全国海事劳工条件检查工作由交通运输部、人力资源和社会保障部主管，各地的海事机构、地方人力资源社会保障行政部门负责实施。检查主要有三种类型，即定期检查、附加检查以及临时检查。检查内容分为两部分：第一部分是船员工作场所、餐饮保障等关于物质环境方面的检查，第二部分是关于构成体面劳动的管理和操作方面的检查。海事劳工检查可采取查验文书、检查设施以及访谈船员等方式。通过海事劳工条件临时/定期检查的船舶，船东可向其公司注册所在地海事管理机构提供相关证明材料，主管机关签发临时/海事劳工证书。

（二）港口国监督

港口国监督（Port State Control，PSC）机制是港口当局为确保进入本国港口的外国籍船舶符合公约及国内法的要求而实施监督与控制的机制，其中，有关船员培训和岗位履职情况的监督检查是 PSC 检查的重要内容之一。

中国 1986 年开始在天津和大连试点开展港口国监督，1994 年成为《亚太地区港口国监督谅解备忘录》（以下简称"东京备忘录"）签署国。此后，各级海事管理机构依据《海上交通安全法》《亚太地区港口国监督谅解备忘录》等相关规定，对船舶配员以及有关法定证书文书、船员履行岗位职责情况等①方面进行检查。在执法监督的保障下，2017～2021 年，

---

① 《直属海事系统权责清单》第 138 页。

中国 PSC 检查单船平均缺陷数量和东京备忘录公布的该项数据均呈现下降趋势（见图 1）。

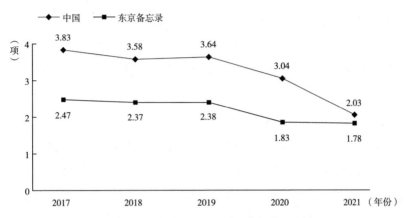

图 1 2017～2021 年中国 PSC 检查单船平均缺陷项情况

《2021 年中国 PSC 检查主要数据分析》，信德海事网，https：//xindemarinenews.com/topic/PSC/2022/0209/36113.html，2022 年 7 月 31 日访问。

（三）船员投诉程序

船员投诉是指船员针对任何违反公约和法律法规侵害其自身权益的行为向船员权益保障部门提起申诉，要求其保护自身合法权益的行为。同时，根据《2006 年海事劳工公约》第 5.1.5 条以及中国海事局颁布的《海员船上工作和生活条件管理办法》规定，船上应当建立和运行船员投诉程序。

大部分的船员投诉由中国海事局负责处理，但涉及如社会保险福利等劳动争议事项由人社部负责处理。船员在遇到严重侵权行为时还可提请仲裁机构进行劳动仲裁或向海事法院提起诉讼。

（四）海员服务机构监督管理

为进一步加强船员服务管理、规范船员服务行为、维护船员和船员服务机构的合法权益，交通运输部参照《2006 年海事劳工公约》的规定，于2008 年出台《船员服务管理规定》，明确交通运输部主管船员服务工作，中华人民共和国海事局负责统一实施船员服务管理工作①。

2010年5月，为促进外派海员业务健康发展，规范海员外派市场管理，商务部将外派海员类劳务人员的管理转交交通运输部负责。2011年，交通运输部颁发了《海员外派管理规定》，明确了海员外派机构的准入门槛，设置了资质制度、年审制度、退出制度和应急管理四项主要制度，从各个环节规范了海员外派机构、境外船东等市场主体行为，并明确了相关责任②。

（五）海船船员培训管理

《STCW公约》生效后，中国船员培训管理进行了一系列改革，逐渐建立了完善的船员培训管理机制。目前，中国海船船员培训管理的直接管理机构是中华人民共和国海事局。甲类船员适任证书由广东、上海、山东、天津和辽宁五个海事局负责管理，乙类、丙类和丁类证书则由黑龙江、辽宁等20个省份海事局以及下属分支机构进行管理。海船船员培训管理内容包括：制定科学合理的规章制度文件、定期对海船船员培训机构的资质进行审查和核准、对海船船员培训机构的培训过程软硬件条件进行咨询和管理。

（六）船员证书签发

根据《STCW公约》马尼拉修正案标准③，2012年12月，国家海事管理机构通过发布《中华人民共和国海事局关于启用新版海船船员证书的通知》，将中国国内海员证书体系作了相应调整（见表4）。船员证书签发并非简单的制/发证工作，而是对船员信息的综合性审查。

---

① 《解读〈中华人民共和国船员服务管理规定〉》，中华人民共和国交通运输部官网，https：//xxgk.mot.gov.cn/2020/jigou/haishi/202006/t20200630_3319090.html，2022年6月29日访问。

② 《交通运输部解读〈中华人民共和国海员外派管理规定〉》，中华人民共和国交通运输部官网，https：//www.mot.gov.cn/zhengcejiedu/haiyuanwaipaiglgd/，2022年6月23日访问。

③ 在《STCW公约》马尼拉修正案中，将船舶船员证书系统性地划分为适任证书（Certificate of Competency）、培训合格证书（Certificate of Proficiency）和书面证明（Documentary Evidence）三种。

表 4　船员证书类型

船员证书	船员证书种类
适任证书	船员适任证书（适用于船长及高级船员）
	船员适任证书（适用于船长及高级船员）
	特免证明（适用于船长、驾驶员、轮机长、轮机员）
培训合格证	船员培训合格证书（适用于所有船员）
健康证书	船员健康证书（适用于所有船员）
承认签证	船员适任证书承认签证（适用于船长及高级船员）
	船员适任证书承认签证（适用于船长及高级船员）

同时，随着中国 STCW 独立评价结果报告持续得到 IMO 审查确认，新加坡、马来西亚、韩国、英国、丹麦、约旦、泰国、意大利与我国签署相互承认我方船员证书的谅解备忘录，巴拿马、印度尼西亚、希腊、荷兰、挪威、伊朗、牙买加、塞浦路斯等 19 个国家和地区都承认我国签发的船员证书。这为中国海员更加自由地选择船舶就业、拓展海外就业渠道提供了坚实的基础和保障。

（七）船员履职活动检查

各级海事管理机构依据相关法律规定以及公约①对以下方面进行检查：船舶配员是否符合最低安全配员要求、履职资格、船员履职能力和履职过程、船上培训见习情况、船员任解职和资历真实性、船员遵守值班制度。

船员履职活动检查，是中国积极履行《STCW78 公约》的表现，对于保障水上交通安全发挥了重要作用。

---

①　《海上交通安全法》第三章、《海洋环境保护法》第八章、《船员条例》、《防治船舶污染海洋环境管理条例》、《船舶最低安全配员规则》第三章、《海船船员适任考试和发证规则》、《船员培训管理规则》、《海船船员值班规则》、《船员注册管理办法》、《引航员管理办法》、经修正的《STCW78 公约》。

三 疫情期间的船员保障

新冠疫情发生以来，航运业以及海员对于世界物资保证发挥着重要作用。但疫情之下各国都采取了严格的边境管控措施，船员物资保障不够充分、超期服务严重、换班遣返难等问题突出。同时，疫情对行业还存在潜在冲击，如船员培训无法正常开展、船员考试无法按计划实施、船员证书过期、培训机构和海员外派机构资质证书过期、船员现场办理业务病毒感染概率增加等。这些对于船员的权益保护产生了不利影响。

根据《2006年海事劳工公约》第4款规定，海员有权要求在符合安全标准的工作场所工作，并有权享受健康保护、医疗、福利措施及其他形式的社会保护。考虑到疫情期间随船人员易受感染风险的问题，根据《船舶船员新冠肺炎疫情防控操作指南（V2.0)》《关于疫情防控期间针对伤病船员紧急救助处置的指导意见》《关于精准做好国际航行船舶船员疫情防控的通知》《新冠肺炎疫情防控期间禁止国际航行货船搭载非本船船员以外人员的通知》，中国各相关部门积极采取措施维护船员权益，保障船员健康权和生命权。截至2021年底中国共有在册船员180余万人，疫苗接种率达到94%①。同时，为应对船员超期服务问题，颁布《关于妥善做好新冠肺炎疫情期间中国籍国际航行船舶在船船员换班安排的公告》《进一步强化国际航行船舶中国籍船员境内港口换班管理》等文件，中国相关方及时采取应对举措，在一定程度上缓解了船员换班压力，回应了社会和船员群体的关切，稳定和保障了航运经济的发展。2020年4月1日以来，已累计完成国际航行船舶船员换班42.2万人次（2022年7.9万人次），每天平均有500余名船员在境内港口换班，其间没有发生疫情传播的情况，也进一步保障了船员换班的顺利进行和水上物流供应链稳

---

① 《截止2021年底我国共有在册船员180余万人，疫苗接种率达到94%》，央视新闻网，https://news.cctv.com/2022/06/27/ARTIXcXmlk2fc6NgxCG1qfOo220627.shtml，2022年6月28日访问。

定畅通①。在解决换班难问题的同时，2020 年 4 月，中国海事局发布了
《中华人民共和国海事局关于中国籍国际航行船舶、船员有关证书展期的
公告》（2020 年第 6 号），明确规定给予不能更换的船员相关证书自动展
期 6 个月。同时，发布了《关于便利船员远程学习和船上培训的公告》，
在船员培训无法正常开展的情况下，充分利用科技信息化手段，创新开展
船员远程培训和线上培训。

为做好新冠疫情防控期间船舶经营管理和船员权益保障工作，2021
年 11 月 22 日，中国海员建设工会与中国船东协会协商一致后正式出台
《新型冠状病毒肺炎疫情防控期间船员劳动待遇标准》，涉及船员的工资及
支付方式、公休期以及一系列补贴等重要内容。疫情期间，该标准作为
《中国船员集体协议（A 类）》附件，是签约船东必须履行的义务。除出台
该标准外，中国海员建设工会与中国船东协会还就中国船员最低基薪进行
协商并达成一致意见：2022～2023 年，中国船员最低基薪将在 2021 年基
础上增长 7%。

以中国海事局为船员执法的中坚力量，多机构组织协同配合船员的执
法与管理等事务，为中国船员相关执法工作提供了良好组织保障。为持续
有效履行《STCW 公约》《2006 年海事劳工公约》等国际公约以及落实
《海上交通安全法》等国内法的要求，中国建立了完善的船员执法检查制
度，内容全面、形式多样，涵盖海事劳工条件检查、港口国监督、船员投
诉程序、海船船员培训管理、船员证书签发、船员履职活动检查等。

第三节　船员司法发展

作为海员大国，涉船员纠纷案件在中国海事司法实践中的占比也较高。
在各海事法院发布的海事审判白皮书中，船员劳务合同纠纷的收案量始终位

---

① 《截止 2021 年底我国共有在册船员 180 余万人，疫苗接种率达到 94%》，央视新闻网，
https://news.cctv.com/2022/06/27/ARTIXcXmlk2fc6NgxCG1qfOo220627.shtml，2022 年 6
月 28 日访问。

列年度前五；2016~2020 年，全国海事法院受理的涉船员劳务合同纠纷和人身损害赔偿纠纷案件数占比分别为 30.98%、21.78%、17%、17.95%、29%①。显然，作为船员权益救济的重要渠道之一，海事司法在船员权益保障中的重要性毋庸置疑。

根据各海事法院海事审判白皮书对涉船员纠纷的总结，涉船员纠纷狭义上包括船员劳务合同纠纷、劳动合同纠纷和海上、通航水域人身损害赔偿纠纷，以船员劳务合同纠纷为主；广义上还包括与之相关的申请执行、申请证据保全、申请扣押船舶、海事债权登记与受偿、申请确认人民调解协议等特别程序案件。涉船员纠纷多为船员请求支付拖欠工资薪酬、遣返费、社会保险费等拖欠费用，或请求赔偿因工伤残死亡涉及的费用，属于涉海民生类案件。同时，船员劳务纠纷、劳动合同纠纷的发生有时与航运市场行情息息相关，纠纷的解决既要确保船员利益实现，也要合理兼顾船方的利益。例如，在市场不景气、企业因资金周转受阻而拖欠工资报酬的情况下，案件的执行需要综合考虑企业的经营情况。此外，由于船员工作性质特殊，就业方式灵活，相关法律关系的识别和处理以及纠纷的及时解决，对海事司法工作提出了更高的要求。

一 司法服务机制

结合涉船员纠纷的特性，中国海事法院在多个环节建设以服务船员为导向的司法机制。例如，在诉前端，为便利船员更好地开展诉前调解，海事法院通过搭建线上线下一站式解纷平台，将调解室从诉讼服务中心扩展到航运中心、渔区乡镇司法所，靠近纠纷发源地开展诉调对接。同时，部分法院还建立特色调解队伍，建设专业调解员、涉海各行各业人士共同参与的调解队伍。比如，宁波海事法院专门建设的"海上老娘舅"司法服务队伍中聘用老渔民、老船长，这些接地气的调解员对于解决涉船员纠纷具

---

① 姜佩杉：《统一裁判尺度 保障船员权益 规范引导航运市场秩序——最高人民法院民四庭负责人就〈最高人民法院关于审理涉船员纠纷案件若干问题的规定〉答记者问》，《中国海事》2020 年第 10 期，第 30 页。

有天然的优势。在案件审理环节，海事法院重视发挥派出法庭、巡回法庭灵活且深入基层的优势，加强派出法庭与当地政府、商会等涉船员利益保障的部门和企业的联系，做好纠纷预防化解工作。青岛海事法院整合五个派出法庭的审判力量，深入港航企业、渔村码头及时就地化解矛盾纠纷，当事人可就近办理诉讼业务。各地方海事法院还纷纷建设船员解纷绿色通道，快立快审快执，以求尽快结案、裁判结果及时得到执行，彰显司法为民职能。

二 船员纠纷的司法指导

为统一有关船员纠纷的司法审判实践、保障船员的合法权益，最高人民法院出台了不少有关船员纠纷的司法解释，并作出了一些有关船员纠纷的答复、复函等司法解释性质文件以及会议纪要等对各海事法院案件审理具有重要指导作用的文件。相关文件和内容梳理可参见表5。

在上述文件中，2020年最高人民法院颁布的《关于审理涉船员纠纷案件若干问题的规定》（以下简称《审理涉船员纠纷案件的规定》）值得特别关注。该规定共21条，对涉船员纠纷的船员劳动合同、劳务合同、居间合同等不同法律关系的认定及解决路径，船舶优先权的确认、行使与转移，船员工资报酬的构成及法律保护，船员违法作业情形下工资是否应予保护，劳务情形下侵权责任的承担、工伤情形下工伤保险待遇与民事损害赔偿的相互关系，涉外劳务合同的法律适用等海事司法实践中有待回应和统一的问题，作出了明确规定①。

（一）管辖权问题

涉船员案件的主管问题是法院处理船员劳务合同纠纷首先应当考虑的问题。2020年之前，司法实践中对船员不涉及船员登船、在船服务、离船

---

① 王淑梅、郭载宇：《〈关于审理涉船员纠纷案件若干问题的规定〉的理解与适用》，《人民司法》2020年第34期，第30页。

表 5　有关船员纠纷司法解释

性质	名称	实施时间	效力状态	涉及船员的内容
司法解释	《最高人民法院关于审理船舶碰撞和触碰案件财产损害赔偿的规定》	1995.08.18（2020年修正）	有效	关于船上财产损失赔偿的计算，船员个人生活必需品的损失赔偿，船员携带的货币、金银、珠宝、有价证券或者其他贵重物品的损失不予认定；维持费用是指船舶修理期间，船舶和船员日常消耗的费用，包括燃料、物料、淡水及供应品的消耗和船员工资等，船员日常生活费用也包括其中
	《最高人民法院关于适用〈中华人民共和国海事诉讼特别程序法〉若干问题的解释》	2003.01.06（2008年修正）	有效	因船员劳务合同纠纷直接向海事法院提起的诉讼，海事法院应当受理
	《最高人民法院关于扣押与拍卖船舶适用法律若干问题的规定》	2015.03.01	有效	因船员劳务合同、海上及通海水域人身损害赔偿纠纷申请扣押船舶，且事实清楚、权利义务关系明确的，可以不要求提供担保
	《最高人民法院关于海事法院受理案件范围的规定》（2016）	2016.03.01	有效	船员劳动合同、劳务合同（含船员劳务派遣协议）项下与船员劳务合同纠纷案、离船遣返相关的报酬返还给付及人身伤亡赔偿案、在船服务、船舶遣返受案范围伴属于海事法院受案范围
	《最高人民法院关于审理涉船员纠纷案件若干问题的规定》	2020.09.29	有效	对受案范围、法律关系认定、船舶优先权确认、违法工资是否受到保护、工资报酬、工伤保险认定等作出具体规定

续表

性质	名称	实施时间	效力状态	涉及船员的内容
司法解释性质文件	《最高人民法院关于船员私处徒刑缓刑是否可任原职及享有政治权利的问题的复函》（法行字第 2043 号）	1954.03.23	有效	1. 徒刑缓刑一般适用于对社会危害性不大、处刑较轻、因其他具体情况以暂不执行为宜的被告，在徒刑缓刑期间未被宣告剥夺政治权利，亦无交付管制者，享有政治权利。 2. 干部犯罪被判徒刑缓刑，并非当然不能担任原有工作，也非当然不能述职。如仍在原单位继续工作，必须加强教育和监督。该案被告是执行船长职务时因过失构成犯罪，能否继续任船长应慎重考虑
	《最高人民法院关于船员私自承揽运输擅自开航自承运应否由轮船公司承担责任的答复》（法函 [1995] 43 号）	1995.04.21	有效	在有关规定和运输企业的实务操作中，都没有给予船员（包括船长）对外承揽运输业务签订合同的职权。违反上述规定，船员私自承揽运输、擅自开航是超越职权范围的个人行为。轮船公司不自承运的个人行为应承担民事责任
	《最高人民法院关于国内船员劳务合同纠纷案件是否应劳动仲裁前置的请示的复函》（[2002] 民四他字第 16 号）	2002.06.10	失效	1. 船员劳务合同纠纷案件属于海商合同纠纷案件的一种。船员劳务合同包括国内船员劳务合同纠纷，不同于一般的劳务合同纠纷，船员和本船在编人员根据劳动法律、行政法规或劳动合同所产生的工资、其他劳动报酬、船员遣返费用和社会保险费用及权利请求，应当由第一顺序的船员优先权请求受偿，此类案件是极具专业特点的海事案件，应当由海事法院审理。有关船员劳务合同纠纷案件的，当事人向海事法院起诉的，不必经过仲裁程序的限制 2. 有关船员劳务合同纠纷案件的，当事人向海事法院起诉的，不必经过仲裁程序的限制

续表

性质	名称	实施时间	效力状态	涉及船员的内容
司法解释性质文件	《最高人民法院关于仰海水与北京市鑫裕盛船舶管理有限公司之间是否为劳动合同关系的请示的复函》（〔2011〕民四他字第4号）	2011.05.03	有效	根据交通运输部颁布的《船员服务管理规定》，船员服务机构向船员提供船员服务业务，应当与船员签订船员服务协议。本案鑫裕盛公司是具有从事对外劳务合作经营资格的船员外派服务机构，不是劳动者的用工单位。因此，仰海水与鑫裕盛公司签订的船员聘用合同为船员服务合同，不属于船员劳动合同，也不属于船员劳动合同
对审判有指导性质的文件	《全国海事法院院长座谈会纪要》	2001.09.11	有效	为依法保护船员有船舶优先权的合法权益，因船员劳务纠纷直接向海事法院提起诉讼的，海事法院应当受理
	《第二次全国涉外商事海事审判工作会议纪要》	2005.12.26	有效	《海商法》第169条第2款规定的第三人财产损失，是指除互有过失的船舶或载货物本身的损失以外，旅客或船上其他人员的财产损失；第三款规定的由于船舶碰撞造成的其他财产损失，包括碰撞当事船舶上的船员、旅客和其他人员的人身伤亡
	《全国法院涉外商事海事审判工作座谈会会议纪要》	2021	有效	规定了船方购买工伤保险是法定义务以及劳务合同纠纷中船东的举证责任（船东过错推定责任和减轻责任事由）

遣返的诉讼请求实行仲裁前置还是由海事法院直接受理的处理意见并不完全统一。《审理涉船员纠纷案件的规定》第1条对上述问题予以规范：对于船员劳动合同纠纷，如果与船员登船、在船工作、离船遣返无关，应依照《劳动争议调解仲裁法》的规定，按"先裁后审""一裁两审"的程序处理。这符合成立海事法院的理念，即应集中专业资源审理与其他民商事案件不同的特殊海事案件，与船上工作无关的此类纠纷交由一般法院审理即可。

（二）船舶优先权问题

《审理涉船员纠纷案件的规定》第6~9条对船舶优先权作了较为全面的规定。第6~7条规定了船舶优先权的确认和行使，船员在提起诉讼时并不需要提出扣船申请即可要求确认船舶优先权及其担保的海事请求标的额，在拍卖船舶后能够及时分配价款，缩短船舶优先权案件的执行周期；而船舶优先权依然要求在一年除斥期内通过申请扣押船舶行使，给船舶所有人继续经营船舶偿还债务的缓冲期间，平衡了船东的利益。第8条规定了船员的船舶优先权担保的工资报酬请求范围，将根据《劳动法》《劳动合同法》产生的经济补偿金、赔偿金、二倍工资及孳息排除，因为这些费用与船员在船上工作无直接关联。第9~10条是在疫情时期船员突发事件发生概率增加的背景下制定的。该条认可船员在船工作期间遇突发事件要求第三方机构支付的船舶优先权担保海事请求项目的请求，以及其他机构先行垫付工资可以转移船舶优先权，有利于疫情期间船员及时获得拖欠薪酬或紧急救助，保障船员权益。

（三）船员违法作业工资的法律保护问题

实践中常出现船员在禁渔期间进行违法捕鱼作业的情形，此时船员的报酬请求权是否应当得到支持在实践中存在争议。第14条认可船员在非自愿情况下进行违法作业也有权取得相应报酬，同时将证明责任分配给船东，体现了船员利益保护和生态环境保护的平衡。

2021年最高人民法院发布的《全国法院涉外商事海事审判工作座谈会会议纪要》对用人单位为船员购买工伤保险的法定义务和船员因劳务受

到损害的损害赔偿纠纷中船东的举证义务进行规定，体现了审判工作的保障船员权益倾向。第 83 条规定，用人单位无论是否购买其他保险，必须为船员购买工伤保险，实则规定了用人单位为船员购买工伤保险的强制义务，还规定船员可以享受商业保险和工伤保险双重待遇，体现了对船员权益的全面保障。第 85 条则是对《审理涉船员纠纷案件的规定》第 15 条的细化：在船员因劳务受到人身损害的赔偿纠纷中适用船东过错推定责任的裁判规则，将举证责任转移到船东一方，从而保护弱势劳动者的利益。

三 船员纠纷的典型案例

（一）最高人民法院发布的典型案例

自 2014 年以来，最高人民法院在发布的保障民生典型案例、船舶扣押与拍卖十大典型案例、"一带一路"建设提供司法服务和保障的典型案例和全国海事审判典型案例中均有体现以司法保障船员利益的案例，表明了中国法院司法为民的人文主义情怀，树立了良好的国际形象。具体案例见表 6。

表 6　船员纠纷的典型案例

案件名称	入选类型	典型意义
塞拉利昂籍"LEDOR"轮遭阿尔巴尼亚船东基恩毕船务有限公司弃船引发的系列纠纷案①	最高人民法院、保障民生典型案例（2014 年 2 月发布）、"一带一路"建设提供司法服务和保障的典型案例（2015 年 7 月发布）	在执行扣船令和海事强制令过程中，法院指定国有船代企业为遭船东放弃的船舶提供船舶代理服务，在船舶被依法变卖后，又与公安部门联系，根据这批外籍船员的特殊情况办理相应签证和出境手续，为外籍船员提供了充分的人道主义援助

---

① （2013）厦海法登字第 33 号等裁判文书。

续表

案件名称	入选类型	典型意义
涉"密思姆"轮船员劳务合同纠纷系列案①	最高人民法院保障民生典型案例（2014 年 3 月发布）、全国海事法院船舶扣押与拍卖十大典型案例（2015 年 2 月发布）、全国海事审判典型案例（2015）	该案为典型的涉外船员劳务合同纠纷。上海海事法院及时受理、立案、审判、执行等部门各司其职、密切协作，诉前登船为船员提供各阶段建议，诉中做好立审执程序协调衔接，执行法官积极促进船舶拍卖顺利进行，让案件公正高效审结，平等保护了国外当事人的合法权益，通过人文关怀，让外籍船员感受到中国司法的温暖
舟山市海利远洋渔业有限公司申请"雪曼斯"轮案②	全国海事法院船舶扣押与拍卖十大典型案例（2015 年 2 月发布）、全国海事审判典型案例（2015）	宁波海事法院发扬国际人道主义精神，在外籍船员困顿无助时安排好船员扣押期间的食宿，及时垫付遣返费用，并协调船舶代理公司安排船员顺利回国。将政府部门垫付的外籍船员医疗费、殡仪馆存放费及遗体火化费等纳入船员遣返费用，兼顾中外各方利益，促使这一涉外案件快速妥善解决
王某等 15 人与三友国际航运有限公司船员劳务合同纠纷案③	全国海事审判典型案例（2016）	海事法院准确把握航运市场形势，主动摸清国外被告经营情况，运用调解在解决复杂纠纷方面的独特优势，通过扣船促成当事方达成和解，使涉案船员足额拿到拖欠费用，保护了船员的合法权益，也使涉案船舶得以尽快解除扣押并恢复营运，避免了矛盾的激化，取得了良好的法律效果与社会效果

① （2013）沪海法商初字第 1086 号等裁判文书。
② （2010）甬海法舟商初字第 48 号等裁判文书。
③ （2016）浙 72 民初 2127 号等民事判决书。

续表

案件名称	入选类型	典型意义
德国航运贷款银行与 SPV 萨姆莱恩有限公司船舶抵押借款合同纠纷案①	全国海事审判典型案例（2020）	海事法院对 21 名外籍船员积极展开人道主义援助，在疫情防控的同时采取合理可行措施将外籍船员安全、高效遣返，既充分保障了船员的合法权益，也有助于船舶买受人尽快开展正常生产经营。体现了中国作为船舶和船员大国的担当，为妥善处置疫情期间全球性海员换班或遣返难题、帮助航运企业有序复工复产提供了"中国方案"
"天使力量"（Angelic Power）轮船员劳务合同纠纷系列案②	全国海事审判典型案例（2021）	法院依据涉外民事关系法律适用法，充分尊重当事人意思自治，根据不同法律关系分别确定准据法，结合法院查明和当事人提供专家意见等多种方式，准确查明和适用希腊和菲律宾法律，彰显了中国海事司法能力和水平，维护了外籍船员的合法权益

（二）各地海事法院发布的典型案例

在最高人民法院发布的典型案例之外，地方海事法院也发布了不少有关船员纠纷的典型案例，旨在通过提炼裁判要旨，填补规范与事实之间的空隙，并为日后规范船方、船员和相关当事人的行为提供建议。

对于请求支付工资或劳动报酬的案件，海事法院审理中经常需要判断双方是否成立劳动关系以及判断拖欠数额。审判难点在于：由于当事人法律意识淡薄，未签订合同或签订的合同形式不规范；当事人缺乏证据意识，不能承担举证责任。法院结合日常生活经验或当事人提供的其他证

---

① （2020）鲁 72 民初 1845 号民事判决书。
② （2021）粤 72 民初 956 号等民事判决书。

据，在保障船员权益的情况下认定劳动关系，并建议船员仔细阅读合同内容，发现显失公平条款应及时提出并要求公司修改，以及双方当事人应注意留存有利证据。

对于通海领域、海上人身损害赔偿案件，实践中经常遇到船员工伤赔偿标准的认定问题，如存在多个船员时如何适用赔偿标准，船员的残疾赔偿金、死亡赔偿金适用何地的标准。对于前者，统一城乡居民赔偿标准是各海事法院施行的审判理念；对于后者，虽然已有司法解释规定残疾赔偿金、死亡赔偿金适用受诉法院所在地标准，但由于海事法院跨区域管辖的特点，派出法庭与本部不同区、不同省很常见，对"受诉法院所在地"的具体理解规则目前仍由海事法院探索。例如，张某某诉崔某岩、崔某有海上人身损害责任纠纷案①，审理法院为大连海事法院东港法庭，而法庭本部在大连市。根据大连海事法院探索的管辖规则，派出法庭在大连市辖区以外其他地区的，适用其他地区所在省的标准，与本部同辖区的适用大连市标准，因此将本案死亡赔偿金的计算标准确定为辽宁省标准，这既能满足船员的人身损害赔偿要求，也不会因适用更高的大连市标准而出现船舶所有人承担不合理损失的情形。

海事法院也选取了部分通过高效司法保障船员利益的典型案例。船员支付拖欠劳动报酬等诉讼请求的实现常面临执行难的情况，如在马某某与浙江秉业船务有限公司船员劳务合同纠纷案中②，被告船舶在马来西亚被扣押，船员被拖欠工资，而船东无力承担船员回国费用。上海海事法院与当地政府协调，就船舶看管、遣散等事宜与船员达成一致，建立了法院与当地政府的常态化工作联系，形成府院合作共同应对的处置机制，保障船员合法权益实现。

中国海事法院在司法实践中已经将公平、及时、有效保障船员权益作为审理涉船员纠纷案件的重要价值追求。最高人民法院也通过颁布司法解

---

① 大连海事法院船员劳务纠纷审判报告（2016~2020）中所附的典型案例七。
② （2012）沪海法商初字第251号民事判决书。

释、整理和公布典型案例等方式将该种价值追求予以持续贯彻和推广。在尊重案件事实、公平保护各方利益的基础上，为船员利益保障尽可能提供司法便利，实现实质正义，仍将是海事法院贯彻司法为民审判工作理念的重要方向。

第十章　海上交通安全的法治发展

中国管辖海域交通繁忙，易发生航行事故①。中国一直致力于通过加强法治建设维护管辖海域的海上交通安全，提高中国籍船舶安全水平，构建和平安宁的全球海洋秩序。

第一节　海上交通安全立法

中国的海上交通安全立法以《海上交通安全法》为核心。《海上交通安全法》于 1983 年 9 月 2 日通过，1984 年 1 月 1 日起正式实施，其间于 2016 年进行修改，并于 2021 年接受系统性修订。一些行政法规、部门规章与地方性立法中同样包含海上交通安全保障内容，共同构成了海上交通安全立法体系。

一　国内立法现状

早在中国海洋法治建设初期阶段，航行安全问题就已受到关注。《海上交通安全法》1983 年 9 月 2 日经第六届全国人民代表大会常务委员会第二次会议通过，自 1984 年 1 月 1 日起施行。法律全文共 12 章 53 条，分为总则，船舶检验和登记，船舶、设施上的人员，航行、停泊和作业，安全保障，危险货物运输，海难救助，打捞清除，交通事故的调查处理，法律

---

① 根据安联保险集团《2020 年安全与航运报告》，2020 年 1/3 的船舶全损事故发生在中国南部、印度、印度尼西亚和菲律宾等海域。

责任，特别规定，附则。1983 年《海上交通安全法》确立了中国维护海上交通安全的基本法律制度框架，是海上交通安全执法机关履行职责的法律依据。

1996 年，中国政府正式批准加入了《海洋法公约》。此后，中国以制定单行立法方式进一步完善了海上交通安全法律保障制度，制定了《航标条例》《沿海航标管理办法》《无线电管理条例》等。这些法律作为行政性立法对与海上交通安全保障有关事项及其所涉行政管理体制作了规定。但是，由于相关规定过于分散，且立法位阶较低，仍需要上位立法加以统筹与完善。

2016 年，为配合国务院推进简政放权、放管结合、优化服务改革，《海上交通安全法》迎来一次小幅修改，仅取消了海船进出港签证制度①。2021 年，根据《海洋法公约》、相关国际海事公约等国际条约的要求，中国对《海上交通安全法》进行了系统性修订，并于 2021 年 4 月 29 日第十三届全国人民代表大会常务委员会第二十八次会议通过。自 2021 年 9 月 1 日起施行。

1983 年《海上交通安全法》自实施至今已近 40 年。这期间，伴随着国家海洋强国战略不断推进、"一带一路"倡议推广实施，中国海上交通运输事业蓬勃发展，海上交通安全环境也发生巨大变化。尤其是近年来中国与周边国家海洋权益争端频发，海洋纠纷渐趋长期化复杂化，对国家海上安全包括海上交通安全提出了更高要求②。现行《海上交通安全法》共 10 章 122 条，通过对章节体系的优化调整以及法律条文的大幅扩充，反映国际海洋法在海上交通安全领域的发展变化，以及中国改革开放以来维护海上交通安全的需求与对策。

---

① 参见 2016 年 11 月 7 日《全国人民代表大会常务委员会关于修改〈中华人民共和国对外贸易法〉等十二部法律的决定》。
② 邢厚群：《论国际海洋法治视域下我国海上交通安全立法》，《社会科学》2021 年第 6 期，第 99 页。

《海上交通安全法》修订的一大亮点即为新增第三章"海上交通条件和航行保障",根据所积累的丰富航海保障实践对海上交通安全保障内容作出整体性规定。这也是中国首次在国家法律层面出现"航海保障"概念[1]。具体而言,《海上交通安全法》规定的海上交通安全保障措施包括:建立并完善船舶定位、导航、授时、通信和远程监测等海上交通支持服务系统(第 21 条),保障海上交通安全无线电通信(第 23 条),布局、建设、管理航标(第 26 条),发布航行警告及播发海上交通安全信息(第 28 条、29 条),确定并发布港口及船舶设施保安等级(第 32 条)。此外,修订后的《海上交通安全法》第六章"海上搜寻救助"以及第七章"海上交通事故调查处理"同样涉及航行安全保障内容。

　　上述航行安全保障规定属于义务性规定,即中国通过国内法为自身设置安全保障义务,主动供给具有公益性质的航行安全公共产品,以捍卫各国船舶在中国管辖海域所享有的航行自由。这有别于一些国家只谈本国船舶所享有的权利,罔顾相关区域的整体航行秩序与自由,实质上是剥夺了其他船舶该享有的航行自由。对于享受中国所提供安全保障服务的中外船舶,并不承担任何不利后果,中国也并不强制外国船舶必须接受中国所提供的定位、导航、通信等服务,而是尽可能通过国际海事组织等机构加以推广,通过自身高效、便捷、先进的服务吸引外国船舶使用。

　　从国际海洋法角度,《海洋法公约》并不禁止沿海国在不影响他国航行自由的情况下主动提供航行安全保障服务。《海上交通安全法》第 121 条也明确规定:"中华人民共和国缔结或者参加的国际条约同本法有不同规定的,适用国际条约的规定,但中华人民共和国声明保留的条款除外。"这是对中国国内法与所加入国际条约适用关系的郑重宣示,表明中国的航行安全保障服务不会同《海洋法公约》等国际海洋法规则相抵触。

　　除了强化航海保障,本次《海上交通安全法》修订还根据国际海洋法

---

　　① 相娜:《海事系统全面贯彻落实新〈海安法〉 以法治推动海事事业高质量发展》,《中国交通报》2021 年 12 月 7 日,第 3 版。

以及国际海事公约发展，新增了一系列海上交通安全保障制度，包括：建立并运行船舶安全营运和防治船舶污染管理体系（第11条），建立中国船员境外突发事件预警和应急处置机制（第16条），完善领海内无害通过规则（第53、54条），引入紧追权规则（第92条），完善港口国管辖规则（第88、91条）。

在《海上交通安全法》之外，中国还制定了一批与海上交通安全相关的行政法规和部门规章。另外，《立法法》允许地方为执行法律、行政法规而制定地方性法规和地方政府规章。随着社会治理重心不断下移，地方治理将在交通安全等社会生活重要领域发挥关键作用。实践中，一些地方已根据自身水域安全情况进行了有益的尝试探索，如制定地方海上交通安全管理规定、地方水上搜救规定等（见表1）。

表1　中国海上交通安全相关立法

立法名称	性质	生效时间
《内河交通安全管理条例》	行政法规	2002年8月1日
《航道管理条例》	行政法规	2009年1月1日
《对外国籍船舶管理规则》	行政法规	1979年9月18日
《船舶登记条例》	行政法规	1995年1月1日
《海上交通事故调查处理条例》	行政法规	1990年3月3日
《海事行政许可条件规定》	部门规章	2021年9月1日
《海上海事行政处罚规定》	部门规章	2021年9月1日
《水上水下作业和活动通航安全管理规定》	部门规章	2021年9月1日
《船舶引航管理规定》	部门规章	2002年1月1日
《船舶安全监督规则》	部门规章	2022年9月21日
《海上滚装船舶安全监督管理规定》	部门规章	2019年9月1日
《国际船舶保安规则》	部门规章	2007年3月26日
《高速客船安全管理规则》	部门规章	2006年6月1日

续表

立法名称	性质	生效时间
《船舶最低安全配员规则》	部门规章	2004 年 8 月 1 日
《航运公司安全与防污染管理规定》	部门规章	2008 年 1 月 1 日
《航道管理条例实施细则》	部门规章	1991 年 10 月 1 日
《深圳市海上交通安全条例》	地方法规	2020 年 7 月 6 日
《威海市海上交通安全条例》	地方法规	2019 年 7 月 1 日
《厦门市海上交通安全条例》	地方法规	2018 年 3 月 1 日
《青岛市海上交通安全条例》	地方法规	2014 年 8 月 27 日
《福州市海上交通安全管理条例》	地方法规	2010 年 12 月 9 日
《浙江省水上交通安全管理条例》	地方法规	2021 年 11 月 25 日
《湖南省水上交通安全条例》	地方法规	2018 年 1 月 1 日
《安徽省水上交通安全管理条例》	地方法规	2014 年 3 月 1 日
《江苏省水上搜寻救助条例》	地方法规	2010 年 1 月 1 日
《上海市水上搜寻救助条例》	地方法规	2021 年 10 月 1 日
《广西壮族自治区海上搜寻救助条例》	地方法规	2007 年 1 月 1 日
《山东省海上搜寻救助条例》	地方法规	2020 年 1 月 1 日
《海南省海上搜寻救助条例》	地方法规	2015 年 10 月 1 日
《黑龙江省水上搜寻救助条例》	地方法规	2014 年 5 月 1 日
《天津市海上交通安全管理规定》	地方政府规章	2009 年 10 月 1 日
《唐山市海上交通安全和防治船舶污染管理办法》	地方政府规章	2007 年 9 月 1 日

二 海上交通安全国际公约

海上交通被誉为人类海洋活动的"最大公约数",对各国协调一致提出了极高要求,需要共同的海洋活动基础规则与作业技艺,以保证海洋活动的秩序和安全,以《海洋法公约》及国际海事公约为基础的国际法律体系应运而生①。为满足海上交通安全领域与国际海事管理接轨和合作的需求，履行《海洋法公约》"考虑"、"符合"或"实施"主管国际组织制定的一般接受的规则的义务，中国加入了国际海事组织框架下几乎所有主要的海上交通安全公约及议定书（见表2）。

表2　我国加入并生效的国际海事组织公约一览

公约名称	对我国生效时间
《1974 年国际海上人命安全公约》	1980 年 5 月 25 日
《1974 年国际海上人命安全公约》1978 年议定书	1983 年 3 月 17 日
《1974 年国际海上人命安全公约》1988 年议定书	2000 年 2 月 3 日
《1966 年国际载重线公约》	1974 年 1 月 5 日
《1966 年国际载重线公约》1988 年议定书	2000 年 2 月 3 日
《1969 年国际船舶吨位丈量公约》	1982 年 7 月 18 日
《1972 年国际海上避碰规则公约》	1980 年 1 月 7 日
《1972 年国际集装箱安全公约》	1981 年 9 月 23 日
《1978 年海员培训、发证和值班标准国际公约》	1984 年 4 月 28 日
《1979 年国际海上搜寻救助公约》	1985 年 7 月 24 日
《1976 年国际海事卫星组织公约》	1979 年 7 月 16 日
《1976 年国际海事卫星组织业务协定》	1979 年 7 月 16 日
《1965 年便利海上运输国际公约》	1995 年 3 月 17 日
《1988 年制止危及海上航行安全非法行为公约》	1992 年 3 月 1 日
《1988 年制止危及大陆架固定平台安全非法行为议定书》	1992 年 3 月 1 日
《1989 年国际救助公约》	1996 年 7 月 14 日
《2000 年有毒有害物质污染事故防备、反应与合作议定书》	2010 年 2 月 19 日
《2001 年控制船舶有害防污底系统国际公约》	2011 年 6 月 7 日
《2004 年国际船舶压载水和沉积物控制与管理公约》	2019 年 1 月 22 日
《2007 年内罗毕残骸清除国际公约》	2017 年 2 月 11 日

---

① 邢厚群：《论国际海洋法治视域下我国海上交通安全立法》，《社会科学》2021 年第 6 期，第 100 页。

为确保中国参加的国际公约能够得到有效执行，中国一方面在国内法层面通过多种形式转化、吸收公约内容，包括通过《海上交通安全法》《海洋环境保护法》等国内立法对相关公约的制度和要求进行国内法转化，以及在法律中明确规定我国缔结或者参加的国际条约与国内法的关系，如前文提及的《海上交通安全法》第121条。另一方面，对于部分技术性较强的国际公约如《1972年国际海上避碰规则公约》，中国允许其直接于国内适用，无须国内法转化途径①。中国也不断加强履约能力建设，并主动接受国际海事组织的履约审核。2008年5月，中国向国际海事组织正式提出自愿履约审核申请，以此加强协调合作，建立沟通机制，不断提高和持续改进中国海事的总体表现②。

第二节　海上交通安全执法

中国地处西太平洋沿岸，周边海域人口稠密、经济贸易往来活动频繁，马六甲海峡、台湾海峡更是国际知名的海上运输通道。自古以来，中国一直为周边海域的航行安全、自由和便利提供公共产品。例如，基于古代朝贡体制，长期以来中国对南海海域实施了大量保障航行安全的举措，如定期巡航、绘制海图、天文测量、营救遇险船只等③。改革开放后，中国的海上交通安全执法能力不断增强，安全投入逐渐增多，周边地区乃至全世界都从中受益。

一　海上交通安全的国内执法现状

中国的海上交通安全保障能力建设与海洋法治建设同步进行。1998

---

① 参见1980年《交通部、海军司令部、国家水产总局关于实施〈1972年国际海上避碰规则〉的通知》，（〔79〕交港监字2440号）。

② 《交通运输部：我国正式接受国际海事组织履约审核》，http：//www.gov.cn/gzdt/2009-11/10/content_1460522.htm。

③ 韩振华主编《我国南海诸岛史料汇编》，东方出版社，1988，第7~9页。

年，在原港务监督局、船舶检验局的基础上合并组建成立中华人民共和国海事局，作为交通运输部直属机构，履行水上交通安全监督管理、防治船舶污染和航海保障职责。目前，中华人民共和国海事局共下辖 15 个直属海事局，同时下辖北海、东海、南海三个航海保障中心。截至 2020 年底，中国共建设 59 个船舶交通管理中心（VTS 中心）和 303 个船舶交通管理系统雷达站，建成沿海 AIS 基站 201 座和内河 AIS 基站 409 座，AIS 基站和 VTS 雷达信号覆盖范围居世界第一；共管理航标 18354 座，其中公用航标 10725 座、专用航标 7629 座，联网成链、性能可靠的航标系统广泛覆盖沿海港口和航道；共拥有 900 余艘公务船舶，包括海事巡逻船、航标船、测量船、溢油回收船等①。2021 年首艘万吨级大型海事巡逻船"海巡09"轮顺利下水并列编，可实现"空海一体"综合执法与全球巡航救援，将成为中国未来执行深远海交通安全保障任务的旗舰。为改善航行安全保障条件，中国充分利用管辖海域岛礁，建设了一批公益性质的导航助航设施，为沿岸国家和途经的各国船舶提供服务。目前，中国在南沙群岛华阳礁建设了大型多功能灯塔，在西沙水域建成了晋卿岛等灯桩，在永兴岛设置了船舶自动识别系统基站②。这些导助航设施显著改善了相关海域航行安全条件。

近年来，中国不断推动"陆海空天"一体化水上交通安全保障体系建设。2014 年，国际海事组织海事安全委员会通过了船载北斗卫星导航系统的接收机设备性能标准的决议③，并承认北斗系统作为全球无线电导航系统的组成部分④，标志着北斗系统取得了国际合法地位，可应用于船舶遇险报警及定位服务。2020 年，国际电工委员会（IEC）发布了首个北斗

---

① 《交通运输部海事队伍"四化"建设专题新闻发布会》，https：//www.msa.gov.cn/html/ztlm/sihuajianshe/xinwendongtai/20220217/7AA8CB06-A3F2-4706-A639-F2FA94412EC2.html。

② 中国航海学会、上海海事大学：《南海航行状况研究报告》，2017，第 26 页。

③ Performance Standards for Shipborne Beidou Satellite Navigation System（BDS）Receiver Equipment.

④ https：//www.imo.org/en/MediaCentre/MeetingSummaries/Pages/MSC-94th-session.aspx.

船载接收设备检测标准①（IEC 61108-5），作为国际标准为北斗系统服务全球用户奠定了坚实的基础。未来中国将进一步强化北斗系统、卫星通信和遥感等技术应用，提升深远海航海保障能力，着力构建全要素"水上大交管"②。

伴随着海洋探测感知能力的不断增强，中国开始推进沿海港口进港指南和"21世纪海上丝绸之路"序列航行指南等航海图书资料编制工作，为各国船舶往来周边海域提供航行安全方面的指南与参考。2014年及2015年，由中国交通运输部海事局组织编撰的中文版《北极航行指南（东北航道）2014》与《北极航行指南（西北航道）2015》先后出版发行，为北极航线的开辟及安全航行提供了海图、航线、海冰、气象等全方位航海保障信息服务③。2021年，交通运输部海事局组织编制的《南中国海至西南太平洋航行指南》中文版正式出版发行。该指南全面、系统、详细地介绍了南中国海至西南太平洋航行区域的沿岸国家与港口、航行规则、地理环境、航路分布、水文气象等内容和资料，并与2017年编制出版的《南中国海至马六甲海峡航行指南》一道，共同为通过南中国海附近海域的国内外船舶提供航行参考与航海保障信息服务④。

在航行安全保障硬件能力不断提升的同时，中国还积极运用现代信息网络技术优化自身安全服务。为响应国际海事组织及国际航标协会推出的"E-navigation"计划，中国推出了"E航海"综合保障服务体系，将各类船舶航行要素以及船岸海事信息加以收集、综合、交换、显示和分析，用于增强船舶航行过程中各方的信息共享，打造安全的航行环境。目前，已经建设了洋山深水港、长江口、粤港澳大湾区等E航海示范工程。根据SOLAS公约对缔约国政府接收船舶远程识别和跟踪信息的要求，中国开发

①　Maritime navigation and radiocommunication equipment and systems-Global navigation satellite systems（GNSS）-Part 5：BeiDou navigation satellite system（BDS）-Receiver equipment-Performance requirements，methods of testing and required test results，IEC 61108-5.

②　参见《海事系统"十四五"发展规划》。

③　http：//www.gov.cn/xinwen/2016-04/20/content_5066122.htm.

④　http：//news.china.com.cn/2021-03/31/content_77365700.htm.

了面向社会公众的"国家海事交通安全管理信息服务平台"①，公众可于平台上自行查询船舶实时位置、航速、船名、船舶尺寸等信息，大大拓展了传统 AIS 数据的应用，并搭建了基于 AIS 大数据的航运生态体系和上下游产业链。

二 海上交通安全的国际执法合作

无论是航行自由、航行安全还是航运效率的保障，都很难依靠一国的努力实现。特别是在"21 世纪海上丝绸之路"建设倡议"以重点港口为节点，共同建设通畅安全高效的运输大通道"，离不开海事国际合作的推进和保障。作为当前世界上最大的货物贸易国家以及排名靠前的航运大国，中国参与和推动海事国际合作不仅是营造优质航运营商环境的内在需求，也是中国作为负责任海运大国践行《海洋法公约》的要求。

《海洋法公约》作为海洋领域的综合性公约，有关航行安全、海洋环境保护等问题自然也是公约要调整的核心问题。而早于《海洋法公约》存在的国际海事组织（其前身政府间海事协商组织成立于1948年），是联合国负责海上航行安全、防止船舶造成海洋污染、推动海上交通便利化的专门机构，这决定了《海洋法公约》与国际海事组织调整和管理的事项必然有所交叉。在两者的分工上，《海洋法公约》提纲挈领地对涉及航行安全、船舶污染防治的问题进行了规定，而国际海事组织则侧重于制订详细的技术规则，二者相得益彰。虽然《海洋法公约》只在一处明确提及了国际海事组织（附件 8 第 2 条），但《海洋法公约》在多个条款中提及负责制定与海上安全、航行效率、防止和控制船舶和倾倒引起的海上污染事项相关的航运规章和标准的"主管国际组织"②，提及"主管国际组织"，如果是以单数表示的，则专指国际海事组织。因此，根据《海洋法公约》对国际

---

① https：//www.ais.msa.gov.cn/.

② Secretariat of the IMO.（2014）. Implications of the United Nations Covention on the Law of sea for the International Maritime Organization. http：//www.cdn.imo.org/Localre-sources/en/Our Work/Legal/Documents/LEG％20MISC％-208.pdf.

海事组织作为主管国际组织的指向，"考虑"、"符合"或"实施"由国际海事组织制定的一般接受的规章、规则和标准等就成为《海洋法公约》缔约国的义务。

中国于1973年恢复在国际海事组织中的成员国地位，并于1975年在第九届全体会员大会中当选为国际海事组织理事会B类理事国。在1989年第十六届全体会员大会上，中国首次当选为A类理事国。至2021的第三十二届大会再次当选为A类理事国，中国已经第17次连任，体现了国际海运界希望中国在全球海运治理中发挥更加积极作用的认同和期待。

中国在恢复国际海事组织的成员国地位之后，一直致力于推动扩大发展中国家在国际海事组织中的影响力，提出扩大理事会理事国名额、增加发展中国家发言权等方案，切实维护发展中国家的权益。随着中国在国际海事领域实践经验的积累以及参与能力的提升，中国也开始主动寻求与国际海事组织的合作。例如，2017年，中华人民共和国交通运输部与国际海事组织签订《通过"21世纪海上丝绸之路"倡议推动国际海事组织文件有效实施的合作意向书》，明确双方将加强合作，帮助发展中国家培养海运人才和加强能力建设。2021年，双方进一步签署《中华人民共和国交通运输部与国际海事组织关于落实〈通过"21世纪海上丝绸之路"倡议推动国际海事组织文件有效实施的合作意向书〉 加强海事合作的行动计划（2022~2023年）》，明确了未来两年双方在海运温室气体减排、应对几内亚湾海盗、保护海员权益等重点领域加强合作。

随着参与国际海事治理能力的提升，中国向国际海事组织主动提交提案，为国际海事治理贡献中国方案的意愿也在不断增强。据统计，1999~2020年，中国共向国际海事组织大会、理事会、各分委会提交提案773份，占A类理事国提案总数的9%[1]。根据学者对中国向国际海事组织提交的有关海洋环境治理提案的统计，2001~2020年，中国提交的议案有了

---

[1]　俞云飞：《中国提交IMO提案的分析及相关建议》，《中国海事》2021年第11期，第64页。

显著增长（见图1），中国在国际海事组织中已经不再仅仅是一个追随者，已经对国际海事组织的海洋环境规制框架和法律文件产生了积极影响①。尤其是2012年以来，中国共向国际海事组织提交提案550余份，位列国际海事组织所有成员国首位②。

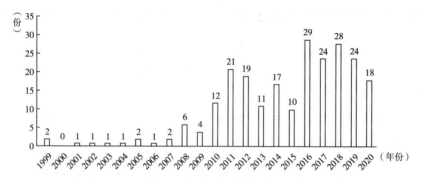

图1　1999～2020年中国向国际海事组织提交的海洋环境治理相关提案

基于在上述方面的努力，中国已经成为国际海事组织中履约最好、参与最积极的成员国之一③。

除了在国际海事组织框架下开展合作，中国还积极推动双边以及区域层面的海事合作机制，以此满足《海洋法公约》对沿海国开展区域性和双边合作的要求④。中国不仅通过积极的海事交流互访活动为中国与其他国家的国际海事合作提供增进互信和实践演练的机会，如2013年6月10日

---

① Bai, Jiayu, and Xiaoyu Li. 2021. "IMO's Marine Environmental Regulatory Governance and China's Role: An Empirical Study of China's Submissions". *Sustainability* 13, no. 18: 10243. https://doi.org/10.3390/su131810243.

② 《海事队伍"四化"建设专题新闻发布会》，https://www.mot.gov.cn/2021wangshangzhibo/haishisihuajs/。

③ Kitack Lim, Secretary-General, IMO, Speechon the Second Belt and Road Forum for International Cooperation（BRF），China，https://www.imo.org/en/MediaCentre/Secretary General/Pages/Second-Belt-and-Road-Forum.aspx.

④ 《海洋法公约》第98条第2款规定：每个沿海国应促进有关海上和上空安全的足敷应用和有效的搜寻和救助服务的建立、经营和维持，并应在需要时通过相互区域性安排与邻国合作达成目的。

至 8 月 11 日，中国派遣"海巡 01"轮出访澳大利亚、印度尼西亚、缅甸、马来西亚四国，与当地海事、港务等机构就海上搜救、港口国监督检查、船舶交通管理、海事调查以及防污染等业务进行广泛交流，并举行海上搜救、消防、应急拖带等联合演习，还通过合作文件以及双边协定的签订，不断巩固双边和区域层面的合作共识，形成常态化、具有约束力的合作文件和合作机制，在海上护航、海上搜救、船员培训和权益保障、温室气体减排和能效管理、海事事故调查等共同关心的领域建立沟通、联合与合作机制（见表 3）。

表 3　中国推动的双边及区域层面合作机制

时间	合作文件（机制）	合作内容
区域层面		
2002 年 11 月	《南海各方行为宣言》	强调南海周边国家应在海上航行与交通安全、环保、搜救、打击海盗和武装劫船以及毒品和军火走私等跨国犯罪方面加强合作
2003 年 10 月	中国—东盟海事磋商机制	构建中国—东盟地区海事领域交换信息、分享经验和交流合作的重要平台
2004 年 11 月	《亚洲地区反海盗及武装劫船合作协定》	建立信息中心，促进缔约方在预防和打击海盗和武装劫船方面的紧密合作
2012 年 9 月	中国—中东欧海运合作秘书处	以海运合作秘书处为平台，推动中国与中东欧国家在内河航运、港口建设、经济技术园区、多式联运以及海上安全、海洋环境保护、航海保障等领域的合作

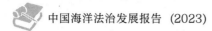

续表

	时间	合作文件（机制）	合作内容
	2014 年 11 月	中国—东盟国家海上搜救信息平台	增进中国—东盟海上搜救机构相互了解，推进相关国家在中国南海及周边海域搜救的协调、配合，切实提升各国联合搜救的能力和水平

双边层面

	时间	合作文件（机制）	合作内容
柬埔寨	2017 年 10 月	中国—柬埔寨海上紧急救助热线	实时共享海上搜救信息，为海上搜救和应急反应提供可靠的通信保障，提高救援效率
印度尼西亚	2012 年 3 月	《海上合作谅解备忘录》	承诺在海上搜救、环保等领域加强合作，在国际海事组织等国际场合加强协调与配合
	2015 年 3 月	《海上搜救合作谅解备忘录》	加强人员搜救与环境救助
日本	2008 年 10 月	《中日双边海上搜救合作框架协议》	双方就在海上搜救领域开展合作达成初步框架
	2018 年 10 月	《中日海上搜寻救助合作协定》	双方同意当任何缔约方收到任何人或船舶发出的警报时，应采取紧急措施，确保向该人或船舶提供必要的协助，不论其国籍、地位和状况如何
马来西亚	2006 年 7 月	《中马海上合作谅解备忘录》	加强马六甲海峡有关海事、航运、救援以及信息共享、人员培训等方面合作
	2019 年 9 月	建立海上问题磋商机制	旨在管控分歧，共同维护南海和平稳定

续表

	时间	合作文件（机制）	合作内容
俄罗斯	2015 年 3 月	《海上搜救合作谅解备忘录》	加强人员搜救与环境救助
韩国	2007 年 4 月	《中韩政府海上搜寻救助合作协定》	加强中韩搜救机构间的合作、提高海上搜救效率、保障海上人命和财产安全、促进区域海上经济发展
	2015 年 12 月	《中国海警局和大韩民国国民安全处合作谅解备忘录》	开展联合演练，强化海上通道安全合作
菲律宾	2005 年 4 月	《海事合作谅解备忘录》	为有关通道高效、便捷、通畅提供了制度保障
	2016 年 10 月	《关于建立海警海上合作联合委员会的谅解备忘录》	加强了在海洋环保、人道救援、打击贩毒等方面的执法合作
	2017 年 11 月	《中华人民共和国政府和菲律宾政府联合声明》	建立了南海问题磋商机制，同意在海洋环保、减灾、海上安全等领域加强合作
越南	2003 年 11 月	《中国防城港至越南下龙湾高速客轮航线搜寻救助合作协议》	交换海上搜救预案，就搜救机构、联络窗口、通讯方式、搜救区域和责任、善后工作等问题作出相应规定
	2005 年 10 月	《海军北部湾联合巡逻协议》	维护北部湾通道秩序
	2011 年 10 月	《关于指导解决中国和越南海上问题基本原则协议》	积极推进海上搜救等低敏感领域合作
	2016 年 6 月	《中国海警局与越南海警司令部合作备忘录》	实现海警舰艇互访、北部湾联合巡逻，促进海上通道执法合作

中国还致力于在海员证书互认以及船舶检验等方面推进认证认可和标准体系对接，推动"一个标准、一张证书、全球通行"，减少不必要的船舶检查和滞留，为航运便利化奠定基础。2012 年以来，中国先后与丹麦、新加坡、巴拿马、希腊、意大利、约旦、泰国、卢森堡、蒙古国、利比里亚海事主管机关签署了海事领域的合作文件，在港口国监督、防污染管理、海事调查、船员管理等共同关注领域开展交流与合作。其中，值得特别关注的是，为顺应航运电子化、智能化发展的需要，中国在推动船员证书、船舶证书、船舶登记以及其他相关事务电子化应用、互认方面不断尝试，不仅与 27 个国家（地区）签署船员适任证书认可协议，还与新加坡签署船舶电子证书谅解备忘录，便利船舶通关，引领和推进电子证书在全球航运业的应用进程①。

第三节　海上交通安全司法

中国自 1984 年逐步建立起专门审理海事案件的海事司法系统。该系统长期以来以审理民商事海事海商案件为主，这导致与海上交通安全相关的大量行政、刑事案件多由一般法院审理。但相较于一般法院，海事司法系统审理海上交通安全案件具有更强的专业性优势。为此，中国近年来启动了以"三审合一"为目标的海事司法改革，加强海上交通安全司法保障力度。

一　海上交通安全行政案件

海事执法部门在履行海上交通安全维护职责过程中，可能与被执法船舶及当事人发生纠纷。对于海事行政案件的管辖法院，中国司法系统历经多次反复。中国海事司法系统自建立之初就被授权受理海事行政案件。

---

① 交通运输部科学研究院：《中国可持续交通发展报告》，第 73 页。https：//xxgk. mot. gov. cn/2020/jigou/gjhzs/202112/t20211214_3631113. html。

1989 年，最高人民法院颁布《关于海事法院收案范围的规定》，将涉及海洋、内河主管机关的行政案件明确纳入了海事法院收案范围。两年之后，为贯彻执行《行政诉讼法》，最高人民法院颁布的《关于贯彻执行〈中华人民共和国行政诉讼法〉若干问题的意见（试行）》规定："专门人民法院不设行政审判庭，不受理行政案件。"根据这一规定，各海事法院停止了对海事行政诉讼案件的受理。此后直至 2001 年，最高人民法院公布了《关于海事法院受理案件范围的若干规定》，再度将海事行政案件的审理交由海事法院。可是两年后，2003 年最高人民法院发布的《关于海事行政案件管辖问题的通知》要求，"行政案件、行政赔偿案件和审查行政机关申请执行其具体行政行为的案件仍由各级人民法院行政审判庭审理。海事等专门人民法院不审理行政案件、行政赔偿案件，亦不审查和执行行政机关申请执行具体行政行为的案件"。2015 年，最高人民法院颁布的《最高人民法院关于海事法院受理案件范围的规定》，海事法院再一次有权受理和审理海事行政诉讼案件。

根据 2015 年《最高人民法院关于海事法院受理案件范围的规定》，海事法院有权审理的海上行政案件事由共 7 项，其中 6 项可能与海上交通安全相关，包括：因不服海事行政机关作出的涉及海上、通海可航水域或者港口内的船舶、货物、设备设施、海运集装箱等财产的行政行为而提起的行政诉讼案件；因不服海事行政机关作出的涉及海上、通海可航水域运输经营及相关辅助性经营、货运代理、船员适任与上船服务等方面资质资格与合法性事项的行政行为而提起的行政诉讼案件；以有关海事行政机关拒绝履行上述行政管理职责或者不予答复而提起的行政诉讼案件；以有关海事行政机关及其工作人员作出上述行政行为或者行使相关行政管理职权损害合法权益为由，请求有关行政机关承担国家赔偿责任的案件；以有关海事行政机关及其工作人员作出上述行政行为或者行使相关行政管理职权影响合法权益为由，请求有关行政机关承担国家补偿责任的案件；有关海事行政机关作出上述行政行为而依法申请强制执行的案件。

海上交通相关行政案件回归海事法院管辖，有以下显著优势。首先，纵观中国因海事行政机关所作出的具体行政行为引发争议的案件，专业性、技术性和涉外性是这类案件的主要特征，而审理这样的案件正是海事法院法官的强项所在。其次，中国海事行政机关的管辖范围是以航道、水系来划分的，不仅仅依其所处的行政区域而定，这与地方各级法院的管辖范围难以一一对应，如果由地方各级法院审理海事行政诉讼案件，难免会造成管辖权争议。

二　海上交通安全刑事案件

相较于行政案件态度上的反复，海上刑事案件长期以来并未被纳入海事法院的受案范围。由于司法层面的定位缺失，时常导致行政执法与刑事司法的偏差与操作上的"尴尬"。据统计，2007~2011年，中国沿海五个省份海上交通事故死亡失踪人数达到961人，绝大多数案件没有进入刑事司法程序[①]。这种缺陷也进一步导致《刑法》对海上交通安全相关犯罪的关注不足。例如，危险驾驶罪的客观表现是"在道路上驾驶机动车追逐竞驶，或者在道路上醉酒驾驶机动车的"，而驾驶船舶依此法条定罪存在一定障碍。此外，长期以来存在的肇事船舶违法逃逸、无证船员非法上船等海上交通安全行政违法行为已经构成扰乱海上秩序的严重犯罪，却很少受到刑事制裁[②]。

为扭转这一不利现象，2016年海事行政案件正式纳入海事法院管辖范围之后，中国法院开始了海事刑事案件纳入海事法院审理的管辖改革探索。2017年，最高人民法院指定宁波海事法院作为海事刑事案件专门管辖试点法院。同年6月，宁波海事法院审理了马耳他籍"卡塔丽娜"（Katalina）轮二副艾伦·门多萨·塔布雷交通肇事罪一案。该案被告人涉嫌海上交通肇事罪，致14人死亡5人失踪。宁波海事法院法官综合海面能见度不良、天气状况、船舶途经渔区航行等因素，认定被告人未保持正规瞭望与安全

---

① 赵微：《赋予海事法院刑事审判权之正当性分析》，《法治研究》2015年第1期，第35页。
② 赵微：《赋予海事法院刑事审判权之正当性分析》，《法治研究》2015年第1期，第35页。

航速，未采取有效避碰行动和雾航措施，违反了《1972 年国际海上避碰规则公钓》《海上交通安全法》的相关规定以及《1910 年统一船舶碰撞若干法律规定的国际公约》《海商法》关于施救义务的规定，最终以交通肇事罪判处被告人有期徒刑三年六个月。2021 年 4 月，宁波海事法院又公开审理并宣判全国第一起海上涉重大责任事故罪案，依法判处被告人有期徒刑三年，缓刑四年。上述海上交通安全相关刑事案件的成功审理，充分展示了中国海事法官对海域特性、海况、船舶设备、船员专业技能等海事专业知识以及国际海事规则和公约的综合掌握水平，证明海事法院审理海上交通安全相关刑事案件、维护平安畅通海上通航环境的专业优势和可行性。

第十一章　防治船源污染的法治发展

海洋运输是国际贸易中最主要的运输方式，约占国际贸易总运量的80%。中国90%以上的进出口货物是通过海洋运输方式完成的。船舶是海洋运输的主要载体，相关统计数据表明，海洋环境污染中有35%的污染物来源于船舶污染①，即所谓的船源污染。船源污染对海洋造成的威胁是巨大的，不仅涉及海产养殖等财产损失，而且对海洋环境、海洋生物资源、海滨环境、居民健康等也会造成严重危害。为保护海洋生态环境、建设海洋生态文明，防治船源污染势在必行。在国际上，相对于其他海洋污染源（如陆源污染、海上倾废污染等），防治船源污染相关国际公约最为全面；在国内，中国防治船源污染的立法、执法、司法都取得了快速发展，值得其他海洋污染源防治立法参考借鉴。

第一节　船源污染法治概述

一　船源污染的概念

船源污染，又称船舶污染，与陆源污染、海底开发污染、废弃物倾倒和大气污染等共同构成对海洋环境的重大威胁②。所谓船源污染，是指"船

---

① 徐秦、方照琪：《船舶对海洋环境的污染及对策》，《中国水运》2003年第11期，第30页；高宁：《我国船舶污染防治存在问题及其完善建议》，《浙江海洋大学学报》（人文科学版）2020年第6期，第19页。
② 张湘兰：《海商法》，武汉大学出版社，2008，第210页。

舶溢漏排放污染物于海洋产生损害海洋生物资源、危害人体健康、妨碍渔业和其它海上经济活动、损害海水使用质量、破坏海洋环境和海洋生态系统平衡等有害影响"①。

船源污染具有以下特征。第一，跨国性。船舶尤其是远洋船舶以天然相连的海洋为载体周游于世界，使得污染肇事船舶的船旗国、损害行为地和损害结果地往往位于不同国家，充分体现了船源污染的跨国性。第二，严重性。船源污染尤其是船舶碰撞、搁浅等海难造成的事故性污染，损害后果往往令人触目惊心。它不仅给海洋环境和资源造成重大灾难，而且对沿海产业和个人开发利用海洋资源的经济活动产生严重影响。第三，复杂性。船源污染损害的复杂性表现在：其一，它牵涉船东、货主、保险人、受害人等多方利害关系，并受国家利益、环境保护主义等因素影响；其二，它所造成的损害类型，包括海洋环境损害、财产损害和纯经济损失②。

二　船源污染的种类

船源污染的种类主要包括油类污染、有毒有害物质污染、生活污水污染、垃圾污染、大气污染、压载水生物污染、防污底系统污染、放射性污染、微塑料污染、拆船污染等。

（一）油类污染

油类污染主要包括因操作性溢油和事故性溢油导致的污染③。操作性溢油是指船舶违章排放机舱舱底污水、油船洗舱污水以及船舶装卸作业过程中产生的含油污水。事故性溢油是指因船舶碰撞、搁浅、爆炸、火灾等事故造成的船载油类货物或者船用燃油的泄漏④。在船源污染中，油类污染较为严重。特别是持久性油类具有不易挥发性，使得油类在海面上形成

---

① 张湘兰：《海商法论》，武汉大学出版社，1996，第198页。
② 张湘兰：《海商法》，武汉大学出版社，2008，第211页。
③ 闫大海、张晗、符道：《船舶污染源综述》，《舰船科学技术》2018年第11期，第10页。
④ 闫大海、张晗、符道：《船舶污染源综述》，《舰船科学技术》2018年第11期，第10页。

可怕的油膜，从而导致一系列严重后果①。

（二）有毒有害物质污染

有毒有害物质污染主要是船舶运输的危险化学品带来的污染。一般分为两类：一类是散装有毒液体运输造成的污染，包括液体外溢以及跑、冒、滴、漏等；另一类是包装有害物质运输所造成的污染。当用水清除因包装破损、泄漏、溢流等洒落甲板和舱底的有毒物质时，水溶液流入海中造成污染②。另外，与这些有毒物质混合的垃圾、分离物或其他材料也是污染源③。

（三）生活污水污染

船舶生活污水污染，是指由船员、旅客以及船舶所载的动物日常生活所形成的废水和废物。船舶生活污水因冲洗废水中含有较多的氮、磷等营养元素，直接排放会造成水体富营养化；同时，船舶生活污水中还含有大量的细菌、寄生虫以及危害人体和水生物的病毒，都会对水体造成严重的污染④。

（四）垃圾污染

船舶垃圾污染，主要是指船舶在日常活动中产生的生活废弃物、扫舱物料及其他固体废物等。船舶产生的垃圾种类众多，有的在航行和运输过程中产生，有的在维修保养时产生，还有的是在船员和旅客生活中产生的。如果这些垃圾未处理就直接排放，将严重破坏海洋生态环境⑤。

（五）大气污染

船舶大气污染主要是指船舶储存和运输时产生的有毒有害气体、石油

---

① 程传亮、闫循堂：《船舶对海洋的污染及其治理措施》，《中国水运》（学术版）2006年第7期，第12页。
② 闫大海、张晗、符道：《船舶污染源综述》，《舰船科学技术》2018年第11期，第10页。
③ 程传亮、闫循堂：《船舶对海洋的污染及其治理措施》，《中国水运》（学术版）2006年第7期，第12页。
④ 笪靖、陈勇、陈新响：《浅谈船舶污染途径与现状分析》，《世界海运》2015年第5期，第54页。
⑤ 笪靖、陈勇、陈新响：《浅谈船舶污染途径与现状分析》，《世界海运》2015年第5期，第54页。

及化学品蒸气、粉尘，船舶动力系统燃烧产生的氮氧化物、碳氧化物等造成的大气污染[①]。

（六）压载水生物污染

船舶在航行时，压载是一种必然状态。船舶在加装压载水的同时，海水中的浮游生物、细菌、病原体等生物也随之进入压载舱中，直至航行结束排放到目的海域，从而引起有害生物和病原体的传播。全球环保基金组织已把船舶压载水引起的外来物种入侵问题列为海洋四大危害之一[②]。

（七）防污底系统污染

防污底系统是指船舶用于控制和防止船底海生物生长、附着所使用的防护涂层、油漆、表面处理装置。防污底系统中含有的 TBT 等物质在抑制海洋微生物附着船体的同时也会危害海洋生物，进入食物链进而影响其他生物，对自然环境的危害程度超过有毒化合物[③]。

（八）放射性污染

船舶放射性污染主要包括向海洋投弃液态或固态放射性废弃物、核动力船舶事故、正常航行的核动力船舶的放射性污染等[④]。

（九）微塑料污染

微塑料是指粒径小于 5 毫米的塑料纤维、颗粒或者薄膜。这些塑料碎片化学性质稳定、难以降解，对海洋环境及海洋生态影响极大[⑤]。微塑料通过船舶进入海洋的途径主要包括：海洋捕捞和水产养殖业产生的塑料、船舶涂层中的微塑料、船舶清洁维修活动中产生的微塑料、船舶垃圾和废水中的塑料[⑥]。

---

① 闫大海、张晗、符道：《船舶污染源综述》，《舰船科学技术》2018 年第 11 期，第 10 页。

② 笪靖、陈勇、陈新响：《浅谈船舶污染途径与现状分析》，《世界海运》2015 年第 5 期，第 53~54 页。

③ 潘晓峰：《〈国际控制船舶有害防污底系统公约〉生效后的对策》，《水运管理》2009 年第 4 期，第 22~23 页。

④ 闫大海、张晗、符道：《船舶污染源综述》，《舰船科学技术》2018 年第 11 期，第 10 页。

⑤ 张莉：《微塑料对海洋环境的影响》，《化学工程与装备》2022 年第 3 期，第 272~273 页。

⑥ 《海洋微塑料污染如何防治？船舶来源不可忽视》，宝山海事网，2022 年 3 月 11 日，https：//mp.weixin.qq.com/s/gTYDLkVIwZgLEavzFouOaQ，2022 年 7 月 13 日访问。

（十）拆船污染

在废船拆解的过程中会产生很多污染源，主要包括以下三类：一是由残存的废油、压舱水、舱底水、拆解冲洗废水等引起的水污染源，二是由切割废气、电石废气、拆解石棉构件等引起的大气污染源，三是由电石渣、废机油、油泥、石棉等引起的固废污染源①。

三 防治船源污染的国家实践

中华人民共和国海事局（交通运输部海事局）是防治船源污染的主管机关。《海洋环境保护法》第5条第3款规定："国家海事行政主管部门负责所辖港区水域内非军事船舶和港区水域外非渔业、非军事船舶污染海洋环境的监督管理，并负责污染事故的调查处理；对在中华人民共和国管辖海域航行、停泊和作业的外国籍船舶造成的污染事故登轮检查处理。"交通运输部海事局内设办公室、政策法规处、船舶监管处、危管防污处、船舶检验管理处等机构。此外，渔业行政主管部门负责渔港水域内非军事船舶和渔港水域外渔业船舶污染海洋环境的监督管理，负责保护渔业水域生态环境工作，并调查处理海事局负责处理的污染事故以外的渔业污染事故。军队环境保护部门负责军事船舶污染海洋环境的监督管理及污染事故的调查处理。

中国管制船源污染海洋环境，已基本形成了一个包括法律、行政法规、部门规章在内的多层次法律框架。首先，《宪法》（1982年实施、2018年最新修正）第26条和《环境保护法》（2015年实施）总则部分对保护中国环境、防治污染（包括船舶污染）作了原则性规定。其次，《海洋环境保护法》（1983年实施、2017年最新修正）第八章专章规定："防治船舶及有关作业活动对海洋环境的污染损害。"再次，中国还颁布了与《海洋环境保护法》配套的一系列行政法规，如《防止拆船污染环境管理

---

① 廖岩、赵文静：《拆船环境污染面临的形势与应对策略》，《2015年中国环境科学学会学术年会论文集》，2015年。

条例》（1988 年实施、2017 年最新修订）、《防治船舶污染海洋环境管理条例》（2010 年实施、2018 年最新修订）等。复次，交通运输部颁布了《老旧运输船舶管理规定》（2006 年实施、2021 年最新修正）、《船舶污染海洋环境应急防备和应急处置管理规定》（2011 年实施、2019 年最新修正）、《海上海事行政处罚规定》（2021 年实施）等部门规章及《船舶安全营运和防止污染管理规则》（2003 实施）等规范性文件。最后，中国还制定了《海水水质标准》（GB3097-1997）、《船舶水污染物排放控制标准》（GB3552-2018）等海洋环境保护标准。

四　防治船源污染的国际实践

随着 1958 年 3 月 17 日《政府间海事协商组织公约》生效，政府间海事协商组织（Intergovernmental Maritime Consultative Organization，IMCO）于 1959 年 1 月 6 日至 19 日在英国伦敦正式成立。1982 年 5 月 22 日，该组织更名为国际海事组织（International Maritime Organization，IMO）。国际海事组织是联合国负责海上航行安全和防止船舶污染海洋的专门机构，总部设在伦敦①。

国际海事组织通过了一系列有关防治船源污染的公约，包括：《1954 年防止海洋油污国际公约》（*International Convention for the Prevention of Pollution of the Sea by Oil*，*1954*，以下简称《1954 年伦敦油污公约》，OILPOL 1954），《1969 年国际干预公海油污染公约》（*International Convention Relating to Intervention on the High Seas in Cases of Oil Pollution Casualties*，*1969*，以下简称《1969 年公海干预公约》，CSI 1969），《1969 年国际油污损害民事责任公约》（*International Convention on Civil Liability for Oil Pollution Damage*，*1969*，以下简称《1969 年民事责任公约》，CLC 1969）及其 1984 年议定书、1992 年议定书，《1971 年设立国际油污损害赔偿基金国际公约》（*International Convention on the Establishment of an International Fund for Compensation for Oil*

---

① 陈敬根：《国际海上安全条约法律问题研究》，上海大学出版社，2018，第 19 页。

Pollution Damage, *1971*, 以下简称《1971 年基金公约》, Fund Convention 1971）及其 1984 年议定书、1992 年议定书、2003 年议定书，《1971 年海上运输核材料民事责任公约》（*Convention Relating to Civil Liability in the Field of Maritime Carriage of Nuclear Material*, *1971*, 以下简称《1971 年核材料民事责任公约》, Nuclear 1971），《1972 年防止倾倒废料及其他物质污染海洋公约》（*International Convention on the Prevention of Marine Pollution by Dumping of Wastes and Other Matter*, *1972*, 以下简称《1972 年伦敦倾废公约》, LDC 1972）及其 1996 年议定书，《1973 年国际防止船舶造成污染公约》（*International Convention for the Prevention of Pollution from Ships*, *1973*, 以下简称《1973 年防污公约》, MARPOL 1973）及其 1978 年议定书（以下简称《73/78 防污公约》, MARPOL 73/78），《1990 年国际油污防备、反应和合作公约》（*The International Convention on Oil Pollution Preparedness*, *Response and Co-operation*, *1990*, 以下简称《1990 年 OPRC 公约》, OPRC 1990），《1996 年国际海上运输有毒有害物质损害责任及赔偿公约》（*International Convention on Liability and Compensation for Damage in Connection with the Carriage of Hazardous and Noxious Substances by Sea*, *1996*, 以下简称《1996 年 HNS 公约，HNS 1996》）及其 2010 年议定书，《2000 年有毒有害物质污染事故防备、反应和合作议定书》（*The Protocol to Preparedness*, *Response and Cooperation to Pollution Incident by Hazardous and Noxious Substance*, *2000*, 以下简称《2000 年 OPRC-HNS 议定书》, OPRC-HNS Protocol 2000），《2001 年燃油污染损害民事责任国际公约》（*International Convention on Civil Liability for Bunker Oil Pollution Damage*, *2001*, 以下简称《2001 年燃油公约》, Bunker Convention 2001），《2001 年国际控制船舶有害防污底系统公约》（*International Convention on the Control of Harmful Anti-Fouling Systems on Ships*, *2001*, 以下简称《2001 年防污底公约》, AFS 2001），《2004 年国际船舶压载水及沉积物控制和管理公约》（*International Convention for the Control and Management of Ships' Ballast Water and Sediments*, *2004*, 以下简称《2004 年压载水公约》, BWM 2004），《2007 年内罗毕国际船舶残骸清除公约》

（*Nairobi International Convention on the Removal of Wrecks*，2007，以下简称《2007 年内罗毕公约》，WRC 2007），《2009 年香港国际安全与环境无害化拆船公约》（*Hong Kong International Convention for the Safe and Environmentally Sound Recycling of Ships*，2009，以下简称《2009 年香港公约》，Hong Kong Convention 2009）等。

有些海洋区域的沿海国共同制定了本区域的防治船源污染公约。例如，东北大西洋和北海区域的沿海国签订了《1972 年防止船舶和飞机倾废污染海洋公约》《1983 年关于对付北海石油和其他有害物质污染的合作协定》等，波罗的海沿岸国签订了《1974 年保护波罗的海区域海洋环境公约》《1992 年保护波罗的海区域海洋环境公约》等①。

在国际海事组织的推动和世界各国的积极参与下，国际社会基本上构建起了一套完整的防治船源污染的国际法律体系。1982 年《联合国海洋法公约》（以下简称为《海洋法公约》）对于船舶污染确立了防止船舶引起海洋污染的基本法律框架。在船源污染的国家义务，防止、减少和控制海洋环境污染的国际规则、标准和国内立法，以及船源污染的执行等重要方面，《海洋法公约》对船源污染的国际法律控制提供了指导性原则和立法基础。《海洋法公约》和国际海事组织制定的一系列船源污染防治国际公约共同构成了当今防治船源污染比较完善的国际法律制度框架②。

第二节　防治船源污染立法

一　防治船源污染的法律

2018 年修正的《宪法》第 9 条规定，禁止任何组织或者个人用任何

---

① 蔡先凤：《试论国际生态安全法的发展现状》，2003 年中国环境资源法学研讨会（年会）（2003.7.24-29·青岛）论文集，第 621 页。
② 白洋：《国际船源污染防治法的特点和展望》，《东岳论丛》2010 年第 8 期，第 173~177 页。

手段侵占或者破坏自然资源，其中自然包括海洋资源。《宪法》第26条还为防治船源污染海洋环境提供了原则性的指引："国家保护和改善生活环境和生态环境，防止污染和其他公害。"

《民法典》第七编第七章"环境污染与生态破坏责任"调整因环境污染和生态破坏所产生的人身、财产和生态环境损害赔偿关系，故船舶污染对海洋生态环境造成损害同样是《民法典》调整的内容之一。《民法典》第1234、1235条体现了《民法典》向生态保护方向的转变①，弥补了原《侵权责任法》轻视生态破坏侵权的缺陷②，同时也填补了生态功能损害无具体法律责任承担方式的漏洞③。《民法典》第1235条规定，除了一般的清污费、恢复费用、防止损害扩大的费用以及评估费，污染者还需要承担生态环境恢复期间的损失和永久性损失，第1232条的惩罚性规定为船源污染破坏海洋生态环境提供了一般法基础④。相比CLC1992年议定书将环境损害赔偿限于已实际采取或将要采取的合理恢复措施的费用，《民法典》对环境生态损失的赔偿范围更广。与《民法典》相似，《环境保护法》在船源污染对海洋环境的损害方面起到了提纲挈领的作用，将防止海洋污染的具体规定交给其他法律法规来规范。《环境保护法》第34条规定，向海洋排放污染物、倾倒废弃物应当符合法律法规规定和有关标准，防止和减少对海洋环境的污染损害。

---

① 《民法典》第1234条规定："违反国家规定造成生态环境损害，生态环境能够修复的，国家规定的机关或者法律规定的组织有权请求侵权人在合理期限内承担修复责任。侵权人在期限内未修复的，国家规定的机关或者法律规定的组织可以自行或者委托他人进行修复，所需费用由侵权人负担。"第1235条规定："违反国家规定造成生态环境损害的，国家规定的机关或者法律规定的组织有权请求侵权人赔偿下列损失和费用：（一）生态环境受到损害至修复完成期间服务功能丧失导致的损失；（二）生态环境功能永久性损害造成的损失；（三）生态环境损害调查、鉴定评估等费用；（四）清除污染、修复生态环境费用；（五）防止损害的发生和扩大所支出的合理费用。"
② 张新宝、汪榆森：《污染环境与破坏生态环境侵权责任的再法典化思考》，《比较法研究》2016年第5期，第140~155页。
③ 吕忠梅：《〈民法典〉"绿色规则"的环境法透视》，《法学杂志》2020年第10期，第1~11页。
④ 《民法典》第1232条规定："侵权人违反法律规定故意污染环境、破坏生态造成严重后果的，被侵权人有权请求相应的惩罚性赔偿。"

《海洋环境保护法》（2017 年修正）专章规定了防治船舶及有关作业活动对海洋环境的污染损害，在不同条款规定了防治不同种类的船舶污染。第 62 条规定，任何船舶及相关作业不得在中国管辖海域违反本法规定向海洋排放污染物、废弃物和压载水、船舶垃圾及其他有害物质；第 66条规定，当船舶油污导致民事损害赔偿责任时，该责任由船东和货主共同承担风险，同时应当建立船舶油污保险、油污损害赔偿基金制度。该法总体上是行政法①，除第 66 条、第 89 条②、第 91 条③规定了污染者民事责任以外，大部分条款以行政处罚方式惩罚海洋环境污染者和保护海洋生态。

现行《海商法》并没有专门对船源污染海洋环境作出规定，仅在第十一章"海事赔偿责任限制"中提及油污损害赔偿。根据《海商法》第 268条第 1 款的规定，中国参加的国际公约，如《1969 年民事责任公约》1992 年议定书和《2001 年燃油公约》，仅适用于具有涉外因素的船载散装持久性油类或船用燃油造成的海洋环境损害④。

从现有法律可以看出，中国目前缺少针对无涉外因素的船舶污染损害赔偿制度。2017 年 7 月，交通运输部启动《海商法》修改工作，委托大连海事大学作为牵头单位成立的课题组已经完成《海商法（修改送审稿）》。司法部于 2020 年 1 月就该修改送审稿定向征求意见。该送审稿新增第 12 章"船舶油污损害责任"，参考国际公约和有关司法解释、借鉴国

---

① 胡正良、孙思琪：《我国〈海商法〉修改的基本问题与要点建议》，《国际法研究》2017年第 4 期，第 53~71 页。

② 《海洋环境保护法》第 89 条规定："造成海洋环境污染损害的责任者，应当排除危害，并赔偿损失；完全由于第三者的故意或者过失，造成海洋环境污染损害的，由第三者排除危害，并承担赔偿责任。对破坏海洋生态、海洋水产资源、海洋保护区，给国家造成重大损失的，由依照本法规定行使海洋环境监督管理权的部门代表国家对责任者提出损害赔偿要求。"

③ 《海洋环境保护法》第 91 条完全属于下列情形之一，经过及时采取合理措施，仍然不能避免对海洋环境造成污染损害的，造成污染损害的有关责任者免予承担责任：（一）战争；（二）不可抗拒的自然灾害；（三）负责灯塔或者其他助航设备的主管部门，在执行职责时的疏忽，或者其他过失行为。

④ 其中一个例外是《防污条例》第 50 条。该条规定载运散装持久性油类物质的船舶造成中华人民共和国管辖海域污染的，赔偿限额依照中华人民共和国缔结或者参加的有关国际条约的规定执行。

外立法，本章包括了"一般规定""船舶油类污染损害责任""船舶燃油污染损害责任""船舶油污损害赔偿基金"四节内容。《海商法（修改送审稿）》获得通过后，第 12 章相关规定相对完善，对统一中国船源污染损害赔偿制度、保护海洋环境起到重要作用。

二　防治船源污染的行政法规

在上位法的指引下，国务院及其各部委根据各类船源污染制定了不同的行政法规和部门规章。

（一）综合性防污立法

国务院于 1983 年 12 月 29 日发布实施了《防止船舶污染海域管理条例》，1999 年修改后更名为《防治船舶污染海洋环境管理条例》（以下简称《防污条例》），现行有效的是 2018 年修正的《防污条例》。这是一部较为综合的船舶及其有关作业污染防治规定，遵循预防为主、防治结合原则。《防污条例》所包含的船源污染较为广泛：第 15 条将船舶垃圾、船舶生活污水、含油污水、含有毒有害物质污水、废气等污染物以及压载水都列为污染源头；第四章"船舶有关作业活动的污染防治"全面规定了船舶载运污染危害性货物、船舶燃油、船舶修造和拆解、船舶倾倒废弃物需要遵守的防治方法。此外，《防污条例》同时对船货双方作出了财务担保的要求。

除《防污条例》之外，还有一个综合性的船舶污染防治部门规章，即交通运输部 2017 年修正的《船舶及其有关作业活动污染海洋环境防治管理规定》（以下简称《污染管理规定》）。《污染管理规定》继承了《防污条例》的船源污染调整范围，包括船舶修造、打捞、拆解，沉船打捞，散装液体污染危害性货物，船舶垃圾、生活污水、含油污水、含有毒有害物质污水、废气等污染物以及压载水，等等。并且《防污条例》和《污染管理规定》都主要通过行政手段处罚不遵守本法的船舶或者有关作业单位。

（二）船舶油污

20 世纪，中国有 1983 年《油船安全生产管理规则》（已失效）和 1999 年《船舶载运散装油类安全与防污染监督管理办法》等法律文件防治船舶污染。预防船舶污染是治理污染的重要手段，船舶污染事故发生后的应急措施也是治理的关键。交通运输部于 2011 年 1 月 27 日发布《船舶污染海洋环境应急防备和应急处置管理规定》，交通运输部海事局（以下简称"部海事局"）于同年 6 月 9 日根据该规定发布《防治船舶污染海洋环境能力专项验收实施细则》。2015 年 5 月 12 日交通运输部令对《船舶污染海洋环境应急防备和应急处置管理规定》进行了修正，该规定要求船舶进行应急能力建设、制订应急预案、作出应急处置，并对船舶污染清除单位、船舶污染清除协议的签订以及船舶应当承担的法律责任作出规范。与此配套的《防治船舶污染海洋环境能力专项验收实施细则》也要求船舶具备污染监视监测能力、污染物接收处理能力以及污染事故应急处置能力等，否则不得从事船舶靠泊、装卸、过驳作业或从事船舶修造、打捞、拆解等作业活动。

在船舶油污领域，为保护海洋环境，保障油污受害人获得赔偿，根据《海洋环境保护法》第 66 条①的授权，交通运输部于 2010 年制定了《船舶油污损害民事责任保险实施办法》（2013 年 8 月修正）。该实施办法根据不同的船舶类型或载运货物，设定不同的船舶油污损害民事责任保险及额度，并给那些已经办理了有效的油污损害民事责任保险的船舶提供责任保险证书。2012 年《船舶油污损害赔偿基金征收使用管理办法》和 2014 年《船舶油污损害赔偿基金征收使用管理办法实施细则》规定了进口石油货主摊款，成立船舶油污损害赔偿基金，通过对基金的征收、使用和管理的规定，健全了中国船舶油污损害赔偿机制。

（三）船舶倾废

目前有关船舶向海洋倾废的行政法规有两部，分别是国务院于 2017 年修正的《海洋倾废管理条例》和原国土资源部（现为自然资源部）2017 年修正的《海洋倾废管理条例实施办法》。《海洋倾废管理条例》第 2 条规定，本法适用于利用船舶、航空器、平台及其他载运工具，向海洋处置废弃物

---

① 《海洋环境保护法》第 66 条规定，国家完善并实施船舶油污损害民事赔偿责任制度；按照船舶油污损害赔偿责任由船东和货主共同承担风险的原则，建立船舶油污保险、油污损害赔偿基金制度。实施船舶油污保险、油污损害赔偿基金制度的具体办法由国务院规定。

和其他物质，但不包括船舶、航空器及其他载运工具和设施正常操作产生的废弃物的排放。《海洋倾废管理条例》第 11 条还根据废弃物的毒性、有害物质含量和对海洋环境的影响等因素，将其分为三类：禁止倾倒的废弃物、需事先获得特别许可证的废弃物和需事先获得普通许可证的废弃物。这与《1972 年伦敦倾废公约》规定的废物倾倒特别许可制度、倾倒废物分类制度以及废物倾倒船舶预先登记制度有异曲同工之妙。

（四）拆船

国务院于 2017 年修正《防止拆船污染环境管理条例》以规范拆船过程中造成的船舶污染，交通运输部在 2021 年废止了《拆解船舶监督管理规则》。

（五）船舶载运危险物质

2007 年部海事局关于印发《船舶载运散装液体物质分类评估管理办法》，交通运输部于 2018 年发布《船舶载运危险货物安全监督管理规定》。这些规定要求载运危险物质的船舶必须具有防污染应急预案、具备相应资格的人员以及合格的船上设施，海事管理机构监督、管理船舶进行安全作业。

三　防治船源污染的地方性立法

在防治船源污染方面，尤其是沿海省市的各级地方立法层出不穷。例如，《山东省海洋环境保护条例》《江苏省海洋环境保护条例》《浙江省海洋环境保护条例》《海南省海洋环境保护规定》《辽宁省海洋环境保护办法》等等。这些地方立法明确了船舶污染防治的政府职能分工。例如，根据辽宁省 2019 年修正的《辽宁省海洋环境保护办法》第 5 条规定，沿海县级以上环境保护部门对本行政区域内海洋环境保护管理工作实施指导、协调和监督；沿海县级以上海洋环境保护部门负责监管本行政区域内的海洋环境，并负责管辖渔港水域内非军事船舶和渔港水域外渔业船舶污染海洋环境的监督管理，调查处理渔业污染事故；海事部门负责所辖港区水域内非军事船舶和港区水域外非渔业、非军事船舶污染海洋环境的监督管理和污染事故的调查处理；对在所管辖海域航行、停泊和作业的外国籍船舶造成的污染事故登轮检查处理。第 28 条重述了海事部门的职责："船舶发生海难事故，造成或者可能造成海洋环境污染损害的，由海事部门依法采取强制清除、打捞或者拖航等应急处置措施。"

地方立法中也有直接针对各种船舶污染海洋环境的综合管理规定，如2019年《河北省防治船舶污染海洋环境管理办法》和2015年《上海港船舶污染防治办法》。《上海港船舶污染防治办法》从更广范围综合防治船舶及其有关作业活动，包括排放压载水、残油接收、含油污水接收，进行散装液体污染危害性货物的过驳作业，船舶水上拆解、打捞、修造，船舶油料供受作业；第四章要求有关部门和单位建立防治船舶及其有关作业活动污染环境应急反应机制，制订防治船舶及其有关作业活动污染环境应急预案。

对于船舶供受油污染，主要有2019年《上海海事局防治船舶供受油作业污染海洋环境管理规定》、2010年《福建沿海船舶供受油作业污染防治管理规定》等法规规范。

针对船舶污染物的排放问题，2010年《上海海事局防治船舶污染物接收作业污染海洋环境管理暂行规定》、2010年《广东海事局船舶污染物接收作业单位备案管理办法》、2022年《辽宁海事局防治船舶污染物接收作业活动污染海洋环境管理办法》规定了船舶排放船舶垃圾、生活污水、含油污水、含有毒有害物质污水等污染物接收过程的作业管理和监督管理，出发点为防止该作业污染海洋环境。大连、苏州、连云港等沿海城市还对船舶污染物接收和转运实行联合监管制度，如2021年《大连市海洋环境保护条例》。

为防治船舶拆解修造行为污染海洋环境，广东省海事局2008年出台了《广东海事局防治船舶修造和拆解作业污染水域管理规定》，天津市也于2020年第五次修正了《天津市防止拆船污染环境管理实施办法》。该实施办法第5条要求，建设拆船厂前必须编制环境影响报告书；第7条规定拆船排放未经处理的洗舱水、压舱水和舱底水，须事先向监督拆船污染的主管部门提出申请。

四 防治船源污染的行业标准

改革开放初期制定的《船舶污染物排放标准》（GB 3552-83）是中国

247

第一个规范船舶排污行为的国家级排放标准，在防治船舶污染、改善环境质量等方面发挥了积极作用。为适应经济社会发展和环境保护要求的提高，2018年原环境保护部联合国家质量监督检疫检验总局发布《船舶水污染物排放控制标准》（GB3552-2018）以替代《船舶污染物排放标准》。该排放控制标准在控制船舶污染物排放上更加严格，不仅增加了船舶含有毒液体物质的污水的排放控制要求，还在生活污水排放控制方面增加了pH值、氨氮和总磷等6项指标。

原环境保护部还于2018年同期发布了《船舶水污染防治技术政策》，同样适用于营运中产生的含油污水、生活污水、含有毒液体物质的污水和船舶垃圾的污染防治。该技术政策为防治船舶水污染及相关环境管理提供技术指导，遵循预防优先、分类管控、船岸并用、以岸为主、强化监管的综合防治原则。

五　中国参加的防治船源污染的国际公约

1967年"托利·堪庸"（Torrey Canyon）号油轮事故促成的《1969年公海干预公约》是一部具有公法性质的国际公约。《1969年公海干预公约》确认了沿海国有权对在公海上发生的油污事故采取必要措施来防止、减轻或消除油污对沿海国的不利影响，该公约的适用范围被限定于在海上航行的任何类型的船舶和任何船艇上装载的原油、燃料油、柴油和润滑油，未列明的油类不适用于该公约[1]。为填补船舶非油类物质污染的空缺，《1969年公海干预公约》缔约国又于1973年11月2日在伦敦签订了《1973年干预公海非油类物质污染议定书》（*Protocol Relating to Intervention the High Sea in cases of Marine Pollution by Substances Other Than Oil，1973*，以下简称《1973年议定书》。与《1969年公海干预公约》相对应，《1973年议定书》适用于非油类物质，包括危害人类健康、生物资源、海洋生物以及损害休憩环境或对海洋合法利用的物质，如油类、有毒物质、散装液化气和放射性物质。中国于

---

① 《1969年公海干预公约》第2条第2款和第3款。

1990 年 5 月 2 日正式加入《1969 年公海干预公约》及《1973 年议定书》，并于 1997 年 7 月 1 日对香港特别行政区适用。

除《1969 年公海干预公约》之外，还有一部 1998 年 6 月 30 日对中国生效、同样专注于船上石油对海洋环境危害的公约，即《1990 年 OPRC 公约》。该公约适用于任何形式的石油，包括原油、燃油、油泥、油渣和炼制产品。但相比《1969 年公海干预公约》，起因为"埃克森·瓦尔迪兹"（the Exxon Valdez）号油轮搁浅[①]的《1990 年 OPRC 公约》，更注重溢油事故发生后的应急措施制订和国际快速反应机制建立，并且不适用于任何军舰、军用辅助船或用于政府非商业性服务的其他船舶[②]。

在实践中，需要不同国家合作快速处理污染的不只有溢油事故。国际海事组织在《1990 年 OPRC 公约》之外，还制定了《2000 年 OPRC-HNS 议定书》，以弥补《1990 年 OPRC 公约》不适用有毒有害物质污染的缺憾，加强有毒有害物质污染事故发生后国际间快速有效反应的合作。该议定书于 2010 年 2 月 19 日对中国生效，同时适用于澳门特别行政区，暂不适用于香港特别行政区。

在海上倾废问题上，中国于 1985 年 11 月 14 日加入《1972 年伦敦倾废公约》。该公约于 1985 年 12 月 14 日对中国生效。《1972 年伦敦倾废公约》首次提出了倾倒废弃物的概念[③]，规定了废物倾倒特别许可制度、倾倒废物分类制度、废物倾倒地点划分管理制度、废物倾倒船舶预先登记制度、废物倾倒区域监测制度，等等。1996 年，《1972 年伦敦倾废公约》缔

---

① 1989 年 3 月，美国埃克森石油公司"埃克森·瓦尔迪兹"（the Exxon Valdez）号油轮在阿拉斯加附近海域搁浅，由于缺少有效的国际油污防备、响应和合作体制，或许本不严重的溢油事故给当地造成了极其严重的污染。J. E. Smith, "Torrey Canyon" Pollution and Marine Life—A Report by the Plymouth Laboratory of the Marine Association of the United Kingdom 1-4 (Cambridge University Press 1968).

② 《1990 年 OPRC 公约》第 2 条第 3 款。

③ 《1972 年伦敦倾废公约》第 3 条规定，"倾倒"是指从船舶、飞机、平台或其他海上人工构造物上有意在海上处置废弃物或其他物质的行为及任何有意在海上弃置船舶、飞机、平台或其他海上人工构造物的行为，但不包括这些构造物及其设备正常操作所引起或产生的废弃物和其他物质的处置，也不包括海底矿物资源勘探、开发生产的废弃物。"废弃物或其他物质"，是指任何种类、任何形状或任何式样的材料和实体。

约国对海上倾废种种制度进行重新审视，各缔约国按照各自的科学、技术和经济能力采取有效措施防止倾倒或者海上焚烧废物或其他物质损害海洋环境，重新制定了《1972 年伦敦倾废公约》的 1996 年议定书，以替代《1972 年伦敦倾废公约》，使该公约更适应现代化发展形势。

为更加综合地防止船舶对海洋造成污染，中国加入了《73/78 防污公约》和《海洋法公约》。《73/78 防污公约》为保护海洋环境和适应不断更新的船舶技术和快速发展的海上运输业，制定了一系列现代化的附则（包括防止油类污染、防止散装有毒液体物质污染、防止海运包装中的有害物质污染、防止生活污水污染、防止垃圾污染、防止空气污染六个附则）和修正案。作为一揽子协定的《海洋法公约》在防止船源污染的同时，还平衡了沿海国与船旗国之间的利益冲突。在《海洋法公约》第 12 章海洋环境的保护与保全中，第 210 条和第 211 条规定缔约国有防止、减轻、控制倾倒污染和船舶污染的基本义务。

除以上国际公约外，为防止船舶污染损害中国海域生态环境，确保航运业健康可持续发展，中国还加入了《2004 年压载水公约》《2001 年防污底公约》《2007 年内罗毕公约》等国际公约。《2004 年压载水公约》通过控制管理船舶压载水和沉积物来防止外来物种入侵海洋或传播病原体，以达到保护海洋生态环境的终极目标；《2001 年防污底公约》通过规范船舶有害防污底系统、加强对船舶防污底系统的监督管理来保护海洋环境；《2007 年内罗毕公约》规定了对船舶残骸的报告、定位、标记以及残骸清除责任等等。不同领域的国际公约从各个方面规范船源污染，从而构成了维护海洋环境的有机体系。中国政府对于符合国际法而有效缔结的条约，善意履行由此产生的义务，对某些公约的履行情况甚至达到了国际先进水平。例如，中国国际航行船舶禁止施涂、重涂、安装或使用有害防污底系统，执行《73/78 防污公约》附则 I 规定的防止污染证书要求等等。

为解决船源污染损害赔偿问题，中国于 1980 年 1 月 30 日加入了《1969 年民事责任公约》（CLC1969），该公约于 1980 年 4 月 29 日对中国生效。随着《1992 年国际油污损害民事责任公约》（以下简称《1992 年民事责任公约》，CLC1992）的生效实施，中国又于 1999 年 1 月 5 日加入《1992 年民事责任公约》，该公约于 2000 年 1 月 5 日对中国生效，《1969 年民事责任公约》同时对中国失效。《修正 1971 年设立国际油污损害赔偿基金国际公约的 1992 年议定书》（*Protocol of 1992 to Amend the International Convention on the Es-tablishment of an International Fund for Compensation for Oil Pollution Damage*，*1971*，以下简称《1992 年基金公约》，Fund Convention 1992）仅在中国香港特别行政区适用，在中国内地不适用。《1992 年基金公约》规定的船舶油污赔偿责任社会分担制度是《1992 年民事责任公约》的补充，使得油污受害者在遭受船载散装油类污染时，能得到比较充分的赔偿。2001 年 3 月 19 日至 23 日，国际海事组织在伦敦召开的外交大会上通过了《2001 年燃油公约》（Bunker Convention 2001）。该公约填补了燃油污染损害赔偿的空白，并且船舶适用范围和责任主体都比《1992 年民事责任公约》更广泛。这在缺少类似《1992 年基金公约》损害赔偿基金制度的情况下，保证燃油污染受害人有更多的机会得到赔偿。中国政府已于 2008 年 11 月 17 日批准加入该公约，该公约于 2009 年 3 月 9 日正式对中国生效。交通运输部海事局于 2008 年 12 月 23 日发布了《关于实施〈2001 年燃油污染损害民事责任国际公约〉的通知》。

第三节　防治船源污染执法与司法

一　防治船源污染执法

（一）执法主体

防治船源污染执法最初由中国海事、中国海监、中国渔政以及环保机构等多部门开展①，执法职责交叉重叠问题严重。2013 年《国务院机构改革和职能转变方案》整合了中国海监、中国渔政、边防海警、海上缉私警

---

① 军队环境保护部门负责军事船舶污染海洋环境的监督管理及污染事故的调查处理，在此不予讨论。

察的队伍及职责，重新组建国家海洋局，在一定程度上缓解了多头执法问题。但此次改革在地方层面更多是名称的改变，在实际海洋执法中没有达到中央设计的改革目标和整合程度①。

2018年《中共中央关于深化党和国家机构改革的决定》《深化党和国家机构改革方案》调整了综合管理思路，海洋管理延续了陆域的职能管理。与船源污染防治相关的执法改革主要如下。第一，不再保留国家海洋局和环境保护部，组建自然资源部和生态环境部，自然资源部对外保留国家海洋局牌子。生态环境部整合原环境保护部和原国家海洋局的海洋环境保护职责，统一行使生态和城乡各类污染排放监管与行政执法职责。第二，不再保留农业部，组建农业农村部，并将原农业部的渔船检验和监督管理职责划入交通运输部。第三，海警队伍转隶武警部队。按照先移交、后整编的方式，将原国家海洋局（中国海警局）领导管理的海警队伍及相关职能全部划归武警部队。

2018年中共中央办公厅、国务院办公厅印发的《关于深化生态环境保护综合行政执法改革的指导意见》规定：生态环境保护综合执法队伍以本级生态环境部门的名义，依法统一行使污染防治、生态保护、核与辐射安全的行政处罚权以及与行政处罚相关的行政检查、行政强制权等执法职能。除法律法规另有规定外，相关部门不再行使上述行政处罚权和行政强制权。结合2020年生态环境部印发的《生态环境保护综合行政执法事项指导目录》，此轮生态环境保护综合行政执法改革仅相对集中了陆源、海岸工程建设、海洋工程建设、海洋倾倒废弃物污染海洋环境执法行政处罚权及相关执法职能，未相对集中船源污染执法职能。

2018年《全国人民代表大会常务委员会关于中国海警局行使海上维权执法职权的决定》规定，中国海警局统一履行海上维权执法职责。2021年颁布的《海警法》第5条规定，海警海上维权执法工作的基本任务包括

---

① 王刚、宋锴业：《海洋综合管理推进何以重塑？——基于海洋执法机构整合阻滞的组织学分析》，《中国行政管理》2021年第8期，第40~48页。

海洋生态环境保护方面的监督检查，预防、制止和惩治海上违法犯罪活动。第12条规定，海警机构在职责范围内对海洋工程建设项目、海洋倾倒废弃物对海洋污染损害、自然保护地海岸线向海一侧保护利用等活动进行监督检查，查处违法行为，按照规定权限参与海洋环境污染事故的应急处置和调查处理。结合2021年中国海警局印发的《海警机构海上行政执法事项指导目录》，海警机构相对集中了海洋工程建设项目、海洋倾倒废弃物、海洋渔业船舶及其作业污染海洋环境行政处罚和行政强制权。

结合上述分析以及《海洋环境保护法》等相关法律法规的规定，中国船源污染防治的主要执法机构为海事部门和海警机构。其中海事部门整合了渔业船舶监管职能，统一监管船舶，是船源污染防治的主要行政执法机构。海警机构统一履行海上维权执法职责，并具有海洋渔业船舶及其作业污染海洋环境的行政处罚和行政强制权。当然，还存在负责渔业事故调查以及渔业水域生态环境工作的渔业部门等其他部门。2018年国家机构改革后，根据沿海地方政府的机构改革方案，除此轮综合执法改革暂时未触及的海事执法体制外①，包括海洋生态环境保护在内的环境监管职权转由生态环境部门集中行使②。因此，现在的地方防治船源污染海洋环境监管部门是生态环境部门和海事部门，两部门分别依照其职权行使船源污染海洋防治执法权。在11个沿海省（自治区、直辖市）中③，有10个省（自治区、直辖市）的生态环境部门通过行政委托方式，将海洋生态环境执法权委托给同级海洋执法机构行使④。

---

① 我国正在不断深化综合执法改革，但出于改革成本、改革难度以及现实情况考量，对船源污染执法职能的整合力度很小，几乎没有整合海事部门的船舶污染防治执法职能。

② 李挚萍、郭昱含：《央地海上生态环境执法权划分的原则和机制探讨》，《中国地质大学学报》（社会科学版）2021年第5期，第20~32页。

③ 此处的沿海省份不包括我国台湾、香港特别行政区和澳门特别行政区。

④ 李挚萍、郭昱含：《央地海上生态环境执法权划分的原则和机制探讨》，《中国地质大学学报》（社会科学版）2021年第5期，第20~32页。

（二）执法实践

党的十八大以来，以习近平同志为核心的党中央高度重视海洋生态文明建设和海洋生态环境保护，船源污染防治取得了显著成就（近年来的重大执法行动详见表1）。各部门广泛开展执法专项行动、重点海域综合治理攻坚行动等，海洋污染情况总体改善，局部海域生态系统服务功能明显提升。

表1　近七年与船源污染防治相关的重大执法行动

执法行动名称	行动方案制订主体	时间	船源污染防治方面主要内容
船舶与港口污染防治专项行动	交通运输部	2015~2020年	从相关法规/标准/规范的制定（修订）、船舶结构调整、船舶大气污染物排放控制区、港口作业污染、船舶污染物接收处置设施、LNG燃料应用、靠港船舶使用岸电、污染物排放监测和监管、污染防治科技水平、水路运输组织、污染事故应急处置能力11个方面使船舶和港口污染防治水平与中国生态文明建设水平、全面建成小康社会目标相适应①
"碧海2020"海洋生态环境保护专项执法行动	中国海警局、自然资源部、生态环境部、交通运输部	2020年4月1日至11月30日	对非渔业、非军事船舶污染海洋环境实施监督管理，主要是加强对船舶防污染设施设备配备、使用情况监督检查和船舶违法排放污染物的监管，严厉打击危险化学品非法水上运输及油污水、化学品洗舱水等非法转运处置行为②

---

① 交通运输部：《船舶与港口污染防治专项行动实施方案（2015~2020年）》，中华人民共和国中央人民政府网站，2015年8月27日，http://www.gov.cn/gongbao/content/2016/content_5038094.htm，2022年7月29日访问。
② 《"碧海2020"海洋生态环境保护专项执法启动》，中国海警局网站，2020年4月1日，http://www.ccg.gov.cn//2020/bihai2020_0401/340.html，2022年7月25日访问。

续表

执法行动名称	行动方案制订主体	时间	船源污染防治方面主要内容
渤海综合治理攻坚战行动	生态环境部、发展改革委、自然资源部	2018~2020年	在船舶污染方面，要求严格执行《船舶水污染物排放控制标准》，限期淘汰不能达到污染物排放标准的船舶，严禁新建不达标船舶进入运输市场；规范船舶水上拆解，禁止冲滩拆解。依法报废超过使用年限的运输船舶。禁止船舶向水体超标排放含油污水，继续实施渤海海区船舶排污设备铅封管理制度①
重点海域综合治理攻坚战行动	生态环境部、国家发展和改革委员会、自然资源部、住房和城乡建设部、交通运输部、农业农村部、中国海警局	2022~2025年	沿海地方各相关部门按照职责分工，进一步巩固船舶和港口污染治理成果，完善实施船舶水污染物转移处置联单制度，推进"船—港—城"全过程协同管理（交通运输部、生态环境部、住房和城乡建设部等按职责分工负责）。巩固深化渤海渔港环境整治成果，将长江口—杭州湾、珠江口邻近海域主要渔港纳入名录管理，进一步规范各级渔港、渔船停泊点生产生活污水和渔业垃圾回收处置，推进污染防治设施设备建设和环境清理整治。农业农村部、工业和信息化部、生态环境部等按职责分工负责②

---

① 生态环境部、国家发展改革委、自然资源部：《渤海综合治理攻坚战行动计划》，中华人民共和国生态环境部网站，2018年11月30日，https://www.mee.gov.cn/xxgk2018/xxgk/xxgk03/201812/t20181211_684232.html，2022年7月29日访问。

② 生态环境部、国家发展改革委、自然资源部、住房和城乡建设部、交通运输部、农业农村部、中国海警局：《重点海域综合治理攻坚战行动方案》，生态环境部网站，2022年1月29日，https://www.mee.gov.cn/xxgk2018/xxgk/xxgk03/202202/t20220217_969303.html，2022年7月29日访问。

二 防治船源污染司法

中国防治船源污染司法工作贯彻习近平法治思想和习近平生态文明思想，深入践行"绿水青山就是金山银山"理念。贯彻新发展理念，准确把握防治船源污染司法面临的新形势、新机遇，坚持环境司法规则构建与司法保护实践探索统筹推进。通过制定司法政策、发布解释、典型案例等方式，指导全国环境司法工作，促进人与自然和谐共生的现代化建设和海洋强国建设。

在船源污染防治的司法政策以及司法解释方面，现行有效的文件主要包括：2005年最高人民法院印发的《第二次全国涉外商事海事审判工作会议纪要》，从法律适用、索赔主体、举证责任、油污责任、油污损害赔偿范围、清污费用的清偿六方面对船舶油污损害赔偿纠纷作出了规定。最高人民法院2011年颁布并于2020年修正的《最高人民法院关于审理船舶油污损害赔偿纠纷案件若干问题的规定》，从适用范围、案件管辖、油污责任、赔偿范围与损失认定、船舶优先权、油污责任限制及债权登记与受偿、油污索赔代位受偿权等方面对船舶油污损害赔偿纠纷作出了规定。2018年施行的最高人民法院《关于审理海洋自然资源与生态环境损害赔偿纠纷案件若干问题的规定》，基于服务保障党和国家工作大局与规范司法裁判两个层面的客观需要，分别规定了适用范围、诉讼管辖、索赔主体、公告与通知、诉讼形式、责任方式、损失赔偿范围、损失认定的一般规则与替代方法、损害赔偿金（给付）的裁判与执行、诉讼调解、其他实体与程序问题的法律适用、时间效力[①]。2021年最高人民法院印发的《全国法院涉外商事海事审判工作座谈会会议纪要》第14类第80项规定了因船舶碰撞或者触碰、环境污染造成养殖损害赔偿的责任承担，第50类第82项规定了清污单位就清污费用提起民事诉讼的诉权。2022年

[①] 王淑梅、余晓汉：《〈关于审理海洋自然资源与生态环境损害赔偿纠纷案件若干问题的规定〉的理解与适用》，《人民司法》（应用）2018年第7期，第21~26页。

5 月发布的最高人民法院、最高人民检察院《关于办理海洋自然资源与生态环境公益诉讼案件若干问题的规定》，致力于构建较为完善、独立的具有中国特色的海洋环境公益诉讼制度，在适用范围以及海洋环境民事公益诉讼、刑事附带民事公益诉讼、行政公益诉讼的主体、管辖权等方面作出了规定。

在船源污染审判实践方面，青岛海事法院于 1985 年受理了"大庆232"轮油污损害赔偿纠纷案，拉开了海事司法保护海洋环境的序幕①。2000～2010 年，中国海事法院受理船舶污染损害赔偿一审案件 300 余件，诉讼标的总额约 30 亿元人民币，成功调处了"塔斯曼海"轮、"现代独立"轮等一批在国际和国内有重大影响的油污案件②。2019 年，全国海事法院受理船舶污染损害责任纠纷 18 件，审结 13 件③。2021 年，全国海事法院受理船舶污染损害责任纠纷案件 17 件，审结 9 件④。

三　船源污染公益诉讼

1999 年《海洋环境保护法》第 90 条（2017 年修正稿中为第 89 条）就规定了具有海洋环境监督管理权的部门代表国家提起海洋环境污染损害赔偿之诉的资格。2010 年最高人民法院《关于为加快经济发展方式转变提供司法保障和服务的若干意见》第 13 条明确要求，各级法院"依法受理环境保护行政部门代表国家提起的环境污染损害赔偿纠纷案件，严厉打击一切破坏环境的行为"。自 2012 年以来，随着《环境保护法》和《民事诉讼法》的修订以及最高人民法院《关于审理环境民事公益诉讼案件适

---

① 《中国海事审判白皮书（1984～2014）》，法信网，https://www-faxin-cn.svpn.dlmu.edu.cn，2022 年 7 月 25 日访问。

② 《海事法院受理船舶污染案逾 300》，最高人民法院网，2010 年 4 月 23 日，https://www.court.gov.cn/shenpan-xiangqing-794.html，2022 年 7 月 25 日访问。

③ 《中国环境资源审判（2019 年）》，最高人民法院网，2020 年 5 月 8 日，https://www.court.gov.cn/zixun-xiangqing-228341.html，2022 年 7 月 25 日访问。

④ 《中国环境资源审判（2021）》，最高人民法院网，2022 年 6 月 5 日，https://www.court.gov.cn/zixun-xiangqing-361291.html，2022 年 7 月 25 日访问。

用法律若干问题的解释》，最高人民法院、最高人民检察院《关于检察公益诉讼案件适用法律若干问题的解释》《关于办理海洋自然资源与生态环境公益诉讼案件若干问题的规定》等一系列司法解释的制定，逐步建立并细化了环境公益诉讼制度[①]，为防治船源污染、保护和改善海洋环境、促进海洋生态文明建设提供强有力的服务与保障。

（一）船源污染公益诉讼原告

一是海洋环境监督管理部门具有原告资格。《民事诉讼法》第58条第1款规定：对污染环境、侵害众多消费者合法权益等损害社会公共利益的行为，法律规定的机关和有关组织可以向人民法院提起诉讼。该条款授权机关和组织可以对船源污染海洋环境的行为提起诉讼，但并没有明确可以提起诉讼的具体机关和组织。《海洋环境保护法》第89条第2款规定：对破坏海洋生态、海洋水产资源、海洋保护区，给国家造成重大损失的，由依照本法规定行使海洋环境监督管理权的部门代表国家对责任者提出损害赔偿要求。2018年实施的《最高人民法院关于审理海洋自然资源与生态环境损害赔偿纠纷案件若干问题的规定》第3条规定：《海洋环境保护法》第5条规定的行使海洋环境监督管理权的机关，根据其职能分工提起海洋自然资源与生态环境损害赔偿诉讼，人民法院应予受理。2022年颁布的《关于办理海洋自然资源与生态环境公益诉讼案件若干问题的规定》第2条进一步明确了《海洋环境保护法》第89条第2款规定的损害赔偿要求属于民事公益诉讼，应当由行使海洋环境监督管理权的部门提起诉讼[②]。

综合上述规定以及《海洋环境保护法》第5条关于海洋环境监管机构的规定可以确定：负责非军事船舶造成的损害事故和污染事故调查的国家海事行政主管部门即中国海事局，负责渔业资源保护并调查渔业污染事故的国家渔业行政主管部门渔业渔政管理局，以及各级地方海洋环境管理部

---

① 王淑梅、胡方：《〈关于办理海洋自然资源与生态环境公益诉讼案件若干问题的规定〉的理解与适用》，《人民司法》（应用）2022年第27期，第50页。

② 孙航：《加大海洋环境司法保护力度　服务海洋强国建设》，《人民法院报》2022年5月12日。

门可以成为船舶油污损害赔偿诉讼的原告主体。

二是检察机关。《民事诉讼法》第 58 条第 2 款规定：人民检察院在履行职责中发现破坏生态环境和资源保护、食品药品安全领域侵害众多消费者合法权益等损害社会公共利益的行为，在没有前款规定的机关和组织或者前款规定的机关和组织不提起诉讼的情况下，可以向人民法院提起诉讼。前款规定的机关或者组织提起诉讼的，人民检察院可以支持起诉。《检察官法》在检察官的职责中增加提起公益诉讼的义务。《关于办理海洋自然资源与生态环境公益诉讼案件若干问题的规定》明确规定了检察机关可以提起民事、刑事附带民事、行政公益诉讼。检察机关可以通过作为公益诉讼起诉人直接起诉、支持起诉人支持起诉、法律监督机关督促起诉三种方式直接或间接参与民事公益诉讼①。

三是符合法定条件的社会组织。《民事诉讼法》第 58 条规定了社会组织可以提起污染环境事件的公益诉讼。《环境保护法》以及《最高人民法院关于审理环境民事公益诉讼案件适用法律若干问题的解释》对有权提起公益诉讼的社会组织进一步作出了限制。但是，从现行立法和司法来看，社会组织应当不具备海洋环境损害公益诉讼原告资格。首先，相较于 2014 年修正的《环境保护法》，2017 年修正的《海洋环境保护法》是新法和特殊法，并未授权社会组织提起公益诉讼资格。其次，《关于办理海洋自然资源与生态环境公益诉讼案件若干问题的规定》采用列明方式明确有权提起海洋自然资源与生态环境民事公益诉讼的主体②，明确规定应当由依照《海洋环境保护法》规定行使海洋环境监督管理权的部门提起海洋环境公益诉讼，同时规定了人民检察院可以提起公益诉讼的情形，未提及社会组织。最后，相对海洋环境监管部门，社会组织缺少举证能力，欠缺科学手段、物质条件，对海上污染损失污染来源、损失确定方

---

① 王传良、张晏瑜：《检察机关提起海洋生态环境民事公益诉讼刍议》，《中国海商法研究》2021 年第 2 期，第 41~48 页。

② 孙航：《加大海洋环境司法保护力度　服务海洋强国建设》，《人民法院报》2022 年 5 月 12 日。

面证明能力较弱①。

（二）船源污染公益诉讼管辖和程序

《海事诉讼特别程序法》第 4 条、第 7 条规定了船舶排放、泄漏、倾倒油类或者其他有害物质，由污染发生地、损害结果地或者采取预防污染措施地海事法院管辖。2016 年颁布的最高人民法院《关于海事法院受理案件范围的规定》第三类第 65 项规定的污染海洋环境、破坏海洋生态责任纠纷案件，第五类第 81 项规定的因不服海事行政机关作出的涉及环境与生态资源保护等活动的行政行为而提起的行政诉讼案件，第 82 项规定的有关海事行政机关拒绝履行上述第 81 项所涉行政管理职责或者不予答复而提起的行政诉讼案件属于海事法院受理案件的范围。2022 年《关于办理海洋自然资源与生态环境公益诉讼案件若干问题的规定》第 2 条、第 3 条和第 5 条明确了海事法院对海洋自然资源与生态环境民事公益诉讼和行政公益诉讼的专门管辖②。由此，船源污染公益诉讼属于海洋生态环境公益诉讼范畴，应当由海事法院专门管辖。

船源污染公益诉讼具有海事诉讼和公益诉讼双重属性，应当同时适用海事诉讼特别程序和环境公益诉讼程序，两者在程序上不是相互排斥，而是相互补充③。在磋商前置程序方面，2017 年中共中央办公厅、国务院办公厅印发的《生态环境损害赔偿制度改革方案》、最高人民法院《关于审理生态环境损害赔偿案件的若干规定》等文件虽然规定了磋商前置程序，但均明确该文件不适用海洋生态环境损害赔偿。而海洋环境保护等相关法律却未明确授权磋商前置程序。因此，船源污染公益诉讼没有明确规定的磋商前置程序，但也不限制或影响海洋环境监督管理部门或者检察机关先

① 李军：《船舶污染的司法实践及其立法思考——以"金玫瑰"轮系列案件为例》，《浙江海洋大学学报》（人文科学版）2019 年第 1 期，第 21~29 页。
② 张昊：《构建海洋环境公益诉讼制度　服务海洋强国建设》，《法治日报》2022 年 5 月 12 日。
③ 段厚省：《海洋环境公益诉讼四题初探——从浦东环保局诉密斯姆公司等船舶污染损害赔偿案谈起》，《东方法学》2016 年第 5 期，第 37~44 页。

行与侵权人进行磋商前置的程序①。在理论、实践以及地方层面，中国正在进行船源污染公益诉讼磋商前置程序的积极探索，为将来引入磋商前置程序提供理论和实践保障。

四　船源污染损害赔偿典型案例

（一）"佐罗"轮与"艾灵顿"轮碰撞导致船舶油污损害赔偿②

"佐罗"轮系马绍尔籍油品/化学品船，被告主权光荣公司（Dominion Glory S. A.，以下简称"主权公司"）所有；"艾灵顿"轮系新加坡籍钢质液化气船，被告艾灵顿航运私人有限公司（Ellington Shipping Pte. Ltd.，以下简称"艾灵顿公司"）所有。2018 年 12 月 24 日，两船在浙江嘉兴港陈山锚地水域发生碰撞，造成"佐罗"轮右舷 6 号压载水舱、6 号右货舱和右舷清洁水舱局部破损，装载的基础油泄漏入海。就碰撞事故，宁波海事法院判定艾灵顿公司承担 85% 的主要责任，主权公司承担 15% 的次要责任。本次溢油事故造成"佐罗"轮 6 号右货舱货物 865 吨基础油全部泄漏，其中处理及回收约 107.72 吨，未能回收的溢油总量为 757.28 吨，溢油污染损害面积约 1807.2 平方千米。

宁波海事法院判决确认三原告嘉兴市自然资源和规划局、嘉兴市生态环境局、嘉兴市农业农村局对被告主权公司享有海洋污染损害赔偿的海事债权 4654.54 万元及相应利息（包括海洋生态修复措施的合理费用为 4100 万元、海洋渔业损失 214.54 万元、生态损失调查评估费 240 万元、渔业损失调查评估费 100 万元，总计 4654.54 万元。支持了对海洋渔业损失、两笔调查评估费共计 554.54 万元为基数的利息；生态修复费用 4100 万元，因该费用尚未实际投入，故该基数的利息未保护），该债权在主权公司在宁波海事法院设立的油污损害赔偿责任限制基金内受偿。

① 王淑梅、胡方：《〈关于办理海洋自然资源与生态环境公益诉讼法案件若干问题的规定〉的理解与适用》，《人民司法》（应用）2022 年第 22 期，第 50 页。
② 《宁波海事法院保护海洋生态环境资源典型案例》，宁波海事法院官方澎湃号，2022 年 6 月 8 日，https://m.thepaper.cn/newsDetail_forward_18485974，2022 年 7 月 29 日访问。

本案系船舶碰撞导致溢油所引起的海洋生态环境损失和渔业资源损失索赔的海事债权确权诉讼。在规则意义方面，近年来中国学术界、实务界对"谁漏油、谁赔偿"的理解存在诸多争议，本案在对《1992 年民事责任公约》和《1992 年基金公约》的发展和体系进行充分研究并考察《1976 年海事赔偿责任限制公约》的调整范围基础上，参考国际油污基金的环境损害索赔指南和赔偿实践，指出在适用《1992 年民事责任公约》的油污损害赔偿案件中，国际上实际已形成了针对船舶溢油损害由漏油船直接赔偿、国际油污基金补充赔偿的一套完整闭环体系，除非碰撞完全由非漏油船有意造成，非漏油船均不直接承担赔偿责任，仅由漏油船承担全部赔偿责任，即"谁漏油，谁赔偿"。从现实意义看，本案在厘清直接责任主体的基础上，希望通过该案可引导油污损害事故责任方即漏油方在事故发生后，尽快设立油污损害赔偿责任限制基金，使得相关清污工作、海洋生态环境修复工作、对油污受损害方赔偿工作能够迅速启动，从而将污染损失和危害减小到最低限度。

（二）上海晟敏公司诉大连德利海运公司船舶污染损害责任案①

德利海运公司的"海德油 X"轮在长江口北槽航道 D43 灯浮附近水域与其他轮船发生碰撞，事故导致"海德油 X"轮右 3 号货油舱破损，约 77.53 吨柴油泄漏入江，构成一般等级的船舶污染事故。上海海上搜救中心向晟敏公司发出搜救任务协调书，要求晟敏公司派遣附近水域待命的清污船舶到现场参与应急清污行动。晟敏公司接到指令后先后派遣 3 艘轮船参与清污作业。后晟敏公司与德利海运公司就案涉船舶污染事故应急清污费用未能协商解决，诉至法院。

法院经审理认为，德利海运公司系漏油船"海德油 X"轮的船舶所有人，应当承担因漏油导致的船舶污染损害赔偿责任。晟敏公司具备海上船舶溢油清除服务资质，并对案涉船舶漏油污染事故开展清污防污工

---

① 《中国环境资源审判（2019 年）》，最高人民法院网，2020 年 5 月 8 日，https：//www.court.gov.cn/zixun-xiangqing-228341.html，2022 年 7 月 25 日访问。

作，产生了应急清污费用，有权要求德利海运公司承担由此产生的合理费用。

该案的审理，保障了具有海上船舶溢油清除服务资质的第三方公司在应急处理船舶碰撞、泄漏等造成海洋、通海水域污染过程中的合法权益，为第三方公司参与海洋环境污染治理提供了司法支持。

（三）上海市人民检察院第三分院与现代商船（中国）有限公司申请确认检察公益磋商协议效力案①

2019年5月6日，"HYUNDAI NEW YORK"轮（以下称"现代纽约"轮）在中国船舶大气污染物排放控制区使用硫含量为2.67% m/m 的船舶燃料油，违反了中国《大气污染防治法》和交通运输部《船舶大气污染物排放控制区实施方案》的相关规定，被浦东海事局查获并处以行政罚款。就上述违法行为造成的环境公益损害，上海市人民检察院第三分院（以下简称"市检三分院"）依法履行公告程序，督促有关机关和社会组织在法定期限内提起民事公益诉讼。之后，其委托相关组织评估认定"现代纽约"轮造成的环境公益损害金额约为人民币42929.58元。

现代商船（中国）有限公司为"现代纽约"轮的船舶经营人韩国现代商船有限公司的全资子公司，经其与市检三分院磋商，双方于2020年9月21日达成公益损害赔偿协议，并于2020年10月12日共同向上海海事法院申请确认该协议效力。

经审查认为，本案为申请确认检察公益磋商协议效力案。依据《上海市人民代表大会常务委员会关于加强检察公益诉讼工作的决定》的相关规定，侵权行为人自行纠正违法行为，采取补救措施，或者承诺整改的，检察机关可以就民事责任的承担与侵权行为人进行磋商。经磋商达成协议的，可以向审判机关申请司法确认。案涉协议符合司法确认协议效力的法定条件，裁定公益损害赔偿协议有效。

---

① 《上海海事法院发布涉外海事审判十大典型案例》，法信网，2022年6月29日，http://www.faxin.cn/lib/lfsf/SfContent，2022年7月25日访问。

本案系船舶污染大气环境、由检察机关提起的公益磋商协议司法确认案，是贯彻《民法典》生态环境损害赔偿制度和民事生态环境修复制度精神、落实《上海市人民代表大会常务委员会关于加强检察公益诉讼工作的决定》的上海市首例民事检察公益诉前和解案。该案依法创设性地确立了检察公益磋商协议的审查原则、审查内容和审查程序，以司法监督为生态环境保护和公益诉讼保护保驾护航。

改革开放四十余年来，中国防治船源污染法治建设经过艰难摸索、改革创新，取得了长足进步与巨大成就。在立法方面，中国不仅加入了有关防止船舶污染的多个国际公约，也加入了船舶油污损害民事责任公约，围绕不同种类的船源污染基本建成了防治船源污染海洋环境法律体系，制定了船舶油污民事责任强制保险制度，设立了船舶油污赔偿基金制度。船源污染全面系统的立法体系值得其他海洋污染源防治立法借鉴。在执法方面，执法依据、执法主体更加明晰，执法协作、执法力度不断加强，取得了良好效果。在司法方面，审判实践中已积累了关于国内立法与国际公约的适用、归责原则、举证责任、评估鉴定、损失认定、赔偿范围、油污损害赔偿基金设立、公益诉讼等各方面较为成熟的做法。防治船源污染的法治发展为加快推进海洋生态文明建设以及海洋强国建设提供了充足经验与保障。

然而，中国船源污染形势依然严峻，船源污染防治仍然存在不足。在防治船源污染立法方面，首先，《海商法》还没有船舶污染损害责任的专章规定，需要在修法时增加专章规定；其次，防治船源污染相关立法在不同程度上倾向于用行政手段处罚污染责任者，而轻视通过污染损害赔偿方式来弥补损害、减少损失；再次，《船舶污染海洋环境应急防备和应急处置管理规定》的具体内容过于原则，对于应急防备的适用情形及操作程序缺乏明确指引，造成船舶污染处置中畏首畏尾和大胆冒进同时存在的现象，削弱了应急防备机制效力，损害了海事机构的公信力①；最后，国内

规则与国际规则不完全接轨，导致某些情形下大体一致的案情仅因是否具有涉外因素而判决结果存在较大差异。在防治船源污染执法方面，多头管理、执法权分散的问题依然突出，船源污染监督检查依据、清污队伍建设仍不完善①。在防治船源污染司法方面，法律法规的司法配套机制和司法鉴定工作机制仍不健全，司法救济的赔偿方式和赔偿范围仍较为狭窄②。因此，中国应当继续重视、完善、加强防治船源污染的立法、执法和司法工作，不断推进船源污染防治取得新成效。

船源污染防治法治建设应当继续以习近平新时代中国特色社会主义思想为指导，深入贯彻习近平生态文明思想，以船源污染防治突出问题为导向，完善船源污染防治体系，提升船源污染防治能力，进一步推进海洋生态文明建设和海洋强国建设。

---

① 高宁：《我国船舶污染防治存在问题及其完善建议》，《浙江海洋大学学报》（人文科学版）2020 年第 6 期，第 19~23 页。
② 戴鑫、刘中梅、裴兆斌：《我国海洋生态环境损害赔偿司法现状及问题分析》，《沈阳农业大学学报》（社会科学版）2019 年第 1 期，第 44~49 页。

第十二章　海运反垄断的法治发展

1992 年党的十四大确立了建立社会主义市场经济体制的改革目标，开启了中国从计划经济转向市场经济，构建统一、开放、竞争、有序的市场经济体系的改革历程。1993 年中国开始推进反垄断法的起草工作，前后历时十几年，《反垄断法》在 2007 年 8 月全国人大常委会上表决通过，2008 年 8 月 1 日正式实施。这是中国反垄断法治发展中具有里程碑意义的事件。基于海运业天然的国际性特征，尽快与国际接轨的理念更容易得到广泛认同，故国际海运反垄断的发轫在中国似乎要更早一些，至少可以回溯到 2001 年 12 月 11 日颁布的《国际海运条例》。《国际海运条例》虽然并非专门的反垄断立法，但其在立法之初就将"保护公平竞争，维护国际海上运输市场秩序"作为立法宗旨之一。虽然没有一般的反垄断法，但交通主管部门依据这一条例有效监管维护了国际海运市场的竞争秩序。

第一节　国际海运领域的反垄断立法

一　《反垄断法》

《反垄断法》于 2008 年 8 月 1 日开始实施。该法的适用范围仅排除了经营者行使知识产权的行为和农业生产者、农村经济组织的联合或协同行为，故规范国际海运市场竞争秩序的最重要立法就是《反垄断法》。

参考国际上普遍的做法，《反垄断法》构建了以规范垄断协议、滥用市场支配地位、经营者集中为主要内容的法律规则体系。从本报告梳理的案例来看，这三方面的法律规则对于国际海运业都是可以适用的。

二 《国际海运条例》及其实施细则

《国际海运条例》属于行业管理法，自 2002 年 1 月 1 日开始实施，当时中国还没有颁布《反垄断法》。其规制内容不仅包括海运市场的竞争问题，还包括国际海运业及相关辅助业的市场准入、经营规则等许多其他方面问题。可以肯定的是，规范国际航运市场的竞争秩序是其核心目的。该法第一条开宗明义：“为了规范国际海上运输活动，保护公平竞争，维持国际海上运输市场秩序，保障国际海上运输各方当事人的合法权益，制定本条例。”2003 年 1 月 20 日交通部根据《国际海运条例》又颁布了《国际海运条例实施细则》。

实际上，在立法之初，《国际海运条例》已涵盖反垄断立法三个主要方面的制度内容——“垄断协议”“滥用市场优势地位”“经营者集中”。其中，该法第 17 条是对国际班轮运输市场出现的主要“垄断协议”类型规定了报备义务——“从事国际班轮运输的国际船舶运输经营者之间订立涉及中国港口的班轮公会协议、运营协议、运价协议等，应当自协议订立之日起 15 日内将协议副本向国务院交通主管部门备案”。该法第 28 条涉及对“垄断协议”及可能具有一定市场优势地位的航运联营体实施的“事中监管”措施，即“国务院交通主管部门应利害关系人的请求或者自行决定，可以对下列情形实施调查：（一）经营国际班轮运输业务的国际船舶运输经营者之间订立的涉及中国港口的班轮公会协议、运营协议、运价协议，可能对公平竞争造成损害的；（二）经营国际班轮运输业务的国际船舶运输经营者通过协议产生的各类联营体，其服务涉及中国港口某一航线的承运份额，持续 1 年超过该航线总运量的 30%，并可能对公平竞争造成损害的……”。另外，原《国际海运条例》（2001 年版）第 24 条还规定了“经营者集中”的相关内容，即“国际船舶运输经营者之间的兼并、收购，其兼并、收购协议应当报国务院交通主管部门审核同意。国务院交通主管部门应当自收到国际船舶运输经营者报送的兼并、收购协议之日起

60 日内，根据国家关于国际海上运输业发展的政策和国际海上运输市场竞争状况进行审核，作出同意或者不同意的决定，并书面通知有关国际船舶运输经营者"。2008 年《反垄断法》通过之后，该条于 2013 年 7 月 8 日被《国务院关于废止和修改部分行政法规的决定》删去，国际船舶运输经营者集中行为的审查由当时的商务部统一行使。

由于《国际海运条例》颁布在前，如何与后来颁布的《反垄断法》协调存在一些争论。其中，最突出的问题即国际班轮运输是否享受一定范围的反垄断豁免权。一种观点认为，从《反垄断法》自身的规定来看，国际海运业应该与其他行业一视同仁，但主张区别对待海运业的观点有一定理由：海运业的突出特点是国际性特征，世界上许多海运国家（如美国、韩国、日本、新加坡等）仍然保留国际海运特有的竞争制度，即可以享受一定范围的反垄断豁免；《国际海运条例》要求"班轮公会协议、运营协议、运价协议等"予以报备，即表明了此类垄断协议原则上应当推定为具有合法性，除非根据进一步的调查发现确认其"对公平竞争造成损害"，这实质上就是国际班轮运输的反垄断豁免规则。此种特殊的反垄断豁免规则是否将因与位阶更高的《反垄断法》冲突而无效，答案应是否定的。《反垄断法》第 15 条针对垄断协议规定了七项豁免事由，其中第七项是"法律和国务院规定的其他情形"，《国际海运条例》作为国务院颁布的行政法规，其中规定的内容当然应属于"国务院规定的其他情形"。

三 1974 年《班轮公会行动守则公约》

联合国《班轮公会行动守则公约》（*Convention on a Code of Conduct for Liner Conferences*）是联合国贸发会（UNCTAD）主持制定的一份全面规范班轮公会活动的国际法律文书。该公约于 1974 年 4 月 6 日通过并于 1983 年 10 月 6 日生效，它是发展中国家反对发达国家通过班轮公会垄断航运市场以及为争取发展本国商船队空间，而与传统海运发达国家相互妥协形成的一部重要海运公约。中国政府为支持发展中国家在航运领域争取建立国际新经济秩序的斗争，于 1980 年 9 月 23 日加入公约，并作了如下保留声明："中华人民共和国与其他国家之间，经过协商，在合适的基础上建立的联合航线，与班轮公会的性质完全不同，不适用《班轮公会行动守则公约》的各项规定。"

根据公约界定，"班轮公会"是指"两个或两个以上使用船只的运输商的团体，这些运输商在特定的地理范围内，在一条或数条航线上提供运送货物的国际班轮服务，并在一项不论何种性质的协定或安排的范围内，按照划一的或共同的运费率及任何其他有关提供班轮服务的协议条件而经营业务"。显然，根据一般反垄断法原理，班轮公会属于统一定价的"核心卡特尔组织"，但由于国际班轮运输业的特殊性以及复杂的历史原因，班轮公会的合法性在很长一段时间并未受到任何挑战。从1875年世界第一个班轮公会——加尔各答轮船运输公会（Calcatta Steam Traffic Conference）开始直到20世纪，班轮公会遍见于全球各贸易航线，并于20世纪80年代达到鼎盛。根据联合国贸发会统计，公会鼎盛时期的1974年，世界上大约有375个班轮公会，大到"庞然大物"型的远东班轮公会（Far Eastern Freight Conference，FEFC），小到来往于小港口之间的UK/Berbera公会，共控制着世界三分之一的班轮贸易航线，共有4363个船公司参加了班轮公会。《班轮公会行动守则公约》正是在此种时代背景下产生，在承认班轮公会合法性的前提下，该公约为班轮公会活动构建了详细的规范体系。

第二节　反垄断执法机构与海运行业监管

根据《反垄断法》，国务院下设反垄断委员会，其职责是组织、协调和指导反垄断工作，这意味着反垄断委员会本身并不从事反垄断法规实施的具体工作。《反垄断法》实施以来，反垄断执法由国家发展改革委、商务部和原工商总局分工负责。国家发展改革委负责依法查处价格垄断行为；商务部负责依法对经营者集中进行反垄断审查，指导企业在国外的反垄断应诉等工作；原工商总局负责垄断协议、滥用市场支配地位、滥用行政权力排除限制竞争方面的反垄断执法工作（价格垄断行为除外）。这一情形被人们形象地称为反垄断执法的"三驾马车"。2018 年 3 月，根据国务院机构改革方案，组建了国家市场监督总局。国家市场监督总局的重要职责之一就是整合国家发展改革委、商务部和原工商总局的反垄断职责，自此完成了反垄断的统一执法，在此之前，由三个不同的机构分工从事反垄断工作长达十年之久。另外，根据《反垄断法》的明确规定，反垄断执法属于中央事权，这有利于保证反垄断执法的统一性，建设全国统一开放、竞争有序的市场体系。但考虑到案件数量多、工作量大，所有案件均由国务院反垄断执法机构直接处理不现实，《反垄断法》同时规定，国务院反垄断执法机构根据工作需要，可以授权省、自治区、直辖市人民政府相应的机构负责有关反垄断执法工作。

国际海运领域的反垄断执法权限似乎并不十分清晰，主要原因在于《国际海运条例》规定了国务院交通主管部门（交通运输部水运局）亦有权对国际海运市场中反竞争的行为进行调查、行政处罚。在国际海运这一特殊领域中，国务院交通主管部门作为国际海运行业的监管机构，与国家市场监督总局这一专门的反垄断执法机构的关系有待厘清。

处理好反垄断执法机构与行业监管机构之间的关系是一个世界性难题。中国目前虽然已经确定了统一的反垄断执法机构，但不能据此否定交通主管部门作为行业监管机构依据《国际海运条例》的具体规定也享有一定范围内的反垄断执法权。应当注意的是，根据《国际海运条例》对国际海运市场中垄断行为的调查与处理并非由交通主管部门单独进行，而是需要联合反垄断执法机构共同开展。对此，《国际海运条例》第 29 条明确规定："国务院交通主管部门实施调查，应当会同国务院市场监督管理部门共同进行。"此种"联合执法"模式可以很好地解决《反垄断法》立法过程中面临的两难境地。需要指出的是，交通主管部门无权对海运企业的经营者集中、港口反垄断等不在《国际海运条例》调整范围内的海运竞争问题进行监管与处理，这些事项的反垄断工作应由反垄断执法机构统一监管。

第三节　国际海运反垄断领域典型案例

从 2002 年起，中国国际海运领域涌现了不少重要的反垄断执法或司法案例，在垄断协议、滥用支配地位、经营者集中等方面均有涉及。其中有些案例非常有名，甚至对全球海运行业都产生了深远影响，如 P3 联盟案、马士基航运公司拒绝货物运输案、码头操作费用案等。

一　关于垄断协议的案例

案例 1：码头作业费纠纷案①

码头作业费纠纷案是中国国际海运领域反垄断第一案。这是在《反垄断法》尚未出台背景下相关部门依法处理的船货双方争议极大的一类纠纷。码头作业费（Terminal Handling Cost：THC）是现代集装箱货物运输的产物，是班轮承运人承担了港口经营人向其收取的集装箱从堆场至船边（或者从船边到堆场）的作业费及相关费用，再转而向货方收取的一种费用。2001 年 12 月泛太平洋稳定协议组织（TSA）、西行泛太平洋稳定协议组织（WTSA）、亚洲区内讨论协议组织（IADA）、远东班轮公会（FEFC）等班轮公会和班轮公司几乎在同一时间、以同一标准在中国港口收取码头作业费，对外贸易经济合作企业协会提出，其行为违反 1974 年《班轮公会行动守则公约》和《国际海运条例》。当时的交通部、国家发展和改革委员会、国家工商行政管理总局于 2002 年 12 月组成调查组，依法对国际班轮公司在中国港口收取码头作业费展开调查。历时三年多的时间三部门主要得出如下结论。

第一，码头作业费在性质上属于国际集装箱班轮运费的组成部分。班轮公司在装货港向发货人收取码头作业费、在卸货港向收货人收取码头作业费的做法在主要贸易国家（地区）是存在的。同时，调查机关注意到，

---

① 《交通部、国家发展和改革委员会、国家工商行政管理总局公告》（2006 年第 9 号）。

在某些国家和地区，托运人组织对班轮公司收取码头作业费表示反对。

第二，对班轮公会和运价稳定协议组织决定于 2002 年 1 月起在涉及中国港口的国际班轮航线上同时按照相同标准收取码头作业费的行为，调查机关认为，依照《国际海运条例》的有关规定和中国加入的联合国 1974 年《班轮公会行动守则公约》，班轮公会、国际班轮运输经营者享有集体订立运价协议的权利，但不得对公平竞争和国际海运市场秩序造成损害，并应当依法向中华人民共和国交通部备案。

第三，班轮公会和运价协议组织通过集体协议，以联合通知或公告的方式宣布同时按相同的标准在中国收取码头作业费。由于这些通知或公告未声明收取码头作业费的决定对各成员公司不具有约束力，各成员公司有采取独立行动的权利，客观上限制了托运人自由选择承运人的权利，不利于班轮公司之间开展正常的价格竞争，在一定程度上损害了国际海运市场秩序。

众所周知，竞争者之间达成的固定价格协议属于核心卡特尔行为，这种行为本应予以禁止和严惩。本案码头操作费的相关争议，其实就是关系到固定价格的垄断协议范畴。但由于中国是 1974 年《班轮公会行动守则公约》的参加国，根据该公约班轮公会从事统一运价行为本身并非不合法，故本案调查机关一方面认定"班轮公会、国际班轮运输经营者享有集体订立运价协议的权利"，同时又要求"集体订立运价协议的权利，但不得对公平竞争和国际海运市场秩序造成损害"。这实际上是一个法律悖论，集体订立运价协议的行为本身已经对公平竞争造成了损害，这一"但书"要求的真正含义与客观标准为何难免令人困惑。此外，调查结论还要求统一收费的通知应"声明收取码头作业费的决定对各成员公司不具有约束力，各成员公司有采取独立行动的权利"，此种要求无论在《班轮公会行动守则公约》还是《国际海运条例》中都找不到依据。实际上，班轮公会成员应具有"独立行动权利"的要求是美国《1984 年海运法》的制度设计。美国一直强烈反对《班轮公会行动守则公约》，其规范班轮航运市场的逻辑与方法跟公约不同，甚至可以说相去甚远。故调查结论要求"各成员公司有采取独立行动的权利"似乎法律依据不足。

二　关于滥用市场优势地位的案例

案例 2：马士基公司拒运货物运输案①

马士基（中国）航运有限公司（以下简称马士基公司）在厦门口岸经营国际集装箱班轮运输，中国厦门外轮代理有限公司（以下简称厦门外代）担任马士基公司集装箱运输业务的代理人。在 2005 年 3 月 3 日之前，厦门瀛海实业发展有限公司（以下简称瀛海公司）均能从厦门外代处正常提取马士基公司的集装箱，从事进出口集装箱拖运等陆路运输业务。马士基公司于 2005 年 3 月 3 日通知厦门外代停止向瀛海公司提供马士基公司的集装箱及集装箱铅封。瀛海公司遂以马士基公司等不接受其代理货主订舱托运造成其损失为由向厦门海事法院起诉，请求法院判令马士基公司等向瀛海公司提供货运订舱和相关服务，并不得拒绝瀛海公司接受委托办理与马士基公司等有关的集装箱进出口货运和陆路集装箱运输业务。

厦门海事法院一审认为，国际班轮公司不是公共承运人，不负有法定强制缔约义务，据此判决驳回瀛海公司的诉讼请求。福建省高级人民法院二审认为，马士基公司属于公共承运人，其表示不与瀛海公司发生业务关系，违反了公共承运人的强制缔约义务，遂判决撤销一审判决，责令马士基公司等不得拒绝瀛海公司依业务惯例要求的订舱和相关运输服务。马士基公司及其厦门分公司向最高人民法院申请再审。最高人民法院再审认为：公共运输是指为社会提供公用事业性服务并具有垄断地位的运输。国际海上集装箱班轮运输是服务于国际贸易的商事经营活动，不属于公用事业，不具有公益性，也不具有垄断性、价格受严格管制的特征，故不属于原《合同法》第 289 条规定的公共运输，其承运人不负有强制缔约义务。最高人民法院于 2011 年 6 月 28 日判决撤销二审判决，维持一审判决。

---

① （2010）民提字第 213 号判决书。

本案被评为中国海事法院成立 30 周年（1984～2014）十大典型案例之一。最高人民法院的再审判决明确澄清了中国原《合同法》中"公共运输"的立法原义与英美法中"公共承运人"（Common Carrier）不同，班轮运输公司并没有强制性义务接受托运人货物运输的要求。相反，班轮运输承运人有权根据合同自由原则决定是否订立合同。国际航运业是中国重要的支柱产业，中国港口集装箱总量多年位居世界第一，最高人民法院对该案的再审判决为国际航运市场的竞争与发展明确了一项带有普遍意义的规则，具有重要实践价值。坦率地讲，本案判决在反垄断问题上的具体分析尚存瑕疵，相关内容"无论在世界某一区域还是整个世界范围内，国际班轮运输具有较强的竞争性，并不具有垄断性。托运人或其货运代理人在运输服务上也具有较大的选择余地，可以选择不同的班轮公司或不同的船舶承运，也可以选择不同的航线、不同的运输方式实现同一运输目的"。显然，判决并未进行具体分析论证就直接认定国际班轮运输不具有"垄断性"，这难谓妥当。当言及某企业或几个企业是否具有垄断性时，反垄断法语境下的含义应是指该企业或几个相关企业是否具有市场支配地位，这需要进行科学复杂的法律分析方可得出结论。例如，应当确定企业竞争的相关市场（主要包括相关地理市场与相关产品市场）、计算企业的市场份额、分析相关市场的整体竞争状况、企业对市场的控制力、进入市场壁垒等若干因素。

三 关于经营者集中的案例

案例 3：P3 联盟案[①]

在国际海运界，商务部 2014 年 6 月 17 日所作出的禁止 P3 联盟计划一案可谓闻名于世。P3 是指当时全球最大的三家集装箱航运公司丹麦马士基、瑞士地中海航运、法国达飞轮船公司。商务部否决 P3 联盟计划的主要理由可简要归纳如下。

---

① 商务部通知 2014 年第 46 号。

第一，这一联盟计划拟建立服务于 P3 联盟运营的网络中心，故 P3 联盟被视为紧密的联合经营，属于一种经营者集中。故商务部有关部门根据《反垄断法》的相关规定对其进行审查。第二，本次交易显著增强交易方的市场控制力。交易方合计运力份额高达 46.7%，运力整合后的市场控制力明显增强。第三，本次交易将大幅提高相关市场的集中度。由于交易方形成紧密型联营，减少了市场主要竞争者的数量，HHI 值增至约 2240，HHI 值变量约为 1350。亚洲—欧洲航线集装箱班轮运输服务市场将从较为分散变为高度集中，市场结构将发生明显变化。第四，本次交易将进一步推高相关市场的进入壁垒，难以产生新的竞争力以平衡市场竞争；将增强交易方对市场的控制，从而损害货主的利益，并通过这种控制力增强对港口的议价能力等。

　　这是中国反垄断执法机构运用《反垄断法》首次禁止外国公司间的经营者集中行为。难能可贵的是，在美国和欧盟相关竞争主管部门均表示不会制止 P3 联盟计划的情况下，中国独立自主地作出反垄断禁止决定，代表中国反垄断执法已日趋成熟与自信。需要指出的是，本决定中的某些竞争分析尚存在值得斟酌之处。

第四节　结论与展望

　　对于中国国际海运领域的反垄断法治发展情况可简要总结如下。

　　第一，中国反垄断法律监管已广泛应用于国际海运业的方方面面，对于中国短时间内在国际海运反垄断法治方面所取得的巨大成就，全世界有目共睹，这为维护全球海运市场公平竞争秩序作出了重要贡献。同时，也应当清醒地认识到，由于国际海运市场规律的复杂性及快速发展，中国尚需更深入的理论研究与更丰富的执法实践，才能更好地为完善国际航运经济新秩序提供中国方案。

　　第二，虽然还有一定争论，较为普遍的认识是，在中国国际海运业应当适用统一的反垄断政策，比较明确的例外情形是基于 1974 年《班轮公会行动守则公约》，国际班轮运输业务下班轮公会有权享有附条件的反垄断豁免权利。根据中国目前法律规定，国际海运反垄断豁免的具体范围、内容和条件并不是很清晰，亟待进一步的法律完善。值得注意的是，除了亚洲等少数区域尚有个别班轮公会从事活动外，在全球主要贸易航线上几乎不再存在班轮公会。

关于海运反垄断法治发展的展望。第一，国际海运市场已经从班轮公会时代步入航运联盟时代，故进一步加强对航运联盟活动的监管是保证国际航运市场公平竞争秩序的关键，也是在全球航运领域增强中国话语权的重要抓手。全球集装箱航运市场超过80%的货物运输为九大海运巨头所组成的三大航运联盟所控制，包括"2M联盟"（由丹麦的"马士基"与瑞士"地中海航运"公司组成）、"海洋联盟"（由中国的"中远海运"、法国的"达飞"与中国台湾的"长荣海运"公司组成）以及"THE联盟"（由德国的"赫伯罗特"、中国台湾的"阳明海运"、日本的"海洋网联"与韩国的"现代商船"组成）。对于全球航运联盟的反垄断监管，中国目前尚缺乏针对性的制度设计，根据中国经验设计既符合中国整体利益、又不违背国际法理的现代化航运联盟法律监管规则应是中国国际海运反垄断法治的重要发展方向。

第二，应当重视对国际海运数字化的反垄断监管。区块链技术在国际海运中的应用已呈现不可阻挡趋势，正在引发海上贸易的一次数字化革命。美国利用其在信息技术方面的强大优势联合欧洲传统海运巨头已走在航运区块链的最前列，丹麦马士基公司与美国IBM公司共同开发的区块链Tradelens平台即为典型一例。中国一方面应当重视对数字化航运平台或数字化航运联盟的反垄断监管，设计具体的程序规则与实体规则；另一方面亦应当对国际海运数字化这一新生事物持审慎包容态度，防止过度的反垄断监管措施影响或制约海上贸易数字化革命。

第三，正如《海商法》一样，国际海运反垄断也需要世界各国的广泛合作以促进统一。目前，各国海运反垄断的法律标准与尺度并不一致甚至差别很大，有的国家可能以"反垄断"之名行"保护主义"之实。这势必给国际海运企业的经营活动带来巨大不便，进而影响全球物流供应链的顺畅。中国既是贸易大国，又是船东大国，应坚持船货利益平衡原则，利用好世界贸易组织这一平台，积极推动国际海运竞争政策的统一与协调，在新的时代背景下引领构建公平合理的国际航运经济新秩序。

第十三章 海商海事的法治发展

传统的"海商海事"，主要指与海上运输或者船舶有关的民事法律关系，大体可以分为与海上运输有关的合同关系、侵权关系、特殊风险分配关系以及船舶物权关系。其中，与海上运输有关的合同关系，包括海上货物运输合同、海上旅客运输合同、船舶租用合同、海上拖航合同、海上保险合同、船员劳务合同等；与海上运输有关的侵权关系，主要有船舶碰撞关系、船舶触碰关系、船舶污染损害赔偿关系等；与海上运输有关的特殊风险分配关系，指的是共同海损关系、海难救助关系和海事赔偿责任限制关系；船舶物权关系，包括船舶所有权、船舶优先权、船舶抵押权和船舶留置权，以及与船舶物权变动有关的船舶建造、买卖、修理等合同。除此之外，保障实体权利实现的诉讼程序，亦为广义的"海商海事"所包含。

历史上，中国作为陆权国家，航海贸易及相关的海商海事立法与司法活动并不发达。近代以来，迫于涉外通商的压力及维护民族航运业发展的需要，海商海事立法逐渐出现。新中国成立后很长一段时间，由于帝国主义的封锁，航运和贸易事业发展缓慢，海商海事立法亦无明显进步。改革开放后，国家对外贸易和远洋运输蓬勃发展，海商海事法治体系迅速建立并日臻完善。本章将围绕立法和司法两个方面，全面梳理和介绍中国海商海事法治的发展状况。

第一节 海商海事国内立法

一 实体法的发展

1840 年鸦片战争后，华洋贸易的频繁和民族航运业的发展，产生了对海商海事立法的需求。1866 年，清政府颁布的《华商买用洋商火轮夹板等项船只章程》，是近代中国第一部含有海商法内容的法规，其中涉及船舶抵押、船舶所有权、船员等相关制度[1]。1883 年，清政府制定的《船货预立保险证据章程》，间接引入海上保险制度，以及船舶堪航担保义务、载货与卸货期限、清洁载货凭证等规定[2]。1908 年开始起草至 1912 年脱稿的《大清商律（草案）》，第五部分为"海船律"，后称为《海船法（草案）》，共有六编 11 章 263 条，内容包括海船关系人、海船契约、海损、海难救助和海船债权之担保等，基本涵盖了海商法的全部重要制度，是近代中国第一部专门、完整的海商法律草案，并在南京国民政府成立之初被暂时采用[3]。1929 年国民政府起草通过、1931 年 1 月 1 日起施行的《海商法》，是中国历史上第一部以"海商法"命名的正式立法，共计八章 174 条，分别是：第一章"总则"、第二章"船舶"、第三章"船员"、第四章"运输契约"、第五章"船舶碰撞"、第六章"救助及捞救"、第七章"共同海损"、第八章"海上保险"。1929 年《海商法》是在《海船法（草案）》的基础上，吸收借鉴英美、大陆法系国家的海商立法及国际条约制定而成，代表了中国海商立法的新阶段。

新中国成立后，一方面，1929 年《海商法》在大陆被废除；另一方面，"海商法起草委员会"于 1951 年正式成立，开始起草新的海商法。从

---

① 李建江：《中国近代海商法》，中国政法大学出版社，2015，第 58 页、第 61 页。

② 李建江：《中国近代海商法》，中国政法大学出版社，2015，第 68~71 页。

③ 顾荣新：《清末〈海船法草案〉述评》，《中国海商法研究》2017 年第 1 期，第 102~103 页。

1952 年至 1963 年，海商法草案九易其稿。后由于社会主义改造和"文化大革命"的冲击，起草工作被迫中断，直至 1981 年恢复，并于 1992 年完成立法。在此期间，原交通部等部委发布了大量规范性文件，对海商海事法律关系进行调整或干预，主要涉及以下方面（见表 1）。

表 1　《海商法》完成立法前原交通部等部委发布的规范性文件

（一）关于船舶登记	1953 年 4 月 29 日《船舶登记暂行章程》①
	1960 年 9 月 6 日《船舶登记章程》②
	1986 年 11 月 20 日《海船登记规则》③
（二）关于海上货物运输	1953 年 4 月 18 日《关于沿海货物运输船港交接责任暂行办法》④
	1953 年 5 月 6 日《轮船发生海事关于承运货物暂行处理办法》⑤
	1955 年 9 月 26 日《关于船舶在航行途中因不可抗力事故致货物减失、其未完航程运费应比例退还》⑥
	1956 年 2 月 11 日《解释关于发生不可抗力的海事继续运输的运费增减问题》⑦
	1957 年 2 月 19 日《关于处理在港口驳运、装卸或保管等货运工作过程中所发生的货损货差事故的指示》⑧
	1957 年 5 月 27 日《外贸租船在港装卸时间计算及奖惩的规定》⑨
	1961 年 4 月 17 日《水上危险货物运输规则》⑩

---

① 根据 1994 年 3 月 25 日《交通部关于废止 900 件交通规章和规范性文件的决定》，自 1994 年 3 月 25 日失效。
② 根据 2003 年 12 月 2 日《交通部关于废止 219 件交通规章的决定》，自 2003 年 12 月 2 日失效。
③ 根据 2003 年 12 月 2 日《交通部关于废止 219 件交通规章的决定》，自 2003 年 12 月 2 日失效。
④ 根据 1994 年 3 月 25 日《交通部关于废止 900 件交通规章和规范性文件的决定》，自 1994 年 3 月 25 日失效。
⑤ 根据 1994 年 3 月 25 日《交通部关于废止 900 件交通规章和规范性文件的决定》，自 1994 年 3 月 25 日失效。
⑥ 根据 1994 年 3 月 25 日《交通部关于废止 900 件交通规章和规范性文件的决定》，自 1994 年 3 月 25 日失效。
⑦ 根据 1994 年 3 月 25 日《交通部关于废止 900 件交通规章和规范性文件的决定》，自 1994 年 3 月 25 日失效。
⑧ 根据 1994 年 3 月 25 日《交通部关于废止 900 件交通规章和规范性文件的决定》，自 1994 年 3 月 25 日失效。
⑨ 根据 2003 年 12 月 2 日《交通部关于废止 219 件交通规章的决定》，自 2003 年 12 月 2 日失效。
⑩ 根据 2003 年 12 月 2 日《交通部关于废止 219 件交通规章的决定》，自 2003 年 12 月 2 日失效。

续表

（二）关于海上货物运输	1961 年 11 月 17 日《水运货物运输交接责任划分办法》①
	1962 年 4 月 17 日《货主码头自行装卸货物交接暂行办法》②
	1963 年 2 月 19 日《关于水运货物发生有单无货事故的处理规定》③
	1964 年 3 月 6 日《水运散装石油暂行办法》④
	1964 年 12 月 8 日《水运粮食发生溢缺包事故处理办法》⑤
	1971 年 12 月 6 日《水路货物运输规则》⑥
	1979 年 6 月 25 日《水路货物运输规则》⑦
	1987 年 1 月 19 日《水路货物运输实行保险与负责运输相结合的补偿制度的规定》⑧
（三）关于海上旅客运输	1951 年 4 月 24 日《轮船旅客意外伤害强制保险条例》⑨
	1953 年 4 月 20 日《海上轮船旅客及行李包裹运送试行规则》⑩
	1963 年 12 月 17 日《轮船行李、包裹运输交接责任和事故处理办法》⑪
	1980 年 9 月 15 日《水路旅客运输规则》⑫

---

① 根据 1994 年 3 月 25 日《交通部关于废止 900 件交通规章和规范性文件的决定》，自 1994 年 3 月 25 日失效。
② 根据 1994 年 3 月 25 日《交通部关于废止 900 件交通规章和规范性文件的决定》，自 1994 年 3 月 25 日失效。
③ 根据 1994 年 3 月 25 日《交通部关于废止 900 件交通规章和规范性文件的决定》，自 1994 年 3 月 25 日失效。
④ 根据 2003 年 12 月 2 日《交通部关于废止 219 件交通规章的决定》，自 2003 年 12 月 2 日失效。
⑤ 根据 2003 年 12 月 2 日《交通部关于废止 219 件交通规章的决定》，自 2003 年 12 月 2 日失效。
⑥ 根据 1994 年 3 月 25 日《交通部关于废止 900 件交通规章和规范性文件的决定》，自 1994 年 3 月 25 日失效。
⑦ 1987 年 5 月 31 日，原交通部发布新的《水路货物运输规则》，自 1987 年 7 月 1 日起施行，取代了 1979 年的《水路货物运输规则》。
⑧ 根据 2003 年 12 月 2 日《交通部关于废止 219 件交通规章的决定》，自 2003 年 12 月 2 日失效。
⑨ 根据 2001 年 10 月 6 日《国务院关于废止 2000 年底以前发布的部分行政法规的决定》，该条例适用期已过，实际上已经失效。
⑩ 根据 1994 年 3 月 25 日《交通部关于废止 900 件交通规章和规范性文件的决定》，自 1994 年 3 月 25 日失效。
⑪ 根据 2003 年 12 月 2 日《交通部关于废止 219 件交通规章的决定》，自 2003 年 12 月 2 日失效。
⑫ 1981 年 10 月 13 日被补充规定。1995 年 12 月 12 日，原交通部发布新的《水路旅客运输规则》，自 1996 年 6 月 1 日起施行，取代了 1981 年的《水路旅客运输规则》。

续表

（四）关于海上拖航	1965 年 6 月 19 日《关于出租拖轮在拖带中发生海损事故海损赔偿问题的复函》①
	1978 年 5 月 3 日《关于拖轮船队最高赔偿额问题的批复》②
（五）关于船舶碰撞	1955 年 10 月 21 日《船舶因碰撞造成他方船舶船员病、伤、残废等有关劳保待遇不应包括在海事赔偿之内》③
	1958 年 4 月 3 日《关于中国接受"1948 年海上避碰规则"的通知》④
	1963 年 1 月 24 日《中外船舶间碰撞事故赔偿范围和赔偿金额计算办法的规定》⑤
（六）关于共同海损	1954 年 7 月 30 日《〈为出海帆船在海中遭遇海难可运用共同海损原则处理〉的指示》⑥
	1954 年 10 月 8 日《关于海港内发生共同海损是否按共同海损处理》⑦
（七）关于海损事故赔偿	1952 年 3 月 27 日《海事处理暂行办法及海事处理委员会暂行章程》⑧
	1959 年 9 月 19 日《关于海损赔偿的几项规定》⑨
	1962 年 3 月 9 日《关于不适航船舶发生海损事故和船舶沉没的"海损的最高赔偿"问题的复函》⑩

① 根据 1994 年 3 月 25 日《交通部关于废止 900 件交通规章和规范性文件的决定》，自 1994 年 3 月 25 日失效。

② 根据 1994 年 3 月 25 日《交通部关于废止 900 件交通规章和规范性文件的决定》，自 1994 年 3 月 25 日失效。

③ 根据 1994 年 3 月 25 日《交通部关于废止 900 件交通规章和规范性文件的决定》，自 1994 年 3 月 25 日失效。

④ 根据 1994 年 3 月 25 日《交通部关于废止 900 件交通规章和规范性文件的决定》，自 1994 年 3 月 25 日失效。

⑤ 根据 1994 年 3 月 25 日《交通部关于废止 900 件交通规章和规范性文件的决定》，自 1994 年 3 月 25 日失效。

⑥ 根据 1994 年 3 月 25 日《交通部关于废止 900 件交通规章和规范性文件的决定》，自 1994 年 3 月 25 日失效。

⑦ 根据 1994 年 3 月 25 日《交通部关于废止 900 件交通规章和规范性文件的决定》，自 1994 年 3 月 25 日失效。

⑧ 根据 1987 年 1 月 3 日《国务院关于废止部分外事外经贸、工交城建、劳动人事和教科文卫法规的通知》，该规定自行失效。

⑨ 根据 2003 年 12 月 2 日《交通部关于废止 219 件交通规章的决定》，自 2003 年 12 月 2 日失效。

⑩ 根据 1994 年 3 月 25 日《交通部关于废止 900 件交通规章和规范性文件的决定》，自 1994 年 3 月 25 日失效。

续表

（七）关于海损事故赔偿	1965 年 1 月 26 日《关于海损赔偿问题的复函》①
	1972 年 10 月 12 日《关于海损事故赔偿问题的复函》②
（八）关于沉船打捞	1957 年 10 月 11 日《打捞沉船管理办法》③

以上这些法规、规章及其他规范性文件，结合相关的民事立法，构成《海商法》施行前规范海商海事关系的基本法律依据。

改革开放后，我国对外贸易和远洋运输事业迅速发展，以往主要依赖行政机关制定规范性文件进行调整的方法不能满足海商海事关系稳定有序和与国际接轨的需要。1982 年，由原交通部牵头，有关部门、院校参加，组成了"海商法起草委员会"，恢复海商法起草工作。1985 年 1 月，完成《海商法（草案）》，上交国务院。鉴于这部法律牵涉范围较广，1989 年初，国务院原法制局组织成立"海商法审查研究小组"，邀请有关部门分别以不同形式参与研究，对原草案进行修改。"海商法审查研究小组"在国内外做了大量调查研究，广泛征求意见，多次邀请专家座谈、论证和咨询。从中国实际情况出发，以当时通行的国际公约为基础，吸收体现国际惯例的民间规则，借鉴有广泛影响的标准合同，并考虑国际海事立法的发展趋势，对原草案反复研究、修改，最终形成《海商法（草案）》，提请第七届全国人民代表大会常务委员会第二十六次会议审议④。1992 年 11 月 7日，第七届全国人民代表大会常务委员会第二十八次会议通过了《海商法》，自 1993 年 7 月 1 日起施行。《海商法》共 15 章 278 条，内容涵盖船舶物权、船员、海上货物运输合同、海上旅客运输合同、船舶租用合同、

---

① 根据 1994 年 3 月 25 日《交通部关于废止 900 件交通规章和规范性文件的决定》，自 1994年 3 月 25 日失效。

② 根据 1994 年 3 月 25 日《交通部关于废止 900 件交通规章和规范性文件的决定》，自 1994年 3 月 25 日失效。

③ 该办法现在仍然有效。

④ 杨景宇：《关于〈中华人民共和国海商法（草案）〉的说明——1992 年 6 月 23 日在第七届全国人民代表大会常务委员会第二十六次会议上》，北大法宝网，www.pkulaw.com，2022 年 7 月 10 日访问。

海上拖航合同、船舶碰撞、海难救助、共同海损、海事赔偿责任限制、海上保险合同、诉讼时效、涉外关系的法律适用等，全面确立了调整海商海事关系的体系框架和规范依据，为航运经济和外贸事业的发展提供了基础性制度保障，标志着中国海商海事法治建设进入一个新阶段。

为配合《海商法》的生效实施，国务院及相关部委一方面陆续废除了大量计划经济时代调整海商海事关系的规范性文件；另一方面，新出台了一批符合市场经济原则和《海商法》精神的配套法规（见表2）。

表 2　配合《海商法》生效实施出台的配套法规

1994 年 6 月 2 日	《船舶登记条例》①
1993 年 11 月 15 日	《关于不满 300 总吨船舶及沿海运输、沿海作业船舶海事赔偿限额的规定》
1993 年 12 月 17 日	《中华人民共和国港口间海上旅客运输赔偿责任限额规定》
1995 年 3 月 15 日	《水路货物运输规则》②
1995 年 12 月 12 日	《水路旅客运输规则》③
2010 年 8 月 19 日	《船舶油污损害民事责任保险实施办法》④
2012 年 5 月 11 日	《船舶油污损害赔偿基金征收使用管理办法》
2014 年 4 月 16 日	《船舶油污损害赔偿基金征收使用管理办法实施细则》

上述行政法规和部门规章，细化或者补充了《海商法》所确立的海商海事法律制度框架，结合合同、侵权、物权等民事立法的一般性规定，构成了现阶段中国海商海事国内立法的实体规则体系。

随着施行时间的推移，《海商法》逐渐显现出一些不适应性。为此，交通运输部于 2017 年启动《海商法》修订研究工作。2018 年 11 月 5 日，形成《海

---

① 2014 年 7 月 29 日被修订。

② 该规则自 1995 年 9 月 1 日起施行，取代了 1987 年的《水路货物运输规则》。2000 年 8 月 28 日，原交通部又发布新的《国内水路货物运输规则》，自 2001 年 1 月 1 日起施行，取代了 1995 年的《水路货物运输规则》。2016 年 5 月 30 日，《国内水路货物运输规则》被废止。

③ 1997 年 8 月 26 日第一次修订，2014 年 1 月 2 日第二次修正，现仍有效。

④ 2013 年 8 月 31 日修正。

商法（修订征求意见稿）》，面向社会公开征求意见①。经修改完善后，形成了《海商法（修改送审稿）》（以下简称《修改送审稿》），提交司法部审查。2020 年 5 月 6 日，司法部将《修改送审稿》送交部分研究机构征求意见。目前，《修改送审稿》仍在继续研究完善中。

二　程序法的发展

实体法的实施需要程序法的保障。基于海商海事实体规则的特殊性，英、美、日、澳等海运国家在颁布民事诉讼法之后，均制定了不同形式的海事诉讼特别程序规范，国际上亦有专门的程序性条约或者规定。中国的海商海事实体立法，长期缺少与之相匹配的专门性程序规则，主要依赖民事诉讼的一般规定，无法实现特别立法的价值取向。此种状况一直持续至20 世纪 80 年代中期，在海事法院正式设立后，最高人民法院开始制定专门针对海事诉讼的司法解释。随着海事案件数量的快速增加，尤其是《海商法》的实施，海事审判实践对专门性程序立法的需求日益迫切。有鉴于此，根据第八届全国人民代表大会常务委员会的立法规划，最高人民法院在 1995 年组成"海事诉讼特别程序法起草小组"。此后四年多的时间里，起草小组做了大量的调研工作，比较研究了其他国家的海事诉讼立法，反复征求有关部门和专家的意见，形成草案文稿共十三稿，最后经最高人民法院审判委员会讨论，形成《海事诉讼特别程序法（草案）》，提请第九届全国人民代表大会常务委员会第十一次会议审议②。1999 年 12 月 25日，第九届全国人民代表大会常务委员会第十三次会议审议通过了《海事诉讼特别程序法》，自 2000 年 7 月 1 日起施行。《海事诉讼特别程序法》共 12 章 127 条，内容包括管辖、海事请求保全、海事强制令、海事证据

---

① 2018 年 11 月 5 日《交通运输部关于〈中华人民共和国海商法（修订征求意见稿）〉公开征求意见的通知》，https://xxgk.mot.gov.cn/jigou/fgs/201811/t20181105_3109896.html，2022 年 7 月 10 日访问。

② 李国光：《关于〈中华人民共和国海事诉讼特别程序法（草案）〉的说明——1999 年 8 月24 日在第九届全国人民代表大会常务委员会第十一次会议上》，北大法宝网，www.pkulaw.com，2022 年 7 月 10 日访问。

保全、海事担保、送达、审判程序、设立海事赔偿责任限制基金程序、债权登记与受偿程序和船舶优先权催告程序等，全面确立了适应海事诉讼的特别程序规则和制度，对《民事诉讼法》进行了必要的补充和完善，有利于保障海商海事实体权利的行使，有利于实现海事审判的公正和权威。2019 年 10 月，在《海事诉讼特别程序法》实施近二十周年之际，最高人民法院针对多年来海事司法实践中暴露出来的突出问题，开展调研、组织讨论，启动《海事诉讼特别程序法》的修改研究工作①。目前，该工作仍在继续进行中。

第二节　海商海事国际条约

改革开放以来，中国积极参与国际经贸交流合作，主动融入国际法律规则体系，成为国际法治的践行者、维护者和发展者，树立了良好的国际形象。借鉴或者采纳海商海事领域普遍适用的国际条约，是这一伟大实践的典型例证。1994～2021 年，中国共批准或者加入海商海事类国际条约或其议定书、修正案 8 个，基本实现了与国际海事规则的全面接轨，有力促进了中国远洋运输和对外贸易事业的健康发展，同时，也为国际海商海事立法的统一作出了贡献。中国批准或者加入的相关国际条约、议定书、修正案见表 3。

一　船舶碰撞与海难救助

1.《1910 年统一船舶碰撞某些法律规定的国际公约》

19 世纪末，随着航运业的发展，船舶碰撞事故增加，而各国有关碰撞船舶之间责任划分的标准差异较大。为了达成国际统一，19 世纪 80 年代起，国际上开始陆续讨论有关船舶碰撞的责任划分问题。1897 年，国际

---

① 《海诉法修改三片区（南北中部）调研会综述》，武汉海事法院，http：//www. cnhubei.
　com/pcmedia/detail？id＝610800，2022 年 7 月 10 日访问。

表3 1994~2022年中国缔结或者参加的海商海事类国际条约（按中国加入时间排序）

序号	名称	通过时间	生效时间	中国加入时间	对中国生效时间	缔约国数量
1	《1910年统一船舶碰撞某些法律规定的国际公约》	1910年9月23日	1913年3月1日	1994年3月5日	1994年9月28日	84①
2	《1989年国际救助公约》	1989年4月28日	1996年7月14日	1994年3月30日	1996年7月14日	75②
3	《1974年海上旅客及其行李运输雅典公约》	1974年12月13日	1987年4月28日	1994年6月1日	1994年8月30日	25③
4	《1974年海上旅客及其行李运输雅典公约1976年议定书》	1976年11月19日	1989年4月30日	1994年6月1日	1994年8月30日	16④
5	《修正1969年国际油污损害民事责任公约1992年议定书》	1992年11月27日	1996年5月30日	1999年1月5日	2000年1月5日	145⑤
6	《1992年国际油污损害民事责任公约议定书2000年修正案》	2000年10月18日	2003年11月1日	2003年11月1日	2003年11月1日	145⑥
7	《2001年国际燃油污染损害民事责任公约》	2001年3月23日	2008年11月21日	2008年12月9日	2009年3月9日	103⑦
8	《2007年内罗毕国际船舶残骸清除公约》	2007年5月18日	2015年4月14日	2016年11月11日	2017年2月11日	60⑧

① 截至2017年5月。
② 截至2022年5月26日。
③ 截至2022年5月26日。
④ 截至2022年5月26日。
⑤ 截至2022年5月26日。
⑥ 截至2022年5月26日。
⑦ 截至2022年5月26日。
⑧ 截至2022年5月26日。

海事委员会（CMI）成立后不久，即将其作为第一个研究课题，并向比利时、法国、德国、荷兰、挪威、英国等已成立的国家海商法协会发出关于船舶碰撞责任的问题清单。基于各国的答复及 1898 年大会的讨论，国际海事委员会形成了一份决议。后来，讨论范围进一步明确，并形成新的决议。1902 年，国际海事委员会请求比利时政府召集外交会议，讨论有关船舶碰撞和海难救助的统一规则草案。1905 年开始，比利时政府先后三次召集外交会议，对草案规定进行讨论。1910 年 9 月 23 日，在布鲁塞尔召开的外交会议第三次全体会议上，审议并通过了《1910 年统一船舶碰撞某些法律规定的国际公约》（以下简称《1910 年碰撞公约》）[①]。

《1910 年碰撞公约》在界定其适用的船舶和水域后，主要规定了无过失碰撞、单方过失碰撞和双方过失碰撞的责任承担，确立了船舶碰撞的过失比例责任原则。同时，明确该公约扩大适用于引航员过失造成的碰撞以及船舶间接碰撞，废除法律推定过失原则，限定了船舶碰撞损害赔偿诉讼的时效期间并确立其中止、中断和延长的规则。此外，《1910 年碰撞公约》还规定了船长的施救义务、该公约与船舶所有人责任限制立法之间的关系等。

2.《1989 年国际救助公约》

1978 年 3 月 16 日，载运 22 万吨原油的"阿莫科·卡地兹"（Amoco Cadiz）号油轮在法国西北部布列塔尼（Brittany）海域外触礁搁浅，最终断裂沉没，造成当时最大的油污事故。1978 年 9 月，国际海事组织（IMO）法律委员会出具报告，全面分析了"阿莫科·卡地兹"号事故中的救助问题，并提出《1910 年碰撞公约》所包含的国际救助法律规则是否需要修改和取代的疑问。1979 年，国际海事委员会大会认为，救助问题需要给予重点关注，并愿意为 IMO 研究救助问题提供协助。1979 年 6 月，IMO 法律委员会决定请求 CMI 审查海难救助的私法规则。1979 年 9 月，CMI 成立国际分委员会，研究海难救助问题并起草报告。1981 年 2 月，一份救助公约草案

---

① Francesco Berlingieri, International Maritime Conventions, Vol. II, Informal Law from Routledge, 2015, pp. 3-7.

被同意提交给同年 5 月在蒙特利尔举行的国际海事委员会大会。大会在考虑相关建议后，以绝对多数通过了最终公约草案，并提交 IMO 审议。1983 年 3 月，IMO 法律委员会一致同意，在接下来的两年中，以 CMI 救助公约草案为基础开展工作，并将其作为优先议题。经过 IMO 法律委员会先后六届会议、三次审议后，新的公约草案被提交给 1989 年 4 月 15 日至 28 日在伦敦召开的国际救助大会审议并获得通过，定名为《1989 年国际救助公约》（以下简称《1989 年救助公约》）①。

《1989 年救助公约》在界定了适用范围和情形之后，主要规定了如下内容：第一，救助作业实施过程中救助方、被救助方和船长的义务，沿海国的权利，以及其他船长提供救助的义务；第二，救助方获得救助报酬的条件及其评定标准，特别补偿的适用情形与具体数额，以及不产生救助报酬的几种情况；第三，海难救助索赔的担保、先行支付和诉讼时效等规则。

二　旅客及行李运输

1.《1974 年海上旅客及其行李运输雅典公约》

在海商法的发展历史中，海上旅客运输一直未受到足够重视。直至 1961 年 4 月 29 日，国际上才通过了第一个关于海上旅客运输的公约，即《1961 年统一海上旅客运输某些规则的国际公约》。该公约于 1965 年 6 月生效，只有 12 个国家批准。除法国外，均为航运不发达国家甚至内陆国家。1967 年 5 月 27 日，国际上又通过了《1967 年统一海上旅客行李运输某些规则的国际公约》，但该公约从未生效。随着海上旅客运输的发展和相关纠纷的增加，统一海上旅客运输承运人责任的立法需求增大。1974 年 12 月 2 日至 13 日，原政府间海事协商组织（IMCO）在雅典召开的国际会议上，审议并通过了《1974 年海上旅客及其行李运输雅典公约》（以下简称

---

① Francesco Berlingieri, International Maritime Conventions, Vol. II, Informal Law from Routledge, 2015, pp. 69-70.

《1974 年雅典公约》）。①

除界定术语和适用范围之外，《1974 年雅典公约》主要规定了以下内容：第一，承运人需对旅客人身伤亡及其自带行李灭失、损坏承担过失赔偿责任，但是，如果损害是由于船舶的沉没、碰撞、搁浅、爆炸、火灾或者缺陷所引起，承运人承担过失推定责任；第二，承运人对旅客自带行李以外的其他行李的灭失或者损坏，承担过失推定责任；第三，承运人对旅客人身伤亡、自带行李以及其他行李的灭失或者损坏，可主张大小不等的责任限额；第四，委托实际承运人时，承运人仍需对全程运输负责，实际承运人需对其履行的运输承担与承运人同样的责任；第五，海上旅客运输索赔的诉讼时效及管辖权规则。

2.《1974 年海上旅客及其行李运输雅典公约 1976 年议定书》

为保证海事国际公约中规定的赔偿责任限额的稳定性，1976 年开始，已经通过的海事国际公约陆续通过议定书的方式修改此前规定的赔偿责任限额，统一采用国际货币基金组织于 1969 年创造的"特别提款权"（Special Drawing Right）作为计算单位。《1974 年雅典公约》亦是其中之一，该公约规定的承运人赔偿责任限额被《1974 年海上旅客及其行李运输雅典公约 1976 年议定书》所修正。

《1974 年海上旅客及其行李运输雅典公约 1976 年议定书》的主要内容，是将《1974 年雅典公约》第 7 条和第 8 条关于承运人对旅客人身伤亡和行李灭失或者损坏的赔偿责任限额规定中所使用的金法郎，按照 15 金法郎等于 1 特别提款权换算，修改为国际货币基金组织规定的特别提款权。

三　油污损害民事责任

1.《修正 1969 年国际油污损害民事责任公约 1992 年议定书》

1967 年 3 月 18 日，载运 12 万吨原油的"托利·堪庸"（Torrey Canyon）

---

① Francesco Berlingieri, International Maritime Conventions, Vol. I, Informal Law from Routledge, 2014, p. 259; William Tetley, International Maritime and Admiralty Law, Les Editions Yvon Blais Inc., 2002, pp. 517-518.

号油轮在英国西南海岸与锡利群岛之间搁浅，船上原油几乎全部泄漏，造成英国和法国附近海域严重污染。英国政府请求原政府间海事协商组织（IMCO）研究此次事件带来的问题并提供解决方案。1967 年 5 月 4 日，IMCO 理事会召开特别会议，确认该案主要存在法律方面的问题，并决定成立临时委员会开展工作。临时委员会随即于 1967 年 6 月 21 日至 22 日召开第一次会议进行讨论，后于 1967 年 11 月第二次会议前成立 IMCO 的常设机构——法律委员会。同时，国际海事委员会也任命了国际分委员会研究"托利·堪庸"事件的问题，并与 IMCO 进行紧密合作与商讨。鉴于传统海商法不足以为类似"托利·堪庸"案的大规模油污事故受害人提供满意的救济，1969 年 11 月 10 日至 29 日，IMCO 召集国际会议，意图解决油污责任的性质和主体两个突出问题。会议一度陷入僵局，1969 年 11 月 24 日，在英国代表团提议的基础上达成了妥协，即建立包括漏油船的严格责任、强制保险和责任限制在内的一整套制度。另外，决定由 IMCO 在 1971 年之前召集会议，考虑建立油污损害赔偿基金，保证油污受害人获得充分补偿，同时减轻船舶所有人的额外经济负担。此次会议最终通过了《1969 年国际油污损害民事责任公约》（以下简称《1969 年民事责任公约》），该公约于 1975 年 6 月 19 日生效①。1980 年 1 月 30 日，中国交存加入书。1980 年 4 月 29 日，《1969 年民事责任公约》对中国生效。1999 年 1 月 5 日，中国交存退出书。2000 年 1 月 5 日，中国正式退出《1969 年民事责任公约》②。

　　《1969 年民事责任公约》规定的以"法郎"为单位的赔偿责任限额，后被 1976 年 11 月 19 日议定书修改为特别提款权，该议定书于 1981 年 4 月 8 日生效。1986 年 9 月 29 日，中国递交了加入该议定书的文件。1986 年 12 月 28 日，该议定书对中国生效。2002 年 8 月 22 日，中国交存退出书。2003 年 8 月 22 日，中国正式退出《1969 年国际油污损害民事责任公

---

① Francesco Berlingieri, International Maritime Conventions, Vol. Ⅲ, Informal Law from Routledge, 2015, pp. 166-167.

② Supra n. 1, pp. 261, 265.

约 1976 年议定书》①。

20 世纪 70 年代，发生在世界范围内的通货膨胀，使人们担忧《1969 年民事责任公约》规定的赔偿限额已被降低至不可接受的水平。此种担忧在 1978 年"阿莫柯·卡地兹"（Amoco Cadiz）轮和 1980 年"塔尼欧"（Tanio）轮油污事件后进一步加剧。在这样的背景下，1984 年 4 月 30 日至 5 月 25 日，国际海事组织在伦敦召开外交会议，通过了《1969 年国际油污损害民事责任公约 1984 年议定书》。该议定书除提高油污赔偿限额外，还作了一些其他修正。然而，由于未得到事先期待的美国的支持和批准，1984 年议定书一直没有生效②。

1990 年 9 月，在美国《油污法》生效不久后举行的国际油污赔偿基金（IOPC）年度大会上，各国代表认识到，美国已不可能再批准 1984 年议定书，该议定书也不再可能生效，因而决定成立国际工作组，考虑国际油污体制的未来以及 1984 年议定书的规定如何能在没有美国的支持下迅速生效。1991 年 4 月 11 日，"黑文"（Haven）轮油污事故更凸显了问题的严重性。该案的索赔金额达到当时有史以来最高，大大超过了《1969 年民事责任公约》和《1971 年设立国际油污损害赔偿基金国际公约》（以下简称《1971 年基金公约》）确立的可能赔偿数额。1991 年 IOPC 大会决定，请求 IMO 秘书长召集国际会议讨论新的议定书草案。1992 年 11 月 23 日至 27 日，国际海事组织在伦敦召开外交会议，通过了《修正 1969 年国际油污损害民事责任公约 1992 年议定书》（经该议定书修正的《1969 年民事责任公约》简称《1992 年民事责任公约》）③。

同《1969 年民事责任公约》相比，《1992 年民事责任公约》进一步澄清并扩大了适用的情形和范围，主要体现在：第一，适用的船舶包括空

---

① See IMO, Comprehensive Information on the Status of Multilatetal Conventions and Instruments dated 26 May 2022, pp. 272-273, 275, https：//www. imo. org/en/About/Conventions/Pages/StatusOfConventions. aspx, 2022 年 7 月 20 日访问。

② Colin de la Rue, Charles B. Anderson, Shipping and the Environment Law and Practice, 2nd edn., Informa Law, 2009, pp. 29-30.

③ Ibid, p. 71.

载航行的油轮；第二，适用的"污染损害"包括"环境损害"，但限于已实际采取或者将要采取的合理恢复措施的费用；第三，除已造成污染损害的事故外，适用的"事故"还包括造成污染损害的严重和紧迫威胁的事件；第四，除领海外，适用的地理范围扩大到在缔约国专属经济区发生的污染损害。

《1992 年民事责任公约》最重要的变化在于责任人的赔偿责任限制权利。一方面，该公约大幅提高了油污损害的赔偿责任限额，将《1969 年民事责任公约》规定的每吨位 2000 法郎和总金额不超过 2.1 亿法郎，提高到以 300 万特别提款权为基础，对于超过 5000 总吨的船舶，每吨增加 420 特别提款权，但总金额不超过 5970 万特别提款权。另一方面，新公约严格了责任限制权利的丧失条件，废除了"实际过失或者私谋"的主观标准，改采《1976 年海事赔偿责任限制公约》规定的"故意或者明知可能造成损失而轻率地作为或者不作为"，这就确保了责任限制权利的稳定性。

此外，《1992 年民事责任公约》继续坚持并进一步完善了"污染者负责"原则、严格责任原则以及强制保险和直接诉讼的规则，提高了船舶油污损害赔偿制度的科学性、完整性。

2.《修正 1969 年国际油污损害民事责任公约 1992 年议定书的责任限额修正案》

1999 年 12 月 12 日，载运 3.1 万吨重油的"埃里卡"（Erika）轮在距离法国西海岸约 60 海里的比斯开湾断裂、沉没，近 2 万吨重油溢出，产生约 7000 项索赔，总额超过了《1992 年民事责任公约》规定的限额。该案带来船舶安全管理和污染赔偿方面一系列的法律问题。针对污染赔偿，2000 年 10 月 18 日，IMO 法律委员会根据《1992 年民事责任公约》和《1992 年基金公约》中的默示接受条款，决议将两个公约的赔偿限额皆提高约 50%，此即 2000 年责任限额修正案①。

---

① Colin de la Rue, Charles B. Anderson, Shipping and the Environment Law and Practice, 2nd edn., Informa Law, 2009, pp. 74-76.

《1992 年民事责任公约》的 2000 年责任限额修正案，将《1992 年民事责任公约》规定的赔偿责任限额基数，从 300 万特别提款权提高至 451 万特别提款权；对于超过 5000 总吨的船舶，每吨增加的责任限额从 420 特别提款权提高至 631 特别提款权；责任限额总数从 5970 万特别提款权提高至 8977 万特别提款权。

3.《2001 年国际燃油污染损害民事责任公约》

《1969 年民事责任公约》和《1971 年基金公约》及其议定书的生效实施，使得油轮溢油事故的受害人在遭受持久性油类污染时，基本可以得到较为充分的补偿。但是，对于油轮之外数以万计的其他类型船舶所载运的燃油对海洋环境的污染威胁，在法律上却没有得到应有的关注，缺乏专门立法。事实上，同油轮污染相比，其他船舶发生燃油污染的危害有过之而无不及，原因有二：一是船舶数量众多，二是燃油多为高黏度且具有持久性。20 世纪 90 年代以来，世界范围内的若干起船舶燃油污染事故，更凸显了建立燃油污染损害赔偿机制的迫切性①。在这种背景下，国际海事组织法律委员会在 1996 年第 73 届会议上将制定燃油污染损害赔偿公约作为最优先的议题。在该委员会第 75 届会议上，受 IMO 的委托，澳大利亚、加拿大、芬兰、挪威、南非、瑞典、英国和爱尔兰等八个国家提交了《国际燃油污染损害民事责任公约草案》，供法律委员会讨论。经过法律委员会第 76 届至第 80 届会议的持续讨论与修改，于 2000 年 1 月 21 日召开的法律委员会第 81 届会议上形成了较为完善的公约草案。2000 年 6 月、8 月及 9 月召开的法律委员会第 82 届会议，又对公约草案进行了深入研讨。2001 年 3 月 19 日至 23 日，国际海事组织在伦敦召开外交大会，最终审议并通过了《2001 年国际燃油污染损害民事责任公约》（以下简称《2001 年燃油公约》）②。

---

① Colin de la Rue, Charles B. Anderson, Shipping and the Environment Law and Practice, 2nd edn., Informa Law, 2009, pp. 255-256.

② 宋春风：《〈2001 年燃油污染损害民事责任国际公约〉介评》，《海商法研究》2001 年第 2 辑，第 16~17 页。

《2001 年燃油公约》在很大程度上参考了《1992 年民事责任公约》和《1996 年国际海上运输有毒有害物质损害责任及赔偿公约》的规定，但又不完全是上述公约的翻版，主要包括以下内容：第一，明确了适用范围，即适用于《1992 年民事责任公约》规定的污染损害之外，发生在缔约国领海、专属经济区的任何海船造成的燃油污染损害；第二，扩大了责任主体范围，除船舶登记所有人外，责任主体还可能是光船承租人、船舶管理人或经营人；第三，明确责任主体需对燃油污染损害承担严格责任；第四，赋予责任主体及其保险人或者担保人，依照适用的国内法或者国际机制，如经修正的《1976 年海事赔偿责任限制公约》，主张责任限制的权利；第五，要求大于 1000 总吨船舶的登记所有人，必须办理燃油污染损害责任保险或者取得其他财务担保；第六，明确了燃油污染损害的诉讼时效期间、管辖权以及判决的承认与执行等规则。

四 船舶残骸清除

随着人类海洋活动的增加，海底船舶残骸的数量也在增多，对航行安全和海洋环境带来巨大威胁。位于一国领海内的残骸，沿海国尚有权进行管辖和干预，而一国领海之外的残骸，常常面临管辖权和法律规范上的空白。比如，沿海国是否有义务进行标识和清除，是否有权就相关费用向残骸所有人索赔等①。早在 1974 年，国际海事组织法律委员会就将制定船舶残骸清除的国际条约列入工作规划。其后由于其他优先事项的耽搁，直至 1993 年才提出第一个残骸清除公约草案②。在后来连续多届的 IMO 法律委员会会议上，残骸清除公约草案一直被作为主要议题进行讨论，并在 2006 年第 92 届会议形成最终文本。2007 年 5 月 14 日至 18 日，在肯尼亚首都内罗毕召开的国际海事组织外交大会审议并通过了《2007 年内罗毕国际

---

① Francesco Berlingieri, International Maritime Conventions, Vol. 3, Informal Law from Routledge, 2015, p. 127.

② Colin de la Rue, Charles B. Anderson, Shipping and the Environment Law and Practice, 2nd edn. , Informa Law, 2009, pp. 990-991.

船舶残骸清除公约》（以下简称《2007年残骸清除公约》）①。

《2007年残骸清除公约》主要规定了以下内容：第一，术语定义、目标和一般原则，以及公约的适用范围；第二，本国船船长和经营人报告残骸的义务；第三，确定残骸是否构成危害的标准；第四，受影响国家对残骸的定位、标记等义务；第五，船舶登记所有人清除残骸的义务及需承担对残骸定位、标记和清除费用的严格责任；第六，船舶登记所有人办理强制保险或其他财务担保的义务；第七，相关费用索赔的诉讼时效期间和缔约国之间解决争端的方式；第八，公约的签署、批准、加入、生效及退出等事项。

第三节　海商海事司法实践

改革开放以来，随着中国航运和贸易事业的发展以及民商事立法，特别是海商海事立法的完善，海商海事司法活动日趋活跃，主要表现如下：建立了以海事法院为基础的专门海事审判体制，颁布了20多个海商海事司法解释和司法解释性质文件，以及审结了40多万件海商海事案件，其中，包括指导性案例7个，《最高人民法院公报》案例48个②。以下重点介绍海商海事司法实践各方面的具体情况。

一　海商海事审判体制

（一）海事法院的设立

为适应中国海上运输和对外贸易事业发展的需要，更好地行使中国海域司法管辖权，维护国家海洋权益，保护当事人的合法利益，最高人民法院、原交通部经请示中央政法委员会决定，于1984年6月1日成立上海、天津、青岛、大连、广州和武汉海事法院。各海事法院成立之前的1984

---

① 胡正良主编《海事法》第3版，北京大学出版社，2016，第200页。
② 相关数据截至2021年，参见最高人民法院《中国海事审判白皮书（1984~2014）》《中国海事审判白皮书（2015~2017）》以及中国海事审判网（https：//cmt.court.gov.cn）中的"审执数据"。

年 5 月 24 日，最高人民法院、原交通部发布了《关于成立海事法院的通知》，明确了海事法院的内部机构设置、人员编制以及院长、副院长等领导干部和审判人员的产生办法，并特别规定：海事法院与中级人民法院同级，审理国内和涉外的第一审海事案件和海商案件，不受理刑事案件和一般民事案件；海事法院的上诉审法院为所在省、市高级人民法院；有关审判业务事宜，由上级人民法院监督和指导。

1984 年 11 月 14 日，第六届全国人民代表大会常务委员会第八次会议通过了《关于在沿海港口城市设立海事法院的决定》，正式在立法上规定了海事法院的设立、监督、管辖和审判人员任免等事项，并特别明确：海事法院对所在地的市人民代表大会常务委员会负责，其审判工作受所在地高级人民法院监督；海事法院管辖第一审海事案件和海商案件，不受理刑事案件和其他民事案件；对海事法院的判决和裁定的上诉案件，由海事法院所在地高级人民法院管辖。

1984 年 11 月 28 日，最高人民法院依照第六届全国人民代表大会常务委员会《关于在沿海港口城市设立海事法院的决定》，颁布了《最高人民法院关于设立海事法院几个问题的决定》，具体规定了海事法院可以受理的 18 种海事海商案件的类型和范围，同时，明确了广州、上海、青岛、天津、大连五个海事法院的管辖区域。

（二）海事法院管辖权的扩大

1. 1989 年《最高人民法院关于海事法院收案范围的规定》

海事法院在 1984 年设立之后，主要依照 1984 年 11 月 28 日《最高人民法院关于设立海事法院几个问题的决定》第 3 条有关收案范围的规定开展审判工作。1989 年 5 月 13 日，最高人民法院颁布新的《最高人民法院关于海事法院收案范围的规定》［法（交）发〔1989〕6 号］，规定了海事侵权纠纷案件、海商合同纠纷案件、其他海事海商案件、海事执行案件和海事请求保全案件共计五大类 42 种可由海事法院受理的海事海商案件类型，同时，废除了 1984 年 11 月 28 日《最高人民法院关于设立海事法院几个问题的决定》中关于海事法院收案范围的规定，扩大了海事法院的管辖范围。

1989 年 12 月 23 日，最高人民法院发布《关于进一步贯彻执行海事法院收案范围的通知》，特别强调地方各级人民法院不得继续受理海事法院管辖范围内的案件，同时明确了某些特殊情形下地方人民法院与海事法院的管辖协调机制。

2. 2001 年《最高人民法院关于海事法院受理案件范围的若干规定》

2001 年 9 月 18 日，最高人民法院再次颁布《最高人民法院关于海事法院受理案件范围的若干规定》（法释〔2001〕27 号，以下简称《2001 年受案范围规定》），取代了 1989 年《最高人民法院关于海事法院收案范围的规定》。《2001 年受案范围规定》将 1989 年规定的"海事请求保全案件"并入"其他海事海商纠纷案件"，规定了海事侵权纠纷案件、海商合同纠纷案件、其他海事海商纠纷案件和海事执行案件共计四大类 63 种海事海商案件类型，进一步扩大了海事法院的管辖范围。

3. 2016 年《最高人民法院关于海事法院受理案件范围的规定》

《2001 年受案范围规定》施行十几年后，国家形势和社会状况出现了新的变化，对海事法院的审判职能提出了新的要求，主要表现在如下方面。第一，服务保障海洋强国战略和"一带一路"建设的需要。党的十八大提出建设海洋强国的战略目标，"十三五"规划建议进一步提出拓展蓝色经济空间，但中国周边海洋形势正发生深刻复杂的变化，海洋开发利用秩序亟待依法规范，海洋生态环境保护需要不断加强，海事法院过去以受理海上贸易航运相关商事纠纷为主的受案范围需要及时修改拓展，以积极行使国家海洋司法管辖权，依法规范海洋开发利用秩序，加强海洋环境司法保护；同时，随着"一带一路"建设的深入和国际航运中心继续向亚太地区和中国转移，需要与时俱进扩大海事审判管辖案件范围，进一步增强中国海事司法的国际影响力和竞争力。第二，规范统一全国海事案件受理标准的需要。2001 年以来，船舶工程、航运经营、海上运输、港口经营等方面出现了诸多新的交易形式及案件类型，相当部分已为旧的受案范围规定所不能涵盖。为充分发挥海事法院审判职能，服务保障海洋经济和海洋生态文明建设，部分高级人民法院专门发文指定海事法院受理本省（市）内海洋开发利用、海洋环境污染纠纷案件以及海事行政案件，由此要求全国海事法院的受案范围应当尽快明确并规范统一。另外，《物权法》《民事诉讼法》等法律法规及司法解释的修订与颁布实施，对海事法院受理案件均有不同程度的影响和要求，需要作出相应调整。第三，海事审判工作发展和改革的需要。全国海事审判工作的重心在海事法院。在新的历史条件下，海事法院必须重点朝着两个目标加快发展，即必须从"水上运输法院"角色转型为全面覆盖"蓝色国土"的法院，必须努力将中国建设成为具有较高国际影响力的国际海事司法中心。但是，现实情况与上述目标要求有较大差距，主要表现为：受案范围过于狭窄，海事法院的司法能力没有得到充分发挥；各海事法院收案不平衡；随着武汉、大连等海事法院在沿江地区增设派出法庭，拓展其辐射范围，其受理通海可航水域案件的范围也需要逐步扩大。总之，要充分发挥海事法院职能作用，必须进一步拓展其受案范围。在此背景下，2015 年 12 月 28 日，最高人民法院审判委员会第 1674 次会议通过了《最高人民法院关于海事法院受理案件范围的规定》（法释〔2016〕4 号，以下简称《2016 年受案范围规定》），自 2016 年 3 月 1 日起施行①。

《2016 年受案范围规定》包括七个部分，除第七部分"其他规定"外，前六部分列举了六大类 108 种案件类型，分别是：第一，海事侵权纠纷案件（第 1 项至第 10 项）；第二，海商合同纠纷案件（第 11 项至第 52 项）；第三，海洋及通海可航水域开发利用与环境保护相关纠纷案件（第 53 项至第 67 项）；第四，其他海事海商纠纷案件（第 68 项至第 78 项）；第五，海事行政案件（第 79 项至第 85 项）；第六，海事特别程序案件（第 86 项至第 108 项）。

同《2001 年受案范围规定》相比，新的规定在架构上有以下变化：一是将"海洋及通海可航水域开发利用与环境保护相关纠纷案件"从《2001 年受案范围规定》中的"其他海事海商纠纷案件"部分单列出来作为一大类案件，以突出海事法院规范海洋及通海可航水域开发利用秩序和

---

①　张勇健等：《〈关于海事法院受理案件范围的规定〉的理解与适用》，《人民司法·应用》2016 年第 10 期，第 37 页。

环境保护的职能；二是将"海事行政案件"从《2001 年受案范围规定》中的"其他海事海商纠纷案件"部分和"海事执行案件"部分单列出来作为一大类案件，具体明确其类型；三是将《2001 年受案范围规定》第四部分"海事执行案件"中第 59、61、62、63 项内容调整至第六部分"海事特别程序案件"，不将海事执行案件作为一大类单列①。

从具体内容看，新的规定作了两方面修改：一是对《2001 年受案范围规定》的 63 项海事案件类型作少量适当调整；二是在原有 63 项海事案件类型的基础上增加 45 项案件类型，将海事案件类型增加至 108 项。增加的案件类型主要是四类：一是传统航运贸易中新出现的民商事纠纷案件，具体增加了港口货物质押监管合同纠纷案件等 28 项；二是海洋开发利用和海洋生态环境保护类民商事纠纷案件，具体增加了污染海洋环境、破坏海洋生态责任纠纷案件等 9 项；三是《民事诉讼法》修订后和海事诉讼实践新出现的程序性案件，具体增加了就海事纠纷申请司法确认调解协议案件等 3 项；四是具体细化海事行政案件类型，《2001 年受案范围规定》仅在第 40 项、第 41 项与第 60 项笼统规定海事行政案件、海事行政赔偿案件和海洋、通海水域行政主管机关依法申请强制执行案件，新的受案范围具体细化为 7 项②。

（三）海事法院的发展

1984 年 6 月 1 日，全国有六家海事法院同时设立，分别是上海、天津、青岛、大连、广州和武汉海事法院，各海事法院的管辖区域范围由最高人民法院作出明确规定。

1990 年 3 月 2 日，最高人民法院作出《关于设立海口、厦门海事法院的决定》［法（交）发〔1990〕4 号］，决定设立海口海事法院和厦门海事法院，同时规定了两家法院的机构设置、管辖区域和人事任免等事项。

---

① 张勇健等：《〈关于海事法院受理案件范围的规定〉的理解与适用》，《人民司法·应用》2016 年第 10 期，第 38 页。

② 张勇健等：《〈关于海事法院受理案件范围的规定〉的理解与适用》，《人民司法·应用》2016 年第 10 期，第 38 页。

1992 年 12 月 4 日，最高人民法院作出《关于设立宁波海事法院的决定》（法发〔1992〕40 号），决定设立宁波海事法院，同时规定了宁波海事法院的机构设置、管辖区域和人事任免等事项。

1997 年 7 月 9 日，最高人民法院作出《关于同意广西壮族自治区设立北海海事法院的批复》（法〔1997〕145 号），同意设立北海海事法院，同时明确了北海海事法院的级别、管辖、机构编制和人员任免等问题。

2019 年 2 月 18 日，最高人民法院作出《关于同意撤销南京铁路运输法院设立南京海事法院的批复》（法〔2019〕39 号），同意设立南京海事法院，同时明确了南京海事法院的级别、隶属关系、机构编制和人员任免等问题。

历经 35 年，中国共设立 11 家海事法院、42 个派出法庭，辐射范围北起黑龙江，南至南海诸岛，涵盖了中国管辖的全部港口和水域，为有效行使海事司法管辖权提供了坚实的物质基础和可靠的组织保障。

二 海商海事司法解释

1995 年至 2022 年 5 月，最高人民法院共颁布有关海商海事法律问题的司法解释 19 个（见表 4）。其中，关于实体问题的解释 11 个，关于程序问题的解释 8 个。除 4 个批复和前文述及的《2016 年受案范围规定》外，以下简要介绍各司法解释的出台背景和主要内容。

（一）《最高人民法院关于审理船舶碰撞和触碰案件财产损害赔偿的规定》

1993 年后，中国经济进入高速发展时期，对外开放向深层次、全方位发展，而海商海事法治正处于摸索起步阶段，在诸多问题上亟须统一共识，船舶碰撞即是其中之一。1993 年实施的《海商法》第八章虽然规定了船舶碰撞的内容，并且，1994 年中国又加入了《1910 年统一船舶碰撞若干法律规定的国际公约》，但在法律规范层面却没有形成一套统一的船舶碰撞概念与规则，学界、司法实践对于船舶碰撞的理解与适用也未达成共识。为统一船舶碰撞案件的裁判标准，推动海事法治发展，1995 年 10 月

表4 1995年至2022年5月最高人民法院发布的海商海事司法解释（按发布时间排序）

序号	名称	文号	发布日期	施行日期	备注
1	《最高人民法院关于审理船舶碰撞和触碰案件财产损害赔偿的规定》	法发（1995）17号	1995年8月18日	1995年8月18日	2020年12月29日修正，2021年1月1日施行
2	《最高人民法院关于承运人就海上货物运输向托运人、收货人或提单持有人要求赔偿的请求权时效期间问题的批复》	法释（1997）3号	1997年8月5日	1997年8月7日	
3	《最高人民法院关于如何确定沿海、内河货物运输赔偿请求权时效期间问题的批复》	法释（2001）18号	2001年5月24日	2001年5月31日	
4	《最高人民法院关于适用〈中华人民共和国海事诉讼特别程序法〉若干问题的解释》	法释（2003）3号	2003年1月6日	2003年2月1日	2008年12月16日调整，2008年12月31日施行
5	《最高人民法院关于审理海上保险纠纷案件若干问题的规定》	法释（2006）10号	2006年11月23日	2007年1月1日	2020年12月29日修正，2021年1月1日施行
6	《最高人民法院关于审理船舶碰撞纠纷案件若干问题的规定》	法释（2008）7号	2008年5月19日	2008年5月23日	2020年12月29日修正，2021年1月1日施行
7	《最高人民法院关于审理无正本提单交付货物案件适用法律若干问题的规定》	法释（2009）1号	2009年2月26日	2009年3月5日	2020年12月29日修正，2021年1月1日施行
8	《最高人民法院关于审理海事赔偿责任限制相关纠纷案件的若干规定》	法释（2010）11号	2010年8月27日	2010年9月15日	2020年12月29日修正，2021年1月1日施行
9	《最高人民法院关于审理船舶油污损害赔偿纠纷案件若干问题的规定》	法释（2011）14号	2011年5月4日	2011年7月1日	2020年12月29日修正，2021年1月1日施行
10	《最高人民法院关于审理海上货运代理纠纷案件若干问题的规定》	法释（2012）3号	2012年2月27日	2012年5月1日	2020年12月29日修正，2021年1月1日施行

续表

序号	名称	文号	发布日期	施行日期	备注
11	《最高人民法院关于海事法院可否适用小额诉讼程序问题的批复》	法释（2013）16 号	2013 年 6 月 19 日	2013 年 6 月 26 日	
12	《最高人民法院关于海上保险合同的保险人行使代位请求赔偿权利的诉讼时效期间起算日的批复》	法释（2014）15 号	2014 年 12 月 25 日	2014 年 12 月 26 日	
13	《最高人民法院关于扣押与拍卖船舶适用法律若干问题的规定》	法释（2015）6 号	2015 年 2 月 28 日	2015 年 3 月 1 日	
14	《最高人民法院关于海事诉讼管辖问题的规定》	法释（2016）2 号	2016 年 2 月 24 日	2016 年 3 月 1 日	
15	《最高人民法院关于海事法院受理案件范围的规定》	法释（2016）4 号	2016 年 2 月 24 日	2016 年 3 月 1 日	
16	《最高人民法院关于审理发生在我国管辖海域相关案件若干问题的规定（一）》	法释（2016）16 号	2016 年 8 月 1 日	2016 年 8 月 2 日	
17	《最高人民法院关于审理发生在我国管辖海域相关案件若干问题的规定（二）》	法释（2016）17 号	2016 年 8 月 1 日	2016 年 8 月 2 日	
18	《最高人民法院关于审理海洋自然资源与生态环境损害赔偿纠纷案件若干问题的规定》	法释（2017）23 号	2017 年 12 月 29 日	2018 年 1 月 15 日	
19	《最高人民法院、最高人民检察院关于办理海洋自然资源与生态环境公益诉讼案件若干问题的规定》	法释（2022）15 号	2022 年 5 月 10 日	2022 年 5 月 15 日	

18 日，最高人民法院审判委员会第 735 次会议讨论通过了《最高人民法院关于审理船舶碰撞和触碰案件财产损害赔偿的规定》（以下简称《船舶碰撞和触碰赔偿规定》），同日发布施行。

《船舶碰撞和触碰赔偿规定》界定了"船舶碰撞""船舶触碰""船舶全损"等概念和术语的含义，明确了船舶碰撞、船舶触碰损害赔偿的基本原则和范围，在此基础上，详细规定了船舶、船上财产和设施等损害赔偿的具体项目，以及船舶价值损失、船上财产损失、船期损失、租金或运费损失等的计算方法。

（二）《最高人民法院关于适用〈中华人民共和国海事诉讼特别程序法〉若干问题的解释》

《海事诉讼特别程序法》是以《民事诉讼法》为基本法的特别法，是一部既符合中国海事审判实际需要，也与国际海事处理规范相适应的程序法。《海事诉讼特别程序法》自 2001 年实施以来，对海事法院依法行使管辖权、规范海事审判程序起到了积极作用。然而，司法实践中也暴露了一些问题亟待解决。为使该程序法更具可操作性，也为增强法院审判工作透明度，2002 年 12 月 3 日，最高人民法院审判委员会第 1259 次会议通过了《最高人民法院关于适用〈中华人民共和国海事诉讼特别程序法〉若干问题的解释》（以下简称《海诉法解释》），自 2003 年 2 月 1 日起施行①。

《海诉法解释》对《海事诉讼特别程序法》每一章规定的具体适用都进行了解释，主要内容如下：①关于管辖，进一步明确了海事法院对海事案件的专门管辖权和各类海事纠纷的地域管辖；②关于海事请求保全，明确了被保全财产的范围、错误扣船的赔偿责任、"活扣押"的期限以及船舶拍卖的具体程序等；③关于海事强制令，明确了海事强制令的执行机构、不履行强制令的后果等；④关于海事证据保全，补充规定了海事证据保全

---

① 王淑梅：《〈关于适用海事诉讼特别程序法若干问题的解释〉的理解与适用》，《人民司法》2003 年第 3 期，第 4 页。

申请书应当载明的内容，以及海事请求人与相关法院或仲裁机构的申请复制权；⑤关于海事担保，解释了海事担保提供人向海事法院申请减少、变更或者取消担保的"正当理由"；⑥关于送达，规定了可向当事船舶或者被扣押船舶的船长送达的情形，明确了其他"适当"的送达方式；⑦关于审判程序，补充规定了船舶碰撞案件、共同海损案件、保险人代位求偿案件和公示催告程序的若干具体程序规则；⑧关于设立海事赔偿责任限制基金程序，明确了在利害关系人提出异议时，法院审查的内容、设立基金的时间、方式及后果等；⑨关于债权登记与受偿程序，澄清了申请登记的债权范围、债权文书的确认条件、提起确权诉讼的期限以及船舶拍卖价款的分配顺序等；⑩关于船舶优先权催告程序，规定了受让人的范围、申请船舶优先权催告的时间，公告的方式和时间及催告程序的终结等。

（三）《最高人民法院关于审理海上保险纠纷案件若干问题的规定》

《海商法》和《保险法》虽已对海上保险法律关系作出了相关规定，但司法实践中海上保险纠纷案件适用法律问题仍存在一些不同或者模糊的认识。一段时间以来，海事法院及其上级人民法院审理的海上保险合同纠纷案件逐渐增多，遇到的相关法律问题也更加突出。不同的法院对同样的案情和法律事实作出不同的认定，影响了司法统一。为解决实践中存在的困难和问题，统一海上保险纠纷案件的裁判尺度，2006 年 11 月 13 日，最高人民法院审判委员会第 1405 次会议通过了《最高人民法院关于审理海上保险纠纷案件若干问题的规定》（以下简称《海上保险规定》），自2007 年 1 月 1 日起施行①。

《海上保险规定》主要涵盖以下几方面内容：第一，澄清了《海商法》《保险法》与原《合同法》对于海上保险合同纠纷的适用关系，同时，明确了港口设施、码头保险合同的适用法律；第二，规定了被保险人在违反告知、支付保险费、保证等义务的情况下，保险人可以和不得解除

① 王淑梅：《〈关于审理海上保险纠纷案件若干问题的规定〉的理解与适用》，《人民司法》2006 年第 12 期，第 14 页。

合同的具体情形；第三，澄清除合同另有约定外，承运人无正本提单交付货物造成的损失不属于保险人保险责任范围；第四，明确了保险人行使代位求偿权的举证责任、诉讼时效中断等问题。

（四）《最高人民法院关于审理船舶碰撞纠纷案件若干问题的规定》

船舶碰撞在海上交通事故中占有较大比例，往往会造成人员、货物和船舶的巨大损失。船舶碰撞纠纷案件是典型的海事案件，涉及财产损害赔偿、人身伤亡赔偿等问题。《海商法》第八章和《海事诉讼特别程序法》第八章虽然分别针对实体与程序问题作了专门规定，最高人民法院也在1995 年发布了《关于审理船舶碰撞和触碰案件财产损害赔偿的规定》，但各级法院在实际审理过程中仍然面临具体的法律问题，主要包括适用法律、责任主体、责任承担和举证责任等。这些问题的产生，一方面是由于有关法律规定还不够完善，对相关问题缺乏具体、可操作性的规定；另一方面是由于部分法院对现行法律规定的理解没有达成共识，导致在司法实践中对同样的案件事实作出不同的判决结果。为解决实践中存在的困难和问题，统一裁判尺度，保证此类案件能够得到及时、公正的审理，2008年 4 月 28 日，最高人民法院审判委员会第 1446 次会议通过了《最高人民法院关于审理船舶碰撞纠纷案件若干问题的规定》（以下简称《船舶碰撞案件规定》），自 2008 年 5 月 23 日起施行①。

《船舶碰撞案件规定》主要包括以下内容：①船舶碰撞的相关规定，既适用于直接碰撞，也适用于间接碰撞和因船舶碰撞导致的船舶触碰事故，但不包括内河船舶之间的碰撞；②船舶碰撞的责任主体通常为船舶所有人，船舶光租经登记的，为光船承租人；③船载货物权利人的索赔选择权及其承运人、实际承运人的抗辩权；④碰撞船舶方的过失举证责任；⑤沉船、沉物的起浮、清除费用请求属于非限制性海事请求；⑥船舶碰撞案件中的证据保密制度及主管机关调查取证的效力。

---

① 胡方：《〈关于审理船舶碰撞纠纷案件若干问题的规定〉的理解与适用》，《人民司法·应用》2008 年第 11 期，第 24 页。

（五）《最高人民法院关于审理无正本提单交付货物案件适用法律若干问题的规定》

在中国的海事审判中，无正本提单交付货物纠纷案件呈逐年上升趋势，至本解释出台之前，案件数量已达全国海事法院年收案数的5%左右。同时，中国每年审理的无正本提单交付货物案件，约为其他国家审理同类案件的总和，所以，此类案件的审理在国外亦有一定影响。在审理无正本提单交付货物案件过程中，对于适用什么法律判定责任、承运人承担什么性质的责任、提单持有人享有何种诉权等问题，由于法律规定不明确，实践中观点不一、裁判各异。为规范和统一案件的裁判标准，解决案件审理中的法律适用问题，避免对相同或类似案件作出不同的裁判结果，根据《海商法》等有关法律规定，结合中国的海事审判经验，参照国际海事条约和国际航运惯例，借鉴国际海事司法的通常做法，2009年2月16日，最高人民法院审判委员会第1463次会议通过了《最高人民法院关于审理无正本提单交付货物案件适用法律若干问题的规定》（以下简称《无正本提单交付货物案件规定》），自2009年3月5日起施行①。

《无正本提单交付货物案件规定》主要规定了以下内容：①不管记名提单、指示提单还是不记名提单，承运人无正本提单交付货物，均需对正本提单持有人承担民事责任；②正本提单持有人既可以要求无单放货的承运人承担违约责任，也可以要求其承担侵权责任；③承运人无单放货不得主张单位责任限制；④承运人凭伪造的提单交货，亦需向正本提单持有人承担无单放货责任；⑤无单放货责任的赔偿数额，按照货物装船时的价值加运费和保险费计算；⑥依照卸货港所在地法律交货等四种情形，承运人无须承担"无单放货"的民事责任；⑦正本提单持有人可以要求无正本提单交付货物的承运人与无正本提单提取货物的人承担连带赔偿责任；⑧持有指示提单的实际托运人享有索赔权；⑨正本提单持有人在无正本提单提货人未履行协议时，可

① 刘寿杰：《〈关于审理无正本提单交付货物案件适用法律若干问题的规定〉的理解与适用》，《人民司法·应用》2009年第9期，第23~24页。

再向承运人索赔；⑩无单放货索赔的诉讼时效期间及其中断规则。

（六）《最高人民法院关于审理海事赔偿责任限制相关纠纷案件的若干规定》

海事赔偿责任限制是《海商法》中的一项特别制度，《海商法》和《海事诉讼特别程序法》分别作了实体和程序方面的规定，但总体来讲，由于中国的海商海事立法起步较晚，海事赔偿责任限制的司法实践不多，该项制度在设计之初受到一定局限，部分规定过于原则、可操作性不强，造成后来在司法实践中适用困难，甚至裁判尺度不一。为解决这些困难和问题，2010年3月22日，最高人民法院审判委员会第1484次会议通过了《最高人民法院关于审理海事赔偿责任限制相关纠纷案件的若干规定》（以下简称《海事赔偿责任限制规定》），自2010年9月15日起施行①。

《海事赔偿责任限制规定》涉及程序和实体两部分内容，主要包括：①明确了申请设立海事赔偿责任限制基金的管辖法院，以及基金设立后集中管辖和禁止财产保全的效果；②细化了债权登记与确权诉讼程序的具体规则；③解释了海事赔偿责任限制的权利主体之———"船舶经营人"的含义；④明确了海事赔偿责任限制的抗辩权性质及不主张的后果；⑤重申沉船、沉物的起浮、清除费用索赔不属于限制性海事请求的范围；⑥强调海事赔偿责任限制丧失条件中的"责任人"应为海事事故的责任人本人；⑦澄清船舶不适航并不当然导致责任人丧失责任限制权利；⑧明确了海事赔偿责任限制基金及其利息的计算标准。

（七）《最高人民法院关于审理船舶油污损害赔偿纠纷案件若干问题的规定》

随着社会经济的快速发展，中国能源需求不断增加，在2003年成为仅次于美国的世界第二大石油消耗国，2008年成为世界第二大原油进口国，石油对外依存度已超过50%。据统计，1998年到2008年的10年间，

---

① 王淑梅：《〈关于审理海事赔偿责任限制相关纠纷案件的若干规定〉的理解与适用》，《人民司法·应用》2010年第19期，第20页。

中国沿海共发生 718 起船舶溢油事故，溢油总量达 11749 吨，平均每年发生事故 71.8 起，其中溢油 50 吨以上的事故 34 起，溢油量达 10327 吨。本解释发布之前的十年，全国海事法院受理船舶污染损害赔偿一审案件 300 余件，案件诉讼标的总金额约 30 亿元人民币。从发展趋势看，受案数量逐年增多，案件影响日益扩大。中国虽已加入并实施《1992 年国际油污损害民事责任公约》和《2001 年国际燃油污染损害民事责任公约》，但由于国际条约在中国国内适用上的限制，目前中国船舶油污损害赔偿领域实际面临国际条约与国内法并存的局面，法律适用不规范、不统一状况比较突出，同时还存在诸多空白。有鉴于此，2011 年 1 月 10 日，最高人民法院审判委员会第 1509 次会议通过了《最高人民法院关于审理船舶油污损害赔偿纠纷案件若干问题的规定》（以下简称《船舶油污赔偿规定》），自 2011 年 7 月 1 日起施行①。

　　《船舶油污赔偿规定》主要规定了以下几个方面的问题：①适用的地域范围、船舶以及油类；②申请设立船舶油污损害赔偿责任限制基金的管辖法院；③两艘或者两艘以上船舶泄漏油类造成油污损害时的责任承担；④互有过失船舶碰撞所致油污损害的责任主体；⑤船舶油污损害赔偿的责任限额及其丧失条件；⑥直接诉讼时，船舶油污损害责任保险人或者财务保证人的抗辩权；⑦船舶油污损害赔偿的范围及各赔偿项目的具体确定；⑧油轮装载的非持久性燃油、非油轮装载的燃油造成油污损害的责任限制问题；⑨船舶油污损害赔偿责任限制基金的设立与分配规则。

　　（八）《最高人民法院关于审理海上货运代理纠纷案件若干问题的规定》

　　改革开放以来，中国的国际货运代理业伴随着经济高速增长得到迅猛发展，已成为一个初具规模的新兴行业，在服务对外贸易、促进国际运输事业发展、吸引外资、吸纳就业等方面发挥着重要作用，成为国民经济的重要组

---

　　①　刘寿杰、余晓汉：《〈关于审理船舶油污损害赔偿纠纷案件若干问题的规定〉的理解与适用》，《人民司法·应用》2011 年第 17 期，第 30 页。

成部分。与此同时，货代市场无序竞争和发展失衡的问题比较突出，非法从事货代经营的企业和个人屡禁不止，因操作不规范导致的货运代理纠纷，尤其是国际海上货运代理纠纷日渐增多，诉至法院的案件数量明显上升，成为审判实践中的热点和难点问题，亟待调整和规范。另外，原《民法通则》《合同法》等的相关规定过于原则，在司法实践中各海事法院以及上下级法院就如何适用法律存在不同的认识，裁判尺度不统一。为解决司法实践中存在的困难和问题，通过司法手段引导、规范行业行为，统一司法裁判尺度，2012 年 1 月 9 日，最高人民法院审判委员会第 1538 次会议通过了《最高人民法院关于审理海上货运代理纠纷案件若干问题的规定》（以下简称《货运代理规定》），自 2012 年 5 月 1 日起施行①。

《货运代理规定》的主要内容如下：①列举了海上货运代理纠纷的主要类型和范围，明确了处理海上货运代理纠纷时适用法律的规则；②确立了海上货运代理合同关系的认定标准；③规定了货运代理企业从事直接代理、间接代理和转委托时的责任归属以及表见代理的判断标准；④赋予货运代理企业单证留置权；⑤区分了海上货物运输中的契约托运人和实际托运人，以及他们的单证交付请求权的优先顺位；⑥规定了货运代理企业的费用请求权、过失推定责任、谨慎订约义务以及与未办理提单登记的无船承运业务经营者的连带责任；⑦明确海上货运代理纠纷属于海事法院专门管辖的范围。

（九）《最高人民法院关于扣押与拍卖船舶适用法律若干问题的规定》

自 1984 年中国设立海事法院至 2013 年的 30 年中，全国海事法院共依法扣押船舶 7744 艘次，其中外轮 1160 艘；拍卖船舶 623 艘，其中外轮 123 艘，涉及 40 多个国家或地区。船舶一般价值巨大，扣押与拍卖船舶会对当事人的权利义务造成重大影响，所以，船舶扣押与拍卖一直是海事司法实务中的重要问题。1999 年通过的《海事诉讼特别程序法》和 2002 年制定的

---

① 张先明：《统一法律认识和裁判尺度，引导规范海上货运代理行为——最高人民法院民四庭负责人答记者问》，《人民法院报》2012 年 3 月 19 日，第 4 版；王彦君、傅晓强：《〈关于审理海上货运代理纠纷案件若干问题的规定〉的理解与适用》，《人民司法·应用》2012 年第 11 期，第 34 页。

《海诉法解释》，对扣押与拍卖船舶的相关问题作出了一些规定，但经过十几年的发展，海事司法实践又出现了一些新情况和新问题，亟待解决。比如，对船舶是否只有扣押一种保全措施，能否拍卖因光船承租人债务而被扣押的船舶，拍卖船舶能否按照执行程序的一般规定委托拍卖公司实施，等等。对这些突出问题，由于缺乏明确规定，司法裁判尺度不一，影响了司法公信力，甚至引发国家赔偿，亟须通过司法解释加以统一与规范。在此背景下，2014 年 12 月 8 日，最高人民法院审判委员会第 1631 次会议通过了《最高人民法院关于扣押与拍卖船舶适用法律若干问题的规定》（以下简称《扣押与拍卖船舶规定》），自 2015 年 3 月 1 日起施行①。

《扣押与拍卖船舶规定》主要涉及以下内容：①采取"允许＋限制"的方案，允许海事请求人在申请扣押以外，对船舶采取限制处分或抵押等保全措施，但不得影响船舶扣押，并且需符合《民事诉讼法》的规定；②允许基于不同的海事请求同时扣押船舶；③允许申请扣押光租船舶的海事请求人申请拍卖船舶；④明确申请扣押船舶以提供担保为原则，不提供担保为例外，同时规定了担保数额的计算标准及返还担保的程序规则；⑤明确了船舶扣押期间的管理义务人；⑥完善了船舶拍卖、债权登记与受偿的程序规则。

（十）《最高人民法院关于海事诉讼管辖问题的规定》

随着"一带一路"倡议以及海洋强国战略的实施，中国海上活动日益频繁，海洋经济迅猛发展，新类型海事海商纠纷不断增加。同时，为维护国家海洋主权，加强海洋事务综合治理，涉海行政部门的海上执法力度不断加强，海事行政诉讼案件随之呈现上升趋势。在此背景下，原有的海事诉讼管辖体系已不能完全适应国际国内经济发展对海事审判工作的司法需求，需要进一步调整和完善。为此，2015 年 12 月 28 日，最高人民法院审判委员会第 1674 次会议通过了《最高人民法院关于海事诉讼管辖问题的

---

① 罗东川等：《〈关于扣押与拍卖船舶适用法律若干问题的规定〉的理解与适用》，《人民司法·应用》2015 年第 7 期，第 24~25 页。

规定》（以下简称《海事诉讼管辖规定》），自 2016 年 3 月 1 日起施行①。

《海事诉讼管辖规定》主要包括三部分内容：第一，调整了大连海事法院和武汉海事法院的管辖区域；第二，明确了海事行政案件的级别管辖和地域管辖；第三，明确了不服管辖权异议裁定的上诉案件的审判机构和发生法律效力的管辖权异议裁定因违反海事案件专门管辖需纠正时的再审依据。

（十一）《最高人民法院关于审理发生在我国管辖海域相关案件若干问题的规定（一）》和《最高人民法院关于审理发生在我国管辖海域相关案件若干问题的规定（二）》

党的十八大提出，要提高海洋资源开发能力，发展海洋经济，保护海洋生态环境，坚决维护国家海洋权益，建设海洋强国。"一带一路"倡议特别是海上丝绸之路经济带建设，进一步凸显海洋在国家安全、国民经济中的重要地位。充分保护与利用好 300 万平方千米"蓝色国土"，越来越成为社会各界的共识。随着海洋资源开发与利用、海洋航运、海上工程建设的蓬勃发展，涉海案件也随之增多，再加上涉海案件本身涉外比例高、涉外性强的特点，对人民法院如何积极行使海上司法管辖权以及中国法律的一般性规定在海上如何适用，提出了一些需要统一认识的新问题。为加强海上司法管辖，统一相关案件裁判尺度，2015 年 12 月 28 日，最高人民法院审判委员会第 1674 次会议通过了《最高人民法院关于审理发生在我国管辖海域相关案件若干问题的规定（一）》（以下简称《我国管辖海域案件规定（一）》）；2016 年 5 月 9 日，最高人民法院审判委员会第 1682 次会议通过了《最高人民法院关于审理发生在我国管辖海域相关案件若干问题的规定（二）》（以下简称《我国管辖海域案件规定（二）》）。两个司法解释均于 2016 年 8 月 2 日起施行②。

---

① 张勇健等：《〈关于海事诉讼管辖问题的规定〉的理解与适用》，《人民司法·应用》2016 年第 10 期，第 42 页。

② 黄西武等：《〈关于审理发生在我国管辖海域相关案件若干问题的规定〉的理解与适用》，《人民司法·应用》2016 年第 31 期，第 27 页。

《我国管辖海域案件规定（一）》首先界定了"我国管辖海域"的范围；其次，明确了在我国管辖海域内外发生的海损事故，在我国请求损害赔偿提起诉讼的管辖法院；再次，规定了在我国管辖海域内造成污染，破坏海洋生态环境，请求损害赔偿提起的诉讼的管辖法院，以及污染事故发生在我国管辖海域外，对我国管辖海域造成污染或污染威胁，请求损害赔偿或者预防措施费用提起诉讼的管辖法院。此外，《我国管辖海域案件规定（一）》还强调，中国公民或者外国人在我国管辖海域实施非法猎捕、杀害珍贵濒危野生动物或者非法捕捞水产品等犯罪的，将依照我国刑法追究刑事责任；对非法进入我国内水从事渔业生产或者渔业资源调查的外国人，有关部门可依据《出境入境管理法》《治安管理处罚法》作出行政强制措施或行政处罚决定。这些规定已超出了传统海商海事法律关系的范畴。

《我国管辖海域案件规定（二）》更是只有一个条文涉及传统海商海事法律关系，即规定船舶碰撞、海洋污染等事故的损害赔偿范围，同时明确，未取得捕捞许可证从事海上捕捞作业的当事人不得请求收入损失。除此之外，《我国管辖海域案件规定（二）》主要规定了涉海犯罪和海事行政法方面的问题。首先，对《刑法》第322条、第340条、第341条第1款规定的"情节严重"和第341条第1款规定的"情节特别严重"，在涉海犯罪领域的含义进行了解释，同时，明确了破坏海洋资源犯罪行为构成多个罪名时的"从一重"处罚规则和与走私、妨害公务等犯罪行为并存时的数罪并罚规则。其次，《我国管辖海域案件规定（二）》明确了海事行政诉讼中的证据认定规则，细化了《渔业法》第41条规定的"情节严重"的认定标准，承认行政机关对"三无"船舶采取禁止离港、指定地点停放等强制措施以及认定现场负责人或者实际负责人为违法行为人的合法性，并允许特定情形下适当降低行政机关的证明标准或者实行举证责任倒置。

（十二）《最高人民法院关于审理海洋自然资源与生态环境损害赔偿纠纷案件若干问题的规定》

2015年4月25日，中共中央、国务院印发《关于加快推进生态文明建设的意见》，将损害赔偿制度作为生态文明重大制度纳入生态文明制度体系，提出要加快形成生态损害者赔偿、受益者付费、保护者得到合理补偿的运行机制。2015 年 9 月 21 日，中共中央、国务院印发《生态文明体制改革总体方案》，明确提出严格实行生态环境损害赔偿制度。党的十九大报告进一步明确提出加快生态文明体制改革、建设美丽中国的部署要求。建立和完善生态环境损害赔偿制度已经成为深化生态文明体制改革的重要任务之一。

海洋环境污染的源头复杂，治理难度大，除船舶污染外，还有陆源污染、海岸工程建设、海洋工程建设污染等。我国在船舶油污损害赔偿方面已有相对完善的规定，而对其他污染源、其他污染物造成的海洋自然资源和生态环境污染损害，亟待加强规范。我国依法行使海洋环境监督管理权的机关提起海洋自然资源与生态环境损害赔偿诉讼已有三十多年的历程，全国海事法院自 1985 年至今受理行政机关针对重大船舶油污事故提起海洋自然资源与生态环境损害索赔诉讼达百余件。经过长期的审判实践，全国海事审判系统在海洋自然资源与生态环境损害赔偿诉讼的索赔主体、公约与国内法适用、归责原则、举证责任、评估鉴定、损失认定、赔偿范围、油污损害赔偿基金设立、国家资源损失救济方式等各方面均积累了较为成熟的经验做法，需要总结提炼为正式的裁判规范。总结经验，完善制度，对于保障人民法院依法审理各类海洋自然资源与生态环境损害赔偿纠纷案件、服务保障海洋生态文明建设十分必要。为此，2017 年 11 月 20日，最高人民法院审判委员会第 1727 次会议通过了《最高人民法院关于审理海洋自然资源与生态环境损害赔偿纠纷案件若干问题的规定》（以下简称《海洋自然资源与生态环境损害赔偿规定》），自 2018 年 1 月 15 日起施行①。

《海洋自然资源与生态环境损害赔偿规定》主要包括以下内容：①明

---

① 王淑梅、余晓汉：《〈关于审理海洋自然资源与生态环境损害赔偿纠纷案件若干问题的规定〉的理解与适用》，《人民司法·应用》2018 年第 7 期，第 21 页。

确了海洋自然资源与生态环境损害赔偿诉讼的管辖法院；②细化了此类案件的受理及参加诉讼的规则；③罗列了造成海洋自然资源与生态环境损害责任者的民事责任方式；④界定了海洋自然资源与生态环境损害的赔偿项目及各项损失的具体范围；⑤明确了与环境侵权和环境民事公益诉讼等司法解释的适用关系。

（十三）《最高人民法院、最高人民检察院关于办理海洋自然资源与生态环境公益诉讼案件若干问题的规定》

党的十八大作出了"建设海洋强国"的重大部署，十九大明确提出，"坚持陆海统筹，加快建设海洋强国""加快生态文明体制改革，建设美丽中国"；《国民经济和社会发展第十四个五年规划和2035年远景目标纲要》提出，"坚持陆海统筹、人海和谐、合作共赢，协同推进海洋生态保护、海洋经济发展和海洋权益维护，加快建设海洋强国"。保护海洋自然资源和生态环境是加快建设海洋强国、实现人海和谐共生的根本要求和基础保障，迫切需要不断加大司法保护力度，为促进海洋生态文明建设提供强有力的服务与保障。

为保护和改善海洋环境，保护海洋资源，防治污染损害，维护生态平衡，保障人体健康，促进经济和社会可持续发展，全国人大常委会于1982年颁布《海洋环境保护法》。该法于1999年12月修订，在"法律责任"部分增加了由依照《海洋环境保护法》规定行使海洋环境监督管理权的部门代表国家对责任者提出损害赔偿要求的规定。2012年以来，随着《环境保护法》和《民事诉讼法》的修订以及最高人民法院《关于审理环境民事公益诉讼案件适用法律若干问题的解释》，最高人民法院、最高人民检察院《关于检察公益诉讼案件适用法律若干问题的解释》等司法解释的出台，逐步建立和细化了环境公益诉讼制度。如何正确理解上述不同法律规定的本意，如何界定海洋自然资源与生态环境损害赔偿诉讼的性质，如何在海洋环境保护中充分发挥公益诉讼制度的作用，亟须出台司法解释加以明确和规范，构建较为完善、独立的具有中国特色的海洋环境公益诉讼制度，进一步保障海洋安全、保护海洋资源、推进海洋法治、服务海洋强国建设。为此，2021 年 12 月 27 日最高人民法院审判委员会第 1858 次会议、2022 年 3 月 16 日最高人民检察院第十三届检察委员会第 93 次会议通过了《最高人民法院、最高人民检察院关于办理海洋自然资源与生态环境公益诉讼案件若干问题的规定》（以下简称《海洋自然资源与生态环境公益诉讼规定》）①。

《海洋自然资源与生态环境公益诉讼规定》主要明确了四个问题：第一，在发生破坏海洋生态、海洋水产资源、海洋保护区，给国家造成重大损失的情况时，应当由依照《海洋环境保护法》规定行使海洋环境监督管理权的部门对侵权人提起海洋自然资源与生态环境损害赔偿诉讼；第二，在行使海洋环境监督管理权的部门不提起诉讼的情况下，人民检察院可以就海洋自然资源与生态环境损害提起民事公益诉讼；第三，破坏海洋生态、海洋水产资源、海洋保护区，涉嫌犯罪的，在行使海洋环境监督管理权的部门没有另行提起海洋自然资源与生态环境损害赔偿诉讼的情况下，人民检察院可以在提起刑事公诉时一并提起附带民事公益诉讼，也可以单独提起民事公益诉讼；第四，人民检察院在履行职责中发现有关部门违法行使职权或者不作为，致使国家利益或者社会公共利益受到侵害的，应当向有关部门提出检察建议。有关部门不依法履行职责的，人民检察院可依法提起行政公益诉讼。

三　海商海事司法解释性质文件

为更好地总结司法实践中的宝贵经验和成熟做法，保证海商海事立法和司法解释的正确适用，2001 年至 2021 年，最高人民法院共发布海商海事司法解释性质文件 5 个，各司法解释性质文件的出台背景和主要内容见表5。

（一）《全国海事法院院长座谈会纪要》

随着《海商法》的颁布实施，中国的海事审判水平稳步提高，引起国

---

① 王淑梅、胡方：《〈关于办理海洋自然资源与生态环境公益诉讼案件若干问题的规定〉的理解与适用》，《人民司法·应用》2022 年第 22 期，第 50 页。

内航运界、司法界的高度重视，同时，海事审判已成为中国司法的对外窗口，吸引国外越来越多的关注。中国加入世界贸易组织后，经济全球化的步伐进一步加快。这就要求在海事审判工作中紧紧围绕"公正与效率"这一主题，更加严格地依照法律规定审理各类案件，统一司法。为此，2001年7月19日至20日，全国海事法院院长在宁波召开审判工作座谈会。与会人员就海事审判中有关案件管辖以及在适用《海商法》过程中存在的一些问题进行了研讨并达成一致意见，形成了《全国海事法院院长座谈会纪要》（以下简称《院长座谈会纪要》）。

表 5　2001 年至 2021 年最高人民法院发布的海商海事司法
解释性质文件（按发布时间排序）

序号	名称	文号	发布日期	施行日期
1	《全国海事法院院长座谈会纪要》		2001 年 9 月 11 日	2001 年 9 月 11 日
2	《第二次全国涉外商事海事审判工作会议纪要》	法发〔2005〕26 号	2005 年 12 月 26 日	2005 年 12 月 26 日
3	《最高人民法院民事审判第四庭、中国海事局关于规范海上交通事故调查与海事案件审理工作的指导意见》	法民四〔2006〕第 1 号	2006 年 1 月 19 日	2006 年 1 月 19 日
4	《最高人民法院关于国内水路货物运输纠纷案件法律问题的指导意见》	法发〔2012〕28 号	2012 年 12 月 24 日	2012 年 12 月 24 日
5	《全国法院涉外商事海事审判工作座谈会会议纪要》	法民四〔2021〕60 号	2021 年 12 月 31 日	2021 年 12 月 31 日

《院长座谈会纪要》共有五个部分，主要内容包括：第一，规定连结点在北京的部分海事案件，由天津海事法院管辖，要求海事法院加强对海事行政案件和海事行政执行案件的司法管辖，明确船员劳务合同纠纷可直接向海事法院起诉；第二，针对船舶所有权、抵押权未经登记不得对抗第三人的问题，区分不同情况规定了处理规则；第三，明确了海上货物运输中承运人的认定标准以及倒签、预借提单、大宗散货运输、无单放货情况下承运人的责任；第四，分别规定了国内水路货物运输和国际海上货物运输承运人货物留置权的成立要件；第五，强调依照《海商法》，海事诉讼时效不中断的情形。

(二)《第二次全国涉外商事海事审判工作会议纪要》

随着中国对外开放的不断发展，特别是加入世界贸易组织以后，在对外经贸和航运领域出现了许多新情况、新问题，涉外商事海事审判工作的开展既面临难得的机遇，又遇到了前所未有的挑战。为进一步贯彻"公正司法、一心为民"方针，落实"公正与效率"工作主题，最高人民法院于2005年11月15日至16日在南京市召开了第二次全国涉外商事海事审判工作会议。会议总结交流了2001年以来涉外商事海事审判工作的经验，研究了审判实践中亟待解决的问题，讨论了进一步规范涉外商事海事审判工作，为改革开放和经贸、航运事业提供司法保障的措施，并形成纪要。

《第二次全国涉外商事海事审判工作会议纪要》（以下简称《第二次涉外审判工作会议纪要》）共有13个部分155条，内容涵盖：案件管辖、诉讼当事人、司法文书送达、诉讼证据、涉外商事合同的法律适用、国际商事海事仲裁的司法审查、外商投资企业纠纷案件、限制当事人出境、海上货物运输无正本提单放货纠纷案件、海上保险合同纠纷案件、船舶碰撞纠纷案件、船舶油污损害赔偿纠纷案件以及其他规定。

针对海商海事领域，《第二次涉外审判工作会议纪要》具体规定了以下内容：第一，涉外仲裁协议、涉外仲裁裁决和外国仲裁裁决司法审查的依据、内容和标准等；第二，海上货物运输无正本提单放货的赔偿责任、举证责任、诉讼时效；第三，海上保险合同的法律适用、订立、解除与转让、保险利益、委付、代位请求权；第四，船舶碰撞纠纷的法律适用、责任主体、举证责任和证据认定；第五，沉船沉物强制打捞清除费用的责任主体、责任限制和优先受偿；第六，船舶油污损害赔偿的法律适用、索赔主体、责任主体、举证责任和赔偿范围等问题。

（三）《最高人民法院民事审判第四庭、中国海事局关于规范海上交通事故调查与海事案件审理工作的指导意见》

海上交通事故调查处理的行政程序与审理海事案件的诉讼程序存在若干交叉重叠，在实践中经常引起一些争议和质疑，需要协调、衔接。为此，2006 年 1 月 19 日，最高人民法院民事审判第四庭与中国海事局联合出台了针对相关工作的指导意见。

《最高人民法院民事审判第四庭、中国海事局关于规范海上交通事故调查与海事案件审理工作的指导意见》包括三个部分，主要内容如下。第一，关于海事调查与海事诉讼，明确：对于突发的有重大社会影响的海上交通事故，应建立海事调查与海事诉讼协调机制；海事局有义务协助海事法院查询涉案船舶的权属状况；海事法院到海事局调查取证应遵守的具体规则；海事调查报告及其结论意见可以作为海事法院案件审理的诉讼证据。第二，关于船舶扣押与拍卖，明确了海事局与海事法院在具体程序中的协助义务。第三，关于防污管理与污染索赔，规定船舶油污事故发生后，海事局组织有关单位和个人参加清污作业的费用，油污责任人应当承担赔偿责任。

（四）《最高人民法院关于国内水路货物运输纠纷案件法律问题的指导意见》

改革开放后，中国国内水路运输发展迅速，为促进沿海和内河流域经济繁荣发挥了重要作用。水路运输市场的持续健康发展，有赖于良好的市场环境和完善的法制保障。然而，与法律体系相对完善的国际海运相比，国内水路运输领域的法制建设严重滞后，表现为：一方面，欠缺专门的内河航运立法；另一方面，现有的法规和规章缺乏协调统一，存在诸多矛盾冲突。这在一定程度上导致诉至法院的国内水路货物运输案件长期居高不下。为加强海事司法对国内水路货物运输行业的保障作用，促进国内水路货物运输市场规范发展，2012年12月24日，最高人民法院特发布指导意见。

《最高人民法院关于国内水路货物运输纠纷案件法律问题的指导意见》包括六个部分，分别就相关立法之间的适用关系、国内水路货物运输合同的效力、承运人与实际承运人的责任、承运人货物留置权的成立要件、挂靠船舶的责任主体以及诉讼时效等问题作出了规定。

（五）《全国法院涉外商事海事审判工作座谈会会议纪要》

为回顾总结2018年以来全国法院涉外商事海事审判工作情况，全面部署新形势下涉外商事海事审判工作任务，最高人民法院于2021年6月10日在南京召开全国法院涉外商事海事审判工作座谈会，对历年涉外商事海事审判形成的成熟经验进行总结，同时针对涉外商事海事审判工作中出现的前沿疑难问题作出相应规定，以统一裁判尺度，为新时代涉外商事海事审判工作高质量发展提供指引和参考。

《全国法院涉外商事海事审判座谈会会议纪要》分为三个部分，涉及20个问题，共计111个条文。在海事部分（第51条至第89条），主要规定了以下内容：第一，海上货物运输合同中托运人的识别、实际承运人责任的法律适用、承运人提供集装箱的适货义务等17项规则；第二，涉外多式联运经营人的"网状责任制"；第三，国内水路货物运输合同收货人的诉权、未取得国内水路运输经营资质的承运人签订的国内水路运输合同的效力及内河船的责任限制问题；第四，海上保险合同中的不定值保险、超额保险及诉讼时效问题；第五，船舶优先权及挂靠船舶的扣押；第六，海事赔偿责任限额的适用和养殖损害赔偿的责任承担；第七，清污费的索赔等其他海事案件的审理问题。此外，在仲裁司法审查部分（第90条至第111条），明确了仲裁协议、仲裁裁决司法审查的若干具体规则。

四 海商海事典型案例

（一）指导性案例

自2011年12月至2021年12月，最高人民法院共发布31批指导性案例，其中，海商海事案例 7 个，具体案件类型、名称、编号及发布日期见表 6。

表 6　2011～2021 年最高人民法院发布的海商海事指导性案例

序号	案件类型	名称	指导案例编号	发布日期
1	设立海事赔偿责任限制基金	中海发展股份有限公司货轮公司申请设立海事赔偿责任限制基金案	16	2013 年 1 月 31 日
		阿斯特克有限公司申请设立海事赔偿责任限制基金案	112	2019 年 2 月 25 日
2	船舶碰撞损害赔偿纠纷	江苏炜伦航运股份有限公司诉米拉达玫瑰公司船舶碰撞损害赔偿纠纷案	31	2014 年 6 月 23 日
3	海上保险合同纠纷	海南丰海粮油工业有限公司诉中国人民财产保险股份有限公司海南省分公司海上货物运输保险合同纠纷案	52	2015 年 4 月 15 日
4	海上货物运输合同纠纷	浙江隆达不锈钢有限公司诉 A．P．穆勒—马士基有限公司海上货物运输合同纠纷案	108	2019 年 2 月 25 日
5	海难救助合同纠纷	交通运输部南海救助局诉阿昌格罗斯投资公司、香港安达欧森有限公司上海代表处海难救助合同纠纷案	110	2019 年 2 月 25 日
6	提单纠纷	中国建设银行股份有限公司广州荔湾支行诉广东蓝粤能源发展有限公司等信用证开证纠纷案	111	2019 年 2 月 25 日
合计		7 个		

（二）《最高人民法院公报》案例

1985 年至 2021 年，《最高人民法院公报》共发布海商海事典型案例 48 个，具体案件类型、名称和来源见表 7。

表 7　1985～2021 年《最高人民法院公报》发布的海商海事案例

序号	案件类型	数量	名称	来源
1	船舶买卖合同纠纷	1	华埠经济贸易公司与中国外运山东威海公司等船舶进口代理合同、废钢船买卖合同纠纷案	2002 年第 3 期

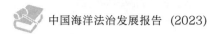

序号	案件类型	数量	名称	来源
2	拖欠、垫付船员工资、船舶费用及行使船舶抵押权纠纷	5	格布·舍马克尔有限合伙公司与上海市对外贸易总公司随船债务转移纠纷案	1985 年第 3 期
			西班牙石油有限公司、西班牙石油化工有限公司诉阿根廷阿福卢埃姆有限公司船舶营运费用纠纷案	1987 年第 1 期
			中国武汉长江轮船公司海员对外技术服务公司诉巴拿马索达·格莱特航运有限公司船员雇用合同纠纷案	1988 年第 1 期
			美国梯·捷·斯蒂文逊公司与欧文信托公司诉利比亚詹尼斯运输公司追索垫付船员工资、船舶费用纠纷及行使船舶抵押权纠纷案	1989 年第 1 期
			镜威公司诉梁金福船舶抵押债权转让合同纠纷案	1999 年第 1 期
3	海上货物运输合同纠纷	8	玛丽娜维法航运公司与中国五金矿产进出口总公司滞期费纠纷案	1986 年第 1 期
			中国人民保险公司浙江省分公司诉广州远洋运输公司和中国对外贸易运输总公司上海分公司海上货物运输合同及代理纠纷案	1994 年第 1 期
			海南通连船务公司与五矿国际有色金属贸易公司海上货物运输纠纷再审案	1999 年第 6 期
			拉菲贡公司诉德兴船务有限公司、海南青龙船务实业总公司及其广州分公司海运欺诈案	2000 年第 4 期
			中远公司诉香港美通公司、天津美通公司拖欠海运费、港杂费纠纷案	2002 年第 4 期
			财保北京支公司诉铜河公司、寰宇公司海上货物运输合同代位求偿纠纷案	2007 年第 7 期
			中国人民财产保险股份有限公司浙江省分公司诉上海瀚航集运有限公司海上货物运输合同货物灭失代位求偿纠纷案	2007 年第 10 期
			哈池曼海运公司与上海申福化工有限公司、日本德宝海运株式会社海上货物运输合同货损纠纷案	2016 年第 2 期

续表

序号	案件类型	数量	名称	来源
4	无正本提单放货、提货纠纷	7	香港华润纺织原料有限公司诉广东湛江船务代理公司、湛江纺织企业（集团）公司和深圳经济特区进出口贸易（集团）公司无正本提单放货、提货纠纷案	1994 年第 4 期
			粤海公司与仓码公司、特发公司等海上货物运输无单放货、提货、代理放货纠纷再审案	1997 年第 1 期
			韩国三荣公司诉盘锦庆道服装有限公司海运货物纠纷案	1997 年第 4 期
			富春航业股份有限公司、胜惟航业股份有限公司与鞍钢集团国际经济贸易公司海上运输无单放货纠纷再审案	2002 年第 1 期
			美国总统轮船公司与菲达电器厂、菲利公司、长城公司无单放货纠纷再审案	2002 年第 5 期
			浙江纺织公司诉台湾立荣公司海上货物运输合同无单放货纠纷案	2005 年第 12 期
			连云港外代公司诉连云港港务局、港明实业公司、港明贸易公司无单放货侵权赔偿纠纷案	2006 年第 7 期
5	提单侵权、欺诈纠纷	3	福建省宁德地区经济技术协作公司诉日本国日欧集装箱运输公司预借提单侵权损害赔偿纠纷上诉案	1989 年第 3 期
			海南省木材公司诉新加坡泰坦船务私人有限公司、新加坡达斌（私人）有限公司提单欺诈损害赔偿纠纷案	1993 年第 2 期
			晓星香港有限公司诉中国船务代理公司防城港公司等提单侵权纠纷上诉案	2003 年第 2 期
6	海上货物运输代理合同纠纷	2	中国外运上海公司诉深圳江南经济开发总公司货运代理合同纠纷案	1995 年第 2 期
			骏荣内衣有限公司诉宏鹰国际货运（深圳）有限公司等海上货运代理合同纠纷案	2019 年第 7 期
7	港口作业合同纠纷	1	中机通用进出口公司诉天津港第二港埠有限公司港口作业合同纠纷案	2000 年第 5 期
8	船舶租用侵权纠纷	1	天海公司诉粤东公司船舶租用侵权纠纷案	2003 年第 3 期

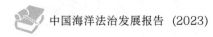

序号	案件类型	数量	名称	来源
9	船舶碰撞损害赔偿纠纷	5	中国船舶燃料供应公司天津分公司与香港大顺航运有限公司船舶碰撞损害赔偿纠纷案	1989 年第 2 期
			利比里亚易迅航运公司与巴拿马金光海外私人经管有限公司船舶碰撞损害赔偿纠纷案	1993 年第 3 期
			巴拿马易发航运公司与钟孝源等船舶碰撞损害赔偿纠纷再审案	2000 年第 5 期
			瑞克麦斯热那亚航运公司、瑞克麦斯轮船公司与 CS 海运株式会社船舶碰撞损害赔偿纠纷案	2012 年第 11 期
			毛雪波诉陈伟、嵊泗县江山海运有限公司船舶碰撞损害赔偿责任纠纷案	2016 年第 12 期
10	船舶触碰损害赔偿纠纷	3	上海供电局与波罗的斯船务公司海事损害赔偿纠纷案	1986 年第 1 期
			斯达迪船务有限公司与中海发展股份有限公司船舶无接触碰撞损害赔偿纠纷案	2001 年第 5 期
			中国石化销售有限公司上海石油分公司罗泾油库与广东仁科海运有限公司船舶触碰损害责任纠纷案	2016 年第 3 期
11	海难救助合同纠纷	1	交通运输部南海救助局与阿昌格罗斯投资公司、香港安达欧森有限公司上海代表处海难救助合同纠纷案	2016 年第 11 期
12	设立海事赔偿责任限制基金	1	韩国 SEKWANG 船务公司申请设立海事赔偿责任限制基金案	2003 年第 5 期
13	海上保险合同纠纷	7	三和贸易有限公司诉平安保险股份有限公司南宁办事处水路运输货物保险合同纠纷案	2000 年第 5 期
			卫勤俭诉中保财产保险有限公司台山市支公司、中国农业银行台山市支行下川营业所渔船保险合同纠纷案	2001 年第 3 期
			中国抽纱公司上海进出口公司诉中国太平洋保险公司上海分公司海上货物运输保险合同纠纷	2001 年第 3 期

续表

序号	案件类型	数量	名称	来源
13	海上保险合同纠纷	7	巴拿马浮山航运公司诉中国人民保险公司青岛市分公司船舶保险合同纠纷案	2004 年第 6 期
			江苏外企公司诉上海丰泰保险公司海上货物运输保险合同纠纷案	2005 年第 11 期
			丰海公司与海南人保海运货物保险合同纠纷案	2006 年第 5 期
			中海工业（江苏）有限公司诉中国太平洋财产保险股份有限公司扬州中心支公司、中国太平洋财产保险股份有限公司海上保险合同纠纷案	2013 年第 10 期
14	海事担保纠纷	1	中国太平洋保险公司与大连扬帆船务有限公司发还担保纠纷再审案	1999 年第 1 期
15	海事请求保全纠纷	2	利比里亚海洋航运有限公司诉前申请扣押土耳其玛迪租船公司货物案	1988 年第 2 期
			意大利波佐罗船舶物料供应公司申请扣押香港"海湾谷物"号轮案	1991 年第 4 期
合计			48 个	

总体而言，海商海事立法和司法活动是海洋法治的重要组成部分。近代以来，伴随我国航运和贸易事业的发展，海商海事法治经历了 19 世纪下半叶的萌芽、20 世纪初的发展、新中国成立后的重生和改革开放后的繁荣几个阶段，形成了具有中国特色的海商海事法治国家战略模式。党的十八大以来，随着"海洋强国""交通强国""一带一路"等的深入推进，我国海商海事法治建设进一步科学化、规范化、体系化，未来将成为新时代海上运输和国际贸易事业高质量发展的坚实基础，成为促进海洋经济建设、维护国家海洋权益的有效手段，成为保护海洋资源、改善海洋生态环境的重要依托。

第十四章　港口法治的发展

第一节　港口管理体制的发展历史

一　改革开放前的港口管理体制

新中国成立之初，各海港的港口航务管理就作为国家治理的重要领域与重点内容，受到党中央及中央人民政府的高度重视。1950 年 7 月 26 日，原中央人民政府政务院颁布了《政务院财政经济委员会关于统一航务港务管理的指示》（以下简称《港务管理指示》）。按照《港务管理指示》要求，原交通部建立了统一的航务及港务管理机构——中央人民政府交通部航务总局及各地港务局，并逐步研究颁布统一管理航务及港务的法规与制度。《港务管理指示》的颁布，开启了中国港口高度集中管理的序幕。

为更好地依法集中管理中国港口运营及其他相关工作，1954 年 1 月 23 日，原中央人民政府政务院颁布《海港管理暂行条例》（以下简称《暂行条例》）。该条例的颁布，明确了《港务管理指示》所确定的港务管理机构港务局的具体权责，明确了港区属性与区域划分，确定了港务局对海港港区的统一管理地位。《暂行条例》为中国港口管理法制化奠定了坚实的基础。

在改革开放前的高度集中管理时期，港口管理体制因应行政政策与法规变化进行了适当调整，调整的范围以港口行政管理权力主体与职责主体为主，并表现出不断高度集中的管理制度。这一时期中国港口管理体制所呈现的集中性，是基于当时计划经济体制历史条件和政治决策所形成的制度，对中国海港管理保持稳定性、恢复海港经济发挥了显著作用。

二　改革开放后港口管理的法治化发展

中国共产党第十一届三中全会确定实施改革开放政策方针前，中国港口已经运行了长达近三十年"政企合一、高度集中"的管理体制模式。改革开放后，中国港口管理体制法律法规逐渐健全，港口管理体制迈向科学化、法治化。在此时期，原交通部机构进行了多次改革，对港口管理主体、港口管理权力归属进行了重新分配和确定。伴随原交通部机构改革，原交通部在各主要海港组织多次港口体制改革试点，研究摸索改革开放时期港口管理经营的具体模式，最终探索出了一套"政企分开、地方管理、法治保障、科学有效"的港口管理新体制。

该时期港口管理体制改革是以行政管理机构改革穿插港口改革试点进行的。按照十一届三中全会对经济管理体制改革的要求，1979年，原交通部开始进行部级机关机构改革工作，将具体港务业务如理货、物料供应等划入水运局管理，并成立安全监督局，将港口安全监督划入其管辖。1982年，原交通部合并新成立海洋管理局、水上安全监督局，分别负责海洋运输涉港口工作与港务监督。1987年《国务院办公厅转发〈关于港口管理体制改革会议纪要〉的通知》明确了继续对原交通部直属港口管理体制进行改革的必要性，并规定之后体制改革要实行"以港养港、以收抵支、财务包干，一定四年不变"的财务管理制度。到1988年，原交通部14个直属港口分4批按要求完成了相应管理体制调整，但港口具体管理的中央与地方权力划分并不明确，继续采用政企合一的集中管理模式，相关港口受原交通部与地方人民政府双重领导，重要事项由原交通部直接管理。

伴随20世纪90年代原交通部机构多次调整，港务监督工作划归海事局管辖，2001年国务院颁布《关于深化中央直属和双重领导港口管理体制改革的意见》，决定将原双重领导和仍由原交通部直属领导的各港口，全部下放地方人民政府管理，港口企业不再承担行政管理职能，政企完全分开，行政管理职能由地方人民政府根据"一港一政"成立的港口管理部门承担。至此，沿用至今的港口行政分级管理体制基本成形。

在港口管理体制改革过程中，立法机关同时吸收改革经验，制定完善相关法律法规，推动港口管理法治化进程。1988年，实行30多年的《暂行条例》废止，经过十多年的港口管理改革经验总结及立法酝酿，2003年6月28日，《港口法》正式颁布。《港口法》对港口的规划、建设、维护、经营、管理及相关活动进行了系统性规定，并细致确定了港口行政分级管理体制。原交通部负责全国港口发展规划、制定港口发展政策与法规、监督地方港口管理部门等职能；原各级港口港务局的行政职能由省级港口管理部门或所设市、县级港口管理部门承担，负责所辖港口发展规划、制定港章、划定相应港区水域范围、代征相应行政费用等职能。《港口法》不仅解决了港口管理部门行政权来源与具体如何实施的问题，并且从法治层面保障中国沿海各大港平稳有序运行，提升了各港建设发展的积极性，推动了中国航运业加速发展。2009年11月6日，《港口经营管理规定》正式颁布，从港口经营市场准入规则、港口经营具体权责划分以及港口经营监督管理三个方面完善了港口经营法律制度，在港口政企分离背景下进一步推动港口经营法治化。《港口法》与《港口经营管理规定》相互呼应、相互补充，从两个角度共同构建了改革开放时代浪潮下中国港口经营管理体制。

三　新时代港口管理体制的新发展

党的十八大以来，中国进入中国特色社会主义新的历史时期，面对新环境与新挑战，港口管理法律法规进一步修订完善，管理体制不断健全，港口管理体制迎来新发展。

在交通强国建设、新时代港口建设以及"放管服"行政管理改革等方针指引下，中国港口管理体制进一步精简，减少了过去繁杂的行政许可与行政审批程序，在完善港口市场准入规则的前提下进一步激发市场活力。在港口行政管理体制上，为进一步深化改革、适应港口新业态的出现、调整产业结构，《港口法》于2015年、2017年和2018年进行了三次修订，删除了部分原港口管理部门的审批权与审批事项，如将港口理货业务由行政许可改为行政备案制度，港口相关经营活动进一步放开。作为《港口法》的配套法规之一，《港口经营管理规定》也进行了多次修改，通过完善港口经营许可制度、加强港口污染防治、加强港口风险防范和安全管理，放宽了港口经营限制，优化了港口营商环境，使得港口经营管理制度进一步完善，市场秩序进一步规范，港口管理水平进一步提高。

习近平总书记对新时代港口事业发展作出了一系列重要指示批示，要求港口做到"四个一流"，积极促进港口资源整合、港口间互动联合、港产城深度融合，加快推进港口枢纽化、集约化、现代化发展。浙江率先实施区域港口一体化改革试点，取得显著成效。2017 年，交通运输部开始将浙江港口管理改革经验向各地推行，推进区域港口一体化改革。此次改革的目标，是通过协同推进老港区功能调整与新港区开发，有力促进港口资源利用集约化；通过推动沿海港口、内河港口一体化运营和内陆无水港联动发展，运输组织进一步优化，有力促进港口运营高效化；通过实现区域港口从分散竞争、各自为政向协同发展转变，有力促进市场竞争有序化；加快港产城融合发展，有力促进港口服务现代化。2019 年，交通运输部等相关部委联合发布《关于建设世界一流港口的指导意见》，明确要推进港口治理体系现代化，加快绿色港口、智慧港口、平安港口建设，通过加强组织领导与政策支持，营造良好环境，最终建立起一批世界一流港口。

新时代的中国港口，秉承创新、绿色、效率、共享四大新理念，继续服务国家战略，服务经济发展，参与国际合作。新时代的中国港口管理体制也将接续前进，在新时代继续谱写港口经济发展的新篇章。

第二节　港口规划与建设

一　港口规划

港口规划，包括港口布局规划和港口总体规划，是根据国民经济发展规划和水运交通事业发展的客观需要，对港口发展进行的总体、长远定位、布置和规划，其对港口的重要性不言而喻。中国为规范港口规划工作，科学利用、有效保护港口资源，促进港口健康、持续发展，制定了《港口规划管理规定》，该规定自 2008 年 2 月 1 日起施行至今，内容包括港口规划的编制、审批、公布、修订与调整、实施和监督管理等，反映了港口规划建设的发展要求。

《港口规划管理规定》作为《港口法》的配套法规，其具体内容严格依照《港口法》以及《城乡规划法》加强规划管理、协调城乡空间布局、改善人居环境、促进经济社会全面协调可持续发展的原则，对《港口法》第二章中港口规划部分内容进行了具体规定与说明，包括对港口规划及编制、港口规划的审批与公布的补充性规定以及对港口规划修改的细化规定，同时新增港口规划实施的相关规定，内容涵盖港口规划工作的方方面面，具有较强的完备性和较好的可操作性。

二 港口岸线

港口岸线是港口十分重要的资源。港口岸线的使用需要经过法律规定的审批程序。《港口规划管理规定》明确规定，港口设施的建设必须按照规定办理港口岸线使用审批，未办理港口岸线审批手续的，海事部门不得批准其水上或水下施工许可。交通运输部以及各级港口行政管理部门应当依法对港口规划的实施情况进行监督检查，核查港口建设项目是否依法办理了项目审批和港口岸线审批手续，从而保证港口规划有效合法实施。

中国另颁布了《港口岸线使用审批管理办法》（以下简称《办法》），以规范港口岸线使用审批管理，保障港口岸线资源的合理开发与利用，保护当事人的合法权益。《办法》于 2012 年公布，其后经过 2018 年与 2021年两次修改。2012 年《办法》规定了港口岸线使用申请人提出申请以及提交材料的要求，明确了港口岸线使用审批的基本程序要求，包括分级审查的程序、职责以及时限要求，明确了港口岸线使用以及审查的具体内容，对国务院或国家审批、核准其他建设项目使用港口岸线的审批作出了明确规定，并建立了港口岸线使用证管理制度。2018 年，为充分落实党中央及国务院关于"放管服"改革工作的总体部署，力求精简审批程序、减少申报材料，交通运输部对《办法》进行了修改，不再要求项目建设单位获取港口岸线使用证，补充规定了延期申请开工的相关内容，强化事中事后监管，要求港口行政管理部门加强对港口岸线使用情况的管理，按照规定将有关信用信息纳入相关信用信息共享平台。2021 年，为继续贯彻落实党中央、国务院关于"放管服"改革工作的总体部署，减轻港口岸线使用申请人负担，对《港口规划管理规定》再次进行修改，将港口岸线批准文件的有效期由 2 年延长至 3 年，并取消了原有的延期需报原审批机关批准的规定，为港口岸线使用申请人提供了便利。

中国许多地区亦对当地港口岸线进行单独立法，以确保其港口岸线的合理使用。例如，上海制定了《上海港口岸线管理办法》，江苏省有《江苏省港口岸线管理办法》，河北省有《河北省港口岸线管理规定》，安徽省有《安徽省长江岸线资源开发利用管理办法》，而南京市、淮安市、大连市、安庆市、黄冈市、镇江市等亦有单独立法。

三 港口建设

港口建设与港口规划密不可分。港口工程建设是指在港口规划范围内，为实现港口的功能而新建、改建和扩建码头工程（含舾装码头工程）以及与码头工程同时立项的配套设施、防波堤、锚地、护岸等工程建设。中国现颁布有《港口工程建设管理规定》，以加强港口工程建设管理，规范港口工程建设活动，保证港口工程质量。

早在 2005 年中国就颁布了《港口工程竣工验收办法》，替代了原《交通部港口建设项目（工程）竣工验收办法》，以更好地规范港口工程竣工验收工作。《办法》内容包括港口工程竣工验收条件、验收部门的划分与组成、验收的主要依据和内容以及验收后不同情况的处理方式等。2007年，中国又颁布了《港口建设管理规定》，以加强港口建设管理，规范港口建设市场秩序，该规定内容包括港口建设程序管理、港口建设市场管理、港口工程建设项目信息报送制度等。其中《港口工程竣工验收办法》分别于2014年以及2016年进行了修改，在2014年的修改中，《办法》为顺应2008年审议通过的《国务院机构改革方案》，将条文中的"交通部"统一修改为"交通运输部"，并对原有相应的负责竣工验收的部门进行修改。在2014年的修改中，鉴于原办法对试运行以及备案管理的规定不够明确，《办法》调整了试运行时间要求，对专项设施的验收条件进行了修改，并取消了试运行备案管理制度，切实优化了管理流程，规范了试运行管理。

随着党中央及国务院不断推进行政审批制度改革，深化投融资体制改革，港口工程建设管理面临新的要求。2016年《中共中央 国务院关于深化投融资体制改革的意见》《企业投资项目核准和备案管理条例》《政府核准的投资项目目录》相继出台，国家对建设项目的监管方式发生改变，项目建设的管理中心从事前审批转向过程服务和事中事后监管，同时要求简化建设项目前置条件，建立并联审批、协同监管机制，而《安全生产法》《消防法》《职业病防治法》《建设项目环境保护管理条例》等法规对于消防、环保、职业病防护设施等在试运行、验收和监管方式等方面亦进行了较大调整。因此，交通运输部在多次组织各地港口主管部门和港航企业进行工作研讨并赴有关单位调研的基础上，征求各有关部门和单位的意见，组织港口行业专家进行咨询研讨，对《港口建设管理规定》以及《港口工程竣工验收办法》的有关内容进行梳理整理，进一步优化二者的体系结构，将两部法规合并为《港口工程建设管理规定》。

《港口工程建设管理规定》内容包括建设程序管理、建设实施管理、验收管理、工程信息及档案管理等，该规定明确港口工程建设的范围，对政府投资和企业投资的港口工程进行区分，分别对工程立项阶段、初步设计管理、施工图设计管理、开工管理、设计变更管理、试运行管理、竣工验收管理的建设程序作了明确规定，并对设计审批、工程开工、设计变更、竣工验收等环节的违规行为规定了处罚条款。2018年7月，国务院印发《关于加强推进全国一体化在线政务服务平台建设的指导意见》，要求对与一网通办不相适应的法律规章和规范性文件开展修改工作，故而在交通运输部2018年42号令中删除了该规定中行政许可申请人必须提供相关纸质材料的规定。而后，按照《国务院办公厅关于做好证明事项清理工作的通知》关于简政便民的有关要求，删除了该规定中港口工程试运行的相关规定。

《港口法》规定，在港口建设中航标设施以及其他辅助性设施，应当与港口同步建设，并保证按期投入使用。中国为加强沿海航标管理，保证沿海航标的正常使用，保障海上交通安全，颁布《沿海航标管理办法》，其内容包括沿海航标规划与配布、航标的维护和保护、专用航标的设置与维护、针对沿海航标的监督检查与处罚，从而替代了《海区航标管理工作的若干规定》。

《港口法》明确规定了各级人民政府应当保证必要的资金投入，用于港口公用的航道、防波堤、锚地等基础设施的建设和维护。在航道建设领域，2007年中国颁布了《航道建设管理规定》，与同时期的《港口建设管理规定》相比，内容上增加了政府投资项目的建设资金管理，与《港口法》的有关规定相一致，并在2018年7月，与《港口工程建设管理规定》一起进行了针对与一网通办不适应的法规的修改与调整过程。2008年中国颁布了《航道工程竣工验收办法》，替代了1996年颁布的《内河航运建设项目（工程）竣工验收办法》，以适应中国快速发展的航道建设，该办法明确了航道工程竣工验收的管理部门、依据、应当具备的条件、主要程序、主要内容以及法律责任。在2014年，同《港口工程竣工验收办法》一致，将规定中"交通部"统一修改为"交通运输部"，并对原有相应的负责竣工验收部门进行修改。与《港口工程建设管理规定》相同，交通运输部针对航道工程建设管理面临的新形势、新问题，对《航道建设管理规定》和《航道工程竣工验收管理办法》进行了梳理整合，将两部规章整合为《航道工程建设管理规定》，该规定内容包括总则、建设程序管理、建设实施管理、验收管理、政府投资项目的资金管理、工程信息及档案管理、法律责任、附则共8章，有力地加强了航道工程建设管理，规范了航道工程建设活动。

在航道维护管理领域，1987 年中国颁布了《航道管理条例》，以加强航道管理，该条例内容包括航道的规划与建设、航道的保护、养护经费等，2009 年则对航道养护经费进行了调整。2017 年，为贯彻落实《航道法》中航道通航条件影响评价审核制度，制定了《航道通航条件影响评价审核管理办法》，该办法细化了航道通航条件影响评价审核的适用范围，明确了航道通航条件影响评价报告编制的要求，规范了申请与审核的要求，建立了事中事后监管制度，明确了交通运输部与各派出机构、省级交通运输主管部门在审核及监督检查中的职责分工。2019 年修改将该办法中规定的"营业执照、组织机构代码证、成立文件等机构证明文件"删除，行政许可机关可通过全国投资项目在线审批监管平台自行审核。与此同时，由于 2015 年出台的《航道法》对航道养护作出了原则性规定，需要制定出台部门规章予以细化落实。2020 年，交通运输部颁布《航道养护管理规定》，对航道养护工作作出了全面规范，明确了适用范围，界定了航道养护相关职责，完善了养护计划制度，规范养护实施要求，强化了信息公开和公共服务。

如前文所述，《港口法》仅对港口设施的维护作了原则性规定，缺乏具体规定。为保障港口基础设施的管理和维护，2012 年中国印发了《港口设施维护管理规定（试行）》，对维护港口设施发挥了一定作用。2022 年，为保障监管作用的充分发挥，交通运输部制定了《港口基础设施维护管理规定》，建立了港口设施维护基本制度，对港口维护工作提出了具体要求，有力保障了港口的安全稳定运行。

第三节　港口经营管理

一　港口经营管理概述

港口经营与管理包括了港口经营人在港口区域内为船舶、旅客和货物提供港口设施或者服务的活动以及港口行政管理部门对该类活动进行的管理。《港口法》第三章对港口经营作出规定，中国另颁布有《港口经营管理规定》，详细规范了港口经营行为，以维护港口经营秩序。

《港口经营管理规定》于 2010 年第一次颁布实施，内容涵盖港口资质管理、经营管理、监督检查与法律责任等，适用于港口经营以及相关活动。2014 年国务院以国发 50 号文取消和下放第六批行政审批项目，将经营港口理货业务许可下放至省级人民政府交通运输行政主管部门，对该规定的有关内容进行了修改。2016 年，交通运输部考虑到以往关于试运行有关制度的法律规定较为零散，不利于港口行政管理部门的执行，也不利于管理部门对试运行期的经营行为实施监管，对《港口经营管理规定》进行修订，将试运行期的经营行为统一纳入港口经营管理。2018 年，在港口经营市场不断发展变化以及"放管服"改革不断深化推进的前提下，为使《港口经营管理规定》的内容更适应实际生产发展，交通运输部对其内容进行了全面梳理，进一步调整与优化。为呼应《港口法》的修订以及国务院《关于取消一批行政许可等事项的决定》（国发〔2018〕28 号）对取消经营港口理货业务许可的要求，交通运输部在交通运输部令 2019 年第 8 号中，对《港口经营管理规定》进行了修订。同年，按照《国务院办公厅关于做好证明事项清理工作的通知》关于简政便民、优化服务等有关要求，以及商务部等国务院部门关于做好与现行开放政策以及《外商投资法》不相符的法规文件清理工作的要求，交通运输部于 2019 年第 36 号令中对《港口经营管理规定》进行了修改。2020 年，随着国务院"放管服"改革不断深化，《优化营商环境条例》也于 2020 年 1 月正式实施，为进一步增强港口经营活力，更好地构建新发展格局，并落实好《安全生产法》《反恐怖主义法》《水污染防治法》《大气污染防治法》等法律法规的相关要求，交通运输部对《港口经营管理规定》再次进行了补充修改，新规放宽了港口经营限制，强化了港口污染防治，重视港口风险防范以及安全管理，切实保证港口监督管理，有力地促进了港口高质量发展。

中国许多地区在港口管理立法中对港口经营管理作出了规定，如山东省、湖北省、江西省、四川省等均根据《港口法》和其他有关法律、法规，结合本省实际制定了港口管理条例或规定办法，对港口经营作出了规定。除此之外，杭州市、南昌市、苏州市等亦在其港口管理办法中对港口经营作出规定。

二 港口经营资质管理

为保证港口活动合法有效进行，需要对港口经营活动进行资质管理。港口经营人在港口进行各类经营活动，需要取得港口经营许可，港口行政管理部门实施港口经营许可，应当遵循公平、公正和公开透明的原则，不得收取费用，并接受社会监督。

针对港口经营资质管理，《港口经营管理规定》修订后具体规定有所变化。在 2010 年修订的规定中，明确了从事港口经营、从事港口理货、从事船舶污染物接收的各港口经营人应当具备的条件，同时规定经营从事港口装卸和仓储业务的经营人不得兼营理货业务，理货业务经营人不得兼营港口货物装卸经营业务和仓储经营业务。在 2014 年修订中增加了从事港口理货的港口经营人的条件，对有关材料和提交材料的时间作了新的要求，并对涉及交通运输部的内容予以相应修改或删除。在 2016 年修订时，增加了港口工程试运行期间从事经营的港口经营人的资质要求，并对"港口经营许可证"的有效期作了更为细致的规定。在 2018 年修订中，将船舶污染物接收服务修改为港口拖轮经营，并对港口拖轮经营的经营条件作出了明确规定，同时删除了从事港口装卸和仓储业务的经营人不得兼营理货业务的规定。中华人民共和国交通运输部令 2019 年第 8 号对规定作出修改，将经营港口理货业务许可改为备案制，删除了港口理货业务许可条件和许可程序等相关条款，并增加了备案管理要求，同时制定完善了港口理货服务标准和规范，加强了有关事中事后监管。交通运输部令 2019 年第 36 号则删除了港口工程试运行期间从事经营的资质要求，2020 年修改对本部分用词作了修改完善，避免了文字上的表意不清。目前中国港口经营资质管理规定包括对从事港口经营以及从事港口拖轮经营的港口经营人的条件要求、港口经营人提出经营申请时应当提交的文件和材料以及港口经营人和港口行政管理部门在这一过程中的具体行为要求。

三　港口经营反垄断管理

反垄断是禁止垄断和贸易限制的行为，是当一个公司的营销呈现垄断或有垄断趋势时，国家政府或国际组织所采取的一种干预手段。早在2007年，为预防和制止垄断行为，保护市场公平竞争，鼓励创新，提高经济运行效率，维护消费者利益和社会公共利益，促进社会主义市场经济健康发展，中国颁布了《反垄断法》，规定了垄断协议的禁止、滥用市场支配地位的禁止、经营者集中情形、滥用行政权力排除或限制竞争的禁止、调查涉嫌垄断行为以及法律责任等内容。2022年，为满足社会主义市场经济发展的要求，助力构建新发展格局，对《反垄断法》进行了修订。新修订的《反垄断法》于总则中明确规定，鼓励创新，推动公平竞争与创新发展，明确了竞争政策在经济政策体系中的地位，确定公平竞争审查制度的效力，对数据、算法、技术、平台规则等作出原则性规定；针对数字经济时代滥用市场支配地位的行为作出规定；完善经营者集中审查制度，设立"停表"制度，优化审查期限与程序，建立分类分级审查制度；在滥用行政权力限制或排除竞争一章中扩充了负面行为清单，防止利用合作协议等实施垄断行为，强调了招投标等经营活动中的公平竞争，将抽象行政行为纳入竞争约束；在针对行政性垄断的调查程序中，追加了有关义务主体并要求其承担有关义务，引入了约谈行政机构等组织的法定代表人或负责人制度，并可要求其提供改进措施；于法律责任一章中加强了惩治力度，引入了民事公益诉讼制度和失信约束机制，对原有法律责任体系进行了优化。

对港口经营活动而言，中国在《港口经营管理规定》中明确规定鼓励港口经营性业务实行多家经营、公平竞争，以避免出现垄断行为，保证港口经营服务的质量，维护市场法则，保护港口各消费者的公平交易权与选择权，故而要求港口经营人、港口理货业务经营人不得实施垄断行为，任何组织和部门不得以任何形式实施地区保护和部门保护。

四　港口经营管理活动

港口经营，是指港口经营人在港口区域内为船舶、旅客和货物提供港口设施或者服务的活动，2009 年《港口经营管理规定》规定，港口经营活动包括：为船舶提供码头、过驳锚地、浮筒等设施，为旅客提供候船和上下船舶的设施和服务，为委托人提供货物装卸、仓储、港内驳运、集装箱堆放、拼装箱以及对货物及其包装进行简单加工处理等，为船舶进出港、靠离码头、移泊顶推、拖带等提供服务，为委托人提供货物交接过程中的理货服务，为船舶提供岸电、燃物料、生活品供应、船员接送及船舶污染物接收、围油栏供应服务等船舶港口服务，港口设施、设备和港口机械的租赁与维修业务。

在 2018 年修改中，为贯彻落实国务院深化"放管服"改革精神，以聚焦港口主业，精简港口经营许可内容，将港口经营定义中为船舶提供岸电、燃物料、生活品供应、船员接送及船舶污染物接收、围油栏供应服务等船舶港口服务以及从事港口设施、设备和港口机械的租赁、维修业务删除，并于资质管理一章中增加了对应的详细规定，同时取消了集装箱堆放、拆拼箱以及对货物进行简单加工处理的港口经营活动。在 2019 年的修改中，取消了经营港口理货业务许可，删除了港口经营中"为委托人提供货物交接过程中的点数和检查货物表面状况的理货服务"的规定，并增加对港口理货业务经营人应按规定进行备案的要求，同时将上述原规定在资质管理一章为船舶提供各项服务以及设备机械的租赁维修业务的规定置于第三章经营管理之下。在 2020 年的修订中，新规对现有的四项港口经营活动作出了补充规定，新规重视港口污染防治，增加了对岸电设施的要求，鼓励港口经营人使用清洁能源或新能源，要求港口经营人落实船舶污染物接收设施配置；新规加强港口经营业务管理，要求港口经营人、港口理货业务经营人建立健全安全生产责任制和安全生产规章制度，落实港口大型机械防阵风防台风措施，港口经营人接靠船舶不得超过码头功能等级，装载作业、旅客登船不得超过载货和载客定额，沿海港口经营人不得为超出航区的内河船舶提供货物装卸服务；新规注重危险货物过程管理，明确了港口作业委托人的信息告知义务，与法规相抵触的港口作业委托将被拒绝。

针对港口设施的管理，中国另颁布有《港口基础设施管理规定》以及《港口设施保安规则》。根据 2022 年颁布的《港口基础设施管理规定》，港口经营人应负责维护除港口公用的防波堤、锚地等外的港口基础设施，不符合港口经营许可要求的港口基础设施将依照《港口经营管理规定》予以处罚。《港口设施保安规则》规定了港口设施经营人或者管理人的责任，包括制定、实施、调整《港口设施保安计划》等。

同时，中国制定了其他几部法律以规范港口内货物相关服务。2016 年，为准确判定、及时消除危险货物港口作业重大事故隐患，中国颁布了《危险货物港口作业重大事故隐患判定指南》，切实帮助了危险货物港口经营人和港口行政管理部门判定各类危险货物港口作业重大事故隐患。2019 年，中国颁布了《海运固体散装货物安全监督管理规定》，对港口经营人提出了明确的管理义务要求。2013 年交通运输部发布了《港口危险货物重大危险源监督管理办法（试行）》，强化了港口危险货物重大危险源安全风险管控。2021 年，为顺应修订完成的《安全生产法》以及 2020 年印发的《关于全面加强危险化学品安全生产工作的意见》等有关规定的要求，交通运输部修订印发了新的《港口危险货物重大危险源监督管理办法》，以进一步加强港口危险货物重大危险源安全生产风险管控和隐患排查治理。2003 年中国颁布了《港口危险货物管理规定》，在加强港口危险货物管理、预防和减少危险事故的发生上发挥了重要作用。2012 年，根据新修订的《危险和化学品安全管理条例》，交通运输部对《港口危险货物管理规定》进行修订，建立了完善的安全管理体系，最终修订完成了新的《港口危险货物安全管理规定》。2017 年，为应对越来越大的港口危险货物吞吐量所带来的安全管理压力，对该规定进行了修订，新规完善了危险货物港口建设项目在工程建设过程中的安全保障与安全监管制度，有效落实了安全监管责任和企业主体责任。在 2019 年的修订中则删除了有关港口工程试运行的规定。

第四节　港口安全监督及污染防治管理

一　港口客货运输安全监督

港口客货运输安全是港口安全监督管理的核心内容，也是实现港口运输职能的重要保障。中国 1954 年通过《海港管理暂行条例》建立港口管理体制之初，就明确了原交通部设立的港务局承担客货运输安全监督职能，明确了客货运输安全在港口安全生产中的重要性和关键地位。2000 年以来，中国在港口客货运输，特别是危险品运输安全领域进行了大量立法工作，港口客货运输安全监督工作进一步走向规范化、体系化、法治化。

随着中国航运业持续发展，港口货物吞吐量指数级增长，港口运输货物种类也呈现多样化特征，随之而来的就是对货物运输安全特别是危险货物运输安全的全面严格监督。对危险货物涉港口全阶段全过程的完整监督，不仅是中国安全生产的基本要求，更是港口经济发展的重要基础。基于以上要求，1996 年 11 月 4 日原交通部发布了《水路危险货物运输规则》，明确在中华人民共和国境内从事危险货物的船舶运输、港口装卸、储存等业务适用此规则，主要规定了托运人托运危险货物需要向港务监督机构申报，并需与起运、到达港港口经营人签订作业合同，针对危险货物的装卸作业应当采用特殊的作业委托单，以及承运人装卸货物须经港口行政管理部门和港务（航）监督机构批准等内容。《水路危险货物运输规则》对港口危险货物运输规范化法治化起到了重要作用，同时在责任主体上将港口经营人与港口行政管理部门分开，兼顾了港口管理体制改革需要。2003 年《港口法》的颁布，细化了港口货物运输安全监督规定，明确在运输、装卸、过驳过程中，港口行政管理部门与海事管理机构联动监督，保障运输从入港至出港全流程规范安全。《港口法》作为港口管理法律体系的"龙头法"，对货物运输安全监督规定较笼统，这也为后续特别立法留下空间。2003 年原交通部颁布《船舶载运危险货物安全监督管理规定》，规定了一系列载运危险货物船舶进出港口应当申报的事项，申报主体确定为海事管理机构，但申报内容需要通报港口管理部门。随着中国易流态化固体散装货物水路运输量的持续增长，以及国际海事组织《海运固体散装货物规则》开始生效，2011年，交通运输部颁布《水路运输易流态化固体散装货物安全管理规定》，明确规定针对此种特殊货物港口行政管理部门的安全监督责任，以及港口经营人在货物运输涉港口环节的安全监督义务，细化了货物运输安全监督法律法规。

十八大以来，中国港口货物运输安全监督法律法规得到进一步发展。2012年12月交通运输部颁布《港口危险货物安全管理规定》，按照港口行政管理体制对全国港口危险货物安全管理工作进行了体系上的梳理和职责划分，明确规定从事港口危险货物作业的准入条件和资质要求，港口经营人在危险货物在港区水域运输、装卸、过驳过程中的安全监督责任，以及港口经营人与港口行政管理部门二者在危险货物运输阶段的联动安全监督关系。经2017年及2019年两次修订，《港口危险货物安全管理规定》已经成为《安全生产法》在港口危险货物运输领域一部重要的特别法，是港口经营人与港口行政管理部门管理危险货物的重要规章。

为深入贯彻习近平总书记关于安全生产的重要论述，认真落实新修改施行的《安全生产法》等要求，2021年交通运输部颁布《危险货物水路运输从业人员考核和从业资格管理规定》，要求针对港口危险货物作业各项内容，港口经营人及具体港口危货储存单位主要安全管理人员、装卸管理人员、申报员、检查员等相关从业人员，需要通过统一从业资格考核，并接受统一管理，该规定从港口经营主体层面保障了货物运输安全。同年，交通运输部修订颁布《港口危险货物重大危险源监督管理办法》，明确港口经营人是本单位港口重大危险源安全管理的责任主体，应当对本单位的港口危险货物储存设施或场所进行港口重大危险源辨识，对本单位的港口重大危险源进行安全评估，确定重大危险源等级并及时登记建档。要求港口经营人应当建立健全安全风险分级管控和隐患排查治理双重预防工作机制，制定完善港口重大危险源安全管理制度，要求所在地港口行政管理部门应当加强港口重大危险源监督检查，督促港口经营人做好本单位港口重大危险源的辨识、评估及分级、登记建档、监测监控、备案核销和安全管理、应急准备等工作。

中国水上旅客运输业较为发达，港口不但承担货物运输职能，部分港口还承担着旅客运输职能，因此对旅客运输安全进行监督也是港口安全监督的重点环节。对于港口旅客运输安全，2003年《港口法》出台明确了旅客运输作为港口经营项目，确定港口经营证照制并明确港口经营主体为港口经营人。2009年交通运输部颁布的《港口经营管理规定》明确，从事港口旅客运输服务的经营人，应当按照国家有关规定设置安全、消防、救生以及反恐防范设施设备，配备安全检查人员和必要的安全检查设施设备，对登船旅客及其携带或者托运的行李、物品以及滚装车辆进行安全检查，落实旅客实名制等相关要求，港口经营人未尽到安全监督义务将会承担相应的法律责任；同时该规定也明确了港口行政管理部门应当负有对从事旅客运输港口的监督检查义务。

二　港口常态化安全监督管理

货物及旅客运输作为港口最重要的职能，需要辅以大量日常作业来维护客货运输稳定运转。在中国港口安全监督管理领域，港区安全监督也是极为重要的部分。新中国成立初期颁布的《海港管理暂行条例》确定了港区陆域及水域的认定范围，要求港务局对所辖港口港区日常各项作业以及卫生、消防等工作进行监督，开启了港区安全监督管理法治化道路。从改革开放到20世纪末，由于港口行政管理体制改革，针对港区的具体安全监督工作由原交通部直属各港口行政管理部门承担。由于没有港口统一立法，后期《暂行条例》被废止存在一段立法真空期，该时期的港区安全监督立法，整体是以具体事项部门规章的形式出台并施行。1983年，原交通部颁布《港口油区安全生产管理规则》，要求港航部门针对港口油区的装卸、仓储以及日常维护工作，承担治安保卫、保密和消防安全义务。1988年，原交通部颁布《港口消防监督实施办法》，要求港口公安机关设置消防监督机构，配备消防监督员，以加强港口消防监督管理，保障港口、船舶运输生产安全。1991 年 10 月 1 日，原交通部与原劳动部共同颁布《港口煤尘防治规定》，要求港口经营人通过建立防尘除尘监督管理制度，加强煤码头煤尘防治的监督工作，有效保护港口煤炭装卸作业职工的安全与健康。

2002 年《安全生产法》颁布后，中国安全生产法律体系建设加快推进，港区常态化安全监督管理立法也得到了发展。2003 年颁布的《港口法》第四章"港口安全与监督管理"就明确，港口经营人应当按照《安全生产法》及《港口法》要求，建立健全安全生产责任制等规章制度，依法制订危险货物事故应急预案、重大生产安全事故旅客紧急疏散和救援预案以及预防自然灾害预案，并保障组织实施。港口行政管理部门应当依法对港口安全生产情况实施常态化监督检查工作。2004 年，原交通部与原国家安全生产监督管理局颁布的《港口安全评价管理办法》，在《港口法》的基础上，要求港口经营人应当根据自身经营内容，进行专项安全评价，如石油化工码头经营人应当根据《危险化学品管理条例》的要求进行安全评价；客运码头经营人应开展安全现状评价，制订重大安全生产事故应急预案等。此外，港口建设项目及改造项目应当实施项目安全评价，通过常态化安全生产评价，保障和促进港口安全生产。2008 年，原交通部颁布《港口设施保安规则》，明确了港口设施保安作为港口安全管理的重要内容，港口经营人与港口行政管理部门应当围绕制定的港口设施保安计划，对港口各设施实施常态化保安管理工作，保障港口安全。

十八大以来，港区安全监督规范进一步完善，港口设施及港口建设安全方面进一步加强了法治保障。2012 年 12 月，交通运输部颁布《港口设施维护管理规定（试行）》，对港口设施日常安全监督管理进行了整体性规定，要求各级港口行政管理部门应对本辖区内港口设施维护管理进行监督检查，采用新型信用监督管理，如建立信用档案模式，保障港口设施运转安全。2022 年 9 月 1 日《港口设施维护管理规定》正式施行后，港口设施安全将得到更科学、更完备的安全保障。《港口设施保安规则》在十八大后也迎来了一次修订与两次修正工作，在简政放权与行政"放管服"改革的指导下，将港口常态化安全监督的权力进一步下放地方港口行政管理部门，便于各港口基于自身安全需要制定相应保安计划。

总体上，中国港口常态化安全监督法律体系已经颇具规模，法律法规涵盖港口工程建设、港口设施安全、港口经营安全的港口营运全周期，保障实现港口常态化安全生产，推动中国港口经济持续向好发展。

三 港区污染防治监督管理

港口作为一项重要的海岸工程，其在生产运营中排放的固、液、气体废物以及船舶进出港产生的各种废弃排放物，若处理不当会对陆地与海洋造成极大的生态影响，因此需要对港口所在陆域及水域进行科学有效的污染防治管理。1979 年《环境保护法（试行）》出台，开启了中国环境保护立法工作。随后 1982 年《海洋环境保护法》颁布，对海洋环境保护作出特别规定，要求港口此类海岸工程在规划中需要实现编写环境影响书，在建造过程中需要做到积极保护水产资源，港口和油码头应当设置污水及废弃物的接收和处理设施，配备必要的防污器材和监视报警装置。1983 年国务院颁布《防止船舶污染海域管理条例》，要求港口对到港及在港船舶相关污水、废弃物处理负责，以保护港区海域清洁。具体来说，条例要求到港船舶的压舱、洗舱、机舱等含油污水，不得任意排放，应由港口油污水处理设施接收处理。在港船舶的垫舱、扫舱物料和各种固体垃圾，应由港口船舶服务部门负责清倒。在 20 世纪 90 年代，各港口针对港区环境安全，在港口章程中明确作出规定，以体现环境保护理念。例如，1990 年福建省人民政府颁布《福州港港章》《厦门港港章》，两部港口章程均单列"港区环境保护"一章，对船舶排放污水、废弃物的要求以及港口如何处理废弃物、港口水域污染事故处置进行了明确规定。

2003 年颁布的《港口法》也用一定篇幅针对港口环境保护进行规定，要求在港口建设领域应当依法进行环境影响评价；港口建设项目的安全设施和环境保护设施，必须与主体工程同时设计、同时施工、同时投入使用。对于港口经营人,《港口法》要求港口经营人应当依照有关环境保护的法律、法规规定,采取有效措施,防治对环境的污染和危害。2004年原交通部颁布的《港口经营管理规定》也要求港口经营人具备相应的船舶污染物、废弃物接收能力和相应污染应急处理能力。2009年国务院颁布的《防治船舶污染海洋环境管理条例》也用较大篇幅针对港口污染防治管理进行规定。该条例要求港口应当建立有效的污染防治管理制度,配备污染监视设施和污染物接收设施,制订环境污染事故应急预案。通过改革开放近三十年的发展,中国港口污染防治管理立法覆盖面逐渐拓宽,规定内容逐渐完善,有效保证了中国港口环境安全。

十八大以来,中国港口污染防治管理立法迎来新发展。在港口环境安全中央立法日渐完善的基础上,也涌现出一批地方成熟立法。2014年《海洋环境保护法》修订,明确了海岸工程与海洋工程建设,应当符合法律法规规定和有关标准,防止和减少对海洋环境的污染损害。为减少船舶靠港期间大气污染物排放,2020年交通运输部颁布《港口和船舶岸电管理办法》,通过沿海港口建设岸电设施及相关基础设施改造,船舶靠港后关闭辅机使用岸电的方式,减少船上用电造成的大气污染。十八大后《港口经营管理规定》经过六次修改,增加了港口经营人的港口环境保护责任并鼓励其采用新能源等环保新技术,并规定港口行政管理部门对港口经营人的污染防治管理责任。

为落实"绿水青山就是金山银山"理念、环境保护新发展理念和绿色港口建设,各港口所在省及地级市也积极探索,制定了多部港口污染防治及环境保护地方性法规。2021年,浙江省舟山市人民政府颁布《舟山市港口船舶污染物管理条例》,该条例对船舶污染物在舟山市所辖港口内的排放、接收、运输、贮存、处置等活动及其监督管理进行规定,是国内首部规范港口船舶污染物管理的地方性法规。2022年10月《河北省港口污染防治条例》发布,该条例从港口建设、港口运营、港口船舶三个领域污染防治出发,对港口经营人的环境保护义务以及港口行政管理部门的港口污染防治管理责任进行了规定。地方港口环境立法立足于各港口自身特征与经营情况,在中央立法规定日益完善的同时，地方立法模式也值得各地借鉴。

第五节 港口经营的民事法治保障

一 改革开放以来的相关立法

改革开放前，由于中国港口行政管理是原交通部直属管理各主要海港，政企合一的高度集中体制，港口作为行政主体与货主及承运人等相对方，与港口作业相关的横向民事法律关系基本被纵向的行政法律关系所替代。自 1979 年原交通部开始实施部内机构改革，以及 1981 年大连港开始试点行政体制改革后，港口所属行政职能与商业职能逐渐分离，港口商业主体资格逐渐确立，港口市场经济逐步建立，港口经营民事法律关系也随之进入人们视野。

中央及原交通部高度重视港口民事法律关系的法治保障，在 1994 年起草《港口法》之初，主要负责起草的原交通部按照"横到边、纵到底"的立法理念，调动部内全部力量，不但要将港口行政管理体制落在法上，更有意将涉港口横向的民事法律关系在立法上予以体现。但由于中国港口高度集中的计划经济体制保持了三十多年，党的十四大以来，港口行政管理已经进行了改革，但暂时处于原交通部与地方人民政府双重领导下，港口市场化进程发展仍较为缓慢，在《港口法》起草过程中，港口经营民事法律关系是否应当独立加入立法成为了学界及实务界广泛争论的问题。1999 年《合同法》颁布后，以合同为主要表现的港口经营民事法律关系已作为一系列无名合同，受《合同法》调整，此时《港口法》再将其作为独立法律关系单独立法已不合适，因此《港口法》并未对港口经营民事法律关系进行规定。

虽然《港口法》未对港口经营民事法律关系进行规定，但港口经营一系列民事合同仍然大量存在，并且随着港口政企分开，港口经营涉及的民事法律关系将会日益增多，港口经营民事法律关系亟待立法规制。面对这一情况，2000 年原交通部颁布《港口货物作业规则》，以部门规章形式调整港口经营民事法律关系。《港口货物作业规则》共五章 54 条，从港口作业合同的订立、双方当事人权利义务以及港航货物交接特别规定三方面，对港口经营人的基本义务、作业委托人的基本义务、港口经营人的责任、港口作业货物的交接方式以及港口经营人对作业货物的留置权等内容进行了较为全面细致的规定。《港口货物作业规则》的颁布，弥补了《港口法》制订过程中未能将横向民事法律关系加入的立法空白，明确了水路运输货物港口作业有关当事人的权利、义务，规范了港口作业相关行业，有效促进港口市场在法治轨道上向好发展。

二　新时代港口经营的新发展

十八大以来，中国立法理念与技术日益成熟，依法治国建设取得显著成效，港口经营民事法律关系也迎来新发展。2015 年，全国人大修改《立法法》，将部门规章所设定事项范围进一步限缩，规定上位法无规定情况下，部门规章不得创设减损公民、法人和其他组织权利或者增加其义务的规范，此次修改对严格规范各部委制定部门规章具有重要意义。2016 年，交通运输部通过梳理现存法规规章，清理废止了一批行政法规和部门规章，作为一部涉及公民权利义务的部门规章，《港口货物作业规则》也在其列。《港口货物作业规则》的废止，究其原因是没有上位法明确规定，自身位阶过低导致其违反《立法法》被废止，但《港口货物作业规则》对港口作业相关民事主体权利义务的规制是行之有效的，因此面对相关规定缺失的现状，学界与实务界均呼吁有效立法予以补充。

2018 年，十三届全国人大常委会公布的立法规划将《海商法》列入第二类"需要抓紧工作、条件成熟时提请审议的法律草案"的立法项目，《海商法》修订提上日程。由于《港口法》目前在体量与地位上已属于行政法范畴，将民事法律关系规定纳入存在冲突，因此作为民事法律的《海商法》在修订中，港口协会以及各港口经营人建议在《海商法》中增加原《港口货物作业规则》的相应内容，弥补目前立法空白，有效规制港口民事法律关系。在征求建议过程中，中国港口协会建议增加"港口作业合同"，广州港集团有限公司及中华律师协会均建议将"港口经营人"纳入《海商法》调整范围。

新时代中国海事审判工作的良好发展，为港口经营民事法律关系提供了有效审判支撑和司法保障。自 2014 年开始，最高人民法院发布年度海事审判十大典型案例。截至 2021 年，最高人民法院共发布 80 个典型案例，虽然港口民事纠纷典型案例较少，但仍然从司法实践出发，公平维护了港口经营市场各主体的合法权益，促进了国际贸易顺畅有序发展，对于营造诚实信用的营商环境发挥了良好指引作用。随着中国海事审判工作的不断发展，港口民事纠纷解决以及审判规则将会继续完善，不断从司法领域保障港口民事法律关系良好运行。除最高审判机构外，地方海事法院同时发挥地方海事审判优势，帮助港口民事法律关系向好发展。例如，青岛海事法院、广州海事法院等近年均发布海事审判典型案例白皮书，其中收录了大量港口民事纠纷案件，有效指引各当事人处理好港口民事法律关系。2019 年宁波海事法院发布《港口企业法律风险提示手册》白皮书，以风险提示、类案裁判分析、相关法律法规索引、建议意见为框架，系统阐述了港口企业的经营风险，为提高港口企业的风险防范和纠纷处置能力、为港口营商环境治理及其转型升级提供了参考和借鉴。2022 年，厦门海事法院与厦门海事局等部门，在厦门港建立厦门港航调解中心，该中心与厦门海事法院签订"区域性海事纠纷调解机制共建协议"，建立海事纠纷调解对接机制，通过港口多元纠纷解决机制，保障港口民事法律关系各方合法权益。

第十五章　海洋外交的法治发展

　　随着国际社会法治化进程的不断深化，法治精神广泛渗透于海洋外交实践。国家希望通过积极参与国际海洋法律规则的制定进程，更好地维护本国的海洋权益。中国周边复杂的海洋环境以及全球海洋竞争的加剧，决定了中国面临海权博弈、海洋霸权遏制与围堵的复杂形势。中国维护自身海洋权益的需要，也决定了内部需要海洋法治的完善，外部应重视海洋外交的发展，并积极参与全球海洋规则进程。要实现海洋外交的法治发展，应在了解世界海洋外交法治发展基础上，充分理解、运用世界海洋外交游戏规则，并创造性地形成中国特色的海洋外交理念、方式和道路。

第一节　海洋外交法治概况

　　海洋外交内涵包括基本概念、分类和本质。海洋外交一方面体现了国际政治领域的外交规则，如国家合作、主权平等基本规则；另一方面体现了海洋领域的特殊规则，如海洋权益的冲突与协调、海洋法治与善治、海洋自由与限制等。随着全球海洋意识的觉醒、区域性海洋冲突的加剧、海洋命运共同体理念的指引，海洋外交呈现海洋合作普遍化、海洋外交法治化以及炮舰外交回归等趋势。

一　海洋外交的内涵

（一）海洋外交的概念

关于海洋外交的定义，目前国内外学界尚未达成共识。本章主要基于传统"外交"来定义海洋外交，即"国际行为体以维护本国海洋权益和全球海洋良好秩序为目标，基于国际海洋法律规则，围绕海洋的疆土、资源、交通、信息和环境属性进行的外交活动。海洋外交以主体的多元化、内容的广泛化、目标的明确性和手段的和平性为特征"①。

（二）海洋外交的分类

目前，针对海洋外交所进行的明确分类较少。其中，最具有参考价值的分类来自伦敦国际战略研究所高级研究员克里斯蒂安·勒米尔（Christian Le Mière）。他的著作《21 世纪的海洋外交：动因和挑战》将海洋外交分为"合作性海洋外交"（co-operative maritime diplomacy）、"劝服性海洋外交"（persuasive maritime diplomacy）和"强制性海洋外交"（coercive maritimediplomacy）三类。其中，"合作性海洋外交"包括访问港口、联合海上演习或训练、海上人道主义援助和救灾、海洋领域的教育项目、个人访问和合作办会等形式，"这些活动在本质上是赢得人心的尝试"，"合作性海洋外交事件都有一个共同的政治目标，即寻求建立影响力、联盟或信任②。而"劝服性海洋外交"，其目标是"提高对一国海上或总体实力的认识，为一国在国际舞台上建立声誉"，它"不针对特定的接受者，也不是为了让潜在的对手感到恐惧"，而是"说服其他人，使其相信自己的海军（或广义的军事力量）是存在的和有效的"。如果说前两者代表的是软性模型的海洋外交，那么"强制性海洋外交"则是一种相对于软性模式来说的硬性外交模式，如炮舰外交、海军外交等。

（三）海洋外交的本质

海洋外交的本质在于"海洋性"，其基本目标是"赢得海洋"。一方面，与传统的陆上外交不同，海洋外交主要以海洋作为载体或媒介。海洋外交围绕的是各国在海洋领域出现的议题，这既包括因海洋边界划分、海洋资源开发、海洋环境保护而产生的纷争，也包含在海洋经济技术交流、

---

① 刘瑞：《中国周边海洋外交的定位与选择》，吉林大学 2017 年博士学位论文，第 23 页。
② 刘中民：《世界海洋政治与中国海洋发展战略》，时事出版社，2009，第 363 页。

海上人道主义救援、海洋文化传播等领域的合作。换言之，海洋外交的核心是处理涉海领域的纷争与合作，"海洋性"构成了海洋外交最为鲜明的特征。另一方面，在全球化时代，海权位于全球化的中心，全球化体系主要是建立在（自由的）海洋运输基础之上的①。由此不难理解"尽管旧的海上战略聚焦海上控制，但新的海上战略必须认识到，当海洋处于一国独占之下时，诸国兴起的经济大潮就不会出现；当海洋对所有国家都是安全而又自由的时候它才会出现"。当贸易能够互利互惠、陆海秩序井然有序时，全球化的大潮才会更加涌动。一个国家若想在经济全球化时代占有一席之地或分得全球繁荣的一杯羹，其海洋外交的基本目标必须是"赢得海洋"，即推进国家海洋运输业对海洋充分利用的四通八达状态②。

二　海洋外交规则的演变

（一）近代国际海洋政治规则

很长一个历史时期以来，并没有形成一个全面的海洋法律规则体系，部分规则体现于不成文的习惯法中，部分规则仍很大程度上保留政治色彩。自15、16世纪地理大发现至20世纪上半叶，强权政治在海上盛行，在争夺海洋的过程中形成了一些反映海洋强国基本需要的原则和主张，这些主张一度成为指导这些国家海洋行为的基本准则。

1. 海洋支配原则

海洋支配原则③的逻辑在于，大国崛起往往源于海上霸权地位，因此必须重视用武力夺取制海权，实现对海洋的分割和支配。地理大发现之后，葡萄牙、西班牙展开了瓜分海洋的激烈争夺，并通过罗马教皇于1403年、1506年发布的谕旨，根据大西洋上的一条子午线确立了葡、西两国对世界

---

① 杰弗里·蒂尔：《21世纪海权指南》，人民出版社，2013，第7页。
② 马建英：《海洋外交的兴起、内涵、机制与趋势》，《世界经济与政治》2014年第4期，第63页。
③ 沈雅梅：《当代海洋外交论析》，《太平洋学报》2013年第4期，第38页。

海洋行使权力的分界线。到 17 世纪初，欧洲诸海中几乎没有任何一部分处于某种权力要求之外①。

2. 海洋自由原则

海洋自由原则②最早提出于 17 世纪，以荷兰法学家胡果·格劳秀斯（Hugo Grotius）匿名发表的《海洋自由论》为标志，是海上"后起之秀"荷兰与老牌海洋强国争夺海洋的口号。该原则主张海洋在本质上不应受任何主权国家的控制，因而自提出后便受到西班牙、葡萄牙和英国的强烈反对。英国学者拉曼·塞尔登（Raman Selden）进而提出"闭海论"来保护英国君主对四周海洋的主权。直至 19 世纪初，英国成为"海上第一强国"，为继续争夺世界市场和殖民地、发展海上霸权，英国转而采取海洋自由原则。到 19 世纪 20 年代，海洋自由原则更加广泛地反映了海洋大国分享海洋权益的需要，在理论和实践上才获得普遍承认，成为一项公认的海洋原则。

3. 海洋区域原则

海洋区域论③主张将海洋划分为不同海域并实行不同的法律制度。这种海洋区域原则经历了几个阶段，最初是划分领海与公海两个海洋区域，其次是建立更准确和多样化的海洋功能区。17 世纪初，意大利法学家阿尔贝里科斯·真提利斯（Albericoi Gentilis）主张，国家领土应包括与其毗连的海域，这项主张把领土毗连海域从一般海洋概念中分离出来，并置于沿海国主权管辖下，因而催生了"领海"的概念。这种"领海"主张在国家实践的基础上达成了较为一致的法律认同，但在领海宽度上呈现一定差异化的实践主张。1702 年，荷兰法学家科尔内利斯·范·宾刻舒克（Corneilius van Bynkershoek）进而提出"射程规则"，即以大炮射程来确定沿海国控制近海一带的宽度。彼时大炮平均射程不超过三海里，一些国家便以三海里为其领水宽度。后来，随着大炮的射程不断拓展，三海里领

---

① 王献枢：《论海洋法原则的历史演变》，《中南政法学院学报》1989 年第 1 期，第 61 页。
② 沈雅梅：《当代海洋外交论析》，《太平洋学报》2013 年第 4 期，第 38 页。
③ 沈雅梅：《当代海洋外交论析》，《太平洋学报》2013 年第 4 期，第 38 页。

水宽度并没有成为国际法的普遍规则。但领海和公海（领海以外）的概念得以延续。经历了几个世纪的发展，随着 1982 年《海洋法公约》签订和生效，最终确定了 12 海里的领海制度，并进一步确定了毗连区、专属经济区、大陆架、公海、国际海底区域的海洋区划。

（二）现代海洋外交规则

现代海洋外交规则大多形成于"二战"以后，以法治化为特征，侧重国家利益的平衡和协调。围绕海洋立法问题，各国间展开了激烈的博弈，尤其是第三次联合国海洋法会议上将海洋外交推向高潮，体现了世界海洋秩序"从海洋霸权政治向海洋权利政治发展的历史趋势"[1]。随着全球化的日益深化，传统国际法规则融入海洋外交规则的重塑中，法律制度基础也在不断扩展中。

1. 主权平等原则

传统的海洋政治规则极少关注发展中国家的海洋权益。第二次世界大战后，随着亚非拉民族独立运动兴起，殖民地国家纷纷独立，第三世界国家在现代海洋法律体系构建中发挥了更大作用。1945 年 9 月，美国总统杜鲁门发表"大陆架公告"称，美国管辖的海域延伸至毗连美国海岸的大陆架。一大批亚非拉国家先后通过发表单方面声明、签署联合宣言、开展集团外交以及积极参加联合国海洋会议等多种方式，提出对邻近海域的海洋主张。在 1982 年《海洋法公约》的规则制定中，充分参与并提出提案，使得现代海洋法律更加充分地体现了发展中国家的利益，如人类共同继承财产原则的确立、发展中国家和地理不利国的利益、专属经济区制度、群岛国制度等。在制定现代海洋法律制度的过程中，参与国家更加多样，海洋规则的话语权得到一定程度平衡，海洋外交的作用也得到更充分体现，在主权平等原则[2]指导下，无论何种类型的国家均在当代海洋外交中拥有了一席之地。

---

① 刘中民：《中国国际问题研究视域中的国际海洋政治研究述评》，《太平洋学报》2009 年第 6 期，第 79 页。
② 沈雅梅：《当代海洋外交论析》，《太平洋学报》2013 年第 4 期，第 38 页。

2. 海洋权益原则

随着科技水平的提升，人类对海洋的认识和利用不断升级，从近海扩展到深海，从传统的航行和捕鱼扩展到更多样的资源开发利用形式。海洋权益①成为各国博弈的重要领域，以此为核心丰富了海洋外交理念的纵深和范畴。由国际海洋法调节的海洋权利与义务包含六方面内容：一是关于海洋权利和自由，主要体现在 1982 年《海洋法公约》中；二是海洋资源开发，包括关于在渔区、极地、海底的资源开发，关于禁止在公海使用大型流网的规定等；三是海洋环境保护，包括防止倾废污染海洋、禁止在海床洋底及其底土安置核武器和其他大规模毁灭性武器、保护海洋生物资源、海洋环境技术的发展和转让等；四是海洋运输和海上安全，如海上避碰、海上搜寻救助、国际集装箱安全等；五是海洋科学研究；六是和平解决争端。

3. 海洋治理原则②

海洋问题已经突破传统的安全和军事范畴，转向对海洋空间及其资源的综合利用和管理。国际社会逐步形成了一套相对稳定的制度架构，重视管理和解决海洋发展过程中出现的政治、经济、安全、生态等问题，通过全球海洋治理来保障海洋事业的可持续发展。一些专门机构，如联合国教科文组织、世界粮农组织、世界卫生组织、国际海事组织等承担起新的海洋职责。同时，国际社会也不断涌现一大批新的海洋组织和机构，如致力于深海床底探矿的国际海底管理局，致力于海洋科学研究的联合国教科文组织下属的政府间海洋学委员会，致力于南极环境保护的《南极条约》协商国和南极环境保护委员会等，致力于外大陆架划界的大陆架界限委员会，致力于海洋争端解决的国际海洋法法庭等。可以看出，全球海洋治理的新需求推动了国际海洋组织的建设和国家间海洋事务沟通渠道的完善，以帮助实现海洋治理更科学均衡可持续的目标。

---

① 沈雅梅：《当代海洋外交论析》，《太平洋学报》2013 年第 4 期，第 38 页。
② 沈雅梅：《当代海洋外交论析》，《太平洋学报》2013 年第 4 期，第 38 页。

三 海洋外交现状与发展趋势

随着全球化进程不断加速，合作、法治、海上军事活动逐渐成为海洋外交的主题词。进入 21 世纪以来，国际间依赖不断加深，各国就海洋问题进行合作呈普遍化发展趋势，国与国之间按照国际海洋法和其他双边、多边的国际规则进行交往，推动了海洋外交法治化发展。同时，激烈的海权争夺和频繁的海洋冲突成为国际局势的常态，海洋霸权国家的炮舰外交也呈现回归态势。

（一）海洋合作普遍化

合作与发展依然是当今海洋事务的主流。各国以海洋为纽带，以增强海洋软实力、加强战略互信和建立联盟为目标，更加密切地开展市场、技术、信息等方面的交流①，海洋合作日益普遍化，具体表现在以下方面。

一是海洋合作在伙伴国间进一步深化。美国就将加强与伙伴关系合作作为国家海上力量的一项主要任务，其《21 世纪海上力量合作战略》指出，尽管在 21 世纪存在诸多海上风险，但是海洋服务部门通过与盟国和伙伴常规性和建设性的协定可以增加机会，汇集盟国和国际组织形成全球海军网络，共同应对海上安全挑战和自然灾害②。中国也积极推动与友好国家的海洋合作，派出"和平方舟号"医疗船对亚非、拉美国家进行友好访问和医疗服务，赴菲律宾灾区执行人道主义医疗救助。

二是海洋合作也发生于关系紧张和互信缺失的国家之间。2007 年中国海军"深圳"号导弹驱逐舰应邀进行了历史上首次对日本的友好访问③。次年 6 月，日本海上自卫队"涟"号驱逐舰回访中国。2014 年，中日双方就处理和改善中日关系达成四点原则共识，同意通过对话磋商防止

---

① 刘赐贵：《发展海洋合作伙伴关系，推进 21 世纪海上丝绸之路建设的若干思考》，《国际问题研究》2014 年第 4 期。

② American Navy："A Cooperative Strategy for 21st Century Seapower"，http：／／www.navy.mil／local／maritime／150227 -CS21R -Final.pdf.

③ 《中国人民解放军海军舰艇起航首次访问日本》，人民网，http：／／military.people.com.cn/GB/42962/6558438.html。

钓鱼岛局势恶化，建立危机管控机制，避免发生不测事态①。中日舰船互访以及高层领导人的对话磋商，对化解疑虑、增进军事互信、管控海洋冲突具有积极意义。中国与南海周边一些国家虽然存在领土争端，但也按照《南海及其周边海洋国际合作框架计划》与南海周边国家在加强海洋与气候变化、海洋环境保护、海洋生态系统与生物多样性、海洋减灾防灾、区域海洋学研究、海洋政策与管理等领域展开了务实性合作。

三是海洋多边合作发展迅速。随着海洋权益冲突与海洋非传统安全威胁的加剧，各国对海洋治理的诉求更为迫切，通过海洋多边合作的方式实现更大程度的一致。具体表现，如西太平洋海军论坛、北太平洋地区海岸警备执法机构论坛等多边安全论坛的成员国数量不断增加，合作议题得到发展，议事机制进一步完善，对增进区域战略互信和推进务实性海洋安全合作发挥着重要作用②，并为海洋领域存在不信任的国家建立了联系。中国一直积极倡导和参与海洋多边合作，2013 年提出的"21 世纪海上丝绸之路"已经成为中国推动海洋合作的新亮点。

（二）海洋外交法治化

随着国际社会运行规则和治理规范的细化和完善，国际政治秩序从强权政治逐步向法治化转变。如何充分利用法律武器，参与国际法律秩序构建也成为海洋外交中的重要一环。从国际社会主体的行为方式而言，以国家为代表的国际法主体更善于以法律思维和规则程序处理海洋关系；从国内机构而言，涉海法律机构在海洋权益维护、海洋合作、海洋公共产品供给等方面的外交实践更加活跃。

以海洋争端解决实践为例，以司法方式解决海洋争端成为国家间的一个重要选择。国际海洋法法庭自成立至今，解决的海洋争端涵盖咨询意见、临时措施、船舶和船员的迅速释放等。2015 年，国际海洋法法庭对

---

① 《中日就处理和改善中日关系达成四点共识》，中国新闻网，http://www.chinanews.com/gn/2014/11-07/6761625.shtml.pdf。

② 杜婕等：《西太论坛与亚太多边海上安全合作》，《国际问题研究》2014 年第 3 期，第 66 页。

科特迪瓦与加纳海洋边界争端作出了初步裁决。国际法院仅在 2014～2015 年，待诉讼的 14 起案件中就有 5 起涉及海洋争端。以国际法院对新加坡和马来西亚白礁岛争端的裁决为例，该裁决结束了两国长达 30 年的主权之争。国际常设仲裁法院受理的仲裁案中也不乏海洋边界争端、海洋环境纠纷及船只扣留等①。

海洋外交法治化深入发展的同时，也存在滥用国际法的问题。2013 年 1 月 22 日，菲律宾单方面就南海问题提交国际仲裁。2016 年 7 月 12 日，临时仲裁庭在无事实依据、法律依据和管辖权的情况下，对"南海仲裁案"作出所谓最终裁决。该裁决否定中国对南海的历史性权利，否定中国的"九段线"；臆造法律依据，指岛为礁；认为中国在南海的活动侵犯了菲律宾专属经济区和大陆架权利，加剧了中菲两国争端。临时仲裁庭对国际法的滥用不但无益于争端的解决，而且加剧了地区局势紧张，对国际海洋法律秩序造成冲击。"各国和国际司法机构，都应防止越权解释和适用国际法，更不能罔顾客观公正，借'法治'之名，行侵害他国权益之实。"②

（三）海上军事力量竞争性加剧

国家间对海洋的争夺，军事力量自古以来就发挥着重要作用。最初，国家对海洋利益的瓜分依靠绝对的实力，也衍生出炮舰外交理论。随着国际政治秩序法治化进程的逐渐深化，武力使用的空间受到了极大压缩。但是，以海上军事活动为代表的军事力量的竞争性加剧，也是当下的一个突出表现。

"炮舰外交"源于帝国主义时期，通常指"运用有限的海军威胁某国但不发动战争，其目的在于确保优势或避免利益受损，它要么是为了促进一场国际争端的解决，要么是为了在其领土或司法权范围内对抗外国势力"③。英国外

---

①　谢斌、刘瑞：《海洋外交的发展与中国海洋外交政策构建》，《学术探索》2017 年第 6 期，第 40～42 页。

②　王毅：《中国是国际法治的坚定维护者和建设者》，《光明日报》2014 年 10 月 24 日。

③　James Cable. *Gunboat Diplomacy* (1919－1991), Basingstoke：The Macmillan Press Ltd., 1994, p. 14.

交及海权思想家詹姆斯凯布尔爵士的"炮舰外交"分为四种类型：第一类是运用"炮舰外交"形成或去除一个既成事实，第二类是运用海军力量改变某国政府政策或体制，第三类是旨在留下一个喘息时机或是增加现时政策制定者的选择，第四类是运用海军力量发出一个政治信号①。"炮舰外交"通常具有强制性、威胁性和阻遏性的特征，在殖民主义扩张时期得到了最充分实践。经历了第二次世界大战的浩劫，和平解决争端、不使用武力和武力相威胁已经成为处理国际关系的基本准则。当前，国际社会整体秩序稳定背景下，地区冲突时有发生，海洋领域同样如此。国家间海上军事活动的增多、军事力量竞争性加剧，也是海洋外交领域的突出特征。

以美国为例，以航行自由为借口积极炫耀武力，开展军事活动。作为1982 年《海洋法公约》的非缔约国以国际水域混淆公海和他国管辖海域，侵犯别国主权。美国宣称"重返亚太"，强化亚太同盟体系，调整前沿军事部署，与其东亚海洋盟国及伙伴在东海和南海争议区针对中国的军事演习已经常态化。2010 年"天安"号事件、延坪岛炮击事件以及中日撞船事件后，美国高调行动。美国"乔治·华盛顿"号航空母舰奔赴中国黄海和日本海，高调参与联合军演，以实现对朝鲜和中国的武力威慑和强势胁迫。有美国学者称，"这意味着华盛顿愿意通过炫耀海军实力去实现其外交政策目标"，美国及其东亚盟国"在东亚和东南亚的大部分海域越来越愿意运用海军力量实施胁迫和威慑"。近年来，在南海争端中美国由幕后走向前台，打着维护南海"航行自由"的幌子实施炮舰外交，以强大的海洋军事实力维护海洋霸权利益。从"拉森"号驶入中国南沙人工岛礁附近海域，到"威尔伯"号进入西沙中建岛 12 海里，再到"斯坦尼斯"号航母战斗群进入南海争议海域。美国依靠自己超强的军事实力、频频在南海地区祭出"炮舰外交"，只会加剧南海紧张局势，不利于亚太地区向往稳定、合作与繁荣的区域性期待②。

---

① Ames Cable：*Gunboat Diplomacy*（1919-1991），pp. 20-63.
② 朱锋：《击破美国"炮舰外交"不能单靠军事》，环球网，http://opinion. Huanqiu.com/1152/2016-03/8681075. html。

海洋外交正逐渐成为关乎世界发展的重要议题之一，海洋外交的内涵与外延不断丰富和深化，其行为主体、政策目标、规则规范也在不断发生演变。同时，海洋外交的发展也出现了合作普遍化、外交法治化、海上军事力量竞争性加剧等趋势。中国必须加强海洋外交的顶层设计，提高海洋外交实力。

第二节　中国参与海洋外交的主要内容

中国当代海洋外交的核心思想包括海洋权益观、和谐海洋观和协作共赢观。新时期中国特色海洋外交理论从主要内容和当代价值两个方面进行阐述。

一　当代海洋外交的核心思想

随着世界经济全球化和信息化的不断发展，外交形式逐渐从政治、军事等领域拓宽至文化、科技等领域，出现多元化趋势。海洋权益进入国家主权视野，海洋在资源、安全、交通、战略等方面的价值得到更广泛关注。国家海洋意识的觉醒使得海洋竞争与合作成为国家间外交的活跃因素。早在西汉时期就有中国派使节出国进行海洋外交的记载，但仅是规模较小的贸易活动，且活动范围大多在东南亚地区。郑和航海时代，扩展了海洋外交的影响力，但也更多集中于文化的输出。当下，中国作为陆海兼具国家，一方面要充分利用海洋的优势纵深发展海洋经济、海洋文化；另一方面也要理性认识周边海洋局势，维护国家的海洋权益。所以，中国需要完善海洋法治，发展海洋外交，建设海洋强国。

（一）海洋权益观

外交活动的根本目标和动力就是维护国家利益，中国必须以自身利益为基础制定海洋外交战略和海洋强国战略。中国在周边海域的利益主要包括核心海洋利益，如国家海洋边界和管辖海域的确定，岛礁领土主权的维护，还包括重要海洋利益，如海洋资源的开发和利用、海上通道的安全、海洋环境的维护、海洋合作的推进。

维护国家主权和领土完整。中国海洋外交的原则之一，就是坚决维护领土主权和海洋权益，坚定不移地走和平发展道路。这是中国参与一切海洋外交活动的出发点和总归宿①。维护国家海洋权益，首先，要提高国家综合实力，尤其是国家海洋硬实力，即国家海军建设。习近平视察广州战区海军南海战队时指出，要在加快海军现代化建设的同时，加强海上维权执法力量建设，坚决维护南海主权②。中国海洋外交必须立威立信，展示大国实力与风范。近年来，中国逐渐采取钓鱼岛常态化巡航、建设南海岛礁等维护国家主权的实际行动，取得良好成效，有利于海洋外交的进一步发展；通过加强海洋外交顶层设计，为海洋外交实践提供参考性解决方案，提高海洋外交的政治地位。其次，海洋预防性外交是维护国家安全利益的重要方式。中国与周边国家培育双边互信，给予周边国家善意的政治承诺。通过积极开展海军互访、联合军事演习、高级别外交磋商等活动构建海上信任关系，注重区域对话。中国也在重要对话机制和论坛等场合阐释海洋外交立场，打破其他国家对中国海洋外交的偏见，降低周边海洋安全的不确定性。

维护共同海洋权益。实现国家利益必须考虑其他国家的利益和国际公共利益。中国的外交政策不是狭隘的利己主义，而是保持全局观，在捍卫国家领土主权和海洋权益的同时，也要肩负起维护区域内国家共同海洋权益的责任。中国有责任和义务根据自身实力自觉提供海洋公共产品，维护地区海洋环境的和平、发展和可持续。近年来，中国海军自觉履行国际义务，持续为加强海军护航等活动的装备建设做准备，为维护周边国家共同海洋利益做贡献；积极推动与邻国的海洋划界、有效管控海上局势、妥善

---

① 王印红、任青：《习近平海洋外交思想研究》，《山东行政学院学报》2017 年第 6 期，第 32~35 页。

② 白俊丰：《试论总体国家安全观于海警的战略意义》，《公安海警学院学报》2017 年第 2 期，第 1~6 页、第 33 页。

处理海洋纠纷等外交活动①，有利于实现周边海域的稳定安全，更为中国今后参与海洋外交活动积累丰富经验。

（二）和谐海洋观

在中希海洋合作论坛上，时任国务院总理李克强发表《努力建设和平合作和谐之海》，提出"和平、合作、发展"的海洋观：和谐海洋观，指出"中方愿与各方共建和平之海，将坚定不移走和平发展道路，坚决反对海洋霸权，致力于维护地区和平与秩序"②。这既是对中国传统文化中和谐思想的继承和发扬，也是新时代海洋外交理念的体现，宣明了中国处理海洋问题的和谐海洋观。

引领和平外交发展。中国始终坚定不移地走和平发展道路，坚持和平共处五项原则，奉行和平友好的外交方针，这是国家发展的必然规律和客观要求。世界正经历百年未有之大变局，必须反对霸权主义和强权政治，坚定和平与发展的时代主题，紧跟时代潮流。中国要成为真正的海上强国，除了提高自身的海军实力和经济实力，也离不开周边友好海洋伙伴关系和海洋政治影响力。中国积极开展多边外交和周边外交，发展友好的新型国际关系，打破传统西方霸权主义国家的冷战思维与零和博弈的观念，坚持与邻为善、以邻为伴的友好外交政策，营造稳定和平的国际海洋环境，为构建"海洋命运共同体"打下坚实基础。但和平外交不意味着中国在任何问题上都忍气吞声，习近平主席在中共中央政治局第八次集体学习时指出，中国"坚持走和平发展道路，但绝不能放弃正当利益，更不能牺牲国家核心利益"③。只有维护国家主权与和平发展之路相平衡，才能有力推动中国海洋外交发展。

通过协商谈判解决海洋争端，加强海洋合作。国家间的海洋争端集中体

---

① 孔令杰：《新时代中国特色边界与海洋外交政策：基础、内涵与挑战》，《边界与海洋研究》2018年第1期，第36~55页。

② 《2013~2014年中国国家领导人重要演讲合辑》，https://wenku.baidu.com/view/17e0f51d767f5acfa0c7cd4f.html。

③ 《十八大一年来：周边外交成外交工作关键词》，央广网，http://china.cnr.cn/news/201312/t20131206_514328040.shtml。

现在海洋划界争端、岛屿主权争端、海洋资源争端等方面，这也是中国周边海洋环境面临的主要问题。对于海洋划界和岛屿主权争端，中国始终坚持协商、谈判等外交方式和平解决争端；对于海洋资源争端，中国一直致力于推进与邻国和域内国家的海洋合作，并于20世纪70年代就提出了"搁置争议，共同开发"的方针①，推动海洋合作，加强海洋科学研究、海洋环境、海上安全等多领域的合作。中国始终坚持平等磋商、和平谈判、互谅互让解决海洋权益争端，不单方面激化矛盾升级争端，在解决海洋争端前合作管控地区冲突，不让海洋争端影响大局。

（三）协作共赢观

共赢是国家间推进海洋合作的理想状态，也符合国际社会的共同利益。虽然国家基于国际法律规则主张海洋区域，划分海上管辖权，但海上搜救、海上反恐、海洋生物资源的可持续发展、海洋环境保护等活动，需要国家和区域内部协作才能实现。这也是"海洋命运共同体"理念的具体体现。

推动国家海洋合作。中国积极推动国家间海洋合作进程，促进与各国海洋关系的进一步发展，构建稳定安全的周边关系，并以合作促发展。海洋自身的地理统一性决定了海洋要素不可割裂的关系。中国周边的地理政治环境以及维护全球利益的需要，决定了必须通过加强与周边国家的海洋合作来拓宽海洋发展空间。合作共赢是中国外交理念的核心，也是中国海洋外交的重要任务之一。在多元化的国际社会中，中国应以包容的态度与各国展开通力合作，共同构建"海洋命运共同体"。中国以海洋为纽带，致力于周边海洋合作伙伴关系建设，深化与友好国家的关系，尝试与互信缺失国家初步合作，寻求国家间的利益契合点，并致力于与更多的国家进行经贸、文化、科技、信息、能源等多方面的合作和交流，提出"21世纪海上丝绸之路"合作倡议和"海洋命运共同体"理念。

---

① 《搁置争议，共同开发》，外交部官网，https：//www.mfa.gov.cn/web/ziliao_674904/wjs_674919/200011/t20001107_10403098.shtml。

积极参与全球海洋治理。中国的海洋外交一方面完善了自身海洋治理方案，另一方面积极参与全球海洋治理，为实现海洋善治贡献中国方案。中国参与国际海洋法律法规和海洋前沿领域规则的制定和修订工作，并带头履行条约职责，推动周边海洋治理机制的完善，并提出构建"海洋命运共同体"这一极具中国智慧的全球海洋治理方案[①]。中国自 1973 年加入国际海事组织就积极参与国际海事活动，在区域性海事活动中发挥领导作用，同时也关注海洋安全生物多样性、气候变化引发的海平面上升影响、海洋环境保护等全球性的海洋问题，提升中国在国际海洋事务中的地位和话语权，促进实现更加公平、合理、可持续的海洋发展目标。

二 与时俱进的海洋外交理论

中国面临复杂多变的外部环境，海洋技术、能力和意识等要素的变化也决定了当前的竞争环境已经不可同日而语。要建设和实现海洋强国，也应当不断更新海洋外交理论。

(一)新时期中国特色海洋外交理论的主要内容

党的十八大以来，习近平总书记根据国内外海洋环境，提出建设海洋强国和海洋外交理念[②]。

第一，建设海洋强国。提高海洋开发能力，注重陆海统筹，利用陆地经济带动海洋经济发展，同时制定符合海洋区域经济状况的海洋开发政策，一切从实际出发，实事求是，客观看待海洋开发问题，并使海洋资源相互配合，最大限度地发挥海洋资源的作用；建设强大的海军力量，以海强国，维护海洋权益根本上就是依靠海洋硬实力，即海军队伍建设，这是国家立场和决心的后盾，在加快海军现代化建设的同时，也要加强海洋法治建设，提高国家海洋治理能力和治理体系现代化水平；优化海洋产业结构，

---

① 张琪悦：《新中国成立 70 年来中国海洋法律外交实践与能力提升》，《理论月刊》2019 年第 10 期，第 14~22 页。

② 杨洁勉：《中国特色海洋外交的实践创新和理论探索》，《边界与海洋研究》2017 年第 4 期，第 2 页、第 5~16 页。

促进海洋传统产业转型，升级传统海洋产业技术，加强高科技在海洋领域的应用，同时注重开发新兴海洋产业，发展海洋科学技术，与海洋产业优势国家交流合作，实现发展共赢。

第二，维护国家海洋权益。习近平强调坚决维护领土主权和海洋权益，绝不能放弃正当权益。就南海的海洋权益和岛屿主权争端而言，习近平表示，"南海诸岛自古以来就是中国领土。中国在南海的领土主权和海洋权益在任何情况下不受所谓菲律宾南海仲裁案裁决的影响。中国不接受任何基于该仲裁裁决的主张和行动"[①]。这表明了国家对于维护国家海洋主权和领土完整的坚定立场，这不仅是新时期中国特色海洋外交理论的重要内容，而且是中国海洋外交的基本原则之一。

第三，和平发展，合作共赢。中国坚持走和平发展道路，用和平方式解决争端，反对称霸外交，反对单边主义，维护海洋和平稳定，这是构建"海洋命运共同体"的基础。习近平倡导海洋外交"结伴不结盟"，海洋外交本质上就是以海洋为载体，实现国家之间相互尊重、互谅互让、合作共赢，各国应摒弃冷战思维，反对霸权主义，反对"炮舰外交"。中国应积极推动周边国家海洋合作，通过海军互访、海上反恐等行动，传递和平发展理念，坚持互利共赢，秉持公道正义，共同构建和平安宁的海洋秩序。

（二）新时期中国特色海洋外交理论的价值

新时期中国特色海洋外交理论丰富了中国海洋外交思想，为中国的海洋发展指明了方向，引领中国海洋外交取得了巨大成就，在当代有重要的价值和意义。

新时期中国特色海洋外交理论是对中国海洋外交理论的开拓和创新，进一步完善了海洋外交思想体系，表明中国领导人对海洋外交发展的高度重视，确立了海洋在国家发展中的重要地位。同时，新时期中国特色海洋外交理论对中国海洋外交战略布局也具有重要指导作用，使中国海洋外交

[①] 《中华人民共和国政府关于在南海的领土主权和海洋权益的声明》，中国政府网，http://www.gov.cn/xinwen/2016-07/12/content_5090631.htm。

站在世界发展的道义制高点上，有助于在国际社会树立亲近和善的大国榜样。

新时期中国特色海洋外交理论与中国海洋事业发展紧密相连。海洋外交的发展不是孤立的，它与国家外交发展全局联系在一起。习近平总书记提出的有关海洋外交的要求和目标，对中国外交实践具有重要指导意义，极大丰富了海洋外交的内涵，为新时代中国海洋外交提供重要指南。

中国与周边国家海洋权益争端和领土主权争端的存在，是国家核心利益维护面临的现实困境。习近平关于建设强大海军力量的思想，既是维护国家海洋权益的重要手段，也符合中华民族实现伟大复兴的愿想。中国海军已经成长为国际性、战略性的海军，是国家维护海洋权益的重要保证。中国海军与他国海军军事外交活动的展开，也是提升海洋外交水平硬实力与软实力综合展示的重要一环。

习近平提出合作共赢的海洋外交思想，充分考虑了中国的发展状况和国际社会情势。促进各国友好海洋交流，有效化解国家间海洋利益冲突，改善中国与各国的海洋关系，使世界各国共享合作发展成果，是"海洋命运共同体"的题中应有之义。合作共赢的海洋外交，有助于加速中国经济、政治、生态、文化、安全五位一体共同发展目标的实现。

第三节　中国特色海洋外交法治实践

中国海洋外交法治实践的发展概况包括"一带一路"、"北极丝路"和"海洋命运共同体"这三个方面。本部分将从三个方面对中国参与海洋外交的法治实践进行系统概括，并结合每项实践的历史发展和新时代法治发展特点进行综合分析。

一　"一带一路"的法治发展

（一）"一带一路"的发展脉络

习近平主席在第二届"一带一路"国际合作高峰论坛上指出，"规则和信用是国际治理体系有效运转的基石，也是国际经贸关系发展的前提"①。法治化是高质量共建"一带一路"的内在要求和显著标识，"一带一路"以发展为导向，法治不仅不会限制发展，还有利于实现高质量发展。

近年来，随着"一带一路"倡议的深入推进，共建国家和地区间司法合作关系日益密切，法治在共建"一带一路"中表现出"稳预期、化纠纷、利长远"的保障作用，在营造稳定、公平、透明的法治化营商环境和维护和平、稳定、健康的外交关系方面，法治的特殊作用日益凸显②。另外，法治还是国际交往的共同语言，"一带一路"法治化有助于东西方国家携手共建"一带一路"，助力"一带一路"全球化。大力推进海洋外交的法治发展，加强法治建设、加快建立涉外法律服务机制，对于依法治国总体目标和推进外交事业都具有重要意义。

自 21 世纪以来，中国出台多项与海洋发展密切相关的战略方针，以建设"海洋强国"为重要目标，在全球范围内展开宏伟的外交蓝图。中国海洋外交积极参与海洋法新领域规则的制定，在全球海洋治理领域贡献了新方案，展现了中国智慧。2013 年 9~10 月，中国国家主席习近平在出访中亚和东南亚国家期间，先后提出共建"丝绸之路经济带"和"21 世纪海上丝绸之路"重大倡议，受到国际社会高度关注。面对复苏乏力的全球经济形势、纷繁复杂的国际和地区局面，"一带一路"以新的形式使亚欧非各国联系更加紧密。2017 年 6 月，中国政府在联合国举办的海洋大会上正式提出"蓝色伙伴关系"倡议，强调要"大力发展蓝色经济"，"推动海洋生态文明建设"③。该倡议有助于推动海洋生态文明建设和可持续发展。

共建"一带一路"提出以来，180 多个国家和国际组织与中国签署了

---

① 《携手推进"一带一路"法治合作》，http：//www.npc.gov.cn/npc/c30834/201911/743d09555f8e4cb9b9e12d8212857125.shtml。

② 《中国法治国际论坛（2020）在京召开》，http：//msf.chinalaw.org.cn/portal/article/index/id/167.html。

③ 《海洋命运共同体视角下的中国海洋公共外交》，http：//www.cssn.cn/gjgxx/gj_zgwj/202008/t20200806_5166475.shtml。

200 多份合作文件,有关的合作理念和主张写入联合国、二十国集团、亚太经合组织、上海合作组织等重要国际组织的成果文件①。自 2013 年至 2021 年,中国与"一带一路"合作伙伴货物贸易额累计达 10.4 万亿美元,中国企业在合作伙伴国非金融类直接投资累计超过 1300 亿美元。共建"一带一路"的合作伙伴不断扩大,外交基础日益牢固,合作前景更加广阔。

经过几十年的探索与实践,中国海洋外交取得了一定成果,正在成为新时代中国特色海洋事业的重要组成部分。

(二)"一带一路"法治发展的特点

2022 年"一带一路"法治发展的"软法化"特征凸显,以软法治理推动"一带一路"的思路逐渐明晰,进一步推动了软法治理体系的规划与建设。"软法性"的法律文件和倡议,虽然在强制力和约束力上有一定欠缺,但在国际合作、国际法律规则的形成中都发挥了重要作用。"一带一路"国际合作高峰论坛提供多边合作平台,联合声明、合作倡议、谅解备忘录、多利益相关方协议、专业标准等众多的软法文件即为规范基础。经过多年发展,"一带一路"已经发展成为一个庞大且不断扩张的"软法"网络。通过颁布和商签各类"软法"文件,"一带一路"倡议获得了更为广泛的认可与支持。

软法形式文件在"一带一路"合法框架中尤为突出,主要基于以下考量:一方面,国际法运行基础是各国对主权一定程度的让渡,软法有助于保留各国政策空间;另一方面,"一带一路"具有全新、复杂和变动的特点,这让共建合作产生了不确定性,各国在无法确定其国际承诺后果时,更加倾向于接受软法,这能有效避免来自国内外的政治掣肘。一些游离在"一带一路"倡议之外的国家,也能够通过与中国签署软法协议,实质性地参与"一带一路"建设。

软法有三个方面的立法技术优势。第一,软法在法律拘束力上较低

---

① 《"一带一路"倡议为全球商业带来巨大机遇》,http://www.gov.cn/xinwen/2019-04/03/content_5379459.htm。

的要求，可以缓和国家对法律后果的担忧，也可以避免国内立法机关程序上的限制。第二，软法性文件中立法语言通常较为柔和，且以倡议为主。这种方式有助于建立初步互信，为进一步合作留有空间，体现渐进式谈判策略。

在国际法治领域，软法成为推动全球治理的新形式，拓展了国际法范围，发展了国际法规范，提升了国际法影响力①。软法与硬法一起，成为国际法治的重要载体和表达形式，软法甚至成为"在全球各重大领域内的人类实践充分展现的总格局、新趋势"。

2022年"一带一路"软法治理思路渐趋明晰，在理论层面提出"一带一路"软法治理体系条件已经成熟。中国已经同149个国家和32个国际组织签署200余份共建"一带一路"合作文件。除此之外，由中国政府单方颁布、处于顶层设计位置的"一带一路"软法文件（如"一带一路"领导小组颁布的文件）健全了"一带一路"软法治理体系。

（三）热点分析

"一带一路"法治化建设是高质量发展的必然要求。"一带一路"作为中国发起、多方参与的国际合作机制，要求明确共建要遵循的基本原则，针对治理议题形成较稳定的法律框架和相对固定的治理平台，清晰界定各方权利义务及有效解决各类争端，均离不开法治的保障和支撑。"一带一路"倡议行稳致远，必须运用法治思维和方法，将合作维持在法律框架内，有效维护和促进国际社会的合作利益、共同利益及整体利益。法治是防止"一带一路"倡议无序发展的关键因素。目前，共建"一带一路"的高质量发展，面临一些重大挑战和困境，如重大基础设施合作项目缺乏透明度，参与国贸易投资法律滞后，贸易争端解决机制匮乏，以及因法治不健全而滋生的腐败与不合规等等，这些都要求各国参与"一带一路"法治建设。

---

① 石静霞：《"一带一路"倡议与国际法——基于国际公共产品供给视角的分析》，《丝路百科》2022年第1期，第68~80页。

法治是规范中资企业海外投资不当行为的重要手段。在实践中，一些企业和机构尚未充分认识到不同国家法律体系、法治理念和市场准入、行业监管、金融税收、环境保护、劳工保护等方面的巨大差异所带来的法律风险。这些企业和机构即便在遇到问题时运用法律，其采取的措施也多属临时性、应急性的，缺乏长远谋划和系统安排。共建"一带一路"不仅要关注政策、基础设施、贸易、金融等领域，还要重视法律机制建设和标准设定。

区域全面经济伙伴关系（RCEP）推动法治化发展。RCEP 是由东盟十国发起，邀请中国、日本、韩国、澳大利亚、新西兰、印度共同参与，通过削减关税及非关税壁垒，建立 16 国统一市场的自由贸易协定。2021 年中国海外投资国家风险评级报告指出，RCEP 成员国的得分均值高于总体国家风险评级得分均值。"一带一路"多数国家为中等风险级别。在 RCEP 成员国中，除韩国、新西兰、新加坡和澳大利亚为低风险国家，其他大多属于中等风险级别。总之，相较于其他多数国家和地区，对 RCEP 成员国进行投资的风险更小，成为近年来各国的关注焦点①。

RCEP 旨在建立现代、全面、高质量和互惠的经济伙伴关系框架，促进区域贸易与投资的扩张，推动全球经济增长与发展，兼顾缔约方发展阶段和经济需求；逐步取消缔约方之间所有货物贸易的关税和非关税壁垒，实现区域内贸易自由化并取消服务贸易中的限制与歧视性政策，创造自由、便利、具有竞争力的投资环境。

RCEP 协定鼓励缔约方参与制订国际标准、指南及建议，着力提高法律、法规和程序的透明度，约束缔约方根据其法律和法规遵守程序，很大程度上促进了海洋外交适用规则法治化，补充了海洋外交法治体系的内容。在海关程序和贸易便利化领域，RCEP 提出保证缔约方法律法规适用的可预见性、一致性和透明度的目标，统一简化了海关通关手

---

① 《2021 年度〈中国海外投资国家风险评级报告〉发布》，https://weread.qq.com/web/reader/af332880726c8b17af36136。

续，使管理手段更高效，促进了新型跨境物流新发展；在卫生与植物卫生措施领域，在增强实施世贸组织出台的《卫生与植物卫生措施协定》基础上，RCEP 还加强了对风险分析、审核、认证、进口检查以及紧急措施等规则的执行；在标准、技术法规和合格评定程序领域，RCEP 尽力推动相关原则、规定、评价方法的标准化，进一步促进形成区域一体化市场；在贸易救济领域，在世贸规则基础上，RCEP 对反倾销、反补贴、保障措施作出详细规定；在电子商务领域，RCEP 规定了电子认证和签名、在线消费者保护、在线个人信息保护、网络安全、跨境电子方式信息传输等条款。

中国首次在符合国内法律法规前提下在自贸协定中纳入数据流动、信息存储等规定。另外，RCEP 规定还包括：缔约方法律、法规、程序和普遍适用的行政裁定的透明度，就每一缔约方行政程序建立适当的审查与上诉机制、保护保密信息、协定的地理适用范围等规则；为解决协定项下产生的争端提供有效、高效和透明的程序，避免双方或多方因贸易争端问题陷入长期纠纷；为保护缔约方的合理利益所得，规定可以采取认为保护其基本安全利益所必需的行动或措施，并允许缔约方在面临严重的收支失衡、外部财政困难或受到威胁的情况下采取某些特殊措施，这些措施的达成一定程度上保护了区域内相对不发达缔约方的利益①。

二 "北极丝路"的法治发展

2015 年 5 月 8 日，中俄两国在莫斯科发表了《关于丝绸之路经济带建设和欧亚经济联盟（简称"联盟"）建设对接合作的联合声明》。两国达成了丝绸之路经济带建设与联盟建设对接合作的重要共识，开启中国与联盟经贸合作方面的协定谈判之路。2016 年 6 月 25 日，中俄两国在北京再次发表联合声明，强调落实丝绸之路经济带建设与联盟建设对接合作共识具有重大意义，并主张在开放、透明和考虑彼此利益的基础上建立欧亚全

---

① 《RCEP 区域全面经济伙伴关系协定》，http：//fta.mofcom.gov.cn/rcep/rcep_new.shtml。

面伙伴关系①。

2015 年 12 月 17 日，中俄发布了《中俄总理第二十次定期会晤联合公报》，达成"加强北方海航道开发利用合作，开展北极航运研究"的共识。俄罗斯还提出从远东至亚太地区的"滨海国际运输走廊"，以及"冰上丝绸之路"等开放战略②。

2016 年底，俄罗斯政府批准了《"滨海 1 号"和"滨海 2 号"跨境运输走廊开发构想》。根据该设想，这两条国际运输走廊将连接俄罗斯滨海边疆的远东南部港口与中国东北省份，同时以过境运输方式发往韩国、日本和中国南部③。

2017 年 6 月 20 日，中国国家发展和改革委员会、原国家海洋局联合发布《"一带一路"建设海上合作设想》，首次将"北极航道"明确为"一带一路"三大主要海上通道之一④。

2017 年 7 月 4 日，中俄在莫斯科签署了《中华人民共和国商务部与俄罗斯联邦经济发展部关于欧亚经济伙伴关系协定联合可行性研究的联合声明》，决定开展欧亚经济伙伴关系协定的可行性研究工作。这显示了中俄两国深化互利合作、推进贸易自由化和地区经济一体化的坚定决心，以及探讨全面、高水平、未来面向其他经济体开放的贸易投资自由化安排的共同意愿，将为两国全面战略协作伙伴关系注入新动力。至今，中国始终保持与俄方一道，深化对接合作，相互支持，相互促进，积极推动《欧亚经济伙伴关系协定》谈判⑤。

2017 年 11 月 9 日，中远海运集团已完成多个航次的北极航道试航。

---

① 《中俄签署〈关于欧亚经济伙伴关系协定联合可行性研究的联合声明〉》，http：//www. mofcom. gov. cn/article/ae/ai/201707/20170702604249. shtml。

② 《中俄总理第二十次定期会晤联合公报》，http：//www. xinhuanet. com/politics/2015 - 12/ 18/c_1117499329. htm。

③ 《中俄共建"冰上丝绸之路"进阶　北极航道或开辟港口贸易新格局》，https：//report3. paperyy. com/20221009/3-976c4937-4583-4f56-bae3-5887e6ea801c/index. html。

④ 陈思旭：《中俄共建"冰上丝绸之路"的可行性分析》，《边疆经济与文化》2018 年第 2 期，第 24~25 页。

⑤ 《博鳌亚洲论坛》，https：//www. boaoforum. org/zh/index. html。

同时，两国交通部门商谈《中俄极地水域海事合作谅解备忘录》，进一步完善北极区域合作的政策和法律基础①。

2018 年 1 月 26 日，中国政府发表首份北极政策文件——《中国的北极政策》白皮书，提出中国愿依托北极航道的开发利用，与各方共建"冰上丝绸之路"。

2018 年 5 月 17 日，中国同欧亚经济联盟签署了《中华人民共和国与欧亚经济联盟经贸合作协定》，这是双方对接合作迈出的重要一步，为深化双方经贸合作提供了制度性保障，为"冰上丝绸之路"的发展提供了条件。

2020 年 12 月 2 日，中俄通过《中俄总理第二十五次定期会晤联合公报》，表示将加强北极可持续发展合作，促进北极航行合作、应急救援保障、基础设施、资源开发、科研、旅游、生态环保等领域合作，探讨推动互利的具体合作项目②。

2021 年 11 月 30 日，中俄通过《中俄总理第二十六次定期会晤联合公报》，双方支持开展两国国境河流航行船舶相关法规及规范性文件的研究，继续推进在"滨海 2 号"国际运输通道建设自动驾驶通道的可行性研究③。

（一）历史发展回顾

历史上，北极因蕴含丰富的资源，以及具有贸易新航道的潜力等因素，受到北极周边国家的密切关注。自 20 世纪 50 年代初开始，加拿大、美国、丹麦、俄罗斯等国先后宣布对北极享有领土主权，并不断加强军事力量存在，北极领土纷争愈演愈烈。中国是陆上最接近北极圈的国家之一，是地缘上的"近北极国家"，从 1925 年加入《斯匹次卑尔根群岛条约》起，到 1996 年成为国际北极科学委员会成员国，再到 2013 年成为北极理事会正式观察员，中国一直本着"尊重、合作、共赢、可持续"的基本原则参与北

---

① 《中俄就打造"冰上丝绸之路"达成新共识》，https：//www.163.com/money/article/D2Q8JIJU002580S6.html。
② 《中俄总理第二十五次定期会晤联合公报》，http：//www.xinhuanet.com/world/2020-12/03/c_1126814385.htm。
③ 《中俄总理第二十六次定期会晤联合公报》，http：//newzealandemb.fmprc.gov.cn/web/zyxw/202112/t20211201_10460421.shtml。

极事务。正如《中国的北极政策》强调的，维护北极各国和国际社会在北极的共同利益，推动北极可持续发展是中国北极政策的目标。

中国在北极与各方共建"冰上丝绸之路"的倡议完全是中国北极政策目标与原则的体现。中国与部分北极国家签订了合作法律文件。2012年，中国与冰岛签署了《中冰海洋和极地科技合作谅解备忘录》，确认两国将在北极科研和冰岛水域展开石油勘探合作①。

中俄政治和外交关系的稳定发展和战略互信的提升，为两国共建"冰上丝绸之路"奠定了基础，两国的合作也逐步走向深入。1996年中俄建立了战略协作伙伴关系，2001年签署了《中俄睦邻友好合作条约》，2011年建立了平等信任、相互支持、共同繁荣、世代友好的全面战略协作伙伴关系。中俄在政治、战略、经济、军事、人文等各领域的合作全面展开。2015年5月，中俄两国元首签署了《关于丝绸之路经济带建设和欧亚经济联盟建设对接合作的联合声明》，开启了"一带一路"与欧亚经济联盟对接进程。2017年7月，中俄两国提出开展北极航道合作，共同打造"冰上丝绸之路"，这既是两国达成的重大战略共识，也将两国的全面战略协作伙伴关系推上新台阶。2018年5月17日，中国同欧亚经济联盟签订《中华人民共和国与欧亚经济联盟经贸合作协定》。该协定进一步加深了中俄北极合作的政治和法律基础，通过共建"冰上丝绸之路"倡议拓宽了双方合作的空间。

中俄北极合作取得了积极进展，其标志性成果就是亚马尔液化天然气（LNG）项目的正式开工和投产。亚马尔液化天然气项目是继"一带一路"倡议后，在俄罗斯（北极圈内）实施的首个特大型能源合作项目，也是目前全球在北极地区实施的最大型液化天然气工程。亚马尔项目的投产不仅使中国获得稳定的绿色能源供应，同时也开辟了经北极航道的新运输线路，为"冰上丝绸之路"的实施提供了重要的支点。亚马尔项目是中

---

① 《开拓北极航道　共建"冰上丝路"》，http://cssn.cn/gjgxx/gj_qqwt/201812/t20181226_4800253.html。

俄共建"冰上丝绸之路"取得的重要进展，对于推动中俄关系持续发展具有重要示范意义。

（二）"北极丝路"法治发展的特点

北极地区尚未形成统一的、具有法律约束力的制度安排。现阶段，调整北极地区的法律规范大多还只是软法性质或局部领域的多边条约，且缺乏整体性、全面性、综合性的制度规范。此外，这些规范大多集中于环境保护或合作，对地区整体治理或权利冲突的协调规则较少，这使得北极航道的国际规则的操作性和应用性程度较低。

"冰上丝绸之路"的法治体系发展，需要将《海洋法公约》、区域性条约、国际海事组织相关技术规则等加以综合协调。例如，与海事相关的国际条约，《建立国际海事组织公约》《防止海上碰撞国际公约》《海上人命安全国际公约》《国际救助公约》等；又如，与北极航行权有关的公约，涉及各国的内水、领海、专属经济区的划分问题；又如专门适用于北极地区的《斯瓦尔巴条约》；还包括加拿大、俄罗斯通过国内法建立起来的强制引航制度、航行规则相关的规范和他国实践等。北极地区具有一定特殊性，但专门的国际法规则尚不统一和完整，需要整合已有的法律规范，寻求各国更大的共识。

（三）"北极丝路"法治发展的热点

复杂的地缘政治环境是"冰上丝绸之路"发展面临的严峻挑战。北极地区重要的战略价值引发国家间的激烈竞争。对于中国参与北极开发，部分北极理事会国家抱持怀疑的态度。丹麦认为"中国在北极拥有合法的经济利益和科研利益"，而美国、加拿大则认为中国此举"威胁北极国家的主权"。中国虽然已经与俄罗斯共建"冰上丝绸之路"达成共识，但与整个北极国家的双边和多边合作仍然不充分。同时，北极国家之间的竞争也给中国推进"冰上丝绸之路"建设带来一定挑战。北约成员国中，美国、加拿大、丹麦、挪威、冰岛也具有北极理事会成员身份。随着北约与俄罗斯军事对抗升级，北约成员国不断努力提高其军队在北极地区的作战能力。而俄罗斯认为北约此举意图是将北极航道国际化，排挤俄罗斯对北极航线特别是东北航道的主导权，因此也加强本国军事力量来捍卫北极权益。在这种复杂激烈的北极权益争夺态势下，"冰上丝绸之路"建设也面临严峻挑战。

以"冰上丝绸之路"开创蓝色伙伴关系的新起点。21世纪是海洋的世纪，构建一种以海洋为纽带、聚焦国家间共同利益的蓝色伙伴关系是一种新的合作模式。海洋经济可持续发展是"冰上丝绸之路"建设中的重要一环，中国在《"一带一路"建设海上合作设想》中前瞻性地构建起"一带一路"与蓝色伙伴关系的互动关系。"冰上丝绸之路"通航得益于北极的冰雪融化，但航运活动也给航道所在海洋环境带来潜在威胁，共建北冰洋蓝色经济通道成为中国推动海洋和极地等全球公域治理的重要一环①。目前，中国已与葡萄牙、欧盟相继建立蓝色伙伴关系，中俄通过共建"冰上丝绸之路"等海洋合作也已经形成了蓝色伙伴关系的雏形。中国将逐步推进与其他国家和区域的蓝色伙伴关系的构建，加强在全球海洋治理、可持续性蓝色经济、海洋生态环境保护等领域的合作。

三 "海洋命运共同体"的法治发展

在新的时代背景下，全球海洋秩序面临新的挑战。一方面，既有的海洋法规则虽然建立起全球海洋基本秩序，但不足以解决当下人类社会产生的新问题和冲突；另一方面，国际治理水平的提升，国际社会对共同利益和价值的追求更为强烈，追求更高的海洋治理水平，实现海洋善治。因此，《海洋法公约》所建立的海洋规则在经历几十年发展之后，也亟待更新和变革。中国主张在尊重现行秩序的基础上加以完善和发展，实现海洋治理体系进一步法治公正的目标，创造性地提出了构建"海洋命运共同体"的重要理念。

（一）海洋命运共同体理念

"海洋命运共同体"理念是人类命运共同体理念在海洋领域的具体实

---

① 《中俄新型大国关系框架中的蓝色伙伴关系展望》，http：//www.cssn.cn/gjgxx/gj_zgwj/202102/t20210218_5312127.shtml。

践，是中国在全球治理特别是全球海洋治理领域贡献的又一"中国智慧""中国方案"，更体现了中国海洋外交的全球性视野。这一理念彰显了中国致力于解决当前全球海洋治理中的矛盾与挑战，着手构建海洋发展、海洋利用、海洋合作的互利共赢体系，使海洋成为和平、友好、合作之海。这一理念也体现了中国建立新型海洋伙伴关系的愿景，为海洋外交提供了新思路和新路径。

首先，"海洋命运共同体"的基础是和平与安全。各国应相互尊重、平等互信，加强海上对话交流，深化法治务实合作，携手应对各类海上共同威胁和挑战，合力维护海洋和平安宁。其次，"海洋命运共同体"的目标是促进各国实现海洋全领域的共同发展。中国提出共建"21世纪海上丝绸之路"倡议，就是希望促进海上互联互通和各领域务实合作，利用海洋外交，推动蓝色经济发展，推动海洋文化交融，共同增进海洋福祉。再次，"海洋命运共同体"当前的重大挑战是共同保护好海洋生态环境。中国领导人多次指出，要高度重视海洋生态文明建设，加强海洋环境污染防治，保护海洋生物多样性，实现海洋资源的有序开发利用。在此基础上，中国全面参与了联合国框架下海洋治理机制和规则的制定与实施，落实海洋可持续发展目标。

中国在构建海洋外交法治发展路径中，从多元角度看待海洋事务。随着冷战的结束，国际政治重心由权力斗争转向利益争夺、由海洋安全转向海洋发展，即由海洋控制向海洋开发转化。中国试图摆脱单一的权力政治分析框架，以多元化的利益视角探讨海洋外交事务。多元化利益视角既包括与传统安全相关的海洋军事、海洋同盟关系，也包括海洋经济、海洋科技、海洋环境等"弱政治"议题。中国展现了以合作共赢为理念，横向拓宽海洋合作框架议题的新特点，基于"海洋命运共同体"从海洋非传统安全领域入手开展外交谋划，参与法律规则的制定，从而间接促进传统安全领域的海洋外交发展[1]。

---

[1] 张景全：《为建设海洋命运共同体提供理论支撑——海洋政治学理论构建初探》，《人民论坛》2020年第21期，第101~104页。

中国还致力于提升在全球海洋治理中的制度设计能力。中国从海洋环境保护、气候治理等利益共识性高的领域入手，主动构建"中国模式"。同时，中国以合作共赢理念参与国际海洋领域法律规则体系的构建，在维护航行安全、海洋环境安全、生物多样性保护等低敏感领域积极参与规则制定和合作模式构建，建立起负责任、有能力的海洋强国外交形象，为海洋外交法治发展提供了切入点。

（二）构建海洋命运共同体之热点

多边主义是发展海洋外交法治的机制路径。在国际上单边主义、小集团主义回潮的背景下，倡导和维护真正的多边主义尤为重要。通过多边路径，健全全球海洋法律体系和机制，完善全球海洋治理，促进利益共同体的形成。在多边机制的形成中，同样要充分重视国际组织的功能和价值。联合国是当今多边机制的核心，也可以依赖联合国所建立的多边框架，在已有的多边机制和规则基础上充分践行"人类命运共同体"理念。

共商共建共享是搭建海洋外交法治的具体路径。在构建人类命运共同体过程中，中国秉持的共商共建共享原则是指导中国与他国寻求利益契合点以及互利共赢合作模式的具体路径。具体而言，共商是指在决策全球海洋事务、制定国际海洋规则过程中，各国应以协商方式进行，反对少数国家和国家集团把持国际规则的制定权。共商原则的目的在于倡导和推进国际关系民主化，保证广大发展中国家在全球海洋事务中获得代表权，充分表达其观点和立场，形成一个各方普遍接受的方案。共建就是在国际海洋事务的具体执行过程中，各国应相互合作，公平分享权利、共同承担义务和责任。各国共同商定的规则和行动方案，在尊重由各国共同参与的普遍性基础上，结合具体情况制订差异化的分配方案，实现实质上的公平。共享则是各国共同分享全球海洋法治的成果，实现互利共赢。

构建新型国际关系是发展海洋外交法治的重要目标。当前全球海洋治理面临的问题和困境很大程度上是旧的国际关系所引发的。当下，中国提出构建新型国际关系，构建"蓝色伙伴关系"，与各国一道迈向平等、互利，相互尊重彼此核心利益，实现法律基础更为公平、合理的国际政治法律秩序，也是中国推进海洋外交法治的重要目标。

　　中国海洋外交的发展和法治化进程，是在以习近平同志为核心的党中央集体领导下，不断探索、开拓创新的结果，体现了中国特色海洋外交思想和海洋强国战略。中国海洋外交实践中，提出了"21世纪海上丝绸之路""冰上丝绸之路""海洋命运共同体"等倡议，并与有关国家和国际组织在和平发展、开放包容、互利共赢的前提下开展合作，不断创新理论，丰富实践，促进中国海洋外交法治化的实现。

第十六章　国际海洋治理的法治发展

国际海洋治理是全球治理在海洋事务上的延伸，也是一国国内治理在国际层面的拓展。中国在国际海洋治理中积极展现大国担当，提供中国智慧和中国方案。党的十八大作出建设"海洋强国"的重大部署，党的十九大系统解释全球治理的中国方案，为中国深度参与国际海洋治理提供了强大动力。在此过程中，中国亦积极参与国际海洋治理的新领域，在极地治理、BBNJ 谈判及协定通过等事务中贡献了中国智慧。

第一节　国际海洋治理的法治发展

本部分将从立法、行政、司法三个层面对国际海洋治理的法治发展进行综述。

一　立法层面

(一)《联合国海洋法公约》

《联合国海洋法公约》作为国际海洋立法的核心法律文件，建立了国际海洋法的基本法律框架，构建了完整的海洋法律制度。国际海洋立法经历了几个阶段的发展，也通过三次重要的海洋法编纂会议，最终形成了成文的法律文件。在前两次编纂会议上，国家间的分歧是广泛存在的。1958年第一次联合国海洋法会议上，各国对领海问题展开了讨论。各方提出 3 海里领海宽度提案、3~12 海里领海宽度提案、3 海里领海加 9 海里毗连渔区提案、6 海里领海加 6 海里毗连渔区等多种方案，但皆未能通过，致使领海宽度问题成为本次会议的遗留问题①。1960 年召开第二次联合国海洋法会议，同样因分歧无法调和而未能达成任何协议。

20 世纪 60 年代以后，国际社会围绕海洋权的斗争日趋激烈，有关大陆架、渔区、海洋资源开发和利用等问题不断涌现，探索建立更完善的国际海洋制度迫在眉睫。因此，1973 年第三次联合国海洋法会议围绕领海、海峡、大陆架、专属经济区、群岛、岛屿制度等一系列问题展开讨论和博弈。历经 9 年的漫长谈判，《海洋法公约》终于在 1982 年得以通过，并于 1994 年 11 月 16 日正式生效。国际海洋治理的法治进程迈向一个新阶段。

《海洋法公约》由 17 个部分和 9 个附件组成，总共 446 条。内容包括领海、毗连区、用于国际航行的海峡、群岛国、专属经济区、大陆架、公海、岛屿制度、闭海或半闭海、内陆国出入海洋的权利和过境自由、国际海底区域、海洋环境的保护和保全、海洋科学研究、海洋技术的发展和转让、争端解决、一般规定以及最后条款。《海洋法公约》既确定了沿海国自身的管辖海域和相应权利，也确保了其他国家的海洋权利空间，并确定了利用海洋的基本原则。具体而言：第一，确定了一个普遍性和全球性的海洋法律制度，《海洋法公约》正式确立了国家管辖海域的不同海洋区划，以及基本的权利和义务，确立了国家管辖外海域，以及公海自由、人类共同继承财产等基本原则；第二，确立了国家间海洋合作的基本法律框架，包括海洋资源的开发利用制度、海上通道的通行和利用制度、海洋环境保护制度、海洋科学研究基础以及国家间的争端解决机制。

（二）其他海洋立法

除《海洋法公约》外，国际社会在国际环境保护、渔业资源管理与养护、海洋科学研究等方面，也制定了双边、区域或多边条约，补充《海洋法公约》法律规范上的不足。在船舶航行、海洋环境保护、危险物质运

---

① Raymund T. Yingling, "Geneva Conference on the Law of the Sea", *Section of International and Comparative Law Bulletin*, Vol. 2, No. 3, 1958, pp. 21.

输、海上倾倒等领域，国际海事组织也制定了专门的海事公约，作为一般性的法律规范和标准。

二　行政层面

在行政层面，本部分主要围绕国际海底管理局、大陆架界限委员会、国际海事组织这三大机构展开阐述。

（一）国际海底管理局

国际海底区域及其资源是"人类的共同继承财产"，因此《海洋法公约》确定了国际海底区域的行为准则，并设立了专门机构——国际海底管理局，对国际海底区域以及资源实行国际管理。国际海底管理局设大会、理事会和秘书处作为主要机关，成立企业部作为从事国际海底开矿业务的机关。根据《海洋法公约》和《关于执行1982年12月10日〈联合国海洋法公约〉第十一部分的协定》的规定，国际海底管理局有权制定规章、制度，享有与负责开发国际海底区域承包商公平分享所得收益的权力，设立企业部在国际海底区域内直接对相关的矿区资源进行开发等。

国际海底管理局的核心职能在于管理和控制国际海底区域内的勘探与开发活动。其先后制定了三部有关规章，包括2000年《"区域"内多金属结核探矿与勘探规章》、2010年《"区域"内多金属硫化物探矿和勘探规章》以及2012年《"区域"内富钴铁锰结壳探矿和勘探规章》。国际海底管理局还就《"区域"内矿产资源开发规章草案》进行了谈判与修改，颁布一系列程序、标准、建议。这使得国际海底区域勘探和开发的可操作性更具可能。

（二）大陆架界限委员会

大陆架界限委员会是根据《海洋法公约》设立的专门机构，其职能在于：对沿海国200海里以外的大陆架外部界限的资料和其他材料进行审议，并根据《海洋法公约》第76条和1980年8月29日第三次联合国海洋法会议通过的谅解声明提出建议；应有关沿海国请求，在编制上述资料期间提供科学和技术咨询意见。由此可见，大陆架界限委员会的职责主要为对沿海国提出的大陆架划界案进行审议并提出建议。为更好地履行职责，大陆架界限委员会制定了《大陆架界限委员会议事规则》《大陆架界限科学和技术准则》等文件①。

从 2001 年俄罗斯向大陆架界限委员会提出划界案起，至 2022 年 8 月 12 日，大陆架界限委员会已收到来自世界各地总共 93 件划界案，其中已完成审议并通过建议的有 35 件②。这 35 件划界案见表 1。

表 1 大陆架界限委员会已完成审议并通过建议的划界案

序号	国家	国家提交划界案	提交日期	通过建议日期
1	俄罗斯联邦	俄罗斯联邦划界案	2001 年 12 月 20 日	2002 年 6 月 27 日
2		俄罗斯联邦部分订正划界案——关于鄂霍次克海的部分订正划界案	2013 年 2 月 28 日	2014 年 3 月 11 日
3	巴西	巴西划界案	2004 年 5 月 17 日	2007 年 4 月 4 日
4		巴西部分订正划界案——关于巴西南部地区的部分订正划界案	2015 年 4 月 10 日	2019 年 3 月 8 日
5	澳大利亚	澳大利亚划界案	2004 年 11 月 15 日	2008 年 4 月 9 日
6	爱尔兰	爱尔兰划界案	2005 年 5 月 25 日	2007 年 4 月 5 日
7	新西兰	新西兰划界案	2006 年 4 月 19 日	2008 年 8 月 22 日
8	法国、爱尔兰、西班牙、大不列颠及北爱尔兰联合王国	法国、爱尔兰、西班牙、大不列颠及北爱尔兰联合王国在凯尔特海和比斯开湾地区的联合划界案	2006 年 5 月 19 日	2009 年 3 月 24 日

---

① See https：//www. un. org/depts/los/clcs _ new/commission _ documents. htm # Rules% 20of% 20Procedure，last visited on 2022-10-12.

② Submissions，through the Secretary-General of the United Nations，to the Commission on the Limits of the Continental Shelf，pursuant to article 76，paragraph 8，of the United Nations Convention on the Law of the Sea of 10 December 1982，https：//www. un. org/depts/los/clcs_ new/commission_submissions. htm，last visited on 2022-10-12.

续表

序号	国家	国家提交划界案	提交日期	通过建议日期
9	挪威	挪威划界案——在东北大西洋和北极	2006 年 11 月 27 日	2009 年 3 月 27 日
10		挪威划界案——关于布韦托亚和德龙宁莫德地	2009 年 5 月 4 日	2019 年 2 月 8 日
11	法国	法国划界案——关于法属圭亚那和新喀里多尼亚地区	2007 年 5 月 22 日	2009 年 9 月 2 日
12		法国划界案——法属安的列斯群岛和凯尔盖朗群岛地区	2009 年 2 月 5 日	2012 年 4 月 19 日
13		法国划界案——关于留尼汪岛和圣保罗和阿姆斯特丹群岛	2009 年 5 月 8 日	2020 年 3 月 4 日
14	墨西哥	墨西哥划界案	2007 年 12 月 13 日	2009 年 3 月 31 日
15	巴巴多斯	巴巴多斯划界案	2008 年 5 月 8 日	2010 年 4 月 15 日
16		巴巴多斯划界案-修订	2011 年 7 月 25 日	2012 年 4 月 13 日
17	大不列颠及北爱尔兰联合王国	大不列颠及北爱尔兰联合王国划界案	2008 年 5 月 9 日	2010 年 4 月 15 日
18	印度尼西亚	印度尼西亚划界案	2008 年 6 月 16 日	2011 年 3 月 28 日
19	日本	日本划界案	2008 年 11 月 12 日	2012 年 4 月 19 日
20	毛里求斯、塞舌尔	毛里求斯、塞舌尔联合划界案	2008 年 12 月 1 日	2011 年 3 月 30 日
21	苏里南	苏里南划界案	2008 年 12 月 5 日	2011 年 3 月 30 日
22	乌拉圭	乌拉圭划界案	2009 年 4 月 7 日	2016 年 8 月 19 日
23	菲律宾	菲律宾划界案	2009 年 4 月 8 日	2012 年 4 月 12 日
24	库克群岛	库克群岛划界案	2009 年 4 月 16 日	2016 年 8 月 19 日
25	阿根廷	阿根廷划界案	2009 年 4 月 21 日	2016 年 3 月 11 日
26		阿根廷部分修订划界案	2016 年 10 月 28 日	2017 年 3 月 17 日
27	加纳	加纳划界案	2009 年 4 月 28 日	2014 年 9 月 5 日

序号	国家	国家提交划界案	提交日期	通过建议日期
28	冰岛	冰岛划界案	2009 年 4 月 29 日	2016 年 3 月 10 日
29	丹麦	丹麦划界案	2009 年 4 月 29 日	2014 年 3 月 11 日
30	巴基斯坦	巴基斯坦划界案	2009 年 4 月 30 日	2015 年 3 月 13 日
31	南非	南非划界案	2009 年 5 月 5 日	2017 年 3 月 17 日
32	密克罗尼西亚联邦、巴布亚新几内亚、所罗门群岛	密克罗尼西亚联邦、巴布亚新几内亚和所罗门群岛的联合划界案	2009 年 5 月 5 日	2017 年 3 月 17 日
33	塞舌尔	塞舌尔划界案	2009 年 5 月 7 日	2018 年 8 月 27 日
34	科特迪瓦	科特迪瓦划界案	2009 年 5 月 8 日	2020 年 2 月 5 日
35	汤加	汤加划界案	2009 年 5 月 11 日	2019 年 8 月 2 日

资料来源：根据大陆架界限委员会官网的信息整理。

大陆架界限委员会由地质学、地球物理或水文学方面的 21 名专家组成，并以个人身份任职。大陆架界限委员会的行动不应妨害海岸相向或相邻国家间划定界限的事项。基于其科学技术性特点，以及国家间大陆架信息的复杂性，大陆架界限委员会会搁置审议存在争议的外大陆架区域，因此呈现审议数量滞后于国家提案的现状。

（三）国际海事组织

国际海事组织是联合国负责海上航行与安全，防止船舶造成海洋污染的专门机构。国际海事组织由大会、理事会、五个主要委员会、若干个小组委员会、秘书处组成。其中，大会是国际海事组织的最高权力机构，由所有会员国组成；理事会是国际海事组织的执行机构，由大会选举产生；五个主要委员会涉及海上安全、法律、海上环境保护、技术合作以及便利运输；小组委员会支持各主要技术委员会的工作。

国际海事组织的各项工作服务于联合国可持续发展目标。在法律事务方面，国际海事组织设立法律委员会作为理事会的常设附属机构，每年举行两次会议，处理国际海事组织提出的法律问题。此外，国际海事组织还设立国际海事法研究所，以协助国际海事法的实施和执行。这些在减少海事纠纷、保障航运安全、防止船舶污染等方面发挥了重要作用。

三　司法层面

关于司法方面，本部分主要对国际法院和国际海洋法法庭两大司法机构管辖的案件情况进行梳理。

（一）国际法院

国际法院依据《联合国宪章》成立，是联合国六大主要机构之一，也是国际社会中重要的司法机关。国际法院具有双重作用：一是根据国际法解决各国向它提出的法律争端；二是就联合国授权的机关和专门机构向它提出的法律问题，提出咨询意见。截至 2022 年 9 月 29 日，共有 184 件案件被列入总清单①。其中，与海洋有关的案件见表 2。

表 2　国际法院管辖的与海洋有关的案件

序号	当事国		案由	结果
	请求当事国	被告国		
1	智利	玻利维亚	关于西拉拉水域的地位和使用的争端	已判决
2	尼加拉瓜	哥伦比亚	两国距尼加拉瓜海岸 200 海里以外大陆架的划界问题	已判决
3	危地马拉	伯利兹	领土、岛屿和海洋主张	未决
4	加蓬	赤道几内亚	陆地和海洋划界及岛屿主权	未决
5	尼加拉瓜	哥伦比亚	诉称侵犯加勒比海主权和海洋空间	已判决
6	索马里	肯尼亚	印度洋海洋划界	已判决
7	玻利维亚	智利	谈判进入太平洋的义务	已判决
8	马来西亚	新加坡	申请修订 2008 年 5 月 23 日关于白礁岛/峇都布泰岛、中岩礁和南礁主权案（马来西亚诉新加坡）的判决	法院发布命令，记录经双方同意终止

① See https：//www.icj-cij.org/en/cases, last visited on 2022-10-13.

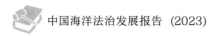

续表

序号	当事国		案由	结果
	请求当事国	被告国		
9	马来西亚	新加坡	请求解释 2008 年 5 月 23 日关于白礁岛、中岩礁和南礁主权案（马来西亚诉新加坡）的判决	马来西亚于 2017 年 6 月 30 日对新加坡提起诉讼，并指示将该案从清单中删除
10	哥斯达黎加	尼加拉瓜	加勒比海和太平洋的海洋划界	已判决
11	澳大利亚	日本	南极捕鲸	已判决
12	秘鲁	智利	海洋边界争端	已判决
13	尼加拉瓜	哥伦比亚	领土所有权和海洋划界争端	已判决
14	罗马尼亚	乌克兰	黑海海洋划界争端	已判决
15	马来西亚	新加坡	对佩德拉布兰卡/岩都布泰岛、中岩礁和南礁的主权争端	已判决
16	尼加拉瓜	洪都拉斯	在加勒比海的领土和海洋争端	已判决
17	萨尔瓦多	洪都拉斯	申请修改 1992 年 9 月 11 日关于陆地、岛屿和海洋边界争端案（萨尔瓦多诉洪都拉斯）的判决	已判决
18	印度尼西亚	马来西亚	对利吉坦岛和诗巴丹岛的主权争端	已判决
19	喀麦隆	尼日利亚	陆地和海洋边界争端	已判决
20	卡塔尔	巴林	领土所有权和海洋划界争端	已判决
21	博茨瓦纳	纳米比亚	在卡西基利/塞杜杜岛周围的边界和该岛法律地位的争端	已判决
22	尼日利亚	喀麦隆	请求解释 1998 年 6 月 11 日喀麦隆与尼日利亚陆地和海洋边界案（喀麦隆诉尼日利亚）的判决，初步反对意见	已判决
23	西班牙	加拿大	渔业管辖权争端	已判决
24	几内亚比绍	塞内加尔	海洋划界争端	已判决
25	丹麦	挪威	格陵兰岛和扬马延岛之间海域的海洋划界争端	已判决

续表

序号	当事国		案由	结果
	请求当事国	被告国		
26	芬兰	丹麦	大贝尔特海峡通行	诉讼终止，法院院长指示该案从海事法院名单中删除
27	突尼斯	阿拉伯利比亚民众国（利比亚前身）	申请修订和解释1982年2月24日大陆架案（突尼斯诉阿拉伯利比亚民众国）的判决	已判决
28	阿拉伯利比亚民众国	马耳他	大陆架边界争端	已判决
29	加拿大	美利坚合众国	缅因湾地区海洋边界争端	已判决
30	突尼斯	阿拉伯利比亚民众国	大陆架边界争端	已判决
31	希腊	土耳其	爱琴海大陆架争端	已判决
32	大不列颠及北爱尔兰联合王国	冰岛	渔业管辖权争端	已判决
33	德意志联邦共和国	冰岛	渔业管辖权争端	已判决
34	德意志联邦共和国	丹麦	北海大陆架争端	已判决
35	德意志联邦共和国	荷兰	北海大陆架争端	已判决
36	法国	大不列颠及北爱尔兰联合王国	岛屿争端	已判决
37	大不列颠及北爱尔兰联合王国	挪威	领海基线划定	已判决
38	大不列颠及北爱尔兰联合王国	阿尔巴尼亚	科孚海峡水雷爆炸引起的争端	已判决

资料来源：根据国际法院官网的信息整理。

在国际法院管辖的案件总量中，与海洋有关的案件主要涉及相邻国家的海洋划界争端和岛屿主权争端。

（二）国际海洋法法庭

国际海洋法法庭是根据《海洋法公约》设立的一个独立司法机构。它对有关《海洋法公约》的解释或适用的任何争端，以及对赋予法庭管辖权的任何其他协定具体规定的所有事项拥有管辖权。与《海洋法公约》有关的争端可能涉及海洋区域的划界、航行、海洋生物资源的养护和管理、海洋环境的保护和保全以及海洋科学研究。与国际法院相比，国际海洋法法庭则是专门处理与海洋有关的争端的机构。自 1997 年 11 月 13 日提交至国际海洋法法庭的第一个案件起，至 2023 年 7 月 29 日已向法庭提交了 32 件案件① （见表 3）。

表 3　国际海洋法法庭管辖的案件

序号	当事方		案由
	请求方	被请求方	
1	马绍尔群岛	赤道几内亚	"Heroic Idun" 号案（2）
2	小岛屿国家	气候变化和国际法委员会	就气候变化、海洋环境污染等问题提交征求咨询意见的请求
3	马绍尔群岛	赤道几内亚	"Heroic Idun" 号案迅速释放
4	瑞士	尼日利亚	"San Padre Pio" 号案（2）
5	毛里求斯	马尔代夫	在印度洋上的海洋划界争端
6	瑞士	尼日利亚	"San Padre Pio" 号案临时措施
7	乌克兰	俄罗斯联邦	关于拘留三艘乌克兰海军船只案的临时措施
8	巴拿马	意大利	"Norstar" 号案
9	意大利	印度	"Enrica Lexie" 号案临时措施
10	加纳	科特迪瓦	在大西洋上的海洋划界争端
11	荷兰	俄罗斯联邦	"Arctic Sunrise" 号案临时措施
12	次区域渔业委员会		就相关渔业问题提交征求咨询意见的请求
13	阿根廷	加纳	"ARA Libertad" 号案临时措施

① See https：//www.itlos.ovg/en/main/cases/list-of-cases/, last visited on 2022-10-14.

续表

序号	当事方		案由
	请求方	被请求方	
14	巴拿马	几内亚比绍	"Virginia G" 号案
15	圣文森特和格林纳丁斯	西班牙	"Louisa" 号案迅速释放、临时措施
16	国际海底管理局		就担保个人和实体参加国际海底区域活动的国家的责任和义务提交征求咨询意见的请求
17	孟加拉国	缅甸	在孟加拉湾的海洋划界争端
18	日本	俄罗斯联邦	"Tomimaru" 号案迅速释放
19	日本	俄罗斯联邦	"Hoshinmaru" 号案迅速释放
20	圣文森特和格林纳丁斯	几内亚比绍	"Juno Trader" 号案迅速释放
21	马来西亚	新加坡	在柔佛海峡及其周边地区填海案件的临时措施
22	俄罗斯联邦	澳大利亚	"Volga" 号案迅速释放
23	爱尔兰	英国	MOX 工厂案临时措施
24	巴拿马	也门	"Chaisiri Reefer 2" 号案迅速释放
25	伯利兹	法国	"Grand Prince" 号案迅速释放
26	智利	欧盟	东南太平洋剑鱼资源保护和可持续开发
27	塞舌尔	法国	"Monte Confurco" 号案迅速释放
28	巴拿马	法国	"Camouco" 号案迅速释放
29	新西兰	日本	南方蓝鳍金枪鱼案临时措施
30	澳大利亚	日本	
31	圣文森特和格林纳丁斯	几内亚	"SAIGA" 号案（2）
32			"SAIGA" 号案迅速释放

资料来源：根据国际海洋法法庭官网的信息整理。

在国际海洋法法庭受理的所有案件中，主要为临时措施和迅速释放两类案件，其中涉及临时措施程序的案件有 9 件，涉及迅速释放程序的案件有 11 件。就临时措施程序而言，一方面，诉诸临时措施有助于当事方获取更多与核心诉求相关的信息，提高胜诉的可能性，或者选择更为恰当的争端解决办法；另一方面，诉诸临时措施有助于及时保护当事方的权利，防止海洋环境的严重损害以及助力争端解决①。就迅速释放程序而言，迅速释放程序与国内程序既相互独立又彼此影响②。通过对两类案件的迅速处理，国际海洋法法庭可以在削减国家利益可能遭受的威胁、维护航行安全和自由、保护船员权益等方面发挥重要作用。

第二节 国际极地治理

极地治理是国际海洋治理中的一大热点问题。本部分将在厘清极地治理的法律文件和发展现状基础上，进一步阐述中国参与极地治理的合理路径。

一 极地治理概况

极地具有极重要的军事、政治、经济和科研价值。许多国家、国际组织、科研机构参与到极地的全球治理活动中。虽然在极地的全球治理过程中，相关国际公约、区域性公约和一些国家的国内极地立法彼此存在矛盾与冲突，但极地全球治理的原则已基本形成。这些原则在保障极地区域"自然保护区"的法律地位③，防止极地共有财产的私有化倾向；和平利用，巩固极地安全基础；保护极地生态环境，共同应对全球气候危机，实现可持续发展等方面，发挥了重要作用④。

（一）极地治理重要法律文件

第一，全球性法律文件中涉及极地治理的规定。这主要是指《海洋法公约》以及《国际极地水域营运船舶规则》（以下简称《极地船舶规则》）。《海洋法公约》第234条"冰封区"条款适用于极地地区，但是

---

① 姚莹：《国际海洋法法庭临时措施的适用及其启示》，《地方立法研究》2022年第5期，第120页。

② 施余兵、庄媛：《国际海洋法法庭迅速释放程序与国内程序的关系探析——兼论对我国的启示》，《武大国际法评论》2021年第4期，第25页。

③ 《南极条约环境保护议定书》第2条规定："各缔约国承诺全面保护南极环境及依附于它的和与其相关的生态系统，特兹将南极指定为自然保护区，仅用于和平与科学。"

④ 杨华：《中国参与极地全球治理的法治构建》，《中国法学》2020年第6期，第208页。

该条并未得到真正适用，且需要更为细致的执行规则。《极地船舶规则》是为了极地航行安全与环境保护而制定的国际规则，但其适用范围过于狭窄，无法形成针对极地治理的宏观制度安排。

第二，南极治理的重要法律文件。适用于南极区域的规则主要有《南极条约》、《南极海豹保护公约》（以下简称《海豹公约》）、《南极海洋生物资源养护公约》（以下简称《养护公约》）和《关于环境保护的南极条约议定书》（以下简称《议定书》）以及历届南极条约协商国会议（ATCM）通过的大量措施、建议、决议等。《南极条约》为南极治理机制确立了基本的规范框架。其中，主权冻结、非军事化以及科学研究自由被视为《南极条约》的三大支柱。《南极条约》在实施过程中达成了很多协定，进而与《南极条约》一起形成了"南极条约体系"。其中，《议定书》是南极条约体系中最重要的一项协定。它是迄今为止南极条约体系中最为全面和综合性的南极环境保护条约，为整个南极地区的资源养护与保护规划了蓝图，标志着协商国在南极治理的价值取向上从资源利用向环境保护的转移①。但自1991年《议定书》签订后，南极条约体系中没有达成新的条约。《南极条约》是南极治理的宪法性条约，其他法律文件是《南极条约》的有效补充，是在《南极条约》基础上的发展与细化。

第三，北极治理的重要法律文件。南极地区主要由南极大陆构成且国家间遵循主权冻结的基本原则，北极地区相较而言具有一定差异。北极地区是由北极国家的领土以及北冰洋中的国家管辖范围内海域、公海和国际海底区域组成②。因此，北极治理没有统一适用的单一国际条约。北极治理的法律依据由《联合国宪章》《海洋法公约》《斯匹次卑尔根群岛条约》等国际条约，北极八国在北极理事会框架下签署的三个有约束力的法律文件（分别是《北极海空搜救合作协定》《北极海洋油污预防与反应合作协定》《加强北极国际科学合作协定》），以及北极国家的国内立法构成。域外国家在北极不

---

① 陈力：《南极治理机制的挑战与变革》，《国际观察》2014年第2期，第100页。
② 《中国的北极政策》，中华人民共和国中央人民政府官网，http：//www.gov.cn/zhengce/2018-01/26/content_5260891.htm，2022年8月10日访问。

享有领土主权，但依据《海洋法公约》等国际条约和一般国际法在北冰洋公海等海域享有科研、航行、飞越、捕鱼、铺设海底电缆和管道等权利，在国际海底区域享有资源勘探和开发等权利。此外，《斯匹次卑尔根群岛条约》缔约国有权自由进出北极特定区域，并依法在该特定区域内平等享有开展科研以及从事生产和商业活动的权利，包括狩猎、捕鱼、采矿等。

全球性规则不完善以及南北极法律制度差异，导致了国家间签订的区域性条约、区域性治理机制与一般性法律规则一起，共同构成了极地治理的基本法律框架。

（二）极地治理发展现状

南极和北极的治理发展现状存在一定差异，这是由既有的法律机制、权力架构、地缘政治因素等共同决定的。

从南极治理发展现状来说，其权力结构大致可以分为三层，分别是协商国、非国家行为体、国际社会。依据《南极条约》，协商国具有决策权，这造成了运行初期协商国垄断南极治理的局面。随着南极治理权从协商国扩散到南极条约体系内政府间组织，再扩散到非政府组织与企业等非国家行为体的演进，非政府组织通过知识、价值、治理实践创造了新的权力，对协商国的权力产生强烈冲击[1]。这在一定程度上制衡了南极治理的权力倾斜。

在南极治理的具体实施层面，南极海洋保护区的设立成为协商国之间新的政治博弈舞台。提出建立南极海洋保护区的国家，包括英国、新西兰和美国、澳大利亚、法国、阿根廷与智利。上述国家基本属于南极主权声索国和主权保留国，且其提案设立南极海洋保护区的地理范围与其本国或联合提案国在南极的主权诉求范围基本保持一致[2]。同时，几乎所有的南极海洋保护区均呈现较为明显的"自治性特征"，即各南极海洋保护区已经各自建立了

① 王婉潞：《南极治理机制的内涵、动力与前景》，《极地研究》2019年第2期，第203页。

② 刘惠容、齐雪薇：《设立南极海洋保护区的法律困境与出路，兼谈中国的应对》，《海洋开发与管理》2021年第4期，第65页；刘冰玉、冯翀：《建立南极海洋保护区的规制模式探究》，《国际政治研究》2021年第2期，第100页。

单独适用但标准并不统一的监督、执行规制体系①。可见，南极治理依旧带有浓重的地缘政治色彩。

而北极治理发展现状呈现一定程度的差异性。北极治理面临十分复杂的地缘政治冲突，具体表现在以下三个方面。第一，北极国家倾向于认为，北极治理是由北极国家主导的区域性事务，域外国家参与途径有限。第二，冷战结束后，北极土著组织对所在国的国内外涉北极决策的影响力不断增强，成为北极治理的重要行为体。第三，非北极国家试图通过联合北极科考、北极经济开发等方式，保持与北极国家的合作，尽可能提升自身对北极治理国际规则构建的知情权②。

二 极地治理的中国参与

中国于 1985 年成为《南极条约》协商国，2013 年成为北极理事会正式观察员国，至此确立了中国参与极地全球治理的身份与角色。

（一）南极治理的中国参与

中国积极参与南极条约有关会议，并以提交文件形式表达中国的立场和观点。南极条约协商会议（以下简称"协商会议"）和南极海洋生物资源养护委员会会议（以下简称"养护会议"）是当前南极治理中最重要的两个机制，亦是中国参与的主要平台。在协商会议和养护会议上提交的文件是南极治理过程中的重要法律文本，也是南极条约体系的重要组成部分。协商会议文件分为"工作文件"（Working Paper，WP）与"信息文件"（Information Paper，IP）。前者可能成为具有法律效力的"建议"（Recommendation）或"措施"（Measure），而后者只提供相关议题的背景知识。协商会议的这一模式延续到养护会议上，养护会议亦依据工作文件制定具有法律效力的养护"措施"（Conservation Measures，CMs）。中国在协商会议上已提交了 39 份工作文

① 陈力：《南极海洋保护区的国际法依据辨析》，《复旦学报》（社会科学版）2016 年第 2 期，第 46~48 页。
② 肖洋：《北极治理的国际制度竞争与权威构建》，《东北亚论坛》2022 年第 3 期，第 97~99 页。

件和 72 份信息文件。表 4 为 2013 年以来中国提交文件的详细信息。

表 4　2013 年以来中国提交协商会议的工作文件与信息文件①

年度/会议	工作文件	信息文件
2013 年/第 36 届协商会议	《冰穹 A 地区中国南极昆仑站新建南极特别管理区的提案》	《在南极伊丽莎白公主地建立内陆夏季营地的初步环境评价》
	《南极伊丽莎白公主地拉斯曼丘陵斯图尔内斯半岛特别保护区管理计划草案》（与澳大利亚、印度、俄罗斯联合提交）	《第 6 号南极特别管理区——拉斯曼丘陵管理组报告》
2014 年/第 37 届协商会议	《关于在冰穹 A 中国南极昆仑站新建南极新特别管理区的非正式讨论报告》	《中国在南极维多利亚地新建科考站的建设与运行的综合环境评估（CEE）草案》
	《第 169 号南极特别保护区——东南极伊丽莎白公主地阿曼达湾的管理计划修订案》（与澳大利亚联合提交）	《对中国建立维多利亚地新科考站 CEE 草案的响应》
	《第 6 号南极特别管理区——东南极拉斯曼丘陵的管理计划修订案》（与澳大利亚、印度、俄罗斯联合提交）	《第 6 号南极特别管理区——拉斯曼丘陵管理组的报告》
2015 年/第 38 届协商会议	《第 168 号南极特别保护区——东南极格罗夫山哈丁山管理计划修订案》	《东南极/罗斯海联合科研工作组》（与澳大利亚联合提交）
	《闭会期间关于在中国昆仑站建立新特别管理区提议的非正式谈判报告》	
2016 年/第 39 届协商会议	《中国根据南极条约第 7 条和议定书第 14 条履行的视察》	《中国根据南极条约第 7 条和议定书第 14 条履行的视察》
	《2015/2016 闭会期间关于中国昆仑站建立新特别管理区的非正式谈判及后续工作的报告》	

---

① Secretariat of the Antarctic Treaty, Meeting Documents Archive, https：//www. ats. aq/devAS/Meetings/DocDatabase? lang＝e, last visited on 2022－07－31.

续表

年度/会议	工作文件	信息文件
2017 年/第 40 届协商会议	《南极绿色考察》（与澳大利亚、智利、法国、德国、印度、韩国、新西兰、挪威、英国、美国联合提交）	特别会议主席总结《我们的南极：保护和利用》
		《极地科学亚洲论坛在第 40 届协商会议上的报告》
	《2016/2017 闭会期间关于在中国南极昆仑站冰穹 A 新建南极特别管理区提案的非正式讨论报告》	《中国南北极环境综合调查评估项目实施五年来的主要研究成果摘要》
		《第 6 号南极特别管理区——拉斯曼丘陵管理小组报告》（与澳大利亚、印度、俄罗斯联合提交）
2018 年/第 41 届协商会议	《拟建难言岛南极特别保护区（ASPA）的事先评估》	《东南极拉斯曼丘陵中山站内陆横穿车辆新车库建设的初步环境评估》
	《进一步发展南极保护区系统南极科学研究委员会（SCAR）/南极环境保护委员会（CEP）联合工作组提案》（与阿根廷、澳大利亚、比利时、智利、捷克、法国、德国、日本、新西兰、挪威、俄罗斯、SCAR、英国、美国联合提交）	《南极维多利亚地中国新科考站建设和运营的最新环境综合评价草案》
	《2017/2018 闭会期间关于〈南极冰穹 A 地区考察和研究行为守则〉草案的非正式讨论报告》	《关于南极维多利亚地中国新科考站建设和运营的第二份 CEE 草案意见的初步回应》
	《南极维多利亚地中国新科考站拟建和运营的综合环境评价草案》	
2019 年/第 42 届协商会议	《在罗斯海难言岛和海景湾新建南极特别保护区的建议》（与意大利、韩国联合提交）	《2018/2019 年夏季乔治王岛非本地苍蝇联合监测项目报告》（与乌拉圭、阿根廷、巴西、智利、德国、韩国、俄罗斯联合提交）
	《2018/2019 闭会期间关于〈南极冰穹 A 地区保护行为守则〉修订草案的非正式讨论报告》	《在南大洋阿蒙森海进行海洋调查期间"雪龙"号与冰山相撞》
	《审查第 169 号南极特别保护区（ASPA）——东南极伊丽莎白公主地、英格丽克里斯滕森海岸、阿曼达湾的管理计划》（与澳大利亚联合提交）	《第 6 号南极特别管理区——拉斯曼丘陵管理小组报告》（与澳大利亚、印度、俄罗斯联合提交）

续表

年度/会议	工作文件	信息文件
2021 年/第 43 届协商会议	《取消南极特别保护区的建议指南》（与美国、英国、新西兰、澳大利亚、挪威联合提交）	无
	《关于加强罗斯海地区企鹅种群动态研究和监测合作的建议》	
	《审查第 6 号南极特别管理区（ASMA）——东南极拉斯曼丘陵、第 174 号南极特别保护区（ASPA）的管理计划》（与澳大利亚、印度、俄罗斯联合提交）	
	《推动科学研究为南极决策提供信息》	
2022 年/第 44 届协商会议	《南极特别保护物种法律框架及其应用概述》	《南极特别保护物种法律框架及其适用概述》
	《为帝企鹅制定有针对性的研究和监测计划的提案》	《种群大小对南极洲东南部阿德利企鹅警惕性和飞行起始距离的影响》
	《气候变化应对工作方案的实施》	《参考气候模型和帝企鹅潜在的类似案例对北极熊保护的案例分析》

通过梳理 2013 年以来中国提交的文件可以发现，中国参与南极治理姿态更加积极，且议题的关注点从设立保护区扩展到更广领域。从 2013 年开始，中国连续五年提交工作文件，申请在冰穹 A（Dome A）地区建立特别管理区均未能成功。从 2018 年开始，中国一方面制定《南极冰穹 A 地区考察和研究行为守则》，完成保护该地区的工作；另一方面，将注意力放在指定其他特别保护区，以及南极治理中的其他问题上①。

在养护会议上，中国至今已经提交总计 13 份文件，分别是 4 份养护委员会工作文件、2 份养护委员会背景文件、4 份科学委员会工作文件，以及 3 份科学委员会背景文件。表 5 为 2013 年以来中国提交文件的详细信息，从横向和纵向对比来看，中国提交文件数量与涉及领域增多，且提案更加具体和专业。

---

① 王婉潞：《中国参与南极治理的历史进程与经验思考：以协商会议和养护会议为例》，《极地研究》2021 年第 3 期，第 425 页。

表 5　2013 年以来中国在养护委员会会议上提交的各类文件①

年度/会议	养护委员会工作文件	养护委员会背景文件	科学委员会工作文件	科学委员会背景文件
2013 年/第 32 届会议	《关于中国打算在 2013/2014 年度参加磷虾捕捞活动的通知》	《"开欣"号渔船起火事故总结报告》	无	无
2014 年/第 33 届会议	无	无	《声学调查和分析方法小组会议报告》	《48.1 渔区磷虾渔业资源的空间分布：对未来调查的启示》
2015 年/第 34 届会议	无	无	无	《2009/2010 至 2014/2015 捕鱼季公约区域中国国家磷虾渔业科学观察员计划》
2016 年/第 35 届会议	无	无	无	无
2017 年/第 36 届会议	无	无	无	无
2018 年/第 37 届会议	《CCAMLR 海洋保护区研究与监测计划》	无	无	无

① Meetings, CCAMLR, https://www.ccamlr.org/en/meetings, last visited on 2022-07-31.

续表

年度/会议	养护委员会工作文件	养护委员会背景文件	科学委员会工作文件	科学委员会背景文件
2019 年/第 38 届会议	无	《中国在东南极地区进行海洋调查和评估的计划》	《关于在罗斯海难言海岛和海景湾建立新的南极特别保护区（ASPA）的提案》（意大利、韩国共同提交）	《对威德尔海海洋保护区提案的科学依据和研究与监测计划（RMP）草案的观察报告和意见》
			《CCAMLR MPA 研究与监测计划进展》 《关于改进罗斯海地区海洋保护区研究和监测计划草案的提案》	
2020 年/第 39 届会议	无	无	无	无
2021 年/第 40 届会议	《关于执行〈南极海洋生物资源保护公约〉第二条：连续性和适应性的报告》 《重新审视在南大洋建立海洋保护区的报告》	无	无	无

（二）北极治理的中国参与

中国是北极理事会的永久观察员国。2018 年，中国政府发表了首份北极政策文件——《中国的北极政策》（白皮书）。白皮书中明确提出，中国未来制定北极政策的目标是："认识北极、保护北极、利用北极和参与治理北极，维护各国和国际社会在北极的共同利益，推动北极的可持续发展。"① 文件中还提到，"中国愿依托北极航道的开发利用，与各国共建'冰上丝绸之路'"。

其中，"冰上丝绸之路"是中国北极政策的主要体现。中国倡导的这一北极地区治理思想和开发模式，已经取得了一定合作成果。以中俄北极合作为代表，双方的合作主要体现在能源合作、航道合作、基础设施合作三个方面。中俄北极能源合作的代表项目是亚马尔 LNG 工程，此项目所在地区的天然气蕴藏量达 1.3 万亿立方米，项目合作期限直至 2045 年②。在航道合作方面，中远航运股份有限公司的"永盛"号轮船通过俄罗斯主导建立的北极东北航道完成了北冰洋上中国首艘商业船舶航行，此航线较以往绕行苏伊士运河的传统航线缩减了 9~10 天的航行时间③。基础设施方面，中国在参与北极开发建设过程中除对季克西港、萨别塔港等东北航道重要港口进行更新扩容之外，还积极推行港口与内陆的互联互通，对港口辐射周边的公路、铁路等交通设施进行升级④。

除俄罗斯外，欧盟对"冰上丝绸之路"倡议也作出了积极回应。2018 年 9 月 19 日，欧盟委员会公布了最为全面和系统的"欧亚大陆互联互通"规划蓝图——《连接欧洲和亚洲：对欧盟战略的设想》（*Connecting Europe&Asia：*

---

① 《中国的北极政策》，中央人民政府官网，http：//www.gov.cn/zhengce/2018-01/26/content_5260891.htm，2022 年 8 月 10 日访问。

② 钱宗旗：《俄罗斯北极战略与"冰上丝绸之路"》，时事出版社，2018，第 195 页。

③ 《中远集团"永盛"号货轮成功首航北极航线》，中央人民政府官网，http：//www.gov.cn/jrzg/2013-09/11/content_2486125.htm，2022 年 7 月 31 日访问。

④ 奚远、〔俄〕奥西波娃·娜塔莉亚·米哈伊洛夫娜：《镶嵌在北极圈内的能源明珠》，中华人民共和国商务部官网，http：//www.mofcom.gov.cn/article/beltandroad/ru2/chnindex.shtml，2022 年 7 月 31 日访问。

Building Blocks for an EU Strategy)①。这是欧盟主动对接"一带一路"倡议的政策框架，其中欧盟将投资连接欧亚的基础设施列为欧盟的官方政策，并将中国列为首位合作对象，强调加强中欧互联互通的机制化合作②。虽然拜登政府上台后极力渲染"中国威胁论"，对中欧合作造成较大的负面影响，但新冠疫情叠加俄乌冲突给欧洲带来的经济衰退，必将使中欧合作重新进入欧盟决策者的考量范围，进而推动"冰上丝绸之路"倡议在欧洲地区进一步落实。

三 结论与展望

当前，中国是南极条约协商国、北极理事会正式观察员国，同时还是《海洋法公约》《斯匹次卑尔根群岛条约》《极地船舶规则》的缔约国，这些为中国参与极地全球治理奠定了身份基础。中国在参与极地全球治理的过程中取得了一定成果，但同样面临诸多问题。杨华教授认为，中国主要面临三个方面的问题。首先，中国现有的极地管理机构设置不尽合理，现有极地科考的主要组织管理机构——原国家海洋局极地考察办公室、中国极地研究中心——都是公益性事业单位，其综合治理能力令人担忧。应提高极地管理机构的级别，扩大极地管理机构的职权范围，并实现极地管理主体的多元化。其次，中国极地国内立法不足。南极立法于 2019 年进入全国人大立法规划，但缺乏北极立法规划且没有统筹南极、北极立法。同时，从现有极地立法的内容来看，也存在立法层级低、立法内容窄、立法理念过于陈旧的问题③。最后，中国参与极地全球治理的能力仍有待加强④。虽然中国参与极地全

---

① European Commission, EU steps up its strategy for connecting Europe and Asia, https://ec. europa. eu/commission/presscorner/detail/en/IP_18_5803, last visited on 2022-07-31.

② 肖洋:《中欧共建"冰上丝绸之路"：机遇、挑战与路径》,《德国研究》2019 年第 3 期, 第 63 页。

③ 中国现有的极地立法仅有原国家海洋局出台的《南极活动环境保护管理规定》《访问中国南极考察站管理规定》《北极考察活动行政许可管理规定》等部门规章, 立法层级较低。

④ 杨华:《中国参与极地全球治理的法治构建》,《中国法学》2020 年第 6 期, 第 211～214 页。

球治理仍旧存在诸多问题，但随着中国综合国力的提升，法治建设的不断推进，以上问题都将逐步得到解决。近几年中国参与极地全球治理面临的更大挑战是新冠疫情以及俄乌冲突带来的既有国际秩序的巨大变化，这是一种挑战，但同样蕴含机遇。应对气候变化、可持续发展以及维护区域和平稳定，都为加强极地治理的国际合作提供了新的动力。中国依旧秉持"人类命运共同体""海洋命运共同体"理念，积极参与极地全球治理，为极地全球治理提供中国智慧和中国方案。

第三节　BBNJ 谈判及协定通过

国家管辖范围以外区域海洋生物多样性（Marine Biological Diversity of Areas Beyond National Jurisdiction，BBNJ）谈判及《国家管辖范围以外区域海洋生物多样性的养护和可持续利用协定》（以下简称"BBNJ 国际协定"）通过是国际社会探索海洋治理新方案的一项重要活动，亦是海洋法领域最重要的立法进程。

一　BBNJ 概况

（一）BBNJ 相关概念

BBNJ 相关概念主要从 BBNJ 的内涵和 BBNJ 谈判议题两个维度梳理。一是 BBNJ 的内涵，包括国家管辖范围以外区域、海洋生物多样性两个关键概念；二是 BBNJ 谈判议题，包括海洋遗传资源、划区管理工具、环境影响评价、能力建设与海洋技术转让等重要内容。

第一，国家管辖范围以外区域的内涵。国家管辖范围以外区域，是指依据国际海洋法规则，国家不能主张管辖权的海域，包括公海和"区域"。其中，公海是指国家的专属经济区、领海以及内水或群岛国的群岛水域之外的全部海域；"区域"，即国际海底区域，是指国家管辖范围以外的海床、洋底及其底土。

第二，海洋生物多样性的内涵。当前，关于海洋生物多样性，并无统一界定。但可以从一般化的生物多样性定义类推海洋生物多样性的内涵。根据《生物多样性公约》，生物多样性是指所有来源的活的生物体中的变异性，除其他外，这些来源包括陆地、海洋和其他水生生态系统及其所构成的生态综合体；这些包括物种内部、物种之间及生态系统的多样性①。因此，海洋生物多样性可以理解为来源于海洋生态系统中的各种活的生物体中的变异性，其中涵盖了物种内部的多样性、物种之间的多样性以及海洋生态系统的多样性。

第三，海洋遗传资源的内涵。作为一种新型的海洋资源，海洋遗传资源产生较晚。《海洋法公约》仅对生物资源的利用进行了规定，所指的生物资源是指渔业资源和海洋哺乳动物，并不包含海洋遗传资源。《生物多样性公约》首次界定了遗传资源，在第2条"用语"部分中明确其定义为"具有实际或潜在价值的遗传材料"，"遗传材料"则是指"来自植物、动物、微生物或其他来源的任何含有遗传功能单位的材料"。这里关于遗传资源的界定未强调海洋或陆地，那么可以理解其适用具有普遍意义；而且概念也应当具有一般性和普遍性，不因环境的限定而影响对概念的理解②。BBNJ国际协定则将海洋遗传资源明确界定为来自海洋植物、动物、微生物或其他来源的、任何具有实际或潜在价值的遗传功能单位的材料。其内涵体现在两个方面：一是具有实际或潜在价值，即价值性；二是含有遗传功能单位，即遗传性。

第四，划区管理工具的内涵。对于划区管理工具的定义，尚未形成统一的观点。例如，世界自然保护联盟将划区管理工具定义为，在特定区域内管理人类活动，以实现资源保护和可持续利用的目标③。BBNJ国际协定将划区管理工具界定为：根据本协定实现特定养护和可持续利用目标，在

---

① 《生物多样性公约》第2条。

② 吕琪：《国家管辖范围外海域海洋遗传资源利用法律问题研究》，大连海事大学2019年博士学位论文，第21页。

③ Iucn, Measures Such As Area-Based Management Tools, Including Marine Protected Areas, UN：https：//www.un.org/depts/los/biodiversity/prepcom_files/area_based_management_tools.pdf, last visited on 2022-6-20.

某一地理上界定的区域，用以管理一个或多个领域或活动的工具，包括海洋保护区①。但是无论哪种观点，划区管理工具皆可被认为是对某一特定区域中人类活动进行更为严格的管理，以实现资源保护和可持续利用。或者可以说，划区管理工具是一种基于区域海洋的生态管理工具②。至于划区管理工具的类型，世界自然保护联盟将其分为部门性划区管理工具和跨部门性划区管理工具③。前者是指主管国际组织为实现特定地区生物多样性保护目标而采取的措施，包括国际海事组织下的特别敏感海域、国际海底管理局下的特别环境利益区、联合国粮农组织下的脆弱海洋生态系统；后者是指需要跨多个组织和机构进行协商、合作和协调的工具，包括海洋保护区和海洋空间规划。其中，跨部门性划区管理工具是一种综合性的划区管理方式，属于新兴事物，海洋保护区为其典型代表。

第五，环境影响评价的内涵。环境影响评价这一制度最早可追溯至20世纪60年代。美国在1969年颁布的《国家环境政策法》（*The National Environmental Policy Act of 1969*）中规定，联邦政府的所有机构应该采用系统、科学的方法，以确保在可能对人类环境产生影响的规划和决策中综合运用自然科学、社会科学和环境设计艺术④。此后，诸多国际公约和国内立法纷纷对环境影响评价加以规定。以国际公约为例，《跨界环境影响评价公约》将环境影响评价定义为"用于评价拟议活动可能对环境产生的影响的国家程序"⑤；BBNJ国际协定将环境影响评价界定为识别和评估某项

---

① Agreement under the United Nations Convention on the Law of the Sea on the conservation and sustainable use of marine biological diversity of areas beyond national jurisdiction, UN Doc. A/CONF. 232/2023/4, UN: https://documents-dds-ny.un.org/doc/UNDOC/LTD/N23/177/28/PDF/N2317728.pdf? OpenElement, last visited on 2023-7-20.

② 李洁：《国家管辖外海域生物多样性法律问题研究》，武汉大学2017年博士学位论文，第41页。

③ Iucn, Measures Such as Area-Based Management Tools, Including Marine Protected Areas, UN: https://www.un.org/depts/los/biodiversity/prepcom_files/area_based_management_tools.pdf, last visited on 2022-6-20.

④ The National Environmental Policy Act of 1969, Sec. 102.

⑤ 《跨界环境影响评价公约》第1条。

活动的可能影响以供决策参考的程序。以国内立法为例，至今已超过 100 个国家在本国国内立法中对环境影响评价加以规定①。中国亦出台了专门法律——《环境影响评价法》。该法将环境影响评价界定为事先分析、预测、评价规划和建设项目实施后可能造成的环境影响，基于此提出防止或减轻这种影响的举措，并进行跟踪检测的一种制度②。由此可知，环境影响评价属于环境管理的一种方法或工具，其就拟实施的相关活动对环境可能造成的影响进行预测、评价，以期避免或减少该影响，进而达到保护环境、促进可持续发展的目标。

第六，能力建设与海洋技术转让的内涵。关于能力建设，联合国环境与发展大会通过的《21 世纪议程》明确指出，能力建设活动包括政策和法律框架、国家机构建设、人力资源开发、研究和技术开发、基础设施开发、提高公众认识等③。《海洋法公约》中涉及提升国家能力条款，但缺乏具体规定④。《生物多样性公约》的表述则更为具体，即缔约国应促进与其他缔约国，特别是与发展中国家的科技合作，包括制定和实施国家政策这种方法；在此过程中，通过人力资源开发和机构建设来发展和加强国家能力尤其值得关注⑤。能力建设则包括资助研究方案，为科学家和研究人员提供开展研究项目的伙伴关系机会，以及专项倡议，尤其是面向发展中国家，同时考虑小岛屿发展中国家和最不发达国家的特殊情况。关于海洋技术转让，在政府间会议期间的协定案文草案中曾出现过界定，如 BBNJ 政府间会议第三届会议主席说明文件将其界定为，"转让创造和使用知识所需的仪器、设备、船只、程序和方法，以便更好地研究和了解自然

---

① 李洁：《国家管辖外海域生物多样性法律问题研究》，武汉大学 2017 年博士学位论文，第 55 页。

② 《环境影响评价法》第 2 条。

③ 《21 世纪议程》11.19。

④ 《联合国海洋法公约》第 275 条。

⑤ 《生物多样性公约》第 18 条第 2 款。

和海洋资源"①。然而，最终 BBNJ 国际协定文本中并未保留关于海洋技术转让的界定。尽管如此，从该文件中关于能力建设和海洋技术转让的目标可知，与能力建设同样，海洋技术转让亦是主要帮助发展中缔约国以确保各项目标的实现。海洋技术转让更多强调的是发达国家向发展中国家转让技术。由此可推论出，能力建设与海洋技术转让实际上反映了发达国家与发展中国家之间发展的不均衡性。

（二）BBNJ 谈判进程梳理

BBNJ 的谈判发展历程大致经历了三个阶段：不限成员名额非正式特设工作组（Ad Hoc Open-Ended Informal Working Group）阶段，时间为 2004 年至 2015 年；筹备委员会（Preparatory Committee）阶段，时间为 2016 年至 2017 年；政府间会议（Intergovernmental Conference）阶段，时间为 2018 年至今。

1. 不限定成员名额非正式特设工作组阶段（2004～2015）

2004 年，联合国大会全体会议通过第 59/24 号决议，"决定设立不限定成员名额非正式特设工作组，研究与国家管辖范围以外区域的海洋生物多样性的养护和可持续利用有关的问题"②。此后 11 年间，不限定成员名额非正式特设工作组召开了九次会议，致力于在《海洋法公约》框架下缔结一份 BBNJ 国际协定，为解决前述问题建言献策③。在 2011 年召开的第四次工作组会议中，不限定成员名额非正式特设工作组提出了有关建议，包括一揽子解决海洋遗传资源、包括海洋保护区在内的划区管理工具（以

---

① Draft text of an agreement under the United Nations Convention on the Law of the Sea on the conservation and sustainable use of marine biological diversity of areas beyond national jurisdiction, Note by the President, UN Doc. A/CONF. 232/2019/6, UN：https：//documents-dds-ny. un. org/doc/UNDOC/GEN/N19/146/28/pdf/N1914628. pdf？OpenElement, last visited on 2022－6－27.

② Resolution adopted by the General Assembly on 17 November 2004, UN Doc. A/RES/59/24, UN：https：//documents-dds-ny. un. org/doc/UNDOC/GEN/N04/477/64/pdf/N0447764. pdf？Open Element, last visited on 2022－6－29.

③ 查阅联合国官网，搜索有关不限成员名额、非正式不限定成员名额、非正式特设工作组的文件，检索结果高达 300 多条（截至 2022 年 6 月 30 日）。

下简称"划区管理工具"）、环境影响评价、能力建设与海洋技术转让四个议题①。这为推动 BBNJ 谈判进程发挥了关键作用。2015 年，联合国大会全体会议通过第 69/292 号决议，采纳该工作组的建议②，并决定在举行政府间会议之前成立一个筹备委员会，主要负责根据《海洋法公约》的规定拟订一份具有法律约束力的国际文书草案要点，向联合国大会提出实质性建议③。其后，BBNJ 谈判进入筹备委员会阶段。

2. 筹备委员会阶段 （2016~2017）

筹备委员会共召开了四次会议，但关于海洋遗传资源，各方基本未达成实质性的一致意见。各方在术语定义，海洋遗传资源的获取、性质及分享惠益，知识产权问题，监测海洋遗传资源的利用问题，皆存在严重分歧。具体而言：关于划区管理工具问题，虽然草案中要素较为充分，但在决策和体制安排问题上仍需探索，以促进合作与协调；关于环境影响评价，各方对于环境影响评价属于国家程序的看法较为一致，但涉及环境影响评价是否应该"国际化"、文书是否应该处理战略性环境影响评价等还未达成一致；关于能力建议和海洋技术转让问题，反映了发达国家与发展中国家发展的不均衡性，以及对发展中国家的帮助，建立一个平衡和协调方案难度较大，尤其是海洋技术转让的条款和条件问题。另外，值得注意的是，该筹备委员会第四次会议提交的报告，首次增加了跨领域议题，即包括机构安排、信息交换机

---

① Letter dated 30 June 2011 from the Co-Chairs of the Ad Hoc Open-ended Informal Working Group to the President of the General Assembly, UN Doc. A/66/119, UN：https：//documents-dds-ny. un. org/doc/UNDOC/GEN/N11/397/64/pdf/N1139764. pdf? OpenElement，last visited on 2022-6-30.

② Letter dated 13 February 2015 from the Co-Chairs of the Ad Hoc Open-ended Informal Working Group to the President of the General Assembly, UN Doc. A/69/780, UN：https：//documents-dds-ny. un. org/doc/UNDOC/GEN/N15/041/82/pdf/N1504182. pdf? OpenElement，last visited on 2022-6-29.

③ Resolution adopted by the General Assembly on 19 June 2015，UN Doc. A/RES/69/292，UN：https：//documents-dds-ny. un. org/doc/UNDOC/GEN/N15/187/55/pdf/N1518755. pdf? OpenElement，last visited on 2022-6-29.

制、财政资源和财务事项、遵约、争端解决、职责和责任、审查和最后条款等①。这标志着 BBNJ 谈判向前迈出重要一步。

3. 政府间会议阶段（2018 年至今）

2017 年底，联合国大会全体会议通过第 72/249 号决议，决定在联合国主持下召开一次政府间会议，审议筹备委员会关于 BBNJ 国际协定草案要素的建议，以尽快制定 BBNJ 国际协定文书②。自此，BBNJ 谈判进入政府间会议阶段，亦为实质性谈判阶段。

2022 年 3 月，第四届政府间会议召开。此次会议以第三届政府间会议后发布的协定案文草案修改稿为基础，继续围绕前述四个议题展开，致力于尽快制定出具有约束力的 BBNJ 国际协定文书③。

2022 年 8 月 15 日至 26 日，第五届政府间会议召开。尽管本次会议工作取得了一定进展，但由于在部分重大关切问题上仍存在分歧，BBNJ 国际协定草案未能达成一致。最后，决定暂停本届会议，并向联合国大会秘书长申请在 2023 年 1 月复会，以期尽快就 BBNJ 国际协定草案达成一致。最终于 2023 年 3 月 4 日就 BBNJ 国际协定案文达成一致，并于 2023 年 6 月 19 日在第五届会议再次续会上通过协定文本，决定自 2023 年 9 月 20 日起开放供签署。

二　BBNJ 谈判进程

不限定成员名额非正式特设工作组期间，有关一揽子解决海洋遗传资源、划区管理工具、环境影响评价、能力建设与海洋技术转让等各项议题谈

---

① 施余兵：《国家管辖外区域海洋生物多样性谈判的挑战与中国方案——以海洋命运共同体为研究视角》，《亚太安全与海洋研究》2022 年第 1 期，第 37 页。

② Resolution adopted by the General Assembly on 24 December 2017, UN Doc. A/RES/72/249, UN；https：//documents-dds-ny. un. org/doc/UNDOC/GEN/N17/468/77/pdf/N1746877. pdf? OpenElement, last visited on 2022-6-30.

③ Revised draft text of an agreement under the United Nations Convention on the Law of the Sea on the conservation and sustainable use of marine biological diversity of areas beyond national jurisdiction, UN Doc. A/CONF. 232/2020/3, UN：https：//documents-dds-ny. un. org/doc/UNDOC/GEN/N19/372/88/pdf/N1937288. pdf? OpenElement, last visited on 2022-7-28.

判有序推进，但同样面临不同程度的挑战①。针对各项议题，政府间会议采取非正式工作组形式进行讨论，即设立海洋遗传资源包括惠益分享问题非正式工作组（以下简称"海洋遗传资源工作组"）、划区管理工具等措施非正式工作组、环境影响评价非正式工作组、能力建设和海洋技术转让问题非正式工作组。表6列举了政府间会议阶段包含各项议题谈判内容的重要文件。

表6　政府间会议阶段包含各项议题谈判内容的重要文件

会议名称	文件名称	文件编号
第一届政府间会议	主席对讨论的协助	A/CONF. 232/2018/3
	会议主席在第一届会议闭幕式上的发言	A/CONF. 232/2018/7
第二届政府间会议	主席协助谈判文件	A/CONF. 232/2019/1
	会议主席在第二届会议闭幕式上的发言	A/CONF. 232/2019/5
第三届政府间会议	根据《海洋法公约》的规定就国家管辖范围以外区域海洋生物多样性的养护和可持续利用问题拟订的协定案文草案	A/CONF. 232/2019/6
	会议主席在第三届会议闭幕式上的发言	A/CONF. 232/2019/10
第四届政府间会议	根据《海洋法公约》的规定就国家管辖范围以外区域海洋生物多样性的养护和可持续利用问题拟订的协定案文草案修改稿	A/CONF. 232/2020/3
	根据《海洋法公约》的规定就国家管辖范围以外区域海洋生物多样性的养护和可持续利用问题拟订一份具有法律约束力的国际文书政府间会议报告（内含会议主席在第四届会议闭幕式上的发言）	A/CONF. 232/2022/4
第五届政府间会议	根据《海洋法公约》的规定就国家管辖范围以外区域海洋生物多样性的养护和可持续利用问题拟订的协定案文草案进一步修改稿	A/CONF. 232/2022/5
第五届政府间会议再次续会	《联合国海洋法公约》下国家管辖范围以外区域海洋生物多样性的养护和可持续利用协定	A/CONF. 232/2023/4

资料来源：根据联合国官网信息整理。

---

① 关于政府间会议谈判的内容，本报告参考了各届政府间会议谈判的基础文件以及会议主席在各届政府间会议闭幕式上的发言。

（一）海洋遗传资源议题谈判进程

2011 年，不限定成员名额非正式特设工作组报告提交了关于海洋遗传资源等各项议题的讨论内容①。各代表团均承认《海洋法公约》为国家管辖范围以外海洋遗传资源提供了法律框架，但未对具体的适用原则达成一致。部分代表团认为国家管辖范围以外海洋遗传资源属于人类共同继承财产；部分代表团在区分适用公海制度和区域制度基础之上，承认其具有人类共同继承财产法律属性；部分代表团主张人类共同继承财产原则仅适用于"区域"内的矿产资源，而生物资源应适用公海自由原则。简而言之，在海洋遗传资源适用原则问题上，存在人类共同继承财产原则和公海自由原则之争，且这一争论在后续谈判中一直存在。

2018 年，会议主席在第一届会议闭幕式上总结了会议内容和成果。海洋遗传资源工作组围绕《主席对讨论的协助》各个章节进行讨论，内容涉范围、获取和惠益分享、监测以及共有内容四个方面的问题。其中，在海洋遗传资源获取和惠益分享指导原则和办法问题上，与会国家未达成一致：有的主张适用人类共同继承财产原则，有的主张适用公海自由原则，有的主张人类共同继承财产原则可适用于海洋遗传资源的开采，还有主张不明确提及惠益分享的原则和办法②。2019 年，第二届政府间会议期间，海洋遗传资源工作组继续围绕惠益分享、知识产权、监测、范围、获取内容进行讨论，而各代表团在部分问题上达成初步一致。例如，惠益分享和利用应促进国家管辖范围以外海洋生物多样性的养护和可持续利用，应益于发展中国家对海洋遗传资源的获取和利用；属事范围不包括以鱼类作为商品加以利用的情形；应将获取和惠益分享列入合作养护和可持续利用国

---

① Letter dated 30 June 2011 from the Co-Chairs of the Ad Hoc Open-ended Informal Working Group to the President of the General Assembly, UN Doc. A/66/119, UN: https://documents-dds-ny. un. org/doc/UNDOC/GEN/N11/397/64/pdf/N1139764. pdf? OpenElement, last visited on 2022-6-30.

② Statement by the President of the conference at the closing of the first session, UN Doc. A/CONF. 232/2018/7, UN：https://documents-dds-ny. un. org/doc/UNDOC/GEN/N18/294/09/pdf/N1829409. pdf? OpenElement, last visited on 2022-7-27.

家管辖范围以外海洋遗传资源的一般性义务。在 2019 年第三届政府间会议期间，海洋遗传资源包括惠益分享问题非正式工作组继续围绕目标、适用、活动、获取、惠益分享、知识产权、监测、术语的使用进行讨论。此次讨论中各方达成了一定程度一致，但具体细节仍需进一步确认。2022 年第四届政府间会议期间，国家间对海洋遗传资源形成了一致性的态度，即对于国家管辖范围以外海洋遗传资源的收集或获取，应建立通知制度。2023 年第五届政府间会议正式通过 BBNJ 国际协定，对此通知制度作出详细规定，即设专条明确国家管辖范围以外区域海洋遗传资源和海洋遗传资源数字序列信息方面活动的通知，包括缔约方向信息交换机制通报信息，通报的时间、通报的内容、通报后计划收集的信息发生变化的，应将更新后的信息通报，等等。

（二）划区管理工具议题谈判进程

2011 年不限定成员名额非正式特设工作组重点讨论了海洋保护区，包括国家管辖范围以外海域海洋保护区的法律基础和科学证据、选定主体、利益攸关者参与、管理措施和模式等问题。而政府间会议阶段，讨论重点则转向了划区管理工具。

2018 年第一届政府间会议上，非正式工作组的讨论包括划区管理工具的目标，与相关文书、框架和机构所制定措施的关系，划区管理工具的有关过程、确定区域、指定程序、执行、监测和审查以及共有内容方面的问题。2019 年第二届政府间会议上，讨论内容与第一届政府间会议类似，但是顺序略有区别。第二届政府间会议首先进行了程序问题的讨论和谈判，如与划区管理工具有关的程序，确定区域和指定程序等。第三届政府间会议上，各代表团共识进一步增加，尤其是澄清与划区管理工具等措施相关的具体步骤，但分歧也显而易见。在 2022 年第四届政府间会议上，各代表团在划区管理工具议题上达成了更广泛的共识。2023 年第五届政府间会议续会将此共识进一步落实，并在第五届政府间会议再次续会上正式通过的 BBNJ 国际协定中加以明确，包括划区管理规定的目标、适用区域、提案、提案的公布和初步审查，就提案进行协商和评估，划区管理工具的建立、决策、紧急措施、执行、监测和审查。

（三）环境影响评价议题谈判进程

2011 年不限定成员名额非正式特设工作组总体上确定了环境影响评价这一议题。讨论内容集中在一般性的法律问题，如环境影响评价的重要性、提议制定和执行环境影响评价的流程、拟定环境影响评价的科学和技术指南、联合国在环境影响评价方面的作用等。此次会议明确了环境影响评价议题的重要性，也为后续谈判指明了方向。

2018 年第一届政府间会议上，环境影响评价非正式工作组对进行环境影响评价的义务，与相关文书、框架和机构的环境影响评价过程的关系，需要进行环境影响评价的活动，环境影响评价过程，环境影响评价报告的内容，监测、报告和审查，战略环境评估，共有内容方面等问题展开讨论。第二届政府间会议依旧围绕这几个方面展开，区别在于将程序性问题的讨论前置。2019 年第三届政府间会议期间，各代表团对环境影响评价进程的认知逐步明确。在此过程中，各代表团的分歧集中在两方面：一方面是基本共识上的分歧，如环境影响评价是否应当国际化以及国际化的程度，是否提供关于执行环境影响评价条款的指导意见等；另一方面是具体执行细节上的问题。2022 年第四届政府间会议上，部分分歧仍然存在且难以达成共识，如环境影响评价的触发因素、国际化问题，与其他相关全球、区域和部门机构规定的此类评价的关系问题，战略环境评价问题等。

历经不限定成员名额非正式特设工作组阶段、筹备委员会阶段，至政府间会议阶段，环境影响评价议题的谈判一直在继续，各代表团之间分歧显著减少、共识明显增加。直至 2023 年，各方对此达成共识、通过文本。

（四）能力建设与海洋技术转让议题谈判进程

2011 年不限定成员名额非正式特设工作组强调：一些代表团呼吁加强能力建设和技术转让，促进发展中国家参与研究保护海洋生物多样性，以弥补《海洋法公约》执行不力的缺陷；还有代表团指出，有效落实能力建设和海洋技术转让不得阻碍国家管辖范围以外区域海洋生物多样性的保护。归根结底，能力建设和海洋技术转让应当有利于海洋生物多样性。

与前面三项议题类似，第一届政府间会议和第二届政府间会议期间，能力建设和海洋技术转让问题涉及的谈判内容基本相同，只是谈判顺序略有区别。第一届政府间会议期间，能力建设和海洋技术转让问题非正式工作组按照能力建设和海洋技术转让的目标、类别和模式、供资、监测和审查共有内容的顺序依次展开讨论。第二届政府间会议期间，能力建设和海洋技术转让问题非正式工作组则是按照能力建设和海洋技术转让的类型和模式、供资、监测和审查以及目标的顺序展开。第三届政府间会议期间，能力建设和海洋技术转让问题非正式工作组在若干条款上已取得进展，尤其是精简案文、减少重复的提案得到普遍认可。2022年第四届政府间会议期间，关于能力建设和海洋技术转让，各代表团的分歧体现在协定案文草案修改稿第44条第2款中能力建设和海洋技术转让义务的性质如何、可否形成提案、克服强制性规定和自愿性规定二元划分的方法；协定案文草案修改稿第43条第1款和第44条第1款中合作开展能力建设和海洋技术转让工作、获得能力建设和海洋技术转让机会等义务的性质为何，如何提及与其他相关方的合作，进行海洋技术转让的条件为何；是否以及如何列出协定案文草案修改稿第46条第1款以外的能力建设和海洋技术转让类型。第五届政府间会议期间，各方进行深入探讨，平衡各方利益，缩小分歧，最终形成第五部分能力建设和海洋技术转让的文本，包括目标、能力建设和海洋技术转让方面的合作，能力建设和海洋技术转让的模式，海洋技术转让的其他模式，能力建设和海洋技术转让的类型，监测和审查，能力建设和海洋技术转让委员会等内容。

综上所述，从2011年提出一揽子解决海洋遗传资源、划区管理工具、环境影响评价、能力建设与海洋技术转让这四个议题的建议，到2023年第五届政府间会议（包括续会），在这十多年的时间里，各代表团对于上述四项议题经过多轮谈判和讨论，弥合分歧、增进共识，最终得以通过BBNJ国际协定，为国际海洋治理开启新篇章。

三 中国参与 BBNJ 谈判及未来发展路径

BBNJ 谈判及最终协定的形成，不仅是探索国际海洋治理新方案的重要活动，亦是维护中国海洋权益的重要途径。中国积极参与谈判、努力探寻适合的路径。

（一）中国参与 BBNJ 谈判发挥的作用

自 BBNJ 谈判启动以来，尤其是进入政府间会议阶段后，中国深度参与谈判进程，并发挥建设性作用。在参与程度方面，中国从海洋治理、国土资源、外交三个面向全方位、深层次参与，并建立由低到高谈判底线框架，即从渔业治理、大陆架和专属经济区等关键性领域和宏观的海洋安全来推进[1]。

第一，中国提出将人类命运共同体理念融入 BBNJ 国际协定。在 BBNJ 谈判陷入僵局时，倡导人类命运共同体理念、追求全人类利益最大化，既是中国智慧和中国方案的体现，又是化解海洋僵局的良方。对此，中国提出，将人类命运共同体理念纳入 BBNJ 国际协定，即建议在序言中增加："决定加强国际合作以共同应对海洋领域的挑战，顾及国际社会的整体利益和需要，从而建设人类命运共同体"[2]。人类命运共同体理念有助于弥补 BBNJ 国际协定中指导性原则的不明确，其包容性的内涵也有助于促进海洋遗传资源、划区管理工具、环境影响评价、能力建设和海洋技术转让等各项议题的一揽子解决。

第二，中国积极为各项议题谈判建言献策。在人类命运共同体理念的指引下，中国为四项议题的谈判均提出了中国方案。具体而言，中国将海洋遗传资源视为人类共同遗产，建议适用人类共同继承财产原则，提出应当增进人类共同福祉；在划区管理工具议题上，中国主张尊重小岛屿国家

---

① 姜秀敏、陈坚：《BBNJ 协定谈判的焦点与中国的路径选择》，《中国海洋大学学报》（社会科学版）2021 年第 3 期，第 8 页。

② 施余兵：《国家管辖外区域海洋生物多样性谈判的挑战与中国方案——以海洋命运共同体为研究视角》，《亚太安全与海洋研究》2022 年第 1 期，第 43 页。

的传统知识；在环境影响评价议题上，中国提出环境影响评价需要考虑不同国家的特殊性；在能力建设和海洋技术转让议题上，中国强调照顾内陆国家、落后国家的特殊需求①。

（二）中国未来参与 BBNJ 国际协定的路径选择

BBNJ 国际协定已经正式通过，并且在 2023 年 9 月 20 日，BBNJ 国际协定开放签署的首日，中国便签署了该协定。这彰显了中国积极、深度参与全球环境治理，助力海洋环境保护与可持续利用方面的大国责任和担当。为此，未来选择恰当的路径积极参与和落实该协定成为中国面临的新课题。

第一，积极参与 BBNJ 国际协定内容的进一步界定、执行。尽管 BBNJ 国际协定业已通过，但是由于各方利益存在差别，冲突不可能完全得到调和，这就意味着最终达成的文本在诸多方面呈现术语含义不清的状况。以附件一为例，该附件是用于识别区域的指示性衡量标准，多达 22 个，这不乏内涵模糊的术语，如独特性、稀缺性，对物种生活史各阶段的特殊重要性、在该区域内所发现物种的特殊重要性等。其中包括经济、社会等多方面的因素，要落实这些标准显得十分复杂，充满不确定性。基于此，未来进一步解释和界定 BBNJ 国际协定文本的内容，构建新的执行机制，制定新的具体规则又将是新一轮的话语权、主导权竞争与博弈。在此过程中，选择恰当的路径尤为重要。一方面，针对 BBNJ 国际协定未来的进一步界定和执行，中国既要在遵守条约法原则基础上主动参与其中、提供中国方案，又要坚守中国立场、维护国家利益。另一方面，针对未来履行 BBNJ 国际协定可能对国内法造成的挑战，中国需要防患于未然，及时作出法律法规和政策方面的回应，即以 BBNJ 国际协定为参照，进行相应国内法的立改废释，逐步建立起完整的国内规则体系。

第二，加强与其他利益攸关者合作。BBNJ 谈判及最终协定的达成是

---

① 姜秀敏、陈坚：《BBNJ 协定谈判的焦点与中国的路径选择》，《中国海洋大学学报》（社会科学版）2021 年第 3 期，第 8 页。

国际社会探索海洋治理新方案的重要活动，而海洋治理又关涉多方主体的利益，需要多方主体的共同参与，这亦是追求合作共赢、促进全人类利益最大化的人类命运共同体理念所要求的，加之 BBNJ 国际协定本身就是多边主义的巨大成功，其为国家和其他利益攸关者合作提供重要框架，以促进海洋及其资源的可持续发展、助力全球海洋治理。因而，未来参与BBNJ 国际协定，中国应当继续加强与其他利益攸关者的合作。这不仅利于知悉各方心声、兼顾多方利益需求，而且能够推动 BBNJ 国际协定的落实，还可以为中国应对挑战积累经验。

四 结论与展望

自 2004 年至今，BBNJ 谈判在近二十年间先后经历了三个重要阶段，即2004 年至 2015 年的不限定成员名额非正式特设工作组阶段、2016 年至 2017年的筹备委员会阶段、2018 年至今的政府间会议阶段。在政府间会议阶段，尤其是第三届政府间会议和第四届政府间会议期间，BBNJ 谈判取得实质性进展，拟定协定案文草案的讨论有序推进。在海洋遗传资源、划区管理工具、环境影响评价、能力建设与海洋技术转让等各议题上，各代表团达成重要共识并逐步形成 BBNJ 国际协定案文。各代表团同样存在很多分歧尚未达成一致，最为突出的障碍体现在各项议题发展不均衡，进而导致一揽子解决方案难以达成。具体而言，各代表团在环境影响评价议题上取得的共识最多，在划区管理工具议题上取得的共识次之，在海洋遗传资源与能力建设和海洋技术转让这两项议题上则存在严重分歧，尤其表现为发达国家和发展中国家之间争执明显。尽管如此，经过各方努力，协定本文最终还是顺利达成一致，并正式通过 BBNJ 国际协定。

尽管存在挫折和障碍，但 BBNJ 国际协定符合国际社会整体利益和全人类的整体发展需求。作为最大的发展中国家和世界海洋大国，中国应以人类命运共同体理念为指引，未来积极参与 BBNJ 国际协定，为 BBNJ 国际协定落实贡献中国智慧和中国方案。

第十七章　国际海洋法治热点问题：日本核污水排海的国际治理

2023 年 8 月 24 日，日本政府已将其福岛第一核电厂产生的核污染水以排海的方式进行处置，引起了国际社会与日本国内的强烈反对。日本所宣称"安全"的核污染水处置方式事实上存在极大的安全隐患。日本核污水排海涉及诸多的国际法律问题，中国作为重要海上邻国也应积极寻求应对之策。

第一节　日本核污水排海涉及的国际法问题

一　核污水的概念与定义

核废水（nuclear waste water）系核电站正常运行情况下产生的正常核废料之一，目前人类对其研究较多，技术上相对成熟，在遵守严格的处理标准后可以进行排放；而核污染水（nuclear polluted/contaminated/radioactive water）是核事故意外产生的核废料，其放射性不明，相关研究很少，特别是对其长期追踪几乎空白，因此核废水的排放标准不能适用于核污染水。日本方面多次强调核污染水的排放不会造成损害，且符合"国际惯例"，这一表述存在"偷梁换柱""避重就轻"之嫌。日本的表述首先混淆了"核污染水"与"核废水"两个具有本质区别的概念。

国际上目前不存在核污染水排放的标准。目前，无论是国际上国际原子能机构（IAEA），还是拥核国家都制定了核电站正常运行的核废水排放标准，但对核事故产生的核污染水没有可适用的标准，即现行核废水排放标准不适用于福岛核污染水排放。向海洋排放稀释后的核废物目前无法得到任何国际法律规范的支持，特定种类废物的排放以及特定方式的排放反而会受到国际法律规范的严格限制。例如，《斯德哥尔摩宣言》原则 21 所确定的国际习惯法以及《海洋法公约》第 194 条均规定，一国管辖范围内的活动不能导致管辖范围外的环境污染损害。《海洋法公约》第 207～212 条分别对陆源污染、区域内活动污染、倾倒污染、船舶污染等活动作出限制。即便得到稀释的废物，只要会对环境造成不利影响，其排放也受到国际习惯法以及《海洋法公约》的约束。除《海洋法公约》外，还有大量条约限制废物（包括稀释后）向海洋排放的活动，如符合《巴塞尔公约》附件 1 名录中的废物（不包括放射性废物，且必须具有《海洋法公约》附件 3 所规定的任一特性）必须遵从无害化处置，且有通知有关国家的义务；《乏燃料管理安全和放射性废物管理安全联合公约》第 27 条规定，放射性废物的处置不能超过南纬 60 度以南以及不能损害其他国家的海洋航行自由权；《伦敦公约》对其附件一名录（主要为一些自然产生的无害物质）以外的废物，严格禁止从船舶、航空器、平台等进行排放。上述条约法均不考虑废物本身是否得到稀释，只要废物的排放可能对海洋造成不利影响，便会受到相关条约法的约束。截至目前，向海洋排放稀释后废物没有任何国际法依据，排放稀释后废物的行为也不构成国际惯例。若国家制定了允许稀释后废物向海排放的法律法规，则涉嫌违反该国的国际法义务。

二　日本的国际法律义务

在程序性义务方面，日本负有及时通知义务、信息披露义务以及环境影响评价义务；在实体性义务方面，日本有责任停止核污染水排海计划，同时对已经造成的损害进行赔偿。日本应当履行上述国际义务，若违反则需要承担所对应的国家责任。

（一）及时通知义务

及时通知义务是各国面对核损害跨界污染所肩负的一项重要国际义

务，同时也是被《海洋法公约》以及多个涉核公约所确定的跨界核损害发生时的基本程序性义务之一。《海洋法公约》第 198 条明确规定："当一国获知海洋环境有即将遭受污染损害的迫切危险或已经遭受污染损害的情况时，应立即通知其认为可能受这种损害影响的其他国家以及各主管国际组织。"

（二）信息披露义务

根据《海洋法公约》第 199 条之规定，当一国在本国管辖范围内的活动有可能造成或已经造成跨界环境损害时，其有义务将自身掌握的与海洋污染有关的信息和情报与利益攸关方进行交换。同时，《海洋法公约》第 204 条进一步规定，各国应在符合其他国家权利的情形下，在实际可行范围内，尽力直接或通过各主管国际组织，用公认的科学方法观察、测算、估计和分析海洋环境的危险或影响。

（三）环境影响评价义务

根据《海洋法公约》第 206 条规定，各国如有合理根据认为在其管辖或控制下计划中的活动可能对海洋环境造成重大污染或重大和有害的变化，应在实际可行范围内就这种活动对海洋环境的可能影响作出评价，并提送评价结果的报告。

（四）避免核污染水排放造成跨境损害之义务

各国不得因自己管辖范围以内的活动对其他主体造成损害，这是国际环境法领域最为重要的一项国际习惯法。由"特雷尔冶炼厂案"所确定，最终在《斯德哥尔摩宣言》原则 21 中被正式确立为国际习惯法。《海洋法公约》第 194 条、第 207 条等将国际习惯法的规定沿用在海洋法中。从当前日本政府公开的部分信息、学术界的研究以及以绿色和平组织为代表的非政府组织的追踪调查可以看出，一旦日本实施核污染水排海，其有极大可能造成跨界环境损害。

（五）核污染水处置的最小损害性义务

《海洋法公约》第 194 条规定，各国应采取一系列有效措施，从而在最大可能范围内尽量减少海洋污染。当前日本在公开政策中仅横向比较了核污染水排海和蒸发两种方式，这是远远不够的。根据绿色和平组织的研究，核污染水继续在储罐中加以储存的现实危害性会远远小于排海，尤其是对半衰期较短的氚元素而言，哪怕只是晚排放数年，核污染水的放射性都会大幅降低。当前日本核污染水排海计划无法证明自己符合《海洋法公约》所规定的最小损害的标准。

　　尽管日本核污染水排海计划涉嫌违反多项国际义务，但是若想有效制止核污染水排海计划，必须能够证明日本违反了《海洋法公约》所规定的实体性义务。如果仅仅是违反了程序性义务，日本只需要补齐相关程序即可，不必然需要停止核污染水排海。若要证明日本违反相关实体性义务，证明责任的难度较大。从"MOX核工厂案"和"乌拉圭河纸浆厂案"的先例来看，当事国很难通过一己之力达到举证责任的要求。若无法证明日本违反相关的实体性义务，将很难有效阻止核污染水排海计划的实施，相关国家责任的追究便更难提起。

第二节　核污水排海涉及的国际执法问题

　　对于日本排放核污染水的计划，国际原子能机构、国际海事组织、世界卫生组织等政府间和非政府间国际组织应当发挥作用，组建国际专家组进行监督评估，形成信息透明的临时监督机制[①]。当前多数政府间国际组织并没有明确反对日本核污染水排海计划，以国际原子能机构为代表的国际组织已经为核污染水排海计划提供部分技术支持。绿色和平组织等部分非政府间国际组织则对核污染水排海计划表现活跃，其部分观点为制止该计划以及追究日本国际责任提供了重要参考。

一　国际原子能机构

　　国际原子能机构于1957年在原子能用于和平的倡议下成立，是一个与

---

① 刘晨虹、初北平：《从国际法角度看，如何应对福岛核污水排海之害》，光明网，https://news.gmw.cn/2021-05/20/content_34859117.htm。

联合国建立联系的政府间国际组织。国际原子能机构的权力源于《国际原子能机构规约》以及其他相关国际协议的授权，其宗旨是加速扩大原子能对全世界和平、健康和繁荣的贡献，并确保由机构本身或经机构请求或在其监督管制下提供的援助不被用于推进任何军事目的。核保障、核安全、核保安是国际原子能机构的三大工作领域①。作为实现世界核秩序的监督者和促进者，在日本核污水排海一事上，国际原子能机构有义务对其进行审查及监测，确保含有放射性物质的核污水被有序且无害地处理。

在日本宣布核污水排海计划后，国际原子能机构总干事格罗西表示，日本的解决方案符合国际惯例，在技术上展现出了可行性。国际原子能机构预计会为该计划的实施提供技术支持，对实施过程中的安全性与透明性进行监测与审查②。2021 年 8 月，日本经济产业大臣梶山弘志与格罗西在国际原子能机构（IAEA）总部举行会谈。格罗西表示，IAEA 已经同意对福岛第一核电站九月份的处理后污水排放实施现场监督。届时官员将前往日本参加现场会议，讨论进一步的处理后污水排放计划和活动③。2021 年 9 月 6 日至 10 日，IAEA 副总干事莱迪·埃弗拉尔率领专项工作组访问日本，正式启动了对福岛第一核电站计划排放核污水的长期审查和监测，讨论未来在福岛第一核电站中核污水处理的合作问题④。在造访日本期间，埃弗拉尔带领工作小组会见了日本的外务省、经济产业省以及日本原子能规制委员会的高级官员，正式启动了审查进程，他们就 IAEA 审查的安全

---

① 高宁、王超海：《国际原子能机构在建构世界核秩序中的角色定位》，《求索》2008 年第 3 期，第 52~54 页。

② 《联合国原子能机构将针对福岛核电站经处理的水排放入海与日本密切合作》，联合国网，2021 年 4 月 13 日，https：//news. un. org/zh/story/2021/04/1081992。

③ 《国际原子能机构将于 9 月启动日本核废水安全评估》，光明网，https：//m. gmw. cn/2021-08/20/content_1302500334. htm。

④ IAEA Team Visits Japan to Begin Implementing Project to Monitor and Review Water Release at Fukushima Daiichi, IAEA, Sept. 6, 2021. https：//www. iaea. org/newscenter/pressreleases/iaea-team-visits-japan-to-begin-implementing-project-to-monitor-and-review-water-release-at-fukushima-daiichi.

相关方面、监管活动方面、环境监测方面达成一致①。在 2022 年 4 月 29 日，IAEA 发布了日本福岛核污染水处置技术工作组在 2 月赴日考察的第一份技术报告，该报告对考察情况进行了总结，并对日本提出了诸多技术改进建议，但报告本身并没有得出任何结论性意见。2023 年 7 月 4 日，IAEA 公布针对日本福岛核污染水的综合报告，但 IAEA 总干事格罗西强调，报告并非是对日本排海决定的"推荐"或"背书"。

二　国际海事组织

在国际海事组织会议上，多国多次呼吁就日本核污染水排放计划进行国际讨论。保护海洋环境是国际海事组织的一项重要职责，包括污染预防、污染防备和应对等方面。国际海事组织作为主导海洋环境议程的国际组织，应当研讨与国际原子能机构合作的可行性，以国际社会能够接受的方式处理日本福岛核电站的污染水。

三　世界卫生组织

截至目前，世界卫生组织未就日本核污染水排海发表态度明确的官方声明。但值得注意的是，在 2011 年福岛核事故发生后，世界卫生组织对辐射防护领域以及灾后心理健康问题发布了相关标准。2020 年 11 月 26 日，世界卫生组织发布了《放射性和核紧急情况下的心理健康和社会心理支持框架》，首次将心理健康核辐射防护领域的现有知识汇集在一起，作为核和放射性紧急情况的准备核应对综合指南。

四　联合国人权高专办等人权组织与团体

国家应承担保护人权的首要责任，联合国人权高专办向各国政府提供援助，以使其能够履行承诺遵守的国际人权标准。这种援助包括司法、立

---

① 《国际原子能机构与日本商定福岛第一核电站水排放安全审查时间表》，IAEA 网，https：//www.iaea.org/zh/newscenter/pressreleases/20211008。

法改革和选举进程等领域的专门知识和技术培训。2020 年 6 月 9 日，联合国人权事务高级专员办事处官网发布新闻，敦促日本政府推迟任何关于倾倒核污水的决定，最早也必须在新冠疫情过去并且可以进行适当的国际协商之后举行。他们呼吁日本政府提供适当的空间和机会，就可能影响日本国内外民众的核废料处置进行磋商。他们此前就曾对公众认为"可接受"的辐射暴露水平增加以及在核灾难后对已受伤害的工人进行清理工作表示担忧。

随着日本政府在 2021 年 4 月 13 日通过公开政策决定实施核污染水排海，4 月 15 日，联合国人权事务高级专员办事处官网发布新闻，表明对日本核污水排海的决定"深感失望"，因为专家们认为有其他的解决方案可以解决这个问题。这些核污染水可能含有大量碳-14、锶-90 和氚等放射性物质，它们会有机地与其他分子结合，沿着食物链向上移动，影响植物和鱼类以及人类。对于日本无视国际法以及全人类共同利益的行为，联合国人权高专办的新闻强调，日本有国际义务防止接触有害物质，进行环境影响评估，防止跨界环境危害，并保护海洋环境。

除联合国人权高专办，一些联合国独立专家也对此深表遗憾，并认为日本的核污染水排海计划将给该地区和其他地区的相关人群充分享受人权带来相当大的风险。日本民间团体"和平人权环境论坛"事务局次长井上年弘多次参与组织市民抗议活动。他表示，日本政府和东京电力公司曾对渔民许下承诺，得不到渔民的理解绝不会把核污染水排海。

五　绿色和平组织

作为全世界最知名的非政府间国际组织之一，在福岛核事故发生后，绿色和平组织（Greenpeace）一直对日本核事故后续动向高度关注。在 2020 年 10 月，绿色和平组织便发布了《逆水行舟 2020：日本福岛放射性水危机的现状》报告，警告称福岛核电站污染水含有的放射性物质已经达到"危险程度"，这些物质对人类遗传物质构成损害①。

在日本政府发布公开决策，允许核污染水排入太平洋后，绿色和平组织立即对该决定表示强烈谴责，认为这一决定忽视了人权和国际海洋法②。自 2012 年开始，绿色和平组织便向联合国机构提交技术分析报告，与其他非政府组织一起与福岛当地居民举行研讨会，并提出反对排放福岛核污染水的请愿，提交给相关日本政府机构。此外，绿色和平组织日本分部最近的一份报告详细介绍了福岛第一核电站退役计划的替代方案，包括阻止污染水继续增加的方案。这表明绿色和平组织将继续领导阻止放射性核污染水排入太平洋的运动。

2021 年 12 月 16 日，针对东京电力公司发布的核污染水放射性影响评估报告，绿色和平组织东亚分部以公众意见书的形式发表了评论。该评论表明，福岛第一核电站放射性废物会在中长期对包括太平洋在内的环境造成独有的放射性威胁，而东京电力公司现有的方案是不可能将福岛地区的环境恢复到 2011 年核事故发生以前的状况的。此外，绿色和平组织认为，东京电力公司的风险评估范围有限，很多影响广泛且重要的问题被忽视了。对于核污染水中主要含有的放射性成分，如氚、碳-14 和锶-90，东京电力公司环境影响评价报告的评估和解释都存在较大不足③。

菲律宾绿色和平组织东南亚地区执行董事纳德列夫·萨诺表示：日本政府排放核污染水的决定完全无视人权和国际海洋法，完全无视亚太地区人民的利益。菲律宾著名环保专家安东尼奥·托尼·奥波萨指出，放射性

① Greenpeace, The Reality of the Fukushima Radioactive Water Crisis, October 9, 2020, available in: https://www.greenpeace.org/static/planet4 - japan-stateless/2020/10/5e303093 - greenpeace _ stemmingthetide2020_fukushima_radioactive_water_crisis_en_final.pdf.

② Greenpeace, The Japanese Government's Decision to Discharge Fukushima Contaminated Water Ignores Human Rights and International Maritime Law, April 13, 2021, available in: https://www.greenpeace.org/international/press-release/47207/the-japanese-governments-decision-to-discharge-fukushima-contaminated-water-ignores-human-rights-and-international-maritime-law/.

③ Greenpeace, Comments on TEPCO Radiological Impact Assessment Report Regarding the Discharge of ALPS Treated Water into the Sea (design stage), December 16, 2021, available in: https://www.greenpeace.org/static/planet4 - japan-stateless/2021/12/9a52607f-public-comment-on-fukushima-radiological-assessment-.pdf.

废物必须被视为有毒物质，日本核污染水排海是来自陆地的海洋污染，是非法的。

2022年2月18日，针对国际原子能机构技术工作组在日本召开的线上记者会，绿色和平组织再度发表声明，该声明警告称，日本政府计划从福岛第一核电站排放放射性核污染水，而人们对国际原子能机构能够全面调查解决其中存在的基本环境问题和安全问题的期望很低。IAEA几十年来一直试图为放射性海洋污染辩护，认为它没有影响，是安全的，但是IAEA没有能力保护环境、人类健康或者人权免受辐射风险的影响——因为这些都不是IAEA的工作①。

当前绿色和平组织就日本核污染水排海政策已经发出了大量的声明、倡议和研究调查报告，然而由于绿色和平组织并非国际法主体，其无法直接参与追究日本核污染水排海的国际法责任。但不可否认的是，绿色和平组织的许多研究为中国等直接利益攸关方的追责提供了极具价值的参考和借鉴。

六 太平洋岛国论坛

太平洋岛国论坛一直高度关注日本核污染水排海计划，一些太平洋岛国以及菲律宾等国也被认为会受到日本核污染水排海计划的直接影响。2021年9月14日，太平洋岛国论坛与日本举行了第3次核污染水情况简报会，太平洋岛国论坛秘书长亨利·普纳（Henry Puna）指出，核污染水排海的相关问题需要"公开和坦率的磋商"，以及在政治和技术层面的持续对话。他对日本分享的信息表示赞赏，但重申该地区明确的信息需求，这是维护蓝色太平洋无核区的关键。他表示："我呼吁日本政府继续在商定的时间内全面分享相关信息。""这对我们生活在蓝色太平洋的人来说，重要的是，我们担心的是其所带来的跨国界性质的影响。""我们需要完全、完整地披露所有信息和证据，以使我们能够充分了解影响的性质和程度，并使我们能够对

① CGTN, Fukushima discharge: IAEA Made' Significant Progress But Greenpeace Had' Low Expectations, February 21, 2021, available in: https://news.cgtn.com/news/2022 - 02 - 21/IAEA-made-significant-progress-but-Greenpeace-had-low-expectations-17PsM23EMaA/index.html.

多核素系统（ALPS）处理后的水的影响作出全面和公正的评估。"他希望有办法解决太平洋地区的担忧与关切，以达成"基于科学、符合法律和道德义务的解决方案"①。

随着日本核污染水排海计划的不断推进，太平洋岛国的领导人也纷纷对日本表达不满。在 2022 年 3 月 31 日，由太平洋岛国前任和现任领导人组成的一个特殊非政府组织——太平洋长者之声（Pacific Elders Voice）发表《禁止福岛核污染水排放：太平洋长者之声声明》一文，重申日本排放核污染水入海的行为违反诸多国际条约法，认为日本有国际法律义务采取一切可能的措施来避免辐射的跨境污染②。同时，太平洋长者之声欢迎最近委任的一个全球核问题独立专家组来支持太平洋国家，并就核污染水相关问题提供独立的科学建议和指导。

第三节　日本核污水排海的国际司法问题

尽管通过国际司法程序解决跨境污染损害的现实案例并不多，但是相关案例对各国产生了极大的现实影响，同时也对国际法的发展起到了不容忽视的推动作用。其中国际法院（International Court of Justice，ICJ）和国际海洋法法庭（International Tribunal for the Law of the Sea，ITLOS）受理的相关案件可以为日本核污染水问题进行追责提供重要的借鉴。

一　国际司法案例

（一）国际法院所涉及的诉讼案件

自 1946 年联合国国际法院取代国联的常设法院成为主要的国际争端解

① The Island Sun, Puna urges Japan to share relevant information, available in: https://theislandsun. com. sb/puna-urges-japan-to-share-relevant-information/, September 15, 2021.
② Island Times, No Fukushima Nuclear Discharge: Pacific Elders Voice statement, available in: https://islandtimes. org/no-fukushima-nuclear-discharge-pacific-elders-voice-statement/, March 31, 2022.

决机构以来，国际法院受理了 5 起涉核案件，分别为"澳大利亚、新西兰诉法兰西核试验案（包括临时措施）"① 以及"马绍尔群岛诉印度、巴基斯坦和联合王国案"②。上述涉核案件均没有走到实质审理阶段，"澳大利亚和新西兰诉法兰西核试验案"被国际法院认为"请求标的不复存在"，而"马绍尔群岛诉印度、巴基斯坦和联合王国案"则被认为"诉讼双方之间不存在争端"。上述案件表明，要通过国际司法机构处理涉核跨境争端并不是一件易事，首先面临的就是管辖权问题，目前所有涉核案件均没有突破管辖权这一门槛。

国际法院对部分跨境环境污染争端的裁决可提供有价值的借鉴。例如，1941 年"特雷尔冶炼厂案"确立了"一国不得因本国领域内的活动造成他国的损害"这一标准。该标准虽然被确立为国际习惯法，但在适用中受到一系列限制。在 1973 年"澳大利亚和新西兰诉法兰西核试验案"中，法庭表明，"如果起诉方无法证明被诉方造成了起诉方的直接损害，只是损害了全人类的共同利益，则不能通过国际法院的诉讼解决争端"。

国际法院受理乌拉圭和阿根廷之间的"乌拉圭河纸浆厂案"③，是另一起典型的跨界环境损害案件。尽管本案进入实质审理阶段，但是阿根廷仅证明乌拉圭违反了告知义务、谈判义务等程序性义务，并没有证明乌拉圭违反了《乌拉圭河规约》中的任何实体性义务。在法院最后裁判中指出，违反程序性义务并不必然阻止项目工程的实施，只有确定违反实体性义务才会起到阻止项目实施的效果。

（二）国际海洋法法庭所涉及的仲裁案件

国际海洋法法庭设立的初衷便是专门解决涉海争端，海洋环境争端属于典型争端之一。当前国际海洋法法庭受理的最典型的跨境环境损害争端

① ICJ, Judgment, *Nuclear Tests Case*（Australia v. France）；ICJ Judgment, Nuclear Tests Case（New Zealand v. France）.

② ICJ, Judgment, *Obligations Concerning Negotiations Relating to Cessation of the Nuclear Arms Race and to Nuclear Disarmament*（Marshall Islands v. India）.

③ ICJ, Judgment, *Pulp Mills on the River Uruguay*（Argentina v. Uruguay）.

是爱尔兰和英国的"MOX 核工厂案"①。该案与日本核污染水排海事件具有较高的相似性：首先，两案都涉及核问题；其次，"MOX 核工厂案"中爱尔兰的仲裁目标与中国就日本核污染水排海事件中所希望实现的目标较为相似；最后，爱尔兰的一些仲裁策略——如先行提请临时措施等，也可以为中国所借鉴。

　　然而在"MOX 核工厂案"中，爱尔兰的举证责任部分存在相同的瑕疵。本案爱尔兰除要求英国公开与 MOX 核工厂设立和运营相关的信息外，还要求 MOX 核工厂停止运作。而英国一方面主张相关信息涉及商业机密，另一方面认为 MOX 核工厂的设立和运营不会导致严重的海洋环境污染问题。"MOX 核工厂案"中，爱尔兰面临程序性义务和实体性义务的双重举证责任，但爱尔兰无法证明 MOX 核工厂的污水排放造成了重大环境损害。最终，仲裁庭没有支持爱尔兰停止 MOX 核工厂运营的仲裁请求，也没有支持临时措施的要求，仅要求两国交换 MOX 核工厂的相关信息。

　　（三）国际司法机构的咨询案

　　国际法院和国际海洋法庭也受理了有关核问题和海洋环境污染问题的咨询案件。尽管国际司法机构的咨询意见本身不具有法律约束力，但对国际法发展起到了重要推动作用。

　　国际法院受理了两起涉核咨询案件，一是世界卫生组织提请的"一国在武装冲突中使用核武器的合法性咨询案"②，二是联合国大会提请的"以核武器相威胁或使用核武器的合法性咨询案"③。世界卫生组织提起的咨询案是国际法院唯一拒绝发表咨询意见的案件。国际法院认为，世界卫生组织对核武器使用的问题提请咨询意见，不属于其工作范围内的事项。联合国大会提请的咨询案虽然被受理，但国际法院并未对核武器合法性的

---

① ITLOS, *the MOX Plant Case*.

② ICJ, Judgment, *Legality of the Use by a State of Nuclear Weapons in Armed Conflict* (Advisory Opinion of 8 July 1996).

③ ICJ, Advisory Opinion, *Legality of the Threat or Use of Nuclear Weapons* (Advisory Opinion of 8 July 1996).

问题发表明确意见。但该案中，国际法院的部分意见依旧对国际环境法以及核安全法的发展起到了重要推动作用。例如，国际法院进一步重申：一国必须运用一切可能手段，避免在其领土或管辖范围内，因发生的活动而对另一国的环境造成严重损害，并将该义务确立为一项重要的国际环境法规则。虽然咨询意见不具有法律约束力，但是其依旧是国家实践的重要参照。日本核污染水排海计划也不例外。

二　注重国际司法机构的咨询意见

较之于国际法院和国际海洋法法庭对咨询意见的处理，这种方式比直接依据《海洋法公约》附件七提起仲裁，效果会更好。一方面，除去世界卫生组织请求的"一国在武装冲突中使用核武器的合法性咨询案"因超越职权范围被驳回外，剩下所有咨询案国际法院和国际海洋法法庭均发表了咨询意见；另一方面，请求咨询意见可以有效避免仲裁这种双边争端解决机制中的一系列弊端，本章将在第四节加以详述。

第四节　中国的应对之策

中方一直坚决反对日本的核污水排海行为。中国一方面应继续通过外交途径对日本政府的行为进行抗议和谴责，另一方面也可以考虑向国际法院提起咨询意见或通过仲裁等司法途径维护合法权益。

一　司法手段

和平国际争端的解决方式包括政治解决方法和法律解决方法。当前日本没有停止核污染水排海计划的迹象，外交手段之外法律手段也是可以合法利用的手段。如前所述，日本核污染水排海的行为涉嫌违反国际习惯法、《海洋法公约》、《及早通报核事故公约》等不同国际法规范。中日两国均为《海洋法公约》的缔约国，该公约本身纳入了强制性的争端解决程序，中方可以依据《海洋法公约》寻求法律救济。进一步而言，根据

《海洋法公约》的规定和中日两国的立场，双方仅能选定《海洋法公约》附件七仲裁提起争端解决程序。

二　双边合作

根据《海洋法公约》第 283 条之规定，如果缔约国之间就公约的解释或适用发生争端，必须先行通过谈判或者其他和平手段交换意见，这是一项前置性义务。然而截至目前，中国只通过外交部官方声明等形式对日本核污染水排海行动表示抗议，还没有正式与日本就核污染水排海计划完成交换意见的前置义务，若没有实际谈判和交换意见，中国援引《海洋法公约》附件七提起仲裁则会存在程序性瑕疵。

三　国际合作

中国应与韩国、俄罗斯、朝鲜以及太平洋岛国等利益相关方展开密切沟通，借助联合国大会或其他联合国专门机构提起动议，并请求国际法院的咨询意见。联合国大会可以就所有问题提请国际法院提供咨询意见，故中国首要选择通过联合国大会请求咨询意见。中国应尽快与利益相关的周边国家协同提出意见，确保在联合国大会或者其他机构提出的动议能够通过，并提请联合国大会或者相关机构就日本核污水排海问题作出决议。此外，由于日本核污染水排放计划不仅涉及海洋环境破坏，还涉及对人类生命健康的威胁，中国亦可以在世界卫生组织等其他有职权的联合国专门机构提起动议，请求就核污染水排放计划的相关法律问题提请国际法院发表咨询意见，尽最大可能涵盖对日本追责的各个层面。

除了借助既有国际组织，中国还可以联合有关国家发起"良好排海合作倡议"（Better Discharge Initiative，BDI）。倡议宜采取半开放式的圆桌会议形式，涵盖东北亚、东亚等受到排放潜在影响的国家，并在中国或韩国设立秘书处，主要讨论通知、应急计划、研究方案、情报和资料交换、监测等核污水排海重要问题，倡议成果通过发表声明、发起倡议、发表报告等形式对外进行宣传展示。BDI倡议不同于传统的零和博弈思维方式，而是采用共商、共建、共享、共赢的思路解决国际重大问题。

四 加紧收集核污染的科学证据

中国应加紧收集科学证据，争取有利于中国立场的咨询意见。根据《国际法院规约》第 65 条、第 66 条之规定，联合国机关在请求咨询意见时需附送一切与之相关的文件，作为直接利益相关国，中国极有可能将在国际法院直接出庭。基于寻求有利于中国的咨询意见考虑，中国有必要牢牢抓住呈送书面意见以及出庭陈述的机会。中国可以从证明日本核污染水排放违反国际法义务以及造成了现实损害两方面来进行举证。具体而言：第一，中国可以从统计渔业资料与监测相关数据入手，提供准确数据，以进行前后渔获产量的对比、与国外数据的交叉对比，从而计算出日本核污染水排放造成损害的现实求偿额度，将上述材料作为证据进行提交；第二，中国可借鉴韩国的实践和经验，抓紧出台或修订涉核法规；第三，加大国内放射性物质监测范围与频次，为应对日本排放核污染水提供国内法律依据。

核污染水的性质在现行国际法上虽没有明确界定，但其不属于核电站正常运作情况下产生的核废水，且危害远高于此类核废水。依据相关国际立法，日本负有及时通知、信息披露、环境影响评价等义务。国际组织功能视角下，相关国际组织也负有法律义务，对核污染水的排放进行评估、审查以及监督，杜绝核污染水危害海洋生态环境及人类健康的后果发生。对于海洋环境污染争端及跨境损害争端，国际司法机构已有类似的司法实践。中方可以考虑透过司法途径，或者通过联大等国际组织和机构提请咨询意见等方式进行应对。

结　语

　　中国海洋法治，简言之是根据国家法律治理中国的海洋。"法治"一词很早就出现在中文古籍里。《淮南子·氾论训》载："知法治所由生，则应时而变；不知法治之源，虽循古终乱。"西方的法治思想，最早可追溯到亚里士多德的法治理论，一是有优良的法律，二是法律得到民众普遍的遵守。中华民族是最早利用海洋的民族之一。关于海洋治理的思想和国家实践，早在春秋时期，被称为"海王之国"的齐国丞相管仲就提出"唯官山海为可耳"的治国主张，意指由国家统一组织开发陆地和海洋资源，国家就能富强。上述思想不断发展、丰富和完善，构成了当代海洋法治思想的基础与核心。

　　1949 年，中华人民共和国成立，新中国踏上了一条探索社会主义法治建设的道路。1954 年，第一届全国人民代表大会通过首部《宪法》，从此新中国走上探索和实践法治的道路。1978 年，党的十一届三中全会提出"健全社会主义民主，加强社会主义法制"的目标。1999 年，第九届全国人民代表大会第二次会议通过的《宪法》第 5 条明确规定："中华人民共和国实行依法治国，建设社会主义法治国家。"这就以国家根本大法的形式把依法治国方略上升为一项治国理政的基本法律原则。2012 年，党的十八大报告明确指出，要"全面推进依法治国"。

　　海洋法治是中国"实行依法治国，建设社会主义法治国家"的重要组成部分。作为中国特色社会主义法律体系的重要组成部分，海洋法制建设在新中国建立初期迈出坚实的步伐。1958 年颁布的《中华人民共和国关于领海的声明》，确立了 12 海里的领海宽度、对南海诸岛等海洋领土的主权、外国军舰通过中国领海需要事先批准、渤海为中国的内海等领海基本制度，为维护国家海洋领土、主权和安全，为中国海洋法治发展奠定了良好基础。毋庸讳言，这一时期海洋法制的发展，高度重视维护国家海洋方向的领土、主权和安全问题，而对海洋经济、海洋科技和海洋资源环境等方面的重视和关注不够。

60 年一甲子，我们对中国法治、中国海洋法治的认识和理解也发生了深刻变化，从"法制"到"法治"、从"海洋法制"到"海洋法治"是"全面推进依法治国"的伟大实践和经验总结。这一执政理念的重大转变，强调改革和发展"要在法律的框架下进行"，通过对海洋法律和海洋管理机构的健全和完善，推动海洋治理科学有序进行。

1978 年，党的十一届三中全会召开，确定了解放思想、实事求是的思想路线，作出了把党和国家的工作重点转移到社会主义现代化建设上来和实行改革开放的战略决策，开启了中国改革开放的历史新时期。从此，"中国的法治建设蓬勃发展，全面依法治国深入推进，中国特色社会主义法律体系日益健全"。海洋立法成为国家立法的重点领域。全国人民代表大会先后通过了《海洋环境保护法》《海警法》《海上交通安全法》《海商法》《海域使用管理法》《海关法》《领海及毗连区法》《专属经济区和大陆架法》《海岛法》《物权法》（确立了海域的物权属性），以及国务院等部门发布的涉海行政法规等几十部海洋立法和行政法规。党的十一届三中全会以来，中国海洋法制建设 40 多年取得的成就为中国海洋事业发展提供了全面的法律保障，为中国海洋法制向海洋法治迈进奠定了坚实的法律基础。

党的十八大以来，以习近平同志为核心的党中央高度重视海洋工作，作出建设海洋强国的重大战略部署，提出"一带一路"倡议、"海洋命运共同体"理念等原创性海洋发展新理论、新思想，中国海洋法治建设进入了一个全新的历史发展阶段。海洋法治建设进一步科学化、规范化、体系化和制度化，成为保障国家海洋领土、主权、安全和发展利益，维护国家海洋权益，促进海洋事业和海洋经济高质量发展，保护和保全海洋生态环境和资源的法律基础和制度保障，形成了具有中国特色的海洋法治范式。

　　中国海洋法治发展系列研究报告正是在这样一个宏观时代背景下应运而生的。《中国海洋法治发展报告（2023）》是该系列发展报告的开山之作。全书从中国海洋法治发展历史、海洋政策与管理、海洋经济与科技、海洋环境与资源、海洋安全的法治发展、海洋交通运输与安全、海商海事与海运、海洋外交与安全、国际海洋治理及前沿热点问题等方面的法治发展进行分析和论述，较为全面、系统、深入、客观地报告了自新中国成立特别是党的十一届三中全会和改革开放以来，中国海洋法治的发展历程、主要立法、重大事件、热点问题、治理成果、经验不足以及未来发展方向和对策建议等内容。

　　面对世界百年未有之大变局，全球海洋治理进入一个新的历史时期，总的发展趋势是对话、合作、共赢，构建海洋命运共同体。党的十九大报告明确提出了第二个百年奋斗目标，到2049年建国一百年时基本实现现代化，建成富强民主文明的社会主义国家。中国正处于实现中华民族伟大复兴历史进程的关键期，也是加快建设海洋强国的关键时期，我们更深切地体会和感受到采取必要措施推动海洋法治建设和提高海洋法治化水平，可以为加快建设海洋强国、提升维护国家海洋安全能力、促进国家海洋事业发展提供坚强有力的法治保障。

　　当前和今后一个时期，中国海洋法治的建设和发展，需要继续在以下三个方面改革和完善：第一，完善海洋事业领导体制的顶层设计；第二，加快海洋入宪和入法（海洋基本法）的步伐；第三，健全和完善国家海洋管理机构和海洋执法的体制和机制。这是中国海洋法治建设和发展的重要方向和领域，也是后续《中国海洋法治发展报告》需要关注和研究的问题。

　　最后，应该指出，作为国内第一部全面系统介绍和阐述中国海洋法治发展的著作，本书仍属于一个新生事物，难免存在缺陷和不足，今后的编撰中要认真对待、不断积累经验、着力提高和完善海洋法治发展报告的质量和权威性。

附 录

附件 1

习近平总书记关于海洋强国的重要论述

摘选

建设海洋强国是中国特色社会主义事业的重要组成部分。

> ——在十八届中共中央政治局第八次集体
> 学习时的讲话，2013 年 7 月 30 日

要进一步关心海洋、认识海洋、经略海洋，推动我国海洋强国建设不断取得新成就

> ——在十八届中共中央政治局第八次集体
> 学习时的讲话，2013 年 7 月 30 日

海洋事业关系民族生存发展状态，关系国家兴衰安危。要顺应建设海洋强国的需要，加快培育海洋工程制造业这一战略性新兴产业，不断提高海洋开发能力，使海洋经济成为新的增长点。

> ——在辽宁考察时的讲话，2013 年 8 月 28 日

东南亚地区自古以来就是"海上丝绸之路"的重要枢纽，中国愿同东盟国家加强海上合作，使用好中国政府设立的中国—东盟海上合作基金，发展好海洋合作伙伴关系，共同建设 21 世纪"海上丝绸之路"。

> ——《携手建设中国—东盟命运共同体》，在
> 印度尼西亚国会的演讲，2013 年 10 月 3 日

中国将同各国一道，加快推进丝绸之路经济带和 21 世纪海上丝绸之路建设，尽早启动亚洲基础设施投资银行，更加深入参与区域合作进程，推动亚洲发展和安全相互促进、相得益彰。

——在亚洲相互协作与信任措施会议第四次峰会
上的讲话，2014 年 5 月 21 日

要坚决维护领土主权和海洋权益，维护国家统一，妥善处理好领土岛屿争端问题。

——在中央外事工作会议上的讲话，2014 年 11 月 28 日

要切实加强务实合作，积极推进"一带一路"建设，努力寻求同各方利益的汇合点，通过务实合作促进合作共赢。

——在中央外事工作会议上的讲话，2014 年 11 月 28 日

在中国和南海沿岸国共同努力下，南海局势总体是和平的，航行和飞越自由从来没有问题，将来也不会有问题，因为首先中国最需要南海航行通畅。尽管中国拥有主权的一些南海岛礁被他人侵占，但我们始终主张通过和平谈判方式解决问题。中国将坚持同直接当事国在尊重历史事实的基础上，根据国际法，通过谈判和协商解决有关争议，我们完全有能力，也有信心同东盟国家一道，维护好南海地区的和平稳定。

——在新加坡国立大学的演讲，2015 年 11 月 7 日

中国坚定维护在南海的主权和相关权利，坚定致力于维护南海地区和平稳定，坚持通过同有关当事国直接协商谈判和平解决争议。中方尊重和维护各国依据国际法享有的航行和飞越自由，同时不会接受任何以航行自由为借口损害中国国家主权和安全利益的行为。希望美方恪守在有关主权和领土争议问题上不选边站队的承诺，为维护南海地区和平稳定发挥建设性作用。

——在第四届核安全峰会期间同美国总统奥巴马举行

会见时的讲话，2016 年 3 月 31 日

领导人一致同意，应在包括《联合国海洋法公约》在内的国际法原则基础上维护海洋法律秩序。所有有关争议应当由当事方通过友好谈判和协商和平解决，反对国际化和外国势力干涉。各方要恪守上述公约、《南海各方行为宣言》及落实宣言后续行动指针全部条款。

——在上海合作组织成员国元首理事会第十六次会议上的讲话，2016 年 6 月 24 日

坚持陆海统筹，加快建设海洋强国。

——在中国共产党第十九次全国代表大会上的报告，2017 年 10 月 18 日

海洋是高质量发展战略要地。要加快建设世界一流的海洋港口、完善的现代海洋产业体系、绿色可持续的海洋生态环境，为海洋强国建设作出贡献。

——在参加十二届全国人大一次会议山东代表团审议时的讲话，2018 年 3 月 8 日

我国是一个海洋大国，海域面积十分辽阔。一定要向海洋进军，加快建设海洋强国。

——在海南考察时的讲话，2018 年 4 月 12 日

海洋经济发展前途无量。建设海洋强国，必须进一步关心海洋、认识海洋、经略海洋，加快海洋科技创新步伐。

——在山东考察时的讲话，2018 年 6 月 12 日

建设海洋强国，我一直有这样一个信念。发展海洋经济、海洋科研是推动我们强国战略很重要的一个方面，一定要抓好。关键的技术要靠我们自主

来研发，海洋经济的发展前途无量。

——在山东考察时的讲话，2018 年 6 月 12 日

我们要积极发展"蓝色伙伴关系"，鼓励双方加强海洋科研、海洋开发和保护、港口物流建设等方面合作，发展"蓝色经济"，让浩瀚海洋造福子孙后代。

——在葡萄牙《新闻日报》发表题为《跨越时空的友谊
面向未来的伙伴》的署名文章，2018 年 12 月 3 日

我们人类居住的这个蓝色星球，不是被海洋分割成了各个孤岛，而是被海洋连结成了命运共同体，各国人民安危与共。

——在集体会见应邀出席中国人民解放军海军成立 70 周年多国
海军活动的外方代表团团长时的讲话，2019 年 4 月 23 日

经济要发展，国家要强大，交通特别是海运首先要强起来。要志在万里，努力打造世界一流的智慧港口、绿色港口，更好服务京津冀协同发展和共建"一带一路"。

——在天津考察时的讲话，2019 年 1 月 17 日

海洋是高质量发展战略要地。要加快海洋科技创新步伐，提高海洋资源开发能力，培育壮大海洋战略性新兴产业。

——致 2019 年中国海洋经济博览会的贺信，2019 年 10 月 15 日

建设海洋强国是实现中华民族伟大复兴的重大战略任务。

——在海南考察时的讲话，2022 年 4 月 10 日

发展海洋经济，保护海洋生态环境，加快建设海洋强国。

——在中国共产党第二十次全国代表大会上的报告，2022 年 10 月 16 日

习近平总书记在中国共产党第二十次全国代表大会
上的报告（海洋发展部分内容摘选）

　　我们提出并贯彻新发展理念，着力推进高质量发展，推动构建新发展格局，实施供给侧结构性改革，制定一系列具有全局性意义的区域重大战略，我国经济实力实现历史性跃升。国内生产总值从五十四万亿元增长到一百一十四万亿元，我国经济总量占世界经济的比重达百分之十八点五，提高七点二个百分点，稳居世界第二位；人均国内生产总值从三万九千八百元增加到八万一千元。谷物总产量稳居世界首位，十四亿多人的粮食安全、能源安全得到有效保障。城镇化率提高十一点六个百分点，达到百分之六十四点七。制造业规模、外汇储备稳居世界第一。建成世界最大的高速铁路网、高速公路网，机场港口、水利、能源、信息等基础设施建设取得重大成就。我们加快推进科技自立自强，全社会研发经费支出从一万亿元增加到二万八千亿元，居世界第二位，研发人员总量居世界首位。基础研究和原始创新不断加强，一些关键核心技术实现突破，战略性新兴产业发展壮大，载人航天、探月探火、深海深地探测、超级计算机、卫星导航、量子信息、核电技术、新能源技术、大飞机制造、生物医药等取得重大成果，进入创新型国家行列。

　　我们实行更加积极主动的开放战略，构建面向全球的高标准自由贸易区网络，加快推进自由贸易试验区、海南自由贸易港建设，共建"一带一路"成为深受欢迎的国际公共产品和国际合作平台。我国成为一百四十多个国家和地区的主要贸易伙伴，货物贸易总额居世界第一，吸引外资和对外投资居世界前列，形成更大范围、更宽领域、更深层次对外开放格局。

　　促进区域协调发展。深入实施区域协调发展战略、区域重大战略、主体功能区战略、新型城镇化战略，优化重大生产力布局，构建优势互补、高质量发展的区域经济布局和国土空间体系。推动西部大开发形成新格局，推动东北全面振兴取得新突破，促进中部地区加快崛起，鼓励东部地区加快推进现代化。支持革命老区、民族地区加快发展，加强边疆地区建设，推进兴边富民、稳边固边。推进京津冀协同发展、长江经济带发展、长三角一体化发展，推动黄河流域生态保护和高质量发展。高标准、高质量建设雄安新区，推动成渝地区双城经济圈建设。健全主体功能区制度，优化国土空间发展格局。推进以人为核心的新型城镇化，加快农业转移人口市民化。以城市群、都市圈为依托构建大中小城市协调发展格局，推进以县城为重要载体的城镇化建设。坚持人民城市人民建、人民城市为人民，提高城市规划、建设、治理水平，加快转变超大特大城市发展方式，实施城市更新行动，加强城市基础设施建设，打造宜居、韧性、智慧城市。发展海洋经济，保护海洋生态环境，加快建设海洋强国。

推进高水平对外开放。依托我国超大规模市场优势，以国内大循环吸引全球资源要素，增强国内国际两个市场两种资源联动效应，提升贸易投资合作质量和水平。稳步扩大规则、规制、管理、标准等制度型开放。推动货物贸易优化升级，创新服务贸易发展机制，发展数字贸易，加快建设贸易强国。合理缩减外资准入负面清单，依法保护外商投资权益，营造市场化、法治化、国际化一流营商环境。推动共建"一带一路"高质量发展。优化区域开放布局，巩固东部沿海地区开放先导地位，提高中西部和东北地区开放水平。加快建设西部陆海新通道。加快建设海南自由贸易港，实施自由贸易试验区提升战略，扩大面向全球的高标准自由贸易区网络。有序推进人民币国际化。深度参与全球产业分工和合作，维护多元稳定的国际经济格局和经贸关系。

增强维护国家安全能力。坚定维护国家政权安全、制度安全、意识形态安全，加强重点领域安全能力建设，确保粮食、能源资源、重要产业链供应链安全，加强海外安全保障能力建设，维护我国公民、法人在海外合法权益，维护海洋权益，坚定捍卫国家主权、安全、发展利益。提高防范化解重大风险能力，严密防范系统性安全风险，严厉打击敌对势力渗透、破坏、颠覆、分裂活动。全面加强国家安全教育，提高各级领导干部统筹发展和安全能力，增强全民国家安全意识和素养，筑牢国家安全人民防线。

附件 3

《中华人民共和国国民经济和社会发展第十四个五年规划和 2035 年远景目标纲要》（涉海部分摘选）

第三十三章　积极拓展海洋经济发展空间

坚持陆海统筹、人海和谐、合作共赢，协同推进海洋生态保护、海洋经济发展和海洋权益维护，加快建设海洋强国。

第一节　建设现代海洋产业体系

围绕海洋工程、海洋资源、海洋环境等领域突破一批关键核心技术。培育壮大海洋工程装备、海洋生物医药产业，推进海水淡化和海洋能规模化利用，提高海洋文化旅游开发水平。优化近海绿色养殖布局，建设海洋牧场，发展可持续远洋渔业。建设一批高质量海洋经济发展示范区和特色化海洋产业集群，全面提高北部、东部、南部三大海洋经济圈发展水平。以沿海经济带为支撑，深化与周边国家涉海合作。

第二节　打造可持续海洋生态环境

探索建立沿海、流域、海域协同一体的综合治理体系。严格围填海管控，加强海岸带综合管理与滨海湿地保护。拓展入海污染物排放总量控制范围，保障入海河流断面水质。加快推进重点海域综合治理，构建流域-河口-近岸海域污染防治联动机制，推进美丽海湾保护与建设。防范海上溢油、危险化学品泄漏等重大环境风险，提升应对海洋自然灾害和突发环境事件能力。完善海岸线保护、海域和无居民海岛有偿使用制度，探索海岸建筑退缩线制度和海洋生态环境损害赔偿制度，自然岸线保有率不低于 35%。

第三节　深度参与全球海洋治理

　　积极发展蓝色伙伴关系，深度参与国际海洋治理机制和相关规则制定与实施，推动建设公正合理的国际海洋秩序，推动构建海洋命运共同体。深化与沿海国家在海洋环境监测和保护、科学研究和海上搜救等领域务实合作，加强深海战略性资源和生物多样性调查评价。参与北极务实合作，建设"冰上丝绸之路"。提高参与南极保护和利用能力。加强形势研判、风险防范和法理斗争，加强海事司法建设，坚决维护国家海洋权益。有序推进海洋基本法立法。

附件 4

《中华人民共和国深海海底区域勘探开发法》

(2016 年 2 月 26 日第十二届全国人民代表大会常务委员会第十九次会议通过)

目　录

第一章　总则

第一条　为了规范深海海底区域资源勘探、开发活动，推进深海科学技术研究、资源调查，保护海洋环境，促进深海海底区域资源可持续利用，维护人类共同利益，制定本法。

第二条　中华人民共和国的公民、法人或者其他组织从事深海海底区域资源勘探、开发和相关环境保护、科学技术研究、资源调查活动，适用本法。

本法所称深海海底区域，是指中华人民共和国和其他国家管辖范围以外的海床、洋底及其底土。

第三条　深海海底区域资源勘探、开发活动应当坚持和平利用、合作共享、保护环境、维护人类共同利益的原则。

国家保护从事深海海底区域资源勘探、开发和资源调查活动的中华人民共和国公民、法人或者其他组织的正当权益。

第四条　国家制定有关深海海底区域资源勘探、开发规划，并采取经济、技术政策和措施，鼓励深海科学技术研究和资源调查，提升资源勘探、开发和海洋环境保护的能力。

第五条　国务院海洋主管部门负责对深海海底区域资源勘探、开发和资源调查活动的监督管理。国务院其他有关部门按照国务院规定的职责负责相关管理工作。

第六条　国家鼓励和支持在深海海底区域资源勘探、开发和相关环境保护、资源调查、科学技术研究和教育培训等方面，开展国际合作。

第二章　勘探、开发

第七条　中华人民共和国的公民、法人或者其他组织在向国际海底管理局申请从事深海海底区域资源勘探、开发活动前，应当向国务院海洋主管部门提出申请，并提交下列材料：

（一）申请者基本情况；

（二）拟勘探、开发区域位置、面积、矿产种类等说明；

（三）财务状况、投资能力证明和技术能力说明；

（四）勘探、开发工作计划，包括勘探、开发活动可能对海洋环境造成影响的相关资料，海洋环境严重损害等的应急预案；

（五）国务院海洋主管部门规定的其他材料。

第八条　国务院海洋主管部门应当对申请者提交的材料进行审查，对于符合国家利益并具备资金、技术、装备等能力条件的，应当在六十个工作日内予以许可，并出具相关文件。

获得许可的申请者在与国际海底管理局签订勘探、开发合同成为承包者后，方可从事勘探、开发活动。

承包者应当自勘探、开发合同签订之日起三十日内，将合同副本报国务院海洋主管部门备案。

国务院海洋主管部门应当将承包者及其勘探、开发的区域位置、面积等信息通报有关机关。

第九条 承包者对勘探、开发合同区域内特定资源享有相应的专属勘探、开发权。

承包者应当履行勘探、开发合同义务，保障从事勘探、开发作业人员的人身安全，保护海洋环境。

承包者从事勘探、开发作业应当保护作业区域内的文物、铺设物等。

承包者从事勘探、开发作业还应当遵守中华人民共和国有关安全生产、劳动保护方面的法律、行政法规。

第十条 承包者在转让勘探、开发合同的权利、义务前，或者在对勘探、开发合同作出重大变更前，应当报经国务院海洋主管部门同意。

承包者应当自勘探、开发合同转让、变更或者终止之日起三十日内，报国务院海洋主管部门备案。

国务院海洋主管部门应当及时将勘探、开发合同转让、变更或者终止的信息通报有关机关。

第十一条 发生或者可能发生严重损害海洋环境等事故，承包者应当立即启动应急预案，并采取下列措施：

（一）立即发出警报；

（二）立即报告国务院海洋主管部门，国务院海洋主管部门应当及时通报有关机关；

（三）采取一切实际可行与合理的措施，防止、减少、控制对人身、财产、海洋环境的损害。

第三章　环境保护

第十二条 承包者应当在合理、可行的范围内，利用可获得的先进技术，采取必要措施，防止、减少、控制勘探、开发区域内的活动对海洋环境造成的污染和其他危害。

第十三条　承包者应当按照勘探、开发合同的约定和要求、国务院海洋主管部门规定，调查研究勘探、开发区域的海洋状况，确定环境基线，评估勘探、开发活动可能对海洋环境的影响；制定和执行环境监测方案，监测勘探、开发活动对勘探、开发区域海洋环境的影响，并保证监测设备正常运行，保存原始监测记录。

第十四条　承包者从事勘探、开发活动应当采取必要措施，保护和保全稀有或者脆弱的生态系统，以及衰竭、受威胁或者有灭绝危险的物种和其他海洋生物的生存环境，保护海洋生物多样性，维护海洋资源的可持续利用。

第四章　科学技术研究与资源调查

第十五条　国家支持深海科学技术研究和专业人才培养，将深海科学技术列入科学技术发展的优先领域，鼓励与相关产业的合作研究。

国家支持企业进行深海科学技术研究与技术装备研发。

第十六条　国家支持深海公共平台的建设和运行，建立深海公共平台共享合作机制，为深海科学技术研究、资源调查活动提供专业服务，促进深海科学技术交流、合作及成果共享。

第十七条　国家鼓励单位和个人通过开放科学考察船舶、实验室、陈列室和其他场地、设施，举办讲座或者提供咨询等多种方式，开展深海科学普及活动。

第十八条　从事深海海底区域资源调查活动的公民、法人或者其他组织，应当按照有关规定将有关资料副本、实物样本或者目录汇交国务院海洋主管部门和其他相关部门。负责接受汇交的部门应当对汇交的资料和实物样本进行登记、保管，并按照有关规定向社会提供利用。

承包者从事深海海底区域资源勘探、开发活动取得的有关资料、实物样本等的汇交，适用前款规定。

第五章　监督检查

第十九条　国务院海洋主管部门应当对承包者勘探、开发活动进行监督检查。

第二十条　承包者应当定期向国务院海洋主管部门报告下列履行勘探、开发合同的事项：

（一）勘探、开发活动情况；

（二）环境监测情况；

（三）年度投资情况；

（四）国务院海洋主管部门要求的其他事项。

第二十一条　国务院海洋主管部门可以检查承包者用于勘探、开发活动的船舶、设施、设备以及航海日志、记录、数据等。

第二十二条　承包者应当对国务院海洋主管部门的监督检查予以协助、配合。

第六章　法律责任

第二十三条　违反本法第七条、第九条第二款、第十条第一款规定，有下列行为之一的，国务院海洋主管部门可以撤销许可并撤回相关文件：

（一）提交虚假材料取得许可的；

（二）不履行勘探、开发合同义务或者履行合同义务不符合约定的；

（三）未经同意，转让勘探、开发合同的权利、义务或者对勘探、开发合同作出重大变更的。

承包者有前款第二项行为的，还应当承担相应的赔偿责任。

第二十四条　违反本法第八条第三款、第十条第二款、第十八条、第二十条、第二十二条规定，有下列行为之一的，由国务院海洋主管部门责令改正，处二万元以上十万元以下的罚款：

（一）未按规定将勘探、开发合同副本报备案的；

（二）转让、变更或者终止勘探、开发合同，未按规定报备案的；

（三）未按规定汇交有关资料副本、实物样本或者目录的；

（四）未按规定报告履行勘探、开发合同事项的；

（五）不协助、配合监督检查的。

第二十五条　违反本法第八条第二款规定，未经许可或者未签订勘探、开发合同从事深海海底区域资源勘探、开发活动的，由国务院海洋主管部门责令停止违法行为，处十万元以上五十万元以下的罚款；有违法所得的，并处没收违法所得。

第二十六条　违反本法第九条第三款、第十一条、第十二条规定，造成海洋环境污染损害或者作业区域内文物、铺设物等损害的，由国务院海洋主管部门责令停止违法行为，处五十万元以上一百万元以下的罚款；构成犯罪的，依法追究刑事责任。

第七章　附　则

第二十七条　本法下列用语的含义：

（一）勘探，是指在深海海底区域探寻资源，分析资源，使用和测试资源采集系统和设备、加工设施及运输系统，以及对开发时应当考虑的环境、技术、经济、商业和其他有关因素的研究。

（二）开发，是指在深海海底区域为商业目的收回并选取资源，包括建造和操作为生产和销售资源服务的采集、加工和运输系统。

（三）资源调查，是指在深海海底区域搜寻资源，包括估计资源成分、多少和分布情况及经济价值。

第二十八条　深海海底区域资源开发活动涉税事项，依照中华人民共和国税收法律、行政法规的规定执行。

第二十九条　本法自 2016 年 5 月 1 日起施行。

附件 5

《中华人民共和国海警法》

（由中华人民共和国第十三届全国人民代表大会常务委员会第二十五次会议于 2021 年 1 月 22 日通过，自 2021 年 2 月 1 日起施行）

目　　录

第一章　总则

第一条　为了规范和保障海警机构履行职责，维护国家主权、安全和海洋权益，保护公民、法人和其他组织的合法权益，制定本法。

第二条　人民武装警察部队海警部队即海警机构，统一履行海上维权执法职责。

海警机构包括中国海警局及其海区分局和直属局、省级海警局、市级海警局、海警工作站。

第三条　海警机构在中华人民共和国管辖海域（以下简称我国管辖海域）及其上空开展海上维权执法活动，适用本法。

第四条　海上维权执法工作坚持中国共产党的领导，贯彻总体国家安全观，遵循依法管理、综合治理、规范高效、公正文明的原则。

第五条　海上维权执法工作的基本任务是开展海上安全保卫，维护海上治安秩序，打击海上走私、偷渡，在职责范围内对海洋资源开发利用、海洋生态环境保护、海洋渔业生产作业等活动进行监督检查，预防、制止和惩治海上违法犯罪活动。

第六条　海警机构及其工作人员依法执行职务受法律保护，任何组织和个人不得非法干涉、拒绝和阻碍。

第七条　海警机构工作人员应当遵守宪法和法律，崇尚荣誉，忠于职守，纪律严明，严格执法，清正廉洁。

第八条　国家建立陆海统筹、分工合作、科学高效的海上维权执法协作配合机制。国务院有关部门、沿海地方人民政府、军队有关部门和海警机构应当相互加强协作配合，做好海上维权执法工作。

第九条　对在海上维权执法活动中做出突出贡献的组织和个人，依照有关法律、法规的规定给予表彰和奖励。

第二章　机构和职责

第十条　国家在沿海地区按照行政区划和任务区域编设中国海警局海区分局和直属局、省级海警局、市级海警局和海警工作站，分别负责所管辖区域的有关海上维权执法工作。中国海警局按照国家有关规定领导所属海警机构开展海上维权执法工作。

第十一条　海警机构管辖区域应当根据海上维权执法工作的需要合理划定和调整，可以不受行政区划限制。

海警机构管辖区域的划定和调整应当及时向社会公布，并通报有关机关。

第十二条　海警机构依法履行下列职责：

（一）在我国管辖海域开展巡航、警戒，值守重点岛礁，管护海上界线，预防、制止、排除危害国家主权、安全和海洋权益的行为；

（二）对海上重要目标和重大活动实施安全保卫，采取必要措施保护重点岛礁以及专属经济区和大陆架的人工岛屿、设施和结构安全；

（三）实施海上治安管理，查处海上违反治安管理、入境出境管理的行为，防范和处置海上恐怖活动，维护海上治安秩序；

（四）对海上有走私嫌疑的运输工具或者货物、物品、人员进行检查，查处海上走私违法行为；

（五）在职责范围内对海域使用、海岛保护以及无居民海岛开发利用、海洋矿产资源勘查开发、海底电（光）缆和管道铺设与保护、海洋调查测量、海洋基础测绘、涉外海洋科学研究等活动进行监督检查，查处违法行为；

（六）在职责范围内对海洋工程建设项目、海洋倾倒废弃物对海洋污染损害、自然保护地海岸线向海一侧保护利用等活动进行监督检查，查处违法行为，按照规定权限参与海洋环境污染事故的应急处置和调查处理；

（七）对机动渔船底拖网禁渔区线外侧海域和特定渔业资源渔场渔业生产作业、海洋野生动物保护等活动进行监督检查，查处违法行为，依法组织或者参与调查处理海上渔业生产安全事故和渔业生产纠纷；

（八）预防、制止和侦查海上犯罪活动；

（九）按照国家有关职责分工，处置海上突发事件；

（十）依照法律、法规和我国缔结、参加的国际条约，在我国管辖海域以外的区域承担相关执法任务；

（十一）法律、法规规定的其他职责。

海警机构与公安、自然资源、生态环境、交通运输、渔业渔政、海关等主管部门的职责分工，按照国家有关规定执行。

第十三条　海警机构接到因海上自然灾害、事故灾难等紧急求助，应当及时通报有关主管部门，并积极开展应急救援和救助。

第十四条 中央国家机关按照国家有关规定对海上维权执法工作实行业务指导。

第十五条 中国海警局及其海区分局按照国家有关规定，协调指导沿海地方人民政府海上执法队伍开展海域使用、海岛保护开发、海洋生态环境保护、海洋渔业管理等相关执法工作。

根据海上维权执法工作需要，中国海警局及其海区分局可以统一协调组织沿海地方人民政府海上执法队伍的船舶、人员参与海上重大维权执法行动。

第三章　海上安全保卫

第十六条 为维护海上安全和秩序，海警机构有权依法对在我国管辖海域航行、停泊、作业的外国船舶进行识别查证，判明船舶的基本信息及其航行、作业的基本情况。对有违法嫌疑的外国船舶，海警机构有权采取跟踪监视等措施。

第十七条 对非法进入我国领海及其以内海域的外国船舶，海警机构有权责令其立即离开，或者采取扣留、强制驱离、强制拖离等措施。

第十八条 海警机构执行海上安全保卫任务，可以对在我国管辖海域航行、停泊、作业的船舶依法登临、检查。

海警机构登临、检查船舶，应当通过明确的指令要求被检查船舶停船接受检查。被检查船舶应当按照指令停船接受检查，并提供必要的便利；拒不配合检查的，海警机构可以强制检查；现场逃跑的，海警机构有权采取必要的措施进行拦截、紧追。

海警机构检查船舶，有权依法查验船舶和生产作业许可有关的证书、资料以及人员身份信息，检查船舶及其所载货物、物品，对有关违法事实进行调查取证。

对外国船舶登临、检查、拦截、紧追，遵守我国缔结、参加的国际条约的有关规定。

第十九条　海警机构因处置海上突发事件的紧急需要，可以采取下列措施：

（一）责令船舶停止航行、作业；

（二）责令船舶改变航线或者驶向指定地点；

（三）责令船舶上的人员下船，或者限制、禁止人员上船、下船；

（四）责令船舶卸载货物，或者限制、禁止船舶卸载货物；

（五）法律、法规规定的其他措施。

第二十条　未经我国主管机关批准，外国组织和个人在我国管辖海域和岛礁建造建筑物、构筑物，以及布设各类固定或者浮动装置的，海警机构有权责令其停止上述违法行为或者限期拆除；对拒不停止违法行为或者逾期不拆除的，海警机构有权予以制止或者强制拆除。

第二十一条　对外国军用船舶和用于非商业目的的外国政府船舶在我国管辖海域违反我国法律、法规的行为，海警机构有权采取必要的警戒和管制措施予以制止，责令其立即离开相关海域；对拒不离开并造成严重危害或者威胁的，海警机构有权采取强制驱离、强制拖离等措施。

第二十二条　国家主权、主权权利和管辖权在海上正在受到外国组织和个人的不法侵害或者面临不法侵害的紧迫危险时，海警机构有权依照本法和其他相关法律、法规，采取包括使用武器在内的一切必要措施制止侵害、排除危险。

第四章　海上行政执法

第二十三条　海警机构对违反海上治安、海关、海洋资源开发利用、海洋生态环境保护、海洋渔业管理等法律、法规、规章的组织和个人，依法实施包括限制人身自由在内的行政处罚、行政强制或者法律、法规规定的其他措施。

海警机构依照海洋资源开发利用、海洋生态环境保护、海洋渔业管理等法律、法规的规定，对海上生产作业现场进行监督检查。

海警机构因调查海上违法行为的需要，有权向有关组织和个人收集、调取证据。有关组织和个人应当如实提供证据。

海警机构为维护海上治安秩序，对有违法犯罪嫌疑的人员进行当场盘问、检查或者继续盘问的，依照《中华人民共和国人民警察法》的规定执行。

第二十四条　海警机构因开展行政执法需要登临、检查、拦截、紧追相关船舶的，依照本法第十八条规定执行。

第二十五条　有下列情形之一，省级海警局以上海警机构可以在我国管辖海域划定海上临时警戒区，限制或者禁止船舶、人员通行、停留：

（一）执行海上安全保卫任务需要的；

（二）打击海上违法犯罪活动需要的；

（三）处置海上突发事件需要的；

（四）保护海洋资源和生态环境需要的；

（五）其他需要划定海上临时警戒区的情形。

划定海上临时警戒区，应当明确海上临时警戒区的区域范围、警戒期限、管理措施等事项并予以公告。其中，可能影响海上交通安全的，应当在划定前征求海事管理机构的意见，并按照相关规定向海事管理机构申请发布航行通告、航行警告；涉及军事用海或者可能影响海上军事设施安全和使用的，应当依法征得军队有关部门的同意。

对于不需要继续限制或者禁止船舶、人员通行、停留的，海警机构应当及时解除警戒，并予公告。

第二十六条　对涉嫌违法正在接受调查处理的船舶，海警机构可以责令其暂停航行、作业，在指定地点停泊或者禁止其离港。必要时，海警机构可以将嫌疑船舶押解至指定地点接受调查处理。

第二十七条　国际组织、外国组织和个人的船舶经我国主管机关批准在我国管辖海域从事渔业生产作业以及其他自然资源勘查开发、海洋科学研究、海底电（光）缆和管道铺设等活动的，海警机构应当依法进行监管，可以派出执法人员随船监管。

第二十八条　为预防、制止和惩治在我国陆地领土、内水或者领海内违反有关安全、海关、财政、卫生或者入境出境管理法律、法规的行为，海警机构有权在毗连区行使管制权，依法实施行政强制措施或者法律、法规规定的其他措施。

第二十九条　违法事实确凿，并有下列情形之一，海警机构执法人员可以当场作出处罚决定：

（一）对个人处五百元以下罚款或者警告、对单位处五千元以下罚款或者警告的；

（二）罚款处罚决定不在海上当场作出，事后难以处罚的。

当场作出的处罚决定，应当及时报所属海警机构备案。

第三十条　对不适用当场处罚，但事实清楚，当事人自愿认错认罚，且对违法事实和法律适用没有异议的海上行政案件，海警机构征得当事人书面同意后，可以通过简化取证方式和审核审批等措施快速办理。

对符合快速办理条件的海上行政案件，当事人在自行书写材料或者询问笔录中承认违法事实、认错认罚，并有视听资料、电子数据、检查笔录等关键证据能够相互印证的，海警机构可以不再开展其他调查取证工作。

使用执法记录仪等设备对询问过程录音录像的，可以替代书面询问笔录。必要时，对视听资料的关键内容和相应时间段等作文字说明。

对快速办理的海上行政案件，海警机构应当在当事人到案后四十八小时内作出处理决定。

第三十一条　海上行政案件有下列情形之一，不适用快速办理：

（一）依法应当适用听证程序的；

（二）可能作出十日以上行政拘留处罚的；

（三）有重大社会影响的；

（四）可能涉嫌犯罪的；

（五）其他不宜快速办理的。

第三十二条　海警机构实施行政强制措施前，执法人员应当向本单位负责人报告并经批准。情况紧急，需要在海上当场实施行政强制措施的，应当在二十四小时内向本单位负责人报告，抵岸后及时补办批准手续；因不可抗力无法在二十四小时内向本单位负责人报告的，应当在不可抗力影响消除后二十四小时内向本单位负责人报告。海警机构负责人认为不应当采取行政强制措施的，应当立即解除。

第三十三条　当事人逾期不履行处罚决定的，作出处罚决定的海警机构可以依法采取下列措施：

（一）到期不缴纳罚款的，每日按罚款数额的百分之三加处罚款；

（二）将查封、扣押的财物依法拍卖、变卖或者将冻结的存款、汇款划拨抵缴罚款；

（三）根据法律规定，采取其他行政强制执行方式。

本法和其他法律没有规定海警机构可以实施行政强制执行的事项，海警机构应当申请人民法院强制执行。

第三十四条　各级海警机构对海上行政案件的管辖分工，由中国海警局规定。

海警机构与其他机关对海上行政案件管辖有争议的，由海警机构与其他机关按照有利于案件调查处理的原则进行协商。

第三十五条　海警机构办理海上行政案件时，有证据证明当事人在海上实施将物品倒入海中等故意毁灭证据的行为，给海警机构举证造成困难的，可以结合其他证据，推定有关违法事实成立，但是当事人有证据足以推翻的除外。

第三十六条　海警机构开展巡航、警戒、拦截、紧追等海上执法工作，使用标示有专用标志的执法船舶、航空器的，即为表明身份。

海警机构在进行行政执法调查或者检查时，执法人员不得少于两人，并应当主动出示执法证件表明身份。当事人或者其他有关人员有权要求执法人员出示执法证件。

第三十七条　海警机构开展海上行政执法的程序，本法未作规定的，适用《中华人民共和国行政处罚法》、《中华人民共和国行政强制法》、《中华人民共和国治安管理处罚法》等有关法律的规定。

第五章　海上犯罪侦查

第三十八条　海警机构办理海上发生的刑事案件，依照《中华人民共和国刑事诉讼法》和本法的有关规定行使侦查权，采取侦查措施和刑事强制措施。

第三十九条　海警机构在立案后，对于危害国家安全犯罪、恐怖活动犯罪、黑社会性质的组织犯罪、重大毒品犯罪或者其他严重危害社会的犯罪案件，依照《中华人民共和国刑事诉讼法》和有关规定，经过严格的批准手续，可以采取技术侦查措施，按照规定交由有关机关执行。

追捕被通缉或者批准、决定逮捕的在逃的犯罪嫌疑人、被告人，经过批准，可以采取追捕所必需的技术侦查措施。

第四十条　应当逮捕的犯罪嫌疑人在逃，海警机构可以按照规定发布通缉令，采取有效措施，追捕归案。

海警机构对犯罪嫌疑人发布通缉令的，可以商请公安机关协助追捕。

第四十一条　海警机构因办理海上刑事案件需要登临、检查、拦截、紧追相关船舶的，依照本法第十八条规定执行。

第四十二条　海警机构、人民检察院、人民法院依法对海上刑事案件的犯罪嫌疑人、被告人决定取保候审的，由被取保候审人居住地的海警机构执行。被取保候审人居住地未设海警机构的，当地公安机关应当协助执行。

第四十三条　海警机构、人民检察院、人民法院依法对海上刑事案件的犯罪嫌疑人、被告人决定监视居住的，由海警机构在被监视居住人住处执行；被监视居住人在负责办案的海警机构所在的市、县没有固定住处的，可以在指定的居所执行。对于涉嫌危害国家安全犯罪、恐怖活动犯罪，在住处执行可能有碍侦查的，经上一级海警机构批准，也可以在指定的居所执行。但是，不得在羁押场所、专门的办案场所执行。

第四十四条　海警工作站负责侦查发生在本管辖区域内的海上刑事案件。

市级海警局以上海警机构负责侦查管辖区域内的重大的危害国家安全犯罪、恐怖活动犯罪、涉外犯罪、经济犯罪、集团犯罪案件以及其他重大犯罪案件。

上级海警机构认为有必要的，可以侦查下级海警机构管辖范围内的海上刑事案件；下级海警机构认为案情重大需要上级海警机构侦查的海上刑事案件，可以报请上级海警机构管辖。

第四十五条　海警机构办理海上刑事案件，需要提请批准逮捕或者移送起诉的，应当向所在地相应人民检察院提请或者移送。

第六章　警械和武器使用

第四十六条　有下列情形之一，海警机构工作人员可以使用警械或者现场的其他装备、工具：

（一）依法登临、检查、拦截、紧追船舶时，需要迫使船舶停止航行的；

（二）依法强制驱离、强制拖离船舶的；

（三）依法执行职务过程中遭遇阻碍、妨害的；

（四）需要现场制止违法犯罪行为的其他情形。

第四十七条　有下列情形之一，经警告无效的，海警机构工作人员可以使用手持武器：

（一）有证据表明船舶载有犯罪嫌疑人或者非法载运武器、弹药、国家秘密资料、毒品等物品，拒不服从停船指令的；

（二）外国船舶进入我国管辖海域非法从事生产作业活动，拒不服从停船指令或者以其他方式拒绝接受登临、检查，使用其他措施不足以制止违法行为的。

第四十八条　有下列情形之一，海警机构工作人员除可以使用手持武器外，还可以使用舰载或者机载武器：

（一）执行海上反恐怖任务的；

（二）处置海上严重暴力事件的；

（三）执法船舶、航空器受到武器或者其他危险方式攻击的。

第四十九条 海警机构工作人员依法使用武器，来不及警告或者警告后可能导致更为严重危害后果的，可以直接使用武器。

第五十条 海警机构工作人员应当根据违法犯罪行为和违法犯罪行为人的危险性质、程度和紧迫性，合理判断使用武器的必要限度，尽量避免或者减少不必要的人员伤亡、财产损失。

第五十一条 海警机构工作人员使用警械和武器，本法未作规定的，依照人民警察使用警械和武器的规定以及其他有关法律、法规的规定执行。

第七章　保障和协作

第五十二条 国家建立与海警机构担负海上维权执法任务和建设发展相适应的经费保障机制。所需经费按照国家有关规定列入预算。

第五十三条 国务院有关部门、沿海县级以上地方人民政府及其有关部门在编制国土空间规划和相关专项规划时，应当统筹海上维权执法工作需求，按照国家有关规定对海警机构执法办案、执勤训练、生活等场地和设施建设等予以保障。

第五十四条 海警机构因海上维权执法紧急需要，可以依照法律、法规、规章的规定优先使用或者征用组织和个人的交通工具、通信工具、场地，用后应当及时归还，并支付适当费用；造成损失的，按照国家有关规定给予补偿。

第五十五条 海警机构应当优化力量体系，建强人才队伍，加强教育培训，保障海警机构工作人员具备履行法定职责的知识、技能和素质，提高海上维权执法专业能力。

海上维权执法实行持证上岗和资格管理制度。

第五十六条 国家加强海上维权执法装备体系建设，保障海警机构配备与其履行职责相适应的船舶、航空器、武器以及其他装备。

第五十七条 海警机构应当加强信息化建设，运用现代信息技术，促进执法公开，强化便民服务，提高海上维权执法工作效率。

海警机构应当开通海上报警服务平台，及时受理人民群众报警、紧急求助。

第五十八条 海警机构分别与相应的外交（外事）、公安、自然资源、生态环境、交通运输、渔业渔政、应急管理、海关等主管部门，以及人民法院、人民检察院和军队有关部门建立信息共享和工作协作配合机制。

有关主管部门应当及时向海警机构提供与开展海上维权执法工作相关的基础数据、行政许可、行政管理政策等信息服务和技术支持。

海警机构应当将海上监督检查、查处违法犯罪等工作数据、信息，及时反馈有关主管部门，配合有关主管部门做好海上行政管理工作。海警机构依法实施行政处罚，认为需要吊销许可证件的，应当将相关材料移送发证机关处理。

第五十九条 海警机构因开展海上维权执法工作需要，可以向有关主管部门提出协助请求。协助请求属于有关主管部门职责范围内的，有关主管部门应当配合。

第六十条 海警机构对依法决定行政拘留的违法行为人和拘留审查的外国人，以及决定刑事拘留、执行逮捕的犯罪嫌疑人，分别送海警机构所在地拘留所或者看守所执行。

第六十一条 海警机构对依法扣押、扣留的涉案财物，应当妥善保管，不得损毁或者擅自处理。但是，对下列货物、物品，经市级海警局以上海警机构负责人批准，可以先行依法拍卖或者变卖并通知所有人，所有人不明确的，通知其他当事人：

（一）成品油等危险品；

（二）鲜活、易腐、易失效等不宜长期保存的；

（三）长期不使用容易导致机械性能下降、价值贬损的车辆、船舶等；

（四）体量巨大难以保管的；

（五）所有人申请先行拍卖或者变卖的。

拍卖或者变卖所得款项由海警机构暂行保存，待结案后按照国家有关规定处理。

第六十二条 海警机构对应当退还所有人或者其他当事人的涉案财物，通知所有人或者其他当事人在六个月内领取；所有人不明确的，应当采取公告方式告知所有人认领。在通知所有人、其他当事人或者公告后六个月内无人认领的，按无主财物处理，依法拍卖或者变卖后将所得款项上缴国库。遇有特殊情况的，可以延期处理，延长期限最长不超过三个月。

第八章 国际合作

第六十三条 中国海警局根据中华人民共和国缔结、参加的国际条约或者按照对等、互利的原则，开展海上执法国际合作；在规定权限内组织或者参与有关海上执法国际条约实施工作，商签海上执法合作性文件。

第六十四条 海警机构开展海上执法国际合作的主要任务是参与处置涉外海上突发事件，协调解决海上执法争端，管控海上危机，与外国海上执法机构和有关国际组织合作打击海上违法犯罪活动，保护海洋资源环境，共同维护国际和地区海洋公共安全和秩序。

第六十五条 海警机构可以与外国海上执法机构和有关国际组织开展下列海上执法国际合作：

（一）建立双边、多边海上执法合作机制，参加海上执法合作机制的活动；

（二）交流和共享海上执法情报信息；

（三）海上联合巡逻、检查、演练、训练；

（四）教育培训交流；

（五）互派海上执法国际合作联络人员；

（六）其他海上执法国际合作活动。

第九章　监督

第六十六条　海警机构及其工作人员应当依照法律、法规规定的条件、权限和程序履行职责、行使职权，不得滥用职权、玩忽职守、徇私舞弊，不得侵犯组织和个人的合法权益。

第六十七条　海警机构应当尊重和依法保障公民、法人和其他组织对海警机构执法工作的知情权、参与权和监督权，增强执法工作透明度和公信力。

海警机构应当依法公开海上执法工作信息。

第六十八条　海警机构询问、讯问、继续盘问、辨认违法犯罪嫌疑人以及对违法犯罪嫌疑人进行安全检查、信息采集等执法活动，应当在办案场所进行。紧急情况下必须在现场进行询问、讯问或者有其他不宜在办案场所进行询问、讯问的情形除外。

海警机构应当按照国家有关规定以文字、音像等形式，对海上维权执法活动进行全过程记录，归档保存。

第六十九条　海警机构及其工作人员开展海上维权执法工作，依法接受检察机关、军队监察机关的监督。

第七十条　人民政府及其有关部门、公民、法人和其他组织对海警机构及其工作人员的违法违纪行为，有权向检察机关、军队监察机关通报、检举、控告。对海警机构及其工作人员正在发生的违法违纪或者失职行为，可以通过海上报警服务平台进行投诉、举报。

对依法检举、控告或者投诉、举报的公民、法人和其他组织，任何机关和个人不得压制和打击报复。

第七十一条　上级海警机构应当对下级海警机构的海上维权执法工作进行监督，发现其作出的处理措施或者决定有错误的，有权撤销、变更或者责令下级海警机构撤销、变更；发现其不履行法定职责的，有权责令其依法履行。

第七十二条　中国海警局应当建立健全海上维权执法工作监督机制和执法过错责任追究制度。

第十章　法律责任

第七十三条　有下列阻碍海警机构及其工作人员依法执行职务的行为之一，由公安机关或者海警机构依照《中华人民共和国治安管理处罚法》关于阻碍人民警察依法执行职务的规定予以处罚：

（一）侮辱、威胁、围堵、拦截、袭击海警机构工作人员的；

（二）阻碍调查取证的；

（三）强行冲闯海上临时警戒区的；

（四）阻碍执行追捕、检查、搜查、救险、警卫等任务的；

（五）阻碍执法船舶、航空器、车辆和人员通行的；

（六）采取危险驾驶、设置障碍等方法驾驶船舶逃窜，危及执法船舶、人员安全的；

（七）其他严重阻碍海警机构及其工作人员执行职务的行为。

第七十四条　海警机构工作人员在执行职务中，有下列行为之一，按照中央军事委员会的有关规定给予处分：

（一）泄露国家秘密、商业秘密和个人隐私的；

（二）弄虚作假，隐瞒案情，包庇、纵容违法犯罪活动的；

（三）刑讯逼供或者体罚、虐待违法犯罪嫌疑人的；

（四）违反规定使用警械、武器的；

（五）非法剥夺、限制人身自由，非法检查或者搜查人身、货物、物品、交通工具、住所或者场所的；

（六）敲诈勒索，索取、收受贿赂或者接受当事人及其代理人请客送礼的；

（七）违法实施行政处罚、行政强制，采取刑事强制措施或者收取费用的；

（八）玩忽职守，不履行法定义务的；

（九）其他违法违纪行为。

第七十五条　违反本法规定，构成犯罪的，依法追究刑事责任。

第七十六条　组织和个人对海警机构作出的行政行为不服的，有权依照《中华人民共和国行政复议法》的规定向上一级海警机构申请行政复议；或者依照《中华人民共和国行政诉讼法》的规定向有管辖权的人民法院提起行政诉讼。

第七十七条　海警机构及其工作人员违法行使职权，侵犯组织和个人合法权益造成损害的，应当依照《中华人民共和国国家赔偿法》和其他有关法律、法规的规定给予赔偿。

第十一章　附则

第七十八条　本法下列用语的含义是：

（一）省级海警局，是指直接由中国海警局领导，在沿海省、自治区、直辖市设立的海警局；市级海警局，是指由省级海警局领导，在沿海省、自治区下辖市和直辖市下辖区设立的海警局；海警工作站，通常是指由市级海警局领导，在沿海县级行政区域设立的基层海警机构。

（二）船舶，是指各类排水或者非排水的船、艇、筏、水上飞行器、潜水器等移动式装置，不包括海上石油、天然气等作业平台。

第七十九条　外国在海上执法方面对我国公民、法人和其他组织采取歧视性的禁止、限制或者其他特别措施的，海警机构可以按照国家有关规定采取相应的对等措施。

第八十条　本法规定的对船舶的维权执法措施适用于海上各种固定或者浮动建筑、装置，固定或者移动式平台。

第八十一条　海警机构依照法律、法规和我国缔结、参加的国际条约，在我国管辖海域以外的区域执行执法任务时，相关程序可以参照本法有关规定执行。

第八十二条　中国海警局根据法律、行政法规和国务院、中央军事委员会的决定，就海上维权执法事项制定规章，并按照规定备案。

第八十三条　海警机构依照《中华人民共和国国防法》、《中华人民共和国人民武装警察法》等有关法律、军事法规和中央军事委员会的命令，执行防卫作战等任务。

第八十四条　本法自 2021 年 2 月 1 日起施行。

附件 **6**

《中华人民共和国海上交通安全法》

(1983 年 9 月 2 日第六届全国人民代表大会常务委员会第二次会议通过。根据 2016 年 11 月 7 日第十二届全国人民代表大会常务委员会第二十四次会议《关于修改〈中华人民共和国对外贸易法〉等十二部法律的决定》修正。2021 年 4 月 29 日第十三届全国人民代表大会常务委员会第二十八次会议修订)

目 录

第一章 总则

第一条 为了加强海上交通管理,维护海上交通秩序,保障生命财产安全,维护国家权益,制定本法。

第二条 在中华人民共和国管辖海域内从事航行、停泊、作业以及其他与海上交通安全相关的活动，适用本法。

第三条 国家依法保障交通用海。

海上交通安全工作坚持安全第一、预防为主、便利通行、依法管理的原则，保障海上交通安全、有序、畅通。

第四条 国务院交通运输主管部门主管全国海上交通安全工作。

国家海事管理机构统一负责海上交通安全监督管理工作，其他各级海事管理机构按照职责具体负责辖区内的海上交通安全监督管理工作。

第五条 各级人民政府及有关部门应当支持海上交通安全工作，加强海上交通安全的宣传教育，提高全社会的海上交通安全意识。

第六条 国家依法保障船员的劳动安全和职业健康，维护船员的合法权益。

第七条 从事船舶、海上设施航行、停泊、作业以及其他与海上交通相关活动的单位、个人，应当遵守有关海上交通安全的法律、行政法规、规章以及强制性标准和技术规范；依法享有获得航海保障和海上救助的权利，承担维护海上交通安全和保护海洋生态环境的义务。

第八条 国家鼓励和支持先进科学技术在海上交通安全工作中的应用，促进海上交通安全现代化建设，提高海上交通安全科学技术水平。

第二章　船舶、海上设施和船员

第九条 中国籍船舶、在中华人民共和国管辖海域设置的海上设施、船运集装箱，以及国家海事管理机构确定的关系海上交通安全的重要船用设备、部件和材料，应当符合有关法律、行政法规、规章以及强制性标准和技术规范的要求，经船舶检验机构检验合格，取得相应证书、文书。证书、文书的清单由国家海事管理机构制定并公布。

设立船舶检验机构应当经国家海事管理机构许可。船舶检验机构设立条件、程序及其管理等依照有关船舶检验的法律、行政法规的规定执行。

持有相关证书、文书的单位应当按照规定的用途使用船舶、海上设施、船运集装箱以及重要船用设备、部件和材料，并应当依法定期进行安全技术检验。

第十条　船舶依照有关船舶登记的法律、行政法规的规定向海事管理机构申请船舶国籍登记、取得国籍证书后，方可悬挂中华人民共和国国旗航行、停泊、作业。

中国籍船舶灭失或者报废的，船舶所有人应当在国务院交通运输主管部门规定的期限内申请办理注销国籍登记；船舶所有人逾期不申请注销国籍登记的，海事管理机构可以发布关于拟强制注销船舶国籍登记的公告。船舶所有人自公告发布之日起六十日内未提出异议的，海事管理机构可以注销该船舶的国籍登记。

第十一条　中国籍船舶所有人、经营人或者管理人应当建立并运行安全营运和防治船舶污染管理体系。

海事管理机构经对前款规定的管理体系审核合格的，发给符合证明和相应的船舶安全管理证书。

第十二条　中国籍国际航行船舶的所有人、经营人或者管理人应当依照国务院交通运输主管部门的规定建立船舶保安制度，制定船舶保安计划，并按照船舶保安计划配备船舶保安设备，定期开展演练。

第十三条　中国籍船员和海上设施上的工作人员应当接受海上交通安全以及相应岗位的专业教育、培训。

中国籍船员应当依照有关船员管理的法律、行政法规的规定向海事管理机构申请取得船员适任证书，并取得健康证明。

外国籍船员在中国籍船舶上工作的，按照有关船员管理的法律、行政法规的规定执行。

船员在船舶上工作，应当符合船员适任证书载明的船舶、航区、职务的范围。

第十四条　中国籍船舶的所有人、经营人或者管理人应当为其国际航行船舶向海事管理机构申请取得海事劳工证书。船舶取得海事劳工证书应当符合下列条件：

（一）所有人、经营人或者管理人依法招用船员，与其签订劳动合同或者就业协议，并为船舶配备符合要求的船员；

（二）所有人、经营人或者管理人已保障船员在船舶上的工作环境、职业健康保障和安全防护、工作和休息时间、工资报酬、生活条件、医疗条件、社会保险等符合国家有关规定；

（三）所有人、经营人或者管理人已建立符合要求的船员投诉和处理机制；

（四）所有人、经营人或者管理人已就船员遣返费用以及在船就业期间发生伤害、疾病或者死亡依法应当支付的费用提供相应的财务担保或者投保相应的保险。

海事管理机构商人力资源社会保障行政部门，按照各自职责对申请人及其船舶是否符合前款规定条件进行审核。经审核符合规定条件的，海事管理机构应当自受理申请之日起十个工作日内颁发海事劳工证书；不符合规定条件的，海事管理机构应当告知申请人并说明理由。

海事劳工证书颁发及监督检查的具体办法由国务院交通运输主管部门会同国务院人力资源社会保障行政部门制定并公布。

第十五条 海事管理机构依照有关船员管理的法律、行政法规的规定，对单位从事海船船员培训业务进行管理。

第十六条 国务院交通运输主管部门和其他有关部门、有关县级以上地方人民政府应当建立健全船员境外突发事件预警和应急处置机制，制定船员境外突发事件应急预案。

船员境外突发事件应急处置由船员派出单位所在地的省、自治区、直辖市人民政府负责，船员户籍所在地的省、自治区、直辖市人民政府予以配合。

中华人民共和国驻外国使馆、领馆和相关海事管理机构应当协助处置船员境外突发事件。

第十七条 本章第九条至第十二条、第十四条规定适用的船舶范围由有关法律、行政法规具体规定，或者由国务院交通运输主管部门拟定并报国务院批准后公布。

第三章　海上交通条件和航行保障

第十八条　国务院交通运输主管部门统筹规划和管理海上交通资源，促进海上交通资源的合理开发和有效利用。

海上交通资源规划应当符合国土空间规划。

第十九条　海事管理机构根据海域的自然状况、海上交通状况以及海上交通安全管理的需要，划定、调整并及时公布船舶定线区、船舶报告区、交通管制区、禁航区、安全作业区和港外锚地等海上交通功能区域。

海事管理机构划定或者调整船舶定线区、港外锚地以及对其他海洋功能区域或者用海活动造成影响的安全作业区，应当征求渔业渔政、生态环境、自然资源等有关部门的意见。为了军事需要划定、调整禁航区的，由负责划定、调整禁航区的军事机关作出决定，海事管理机构予以公布。

第二十条　建设海洋工程、海岸工程影响海上交通安全的，应当根据情况配备防止船舶碰撞的设施、设备并设置专用航标。

第二十一条　国家建立完善船舶定位、导航、授时、通信和远程监测等海上交通支持服务系统，为船舶、海上设施提供信息服务。

第二十二条　任何单位、个人不得损坏海上交通支持服务系统或者妨碍其工作效能。建设建筑物、构筑物，使用设施设备可能影响海上交通支持服务系统正常使用的，建设单位、所有人或者使用人应当与相关海上交通支持服务系统的管理单位协商，作出妥善安排。

第二十三条　国务院交通运输主管部门应当采取必要的措施，保障海上交通安全无线电通信设施的合理布局和有效覆盖，规划本系统（行业）海上无线电台（站）的建设布局和台址，核发船舶制式无线电台执照及电台识别码。

国务院交通运输主管部门组织本系统（行业）的海上无线电监测系统建设并对其无线电信号实施监测，会同国家无线电管理机构维护海上无线电波秩序。

第二十四条　船舶在中华人民共和国管辖海域内通信需要使用岸基无线电台（站）转接的，应当通过依法设置的境内海岸无线电台（站）或者卫星关口站进行转接。

承担无线电通信任务的船员和岸基无线电台（站）的工作人员应当遵守海上无线电通信规则，保持海上交通安全通信频道的值守和畅通，不得使用海上交通安全通信频率交流与海上交通安全无关的内容。

任何单位、个人不得违反国家有关规定使用无线电台识别码，影响海上搜救的身份识别。

第二十五条　天文、气象、海洋等有关单位应当及时预报、播发和提供航海天文、世界时、海洋气象、海浪、海流、潮汐、冰情等信息。

第二十六条　国务院交通运输主管部门统一布局、建设和管理公用航标。海洋工程、海岸工程的建设单位、所有人或者经营人需要设置、撤除专用航标，移动专用航标位置或者改变航标灯光、功率等的，应当报经海事管理机构同意。需要设置临时航标的，应当符合海事管理机构确定的航标设置点。

自然资源主管部门依法保障航标设施和装置的用地、用海、用岛，并依法为其办理有关手续。

航标的建设、维护、保养应当符合有关强制性标准和技术规范的要求。航标维护单位和专用航标的所有人应当对航标进行巡查和维护保养，保证航标处于良好适用状态。航标发生位移、损坏、灭失的，航标维护单位或者专用航标的所有人应当及时予以恢复。

第二十七条　任何单位、个人发现下列情形之一的，应当立即向海事管理机构报告；涉及航道管理机构职责或者专用航标的，海事管理机构应当及时通报航道管理机构或者专用航标的所有人：

（一）助航标志或者导航设施位移、损坏、灭失；

（二）有妨碍海上交通安全的沉没物、漂浮物、搁浅物或者其他碍航物；

（三）其他妨碍海上交通安全的异常情况。

第二十八条　海事管理机构应当依据海上交通安全管理的需要，就具有紧迫性、危险性的情况发布航行警告，就其他影响海上交通安全的情况发布航行通告。

海事管理机构应当将航行警告、航行通告，以及船舶定线区的划定、调整情况通报海军航海保证部门，并及时提供有关资料。

第二十九条 海事管理机构应当及时向船舶、海上设施播发海上交通安全信息。

船舶、海上设施在定线区、交通管制区或者通航船舶密集的区域航行、停泊、作业时，海事管理机构应当根据其请求提供相应的安全信息服务。

第三十条 下列船舶在国务院交通运输主管部门划定的引航区内航行、停泊或者移泊的，应当向引航机构申请引航：

（一）外国籍船舶，但国务院交通运输主管部门经报国务院批准后规定可以免除的除外；

（二）核动力船舶、载运放射性物质的船舶、超大型油轮；

（三）可能危及港口安全的散装液化气船、散装危险化学品船；

（四）长、宽、高接近相应航道通航条件限值的船舶。

前款第三项、第四项船舶的具体标准，由有关海事管理机构根据港口实际情况制定并公布。

船舶自愿申请引航的，引航机构应当提供引航服务。

第三十一条 引航机构应当及时派遣具有相应能力、经验的引航员为船舶提供引航服务。

引航员应当根据引航机构的指派，在规定的水域登离被引领船舶，安全谨慎地执行船舶引航任务。被引领船舶应当配备符合规定的登离装置，并保障引航员在登离船舶及在船上引航期间的安全。

引航员引领船舶时，不解除船长指挥和管理船舶的责任。

第三十二条 国务院交通运输主管部门根据船舶、海上设施和港口面临的保安威胁情形，确定并及时发布保安等级。船舶、海上设施和港口应当根据保安等级采取相应的保安措施。

第四章 航行、停泊、作业

第三十三条 船舶航行、停泊、作业，应当持有有效的船舶国籍证书及其他法定证书、文书，配备依照有关规定出版的航海图书资料，悬挂相关国家、地区或者组织的旗帜，标明船名、船舶识别号、船籍港、载重线标志。

船舶应当满足最低安全配员要求，配备持有合格有效证书的船员。

海上设施停泊、作业，应当持有法定证书、文书，并按规定配备掌握避碰、信号、通信、消防、救生等专业技能的人员。

第三十四条 船长应当在船舶开航前检查并在开航时确认船员适任、船舶适航、货物适载，并了解气象和海况信息以及海事管理机构发布的航行通告、航行警告及其他警示信息，落实相应的应急措施，不得冒险开航。

船舶所有人、经营人或者管理人不得指使、强令船员违章冒险操作、作业。

第三十五条 船舶应当在其船舶检验证书载明的航区内航行、停泊、作业。

船舶航行、停泊、作业时，应当遵守相关航行规则，按照有关规定显示信号、悬挂标志，保持足够的富余水深。

第三十六条 船舶在航行中应当按照有关规定开启船舶的自动识别、航行数据记录、远程识别和跟踪、通信等与航行安全、保安、防治污染相关的装置，并持续进行显示和记录。

任何单位、个人不得拆封、拆解、初始化、再设置航行数据记录装置或者读取其记录的信息，但法律、行政法规另有规定的除外。

第三十七条 船舶应当配备航海日志、轮机日志、无线电记录簿等航行记录，按照有关规定全面、真实、及时记录涉及海上交通安全的船舶操作以及船舶航行、停泊、作业中的重要事件，并妥善保管相关记录簿。

第三十八条　船长负责管理和指挥船舶。在保障海上生命安全、船舶保安和防治船舶污染方面，船长有权独立作出决定。

船长应当采取必要的措施，保护船舶、在船人员、船舶航行文件、货物以及其他财产的安全。船长在其职权范围内发布的命令，船员、乘客及其他在船人员应当执行。

第三十九条　为了保障船舶和在船人员的安全，船长有权在职责范围内对涉嫌在船上进行违法犯罪活动的人员采取禁闭或者其他必要的限制措施，并防止其隐匿、毁灭、伪造证据。

船长采取前款措施，应当制作案情报告书，由其和两名以上在船人员签字。中国籍船舶抵达我国港口后，应当及时将相关人员移送有关主管部门。

第四十条　发现在船人员患有或者疑似患有严重威胁他人健康的传染病的，船长应当立即启动相应的应急预案，在职责范围内对相关人员采取必要的隔离措施，并及时报告有关主管部门。

第四十一条　船长在航行中死亡或者因故不能履行职责的，应当由驾驶员中职务最高的人代理船长职务；船舶在下一个港口开航前，其所有人、经营人或者管理人应当指派新船长接任。

第四十二条　船员应当按照有关航行、值班的规章制度和操作规程以及船长的指令操纵、管理船舶，保持安全值班，不得擅离职守。船员履行在船值班职责前和值班期间，不得摄入可能影响安全值班的食品、药品或者其他物品。

第四十三条　船舶进出港口、锚地或者通过桥区水域、海峡、狭水道、重要渔业水域、通航船舶密集的区域、船舶定线区、交通管制区，应当加强瞭望、保持安全航速，并遵守前述区域的特殊航行规则。

前款所称重要渔业水域由国务院渔业渔政主管部门征求国务院交通运输主管部门意见后划定并公布。

船舶穿越航道不得妨碍航道内船舶的正常航行，不得抢越他船船艏。超过桥梁通航尺度的船舶禁止进入桥区水域。

第四十四条 船舶不得违反规定进入或者穿越禁航区。

船舶进出船舶报告区，应当向海事管理机构报告船位和动态信息。

在安全作业区、港外锚地范围内，禁止从事养殖、种植、捕捞以及其他影响海上交通安全的作业或者活动。

第四十五条 船舶载运或者拖带超长、超高、超宽、半潜的船舶、海上设施或者其他物体航行，应当采取拖拽部位加强、护航等特殊的安全保障措施，在开航前向海事管理机构报告航行计划，并按有关规定显示信号、悬挂标志；拖带移动式平台、浮船坞等大型海上设施的，还应当依法交验船舶检验机构出具的拖航检验证书。

第四十六条 国际航行船舶进出口岸，应当依法向海事管理机构申请许可并接受海事管理机构及其他口岸查验机构的监督检查。海事管理机构应当自受理申请之日起五个工作日内作出许可或者不予许可的决定。

外国籍船舶临时进入非对外开放水域，应当依照国务院关于船舶进出口岸的规定取得许可。

国内航行船舶进出港口、港外装卸站，应当向海事管理机构报告船舶的航次计划、适航状态、船员配备和客货载运等情况。

第四十七条 船舶应当在符合安全条件的码头、泊位、装卸站、锚地、安全作业区停泊。船舶停泊不得危及其他船舶、海上设施的安全。

船舶进出港口、港外装卸站，应当符合靠泊条件和关于潮汐、气象、海况等航行条件的要求。

超长、超高、超宽的船舶或者操纵能力受到限制的船舶进出港口、港外装卸站可能影响海上交通安全的，海事管理机构应当对船舶进出港安全条件进行核查，并可以要求船舶采取加配拖轮、乘潮进港等相应的安全措施。

第四十八条 在中华人民共和国管辖海域内进行施工作业，应当经海事管理机构许可，并核定相应安全作业区。取得海上施工作业许可，应当符合下列条件：

（一）施工作业的单位、人员、船舶、设施符合安全航行、停泊、作业的要求；

（二）有施工作业方案；

（三）有符合海上交通安全和防治船舶污染海洋环境要求的保障措施、应急预案和责任制度。

从事施工作业的船舶应当在核定的安全作业区内作业，并落实海上交通安全管理措施。其他无关船舶、海上设施不得进入安全作业区。

在港口水域内进行采掘、爆破等可能危及港口安全的作业，适用港口管理的法律规定。

第四十九条　从事体育、娱乐、演练、试航、科学观测等水上水下活动，应当遵守海上交通安全管理规定；可能影响海上交通安全的，应当提前十个工作日将活动涉及的海域范围报告海事管理机构。

第五十条　海上施工作业或者水上水下活动结束后，有关单位、个人应当及时消除可能妨碍海上交通安全的隐患。

第五十一条　碍航物的所有人、经营人或者管理人应当按照有关强制性标准和技术规范的要求及时设置警示标志，向海事管理机构报告碍航物的名称、形状、尺寸、位置和深度，并在海事管理机构限定的期限内打捞清除。碍航物的所有人放弃所有权的，不免除其打捞清除义务。

不能确定碍航物的所有人、经营人或者管理人的，海事管理机构应当组织设置标志、打捞或者采取相应措施，发生的费用纳入部门预算。

第五十二条　有下列情形之一，对海上交通安全有较大影响的，海事管理机构应当根据具体情况采取停航、限速或者划定交通管制区等相应交通管制措施并向社会公告：

（一）天气、海况恶劣；

（二）发生影响航行的海上险情或者海上交通事故；

（三）进行军事训练、演习或者其他相关活动；

（四）开展大型水上水下活动；

（五）特定海域通航密度接近饱和；

（六）其他对海上交通安全有较大影响的情形。

第五十三条　国务院交通运输主管部门为维护海上交通安全、保护海洋环境，可以会同有关主管部门采取必要措施，防止和制止外国籍船舶在领海的非无害通过。

第五十四条 下列外国籍船舶进出中华人民共和国领海，应当向海事管理机构报告：

（一）潜水器；

（二）核动力船舶；

（三）载运放射性物质或者其他有毒有害物质的船舶；

（四）法律、行政法规或者国务院规定的可能危及中华人民共和国海上交通安全的其他船舶。

前款规定的船舶通过中华人民共和国领海，应当持有有关证书，采取符合中华人民共和国法律、行政法规和规章规定的特别预防措施，并接受海事管理机构的指令和监督。

第五十五条 除依照本法规定获得进入口岸许可外，外国籍船舶不得进入中华人民共和国内水；但是，因人员病急、机件故障、遇难、避风等紧急情况未及获得许可的可以进入。

外国籍船舶因前款规定的紧急情况进入中华人民共和国内水的，应当在进入的同时向海事管理机构紧急报告，接受海事管理机构的指令和监督。海事管理机构应当及时通报管辖海域的海警机构、就近的出入境边防检查机关和当地公安机关、海关等其他主管部门。

第五十六条 中华人民共和国军用船舶执行军事任务、公务船舶执行公务，遇有紧急情况，在保证海上交通安全的前提下，可以不受航行、停泊、作业有关规则的限制。

第五章 海上客货运输安全

第五十七条 除进行抢险或者生命救助外，客船应当按照船舶检验证书核定的载客定额载运乘客，货船载运货物应当符合船舶检验证书核定的载重线和载货种类，不得载运乘客。

第五十八条　客船载运乘客不得同时载运危险货物。

乘客不得随身携带或者在行李中夹带法律、行政法规或者国务院交通运输主管部门规定的危险物品。

第五十九条　客船应当在显著位置向乘客明示安全须知，设置安全标志和警示，并向乘客介绍救生用具的使用方法以及在紧急情况下应当采取的应急措施。乘客应当遵守安全乘船要求。

第六十条　海上渡口所在地的县级以上地方人民政府应当建立健全渡口安全管理责任制，制定海上渡口的安全管理办法，监督、指导海上渡口经营者落实安全主体责任，维护渡运秩序，保障渡运安全。

海上渡口的渡运线路由渡口所在地的县级以上地方人民政府交通运输主管部门会同海事管理机构划定。渡船应当按照划定的线路安全渡运。

遇有恶劣天气、海况，县级以上地方人民政府或者其指定的部门应当发布停止渡运的公告。

第六十一条　船舶载运货物，应当按照有关法律、行政法规、规章以及强制性标准和技术规范的要求安全装卸、积载、隔离、系固和管理。

第六十二条　船舶载运危险货物，应当持有有效的危险货物适装证书，并根据危险货物的特性和应急措施的要求，编制危险货物应急处置预案，配备相应的消防、应急设备和器材。

第六十三条　托运人托运危险货物，应当将其正式名称、危险性质以及应当采取的防护措施通知承运人，并按照有关法律、行政法规、规章以及强制性标准和技术规范的要求妥善包装，设置明显的危险品标志和标签。

托运人不得在托运的普通货物中夹带危险货物或者将危险货物谎报为普通货物托运。

托运人托运的货物为国际海上危险货物运输规则和国家危险货物品名表上未列明但具有危险特性的货物的，托运人还应当提交有关专业机构出具的表明该货物危险特性以及应当采取的防护措施等情况的文件。

货物危险特性的判断标准由国家海事管理机构制定并公布。

第六十四条　船舶载运危险货物进出港口，应当符合下列条件，经海事管理机构许可，并向海事管理机构报告进出港口和停留的时间等事项：

（一）所载运的危险货物符合海上安全运输要求；

（二）船舶的装载符合所持有的证书、文书的要求；

（三）拟靠泊或者进行危险货物装卸作业的港口、码头、泊位具备有关法律、行政法规规定的危险货物作业经营资质。

海事管理机构应当自收到申请之时起二十四小时内作出许可或者不予许可的决定。

定船舶、定航线并且定货种的船舶可以申请办理一定期限内多次进出港口许可，期限不超过三十日。海事管理机构应当自收到申请之日起五个工作日内作出许可或者不予许可的决定。

海事管理机构予以许可的，应当通报港口行政管理部门。

第六十五条 船舶、海上设施从事危险货物运输或者装卸、过驳作业，应当编制作业方案，遵守有关强制性标准和安全作业操作规程，采取必要的预防措施，防止发生安全事故。

在港口水域外从事散装液体危险货物过驳作业的，还应当符合下列条件，经海事管理机构许可并核定安全作业区：

（一）拟进行过驳作业的船舶或者海上设施符合海上交通安全与防治船舶污染海洋环境的要求；

（二）拟过驳的货物符合安全过驳要求；

（三）参加过驳作业的人员具备法律、行政法规规定的过驳作业能力；

（四）拟作业水域及其底质、周边环境适宜开展过驳作业；

（五）过驳作业对海洋资源以及附近的军事目标、重要民用目标不构成威胁；

（六）有符合安全要求的过驳作业方案、安全保障措施和应急预案。

对单航次作业的船舶，海事管理机构应当自收到申请之时起二十四小时内作出许可或者不予许可的决定；对在特定水域多航次作业的船舶，海事管理机构应当自收到申请之日起五个工作日内作出许可或者不予许可的决定。

第六章　海上搜寻救助

第六十六条　海上遇险人员依法享有获得生命救助的权利。生命救助优先于环境和财产救助。

第六十七条　海上搜救工作应当坚持政府领导、统一指挥、属地为主、专群结合、就近快速的原则。

第六十八条　国家建立海上搜救协调机制，统筹全国海上搜救应急反应工作，研究解决海上搜救工作中的重大问题，组织协调重大海上搜救应急行动。协调机制由国务院有关部门、单位和有关军事机关组成。

中国海上搜救中心和有关地方人民政府设立的海上搜救中心或者指定的机构（以下统称海上搜救中心）负责海上搜救的组织、协调、指挥工作。

第六十九条　沿海县级以上地方人民政府应当安排必要的海上搜救资金，保障搜救工作的正常开展。

第七十条　海上搜救中心各成员单位应当在海上搜救中心统一组织、协调、指挥下，根据各自职责，承担海上搜救应急、抢险救灾、支持保障、善后处理等工作。

第七十一条　国家设立专业海上搜救队伍，加强海上搜救力量建设。专业海上搜救队伍应当配备专业搜救装备，建立定期演练和日常培训制度，提升搜救水平。

国家鼓励社会力量建立海上搜救队伍，参与海上搜救行动。

第七十二条　船舶、海上设施、航空器及人员在海上遇险的，应当立即报告海上搜救中心，不得瞒报、谎报海上险情。

船舶、海上设施、航空器及人员误发遇险报警信号的，除立即向海上搜救中心报告外，还应当采取必要措施消除影响。

其他任何单位、个人发现或者获悉海上险情的，应当立即报告海上搜救中心。

第七十三条　发生碰撞事故的船舶、海上设施，应当互通名称、国籍和登记港，在不严重危及自身安全的情况下尽力救助对方人员，不得擅自离开事故现场水域或者逃逸。

第七十四条　遇险的船舶、海上设施及其所有人、经营人或者管理人应当采取有效措施防止、减少生命财产损失和海洋环境污染。

船舶遇险时，乘客应当服从船长指挥，配合采取相关应急措施。乘客有权获知必要的险情信息。

船长决定弃船时，应当组织乘客、船员依次离船，并尽力抢救法定航行资料。船长应当最后离船。

第七十五条　船舶、海上设施、航空器收到求救信号或者发现有人遭遇生命危险的，在不严重危及自身安全的情况下，应当尽力救助遇险人员。

第七十六条　海上搜救中心接到险情报告后，应当立即进行核实，及时组织、协调、指挥政府有关部门、专业搜救队伍、社会有关单位等各方力量参加搜救，并指定现场指挥。参加搜救的船舶、海上设施、航空器及人员应当服从现场指挥，及时报告搜救动态和搜救结果。

搜救行动的中止、恢复、终止决定由海上搜救中心作出。未经海上搜救中心同意，参加搜救的船舶、海上设施、航空器及人员不得擅自退出搜救行动。

军队参加海上搜救，依照有关法律、行政法规的规定执行。

第七十七条　遇险船舶、海上设施、航空器或者遇险人员应当服从海上搜救中心和现场指挥的指令，及时接受救助。

遇险船舶、海上设施、航空器不配合救助的，现场指挥根据险情危急情况，可以采取相应救助措施。

第七十八条　海上事故或者险情发生后，有关地方人民政府应当及时组织医疗机构为遇险人员提供紧急医疗救助，为获救人员提供必要的生活保障，并组织有关方面采取善后措施。

第七十九条　在中华人民共和国缔结或者参加的国际条约规定由我国

承担搜救义务的海域内开展搜救，依照本章规定执行。

中国籍船舶在中华人民共和国管辖海域以及海上搜救责任区域以外的其他海域发生险情的，中国海上搜救中心接到信息后，应当依据中华人民共和国缔结或者参加的国际条约的规定开展国际协作。

第七章　海上交通事故调查处理

第八十条　船舶、海上设施发生海上交通事故，应当及时向海事管理机构报告，并接受调查。

第八十一条　海上交通事故根据造成的损害后果分为特别重大事故、重大事故、较大事故和一般事故。事故等级划分的人身伤亡标准依照有关安全生产的法律、行政法规的规定确定；事故等级划分的直接经济损失标准，由国务院交通运输主管部门会同国务院有关部门根据海上交通事故中的特殊情况确定，报国务院批准后公布施行。

第八十二条　特别重大海上交通事故由国务院或者国务院授权的部门组织事故调查组进行调查，海事管理机构应当参与或者配合开展调查工作。

其他海上交通事故由海事管理机构组织事故调查组进行调查，有关部门予以配合。国务院认为有必要的，可以直接组织或者授权有关部门组织事故调查组进行调查。

海事管理机构进行事故调查，事故涉及执行军事运输任务的，应当会同有关军事机关进行调查；涉及渔业船舶的，渔业渔政主管部门、海警机构应当参与调查。

第八十三条　调查海上交通事故，应当全面、客观、公正、及时，依法查明事故事实和原因，认定事故责任。

第八十四条　海事管理机构可以根据事故调查处理需要拆封、拆解当事船舶的航行数据记录装置或者读取其记录的信息，要求船舶驶向指定地点或者禁止其离港，扣留船舶或者海上设施的证书、文书、物品、资料等并妥善保管。有关人员应当配合事故调查。

第八十五条　海上交通事故调查组应当自事故发生之日起九十日内提交海上交通事故调查报告；特殊情况下，经负责组织事故调查组的部门负责人批准，提交事故调查报告的期限可以适当延长，但延长期限最长不得超过九十日。事故技术鉴定所需时间不计入事故调查期限。

海事管理机构应当自收到海上交通事故调查报告之日起十五个工作日内作出事故责任认定书，作为处理海上交通事故的证据。

事故损失较小、事实清楚、责任明确的，可以依照国务院交通运输主管部门的规定适用简易调查程序。

海上交通事故调查报告、事故责任认定书应当依照有关法律、行政法规的规定向社会公开。

第八十六条　中国籍船舶在中华人民共和国管辖海域外发生海上交通事故的，应当及时向海事管理机构报告事故情况并接受调查。

外国籍船舶在中华人民共和国管辖海域外发生事故，造成中国公民重伤或者死亡的，海事管理机构根据中华人民共和国缔结或者参加的国际条约的规定参与调查。

第八十七条　船舶、海上设施在海上遭遇恶劣天气、海况以及意外事故，造成或者可能造成损害，需要说明并记录时间、海域以及所采取的应对措施等具体情况的，可以向海事管理机构申请办理海事声明签注。海事管理机构应当依照规定提供签注服务。

第八章　监督管理

第八十八条　海事管理机构对在中华人民共和国管辖海域内从事航行、停泊、作业以及其他与海上交通安全相关的活动，依法实施监督检查。

海事管理机构依照中华人民共和国法律、行政法规以及中华人民共和国缔结或者参加的国际条约对外国籍船舶实施港口国、沿岸国监督检查。

海事管理机构工作人员执行公务时，应当按照规定着装，佩戴职衔标志，出示执法证件，并自觉接受监督。

海事管理机构依法履行监督检查职责，有关单位、个人应当予以配合，不得拒绝、阻碍依法实施的监督检查。

第八十九条　海事管理机构实施监督检查可以采取登船检查、查验证书、现场检查、询问有关人员、电子监控等方式。

载运危险货物的船舶涉嫌存在瞒报、谎报危险货物等情况的，海事管理机构可以采取开箱查验等方式进行检查。海事管理机构应当将开箱查验情况通报有关部门。港口经营人和有关单位、个人应当予以协助。

第九十条　海事管理机构对船舶、海上设施实施监督检查时，应当避免、减少对其正常作业的影响。

除法律、行政法规另有规定或者不立即实施监督检查可能造成严重后果外，不得拦截正在航行中的船舶进行检查。

第九十一条　船舶、海上设施对港口安全具有威胁的，海事管理机构应当责令立即或者限期改正、限制操作，责令驶往指定地点、禁止进港或者将其驱逐出港。

船舶、海上设施处于不适航或者不适拖状态，船员、海上设施上的相关人员未持有有效的法定证书、文书，或者存在其他严重危害海上交通安全、污染海洋环境的隐患的，海事管理机构应当根据情况禁止有关船舶、海上设施进出港，暂扣有关证书、文书或者责令其停航、改航、驶往指定地点或者停止作业。船舶超载的，海事管理机构可以依法对船舶进行强制减载。因强制减载发生的费用由违法船舶所有人、经营人或者管理人承担。

船舶、海上设施发生海上交通事故、污染事故，未结清国家规定的税费、滞纳金且未提供担保或者未履行其他法定义务的，海事管理机构应当责令改正，并可以禁止其离港。

第九十二条　外国籍船舶可能威胁中华人民共和国内水、领海安全的，海事管理机构有权责令其离开。

外国籍船舶违反中华人民共和国海上交通安全或者防治船舶污染的法律、行政法规的，海事管理机构可以依法行使紧追权。

第九十三条　任何单位、个人有权向海事管理机构举报妨碍海上交通安全的行为。海事管理机构接到举报后，应当及时进行核实、处理。

第九十四条　海事管理机构在监督检查中，发现船舶、海上设施有违反其他法律、行政法规行为的，应当依法及时通报或者移送有关主管部门处理。

第九章　法律责任

第九十五条　船舶、海上设施未持有有效的证书、文书的，由海事管理机构责令改正，对违法船舶或者海上设施的所有人、经营人或者管理人处三万元以上三十万元以下的罚款，对船长和有关责任人员处三千元以上三万元以下的罚款；情节严重的，暂扣船长、责任船员的船员适任证书十八个月至三十个月，直至吊销船员适任证书；对船舶持有的伪造、变造证书、文书，予以没收；对存在严重安全隐患的船舶，可以依法予以没收。

第九十六条　船舶或者海上设施有下列情形之一的，由海事管理机构责令改正，对违法船舶或者海上设施的所有人、经营人或者管理人处二万元以上二十万元以下的罚款，对船长和有关责任人员处二千元以上二万元以下的罚款；情节严重的，吊销违法船舶所有人、经营人或者管理人的有关证书、文书，暂扣船长、责任船员的船员适任证书十二个月至二十四个月，直至吊销船员适任证书：

（一）船舶、海上设施的实际状况与持有的证书、文书不符；

（二）船舶未依法悬挂国旗，或者违法悬挂其他国家、地区或者组织的旗帜；

（三）船舶未按规定标明船名、船舶识别号、船籍港、载重线标志；

（四）船舶、海上设施的配员不符合最低安全配员要求。

第九十七条　在船舶上工作未持有船员适任证书、船员健康证明或者所持船员适任证书、健康证明不符合要求的，由海事管理机构对船舶的所有人、经营人或者管理人处一万元以上十万元以下的罚款，对责任船员处三千元以上三万元以下的罚款；情节严重的，对船舶的所有人、经营人或者管理人处三万元以上三十万元以下的罚款，暂扣责任船员的船员适任证书六个月至十二个月，直至吊销船员适任证书。

第九十八条　以欺骗、贿赂等不正当手段为中国籍船舶取得相关证书、文书的，由海事管理机构撤销有关许可，没收相关证书、文书，对船舶所有人、经营人或者管理人处四万元以上四十万元以下的罚款。

以欺骗、贿赂等不正当手段取得船员适任证书的，由海事管理机构撤销有关许可，没收船员适任证书，对责任人员处五千元以上五万元以下的罚款。

第九十九条　船员未保持安全值班，违反规定摄入可能影响安全值班的食品、药品或者其他物品，或者有其他违反海上船员值班规则的行为的，由海事管理机构对船长、责任船员处一千元以上一万元以下的罚款，或者暂扣船员适任证书三个月至十二个月；情节严重的，吊销船长、责任船员的船员适任证书。

第一百条　有下列情形之一的，由海事管理机构责令改正；情节严重的，处三万元以上十万元以下的罚款：

（一）建设海洋工程、海岸工程未按规定配备相应的防止船舶碰撞的设施、设备并设置专用航标；

（二）损坏海上交通支持服务系统或者妨碍其工作效能；

（三）未经海事管理机构同意设置、撤除专用航标，移动专用航标位置或者改变航标灯光、功率等其他状况，或者设置临时航标不符合海事管理机构确定的航标设置点；

（四）在安全作业区、港外锚地范围内从事养殖、种植、捕捞以及其他影响海上交通安全的作业或者活动。

第一百零一条　有下列情形之一的，由海事管理机构责令改正，对有关责任人员处三万元以下的罚款；情节严重的，处三万元以上十万元以下的罚款，并暂扣责任船员的船员适任证书一个月至三个月：

（一）承担无线电通信任务的船员和岸基无线电台（站）的工作人员未保持海上交通安全通信频道的值守和畅通，或者使用海上交通安全通信频率交流与海上交通安全无关的内容；

（二）违反国家有关规定使用无线电台识别码，影响海上搜救的身份识别；

（三）其他违反海上无线电通信规则的行为。

第一百零二条　船舶未依照本法规定申请引航的，由海事管理机构对违法船舶的所有人、经营人或者管理人处五万元以上五十万元以下的罚款，对船长处一千元以上一万元以下的罚款；情节严重的，暂扣有关船舶证书三个月至十二个月，暂扣船长的船员适任证书一个月至三个月。

引航机构派遣引航员存在过失，造成船舶损失的，由海事管理机构对引航机构处三万元以上三十万元以下的罚款。

未经引航机构指派擅自提供引航服务的，由海事管理机构对引领船舶的人员处三千元以上三万元以下的罚款。

第一百零三条　船舶在海上航行、停泊、作业，有下列情形之一的，由海事管理机构责令改正，对违法船舶的所有人、经营人或者管理人处二万元以上二十万元以下的罚款，对船长、责任船员处二千元以上二万元以下的罚款，暂扣船员适任证书三个月至十二个月；情节严重的，吊销船长、责任船员的船员适任证书：

（一）船舶进出港口、锚地或者通过桥区水域、海峡、狭水道、重要渔业水域、通航船舶密集的区域、船舶定线区、交通管制区时，未加强瞭望、保持安全航速并遵守前述区域的特殊航行规则；

（二）未按照有关规定显示信号、悬挂标志或者保持足够的富余水深；

（三）不符合安全开航条件冒险开航，违章冒险操作、作业，或者未按照船舶检验证书载明的航区航行、停泊、作业；

（四）未按照有关规定开启船舶的自动识别、航行数据记录、远程识别和跟踪、通信等与航行安全、保安、防治污染相关的装置，并持续进行显示和记录；

（五）擅自拆封、拆解、初始化、再设置航行数据记录装置或者读取其记录的信息；

（六）船舶穿越航道妨碍航道内船舶的正常航行，抢越他船船艏或者超过桥梁通航尺度进入桥区水域；

（七）船舶违反规定进入或者穿越禁航区；

（八）船舶载运或者拖带超长、超高、超宽、半潜的船舶、海上设施或者其他物体航行，未采取特殊的安全保障措施，未在开航前向海事管理机构报告航行计划，未按规定显示信号、悬挂标志，或者拖带移动式平台、浮船坞等大型海上设施未依法交验船舶检验机构出具的拖航检验证书；

（九）船舶在不符合安全条件的码头、泊位、装卸站、锚地、安全作业区停泊，或者停泊危及其他船舶、海上设施的安全；

（十）船舶违反规定超过检验证书核定的载客定额、载重线、载货种类载运乘客、货物，或者客船载运乘客同时载运危险货物；

（十一）客船未向乘客明示安全须知、设置安全标志和警示；

（十二）未按照有关法律、行政法规、规章以及强制性标准和技术规范的要求安全装卸、积载、隔离、系固和管理货物；

（十三）其他违反海上航行、停泊、作业规则的行为。

第一百零四条　国际航行船舶未经许可进出口岸的，由海事管理机构对违法船舶的所有人、经营人或者管理人处三千元以上三万元以下的罚款，对船长、责任船员或者其他责任人员，处二千元以上二万元以下的罚款；情节严重的，吊销船长、责任船员的船员适任证书。

国内航行船舶进出港口、港外装卸站未依法向海事管理机构报告的，由海事管理机构对违法船舶的所有人、经营人或者管理人处三千元以上三万元以下的罚款，对船长、责任船员或者其他责任人员处五百元以上五千元以下的罚款。

第一百零五条　船舶、海上设施未经许可从事海上施工作业，或者未按照许可要求、超出核定的安全作业区进行作业的，由海事管理机构责令改正，对违法船舶、海上设施的所有人、经营人或者管理人处三万元以上三十万元以下的罚款，对船长、责任船员处三千元以上三万元以下的罚款，或者暂扣船员适任证书六个月至十二个月；情节严重的，吊销船长、责任船员的船员适任证书。

从事可能影响海上交通安全的水上水下活动，未按规定提前报告海事管理机构的，由海事管理机构对违法船舶、海上设施的所有人、经营人或者管理人处一万元以上三万元以下的罚款，对船长、责任船员处二千元以上二万元以下的罚款。

第一百零六条 碍航物的所有人、经营人或者管理人有下列情形之一的，由海事管理机构责令改正，处二万元以上二十万元以下的罚款；逾期未改正的，海事管理机构有权依法实施代履行，代履行的费用由碍航物的所有人、经营人或者管理人承担：

（一）未按照有关强制性标准和技术规范的要求及时设置警示标志；

（二）未向海事管理机构报告碍航物的名称、形状、尺寸、位置和深度；

（三）未在海事管理机构限定的期限内打捞清除碍航物。

第一百零七条 外国籍船舶进出中华人民共和国内水、领海违反本法规定的，由海事管理机构对违法船舶的所有人、经营人或者管理人处五万元以上五十万元以下的罚款，对船长处一万元以上三万元以下的罚款。

第一百零八条 载运危险货物的船舶有下列情形之一的，海事管理机构应当责令改正，对违法船舶的所有人、经营人或者管理人处五万元以上五十万元以下的罚款，对船长、责任船员或者其他责任人员，处五千元以上五万元以下的罚款；情节严重的，责令停止作业或者航行，暂扣船长、责任船员的船员适任证书六个月至十二个月，直至吊销船员适任证书：

（一）未经许可进出港口或者从事散装液体危险货物过驳作业；

（二）未按规定编制相应的应急处置预案，配备相应的消防、应急设备和器材；

（三）违反有关强制性标准和安全作业操作规程的要求从事危险货物装卸、过驳作业。

第一百零九条　托运人托运危险货物，有下列情形之一的，由海事管理机构责令改正，处五万元以上三十万元以下的罚款：

（一）未将托运的危险货物的正式名称、危险性质以及应当采取的防护措施通知承运人；

（二）未按照有关法律、行政法规、规章以及强制性标准和技术规范的要求对危险货物妥善包装，设置明显的危险品标志和标签；

（三）在托运的普通货物中夹带危险货物或者将危险货物谎报为普通货物托运；

（四）未依法提交有关专业机构出具的表明该货物危险特性以及应当采取的防护措施等情况的文件。

第一百一十条　船舶、海上设施遇险或者发生海上交通事故后未履行报告义务，或者存在瞒报、谎报情形的，由海事管理机构对违法船舶、海上设施的所有人、经营人或者管理人处三千元以上三万元以下的罚款，对船长、责任船员处二千元以上二万元以下的罚款，暂扣船员适任证书六个月至二十四个月；情节严重的，对违法船舶、海上设施的所有人、经营人或者管理人处一万元以上十万元以下的罚款，吊销船长、责任船员的船员适任证书。

第一百一十一条　船舶发生海上交通事故后逃逸的，由海事管理机构对违法船舶的所有人、经营人或者管理人处十万元以上五十万元以下的罚款，对船长、责任船员处五千元以上五万元以下的罚款并吊销船员适任证书，受处罚者终身不得重新申请。

第一百一十二条　船舶、海上设施不依法履行海上救助义务，不服从海上搜救中心指挥的，由海事管理机构对船舶、海上设施的所有人、经营人或者管理人处三万元以上三十万元以下的罚款，暂扣船长、责任船员的船员适任证书六个月至十二个月，直至吊销船员适任证书。

第一百一十三条　有关单位、个人拒绝、阻碍海事管理机构监督检查，或者在接受监督检查时弄虚作假的，由海事管理机构处二千元以上二万元以下的罚款，暂扣船长、责任船员的船员适任证书六个月至二十四个月，直至吊销船员适任证书。

第一百一十四条 交通运输主管部门、海事管理机构及其他有关部门的工作人员违反本法规定，滥用职权、玩忽职守、徇私舞弊的，依法给予处分。

第一百一十五条 因海上交通事故引发民事纠纷的，当事人可以依法申请仲裁或者向人民法院提起诉讼。

第一百一十六条 违反本法规定，构成违反治安管理行为的，依法给予治安管理处罚；造成人身、财产损害的，依法承担民事责任；构成犯罪的，依法追究刑事责任。

第十章　附则

第一百一十七条 本法下列用语的含义是：

船舶，是指各类排水或者非排水的船、艇、筏、水上飞行器、潜水器、移动式平台以及其他移动式装置。

海上设施，是指水上水下各种固定或者浮动建筑、装置和固定平台，但是不包括码头、防波堤等港口设施。

内水，是指中华人民共和国领海基线向陆地一侧至海岸线的海域。

施工作业，是指勘探、采掘、爆破，构筑、维修、拆除水上水下构筑物或者设施，航道建设、疏浚（航道养护疏浚除外）作业，打捞沉船沉物。

海上交通事故，是指船舶、海上设施在航行、停泊、作业过程中发生的，由于碰撞、搁浅、触礁、触碰、火灾、风灾、浪损、沉没等原因造成人员伤亡或者财产损失的事故。

海上险情，是指对海上生命安全、水域环境构成威胁，需立即采取措施规避、控制、减轻和消除的各种情形。

危险货物，是指国际海上危险货物运输规则和国家危险货物品名表上列明的，易燃、易爆、有毒、有腐蚀性、有放射性、有污染危害性等，在船舶载运过程中可能造成人身伤害、财产损失或者环境污染而需要采取特别防护措施的货物。

海上渡口，是指海上岛屿之间、海上岛屿与大陆之间，以及隔海相望的大陆与大陆之间，专用于渡船渡运人员、行李、车辆的交通基础设施。

第一百一十八条 公务船舶检验、船员配备的具体办法由国务院交通运输主管部门会同有关主管部门另行制定。

体育运动船舶的登记、检验办法由国务院体育主管部门另行制定。训练、比赛期间的体育运动船舶的海上交通安全监督管理由体育主管部门负责。

渔业船员、渔业无线电、渔业航标的监督管理，渔业船舶的登记管理，渔港水域内的海上交通安全管理，渔业船舶（含外国籍渔业船舶）之间交通事故的调查处理，由县级以上人民政府渔业渔政主管部门负责。法律、行政法规或者国务院对渔业船舶之间交通事故的调查处理另有规定的，从其规定。

除前款规定外，渔业船舶的海上交通安全管理由海事管理机构负责。渔业船舶的检验及其监督管理，由海事管理机构依照有关法律、行政法规的规定执行。

浮式储油装置等海上石油、天然气生产设施的检验适用有关法律、行政法规的规定。

第一百一十九条 海上军事管辖区和军用船舶、海上设施的内部海上交通安全管理，军用航标的设立和管理，以及为军事目的进行作业或者水上水下活动的管理，由中央军事委员会另行制定管理办法。

划定、调整海上交通功能区或者领海内特定水域，划定海上渡口的渡运线路，许可海上施工作业，可能对军用船舶的战备、训练、执勤等行动造成影响的，海事管理机构应当事先征求有关军事机关的意见。

执行军事运输任务有特殊需要的，有关军事机关应当及时向海事管理机构通报相关信息。海事管理机构应当给予必要的便利。

海上交通安全管理涉及国防交通、军事设施保护的，依照有关法律的规定执行。

第一百二十条 外国籍公务船舶在中华人民共和国领海航行、停泊、作业，违反中华人民共和国法律、行政法规的，依照有关法律、行政法规的规定处理。

在中华人民共和国管辖海域内的外国籍军用船舶的管理，适用有关法律的规定。

第一百二十一条 中华人民共和国缔结或者参加的国际条约同本法有不同规定的，适用国际条约的规定，但中华人民共和国声明保留的条款除外。

第一百二十二条 本法自 2021 年 9 月 1 日起施行。

图书在版编目（CIP）数据

中国海洋法治发展报告. 2023 / 海洋法治发展报告
编写组主编. -- 北京：社会科学文献出版社，2023.10
（大连海事大学智库丛书）
ISBN 978-7-5228-2061-3

Ⅰ. ①中…　Ⅱ. ①海…　Ⅲ. ①海洋法-研究报告-中
国-2023　Ⅳ. ①D922.694

中国国家版本馆 CIP 数据核字（2023）第 121072 号

大连海事大学智库丛书
中国海洋法治发展报告（2023）

主　　编 / 海洋法治发展报告编写组

出 版 人 / 冀祥德
组稿编辑 / 曹长香
责任编辑 / 郑凤云
责任印制 / 王京美

出　　版 / 社会科学文献出版社（010）59367162
　　　　　　地址：北京市北三环中路甲 29 号院华龙大厦　邮编：100029
　　　　　　网址：www.ssap.com.cn
发　　行 / 社会科学文献出版社（010）59367028
印　　装 / 三河市龙林印务有限公司

规　　格 / 开 本：787mm×1092mm　1/16
　　　　　　印 张：31.75　字 数：468 千字
版　　次 / 2023 年 10 月第 1 版　2023 年 10 月第 1 次印刷
书　　号 / IISBN 978-7-5228-2061-3
定　　价 / 158.00 元

读者服务电话：4008918866